U0686856

中國近代期刊彙刊·第二輯

國風報

七

第一年第三十期——第一年第三十四期

中華書局

國風報

大清郵政局特准掛號認為新聞紙類
日本明治四十三年二月十三日第三種郵便物認可

每月三期逢壹日發行

年十一月初一日

第壹年第參拾期

愛理士紅衣補丸

治愈咳嗽時發精神困倦承烏君雨亭惠來証書照登

余自幼身體虛弱以致咳嗽時發精神困倦夢寐不寧雖經時常調理無奈實無見効茲蒙 家嚴寄來 貴廠之愛理士紅衣補丸兩瓶服後果然精神煥發咳嗽全消足見此丸之功効非淺除另函求 家嚴再寄外就近泐此數行以表謝意並附小影以爲是丸之佐証幸祈列登報章以告病者耶

中國電報滬局雨亭謹識

外埠各大藥房均有發售倘內地無從購買處請函至上海四川路一百十七號總批發所購買郵班回件郵費不加

本埠西北城鄉由南翔張永吉號代理

震寰藥廠啟

各埠代理處

北京桐梓胡同廣智書局　保定萃英山房　官書局　天津原創第一家派報處　公順京報局　李茂林　羣益書局　奉天振泰報局　圖書館　盛京振泰報局　吉林文盛報房　濟南維新書局　開封茹古山房　文會山房　大河書局　教育品社總派報處　彰德茹古山房　武涉永亨利　西安公益書局　萃新報社　太原文元書局　書業昌記　貴州崇學書局　雲南天元京貨店　安慶萬卷書樓　廬州神州日報分館陳福堂　閱報館於炳章　漢口昌明公司　蕪湖科學圖書社成都正誼書局　輸文新社　華洋冬報總派處　安定書屋　長沙羣益圖書公司常德申報館　南京啓新書局　莊嚴閣　崇藝書社　圖南書社　神州日報分館　南昌開智書局　廣益派報社　廣信益智書局　福州教科新書館　厦門新民書社　溫州日新協記書莊　廣明書社　揚州經理各報分銷處　蘇州瑪瑙經房　常熟朱乾榮君　海虞圖書館　廣州國事報　廣智分局　廣生印務局　日本中國書林　星架坡南洋總匯報　澳洲東華報　金山世界日報　紐約中國維新報　溫哥華日新報　香港致生號　商報

宣統二年十一月初一日出版

編輯兼發行者　何國楨

發行所　上海福州路　國風報館

印刷所　上海福州路　廣智書局

定價表

項目	報資
全年三十五冊	六元五角
上半年十七冊	三元五角
下半年十八冊	三元五角

費須先惠逕閏照加

零售每冊二角五分
本國郵費每冊四分
歐美郵費每冊七分
日本郵費每冊一分

廣告價目表

一面	十元
半面	六元

國風報第一年第三十號目錄

河工合龍攝影

諭旨

十月二十六日　旨所有兵丁借支庫銀應扣本年十二月及次年正月庫銀利息著加恩展限兩個月欽此　上諭貴州勸業道員缺着王玉麟補授欽此監國攝政王鈐章軍機大臣署名

二十八日　上諭阿穆爾靈圭等奏査辦前鋒護軍等營情形並請派員管理一摺著派阿穆爾靈圭載潤管理兩翼前鋒八旗護軍暨內務府三旗護軍驍騎等營專司整頓各該營用人行政一切事務其內廷守衛事宜仍由前鋒護軍營值班統領暨內務府大臣分別管理應如何整頓營務釐訂章程着阿穆爾靈圭體察各營情形妥籌擬定奏明辦理欽此監國攝政王鈐章軍機大臣署名

二十九日　上諭十一月二十二日冬至大祀天於圜丘遣豫親王懋林恭代行禮四廡壇派錫露札克丹錫明秀綸各分獻欽此　上諭張人駿奏長江水師提督因病出缺懇恩優邺並代遞遺疏一摺已故長江水師提督程文炳忠勇性成治軍廉正於咸豐年間隨袁甲三轉戰安直東豫等省疊平賊壘卓著戰功賞穿黃馬褂洊升總兵擢

授提督調任長江水師提督整頓營務勞瘁不辭茲聞溘逝軫惜殊深程文炳著照提督例賜卹加恩予諡任內一切處分悉予開復應得卹典該衙門察例具奏靈柩回籍時沿途地方官妥爲照料生平戰功事蹟宣付國史館立傳原籍及立功省分准其建立專祠伊孫一品廕生程傳鑣著以郎中用伊子浙江候補道程恩培著仍以道員即補用示篤念藎臣至意欽此　上諭已故長江水師提督程文炳遺摺內條奏陸海軍應行籌辦事宜老成謀國瀕危獨不忘軍事所言亦條理詳明著該衙門隨時酌核辦理欽此監督攝政王鈐章軍機大臣署名

十一月初一日　上諭外務部尚書鄒嘉來署陸軍部尚書廕昌署郵傳部尚書唐紹怡正紅旗漢軍都統色楞額度支部右侍郎陳邦瑞正黃旗滿洲副都統祥普均著加恩在紫禁城內騎馬欽此監國攝政王鈐章軍機大臣署名

初二日　上諭此次考驗陸軍游學畢業生考列優等之李宣倜著賞給陸軍步兵科舉人並授副軍校考列上等之沈觀恩著賞給陸軍步兵科舉人並授協軍校該部知道欽此監國攝政王鈐章軍機大臣署名

初三日　上諭立國之要海陸兩軍並重前廑因訂官制欽奉　先朝諭旨海軍部未設以前暫歸陸軍部辦理嗣有旨派載洵薩鎭冰充籌辦海軍事務大臣復派載洵等前赴各國考察一切籌辦漸有端緒茲據載洵等會同憲政編查館王大臣奏擬定海軍部暫行官制大綱列表呈覽一摺詳加批閱尙屬周妥自應設立專部以重責成所有籌辦海軍處着改爲海軍部設立海軍大臣一員副大臣一員該大臣等務當悉心規畫實力經營以副朝廷整軍經武之至意應設之海軍司令部事宜著暫歸海軍部兼辦餘著照所議辦理欽此　上諭海軍大臣著載洵補授副大臣著譚學衡補授欽此　上諭憲政編查館軍諮處陸軍部會奏釐訂陸軍部暫行官制大綱列表呈進一摺陸軍部總持軍政責任宜專所擬各節尙屬周妥所有尙書侍郎左右丞參各缺著即裁撤改設陸軍大臣一員副大臣一員當此整軍經武之際該大臣等務當認眞整頓切實進行毋負委任餘著照所議辦理欽此　上諭陸軍大臣著廕昌補授副大臣著壽勳補授欽此　上諭裁缺陸軍部右侍郎姚錫光著以侍郎候補左丞朱彭壽右丞許秉琦著以三品京堂及交涉使提學使提法使候補左參議慶蕃右參議錫嘏

諭旨　四

著以四品京堂及道員候補丞參上行走左景祜著仍當委散秩大臣差使候補叅議達春著以道員用欽此　上諭所有此次裁缺之陸軍部侍郎丞叅各員著賞食原俸欽此監國攝政王鈐章軍機大臣署名

初五日　上諭前因縮改於宣統五年開設議院業經降旨將應行提前趕辦責成該主管衙門迅將提前辦法通盤籌畫分別奏明辦理查預備立憲逐年籌備清單所開事宜憲政編查館有專辦同辦及遵章考核之責現在開設議院既已提前所有籌備清單各項事宜自應將原定年限分別縮短切實進行著憲政編查館妥速修正奏明請旨辦理欽此　上諭海軍部奏請簡大員統制艦隊一摺著派海軍提督薩鎮冰統制巡洋長江艦隊欽此監國攝政王鈐章軍機大臣署名

十一日　上諭唐紹怡奏因病懇請開缺一摺唐紹怡著賞假一個月毋庸開缺欽此監國攝政王鈐章軍機大臣署名

時評壹

美國政局之劇變與盧斯福

明水

美國自建國以來。兩大政黨並立。曰共和黨。曰民主黨。最近五十年間。全由共和黨掌握政權。(中間民主黨得政者僅八年耳)其大統領皆自共和黨出。上下兩議院皆共和黨占多數。舉美國幾爲共和黨之美國。此天下所同見也。其在前議會。共和黨占席於下院者二百七十名。民主黨僅百七十四名。乃今次總選舉。民主黨忽得二百十二名。共和黨僅得百七十名。盛衰易位。出人意表。此亦世界一大事也。

此次政局變遷。其顯著之原因。固由大統領塔虎特施行新關稅。增加稅率。以致物價騰貴。人民不平。亦由前大統領盧斯福自非洲歸來。大倡新國民主義。致共和黨內訌分裂。今茲劇變現象。實可稱爲美國人崇拜盧斯福之反動。故自今以往。選流所屆。論世者樂拭目而俟之也。

時評 二

美國自建國以來其政治變遷可區爲三期當建國伊始其最困難之問題則中央政府及國會之組織也當時政治家分爲二派其一派務擴張聯邦各州政府各州議會之勢力而減縮中央之權限範圍以謂中央權重則人民自由失其保障持此論者以查法遜爲之魁其一派則正與相反務擴張中央政府中央議會之權力使各州立乎其下以爲非是無以謀國家之統一持此論者以彌兒頓爲之魁查氏與彌氏雖同爲華盛頓之幕僚而其政見則自始卽相氷炭而此後百年間美國兩大政黨實由二氏分孕育之合衆國憲法雖頒然其主權所在尙疑莫能明或曰在中央或曰在各州各聹所聞莫能是正也此爲第一期未幾而放奴問題起南美各州與北美各州其所以解釋憲法者互異南美主張各州之權利而思獨立北美主張中央之權利而謀統一卒至釀四年間之內亂（一八六一至六五年）其時南美之政客皆民主黨北美則共和黨也及戰爭之結果而南人不復反卒以兵力定憲法之義解州權漸屈而中央權漸伸此爲第二期自爾以來共和黨荷戰勝之光榮專政權者五十餘年直至今日則其第三期殆將屆矣

夫英國號稱立憲政體之祖。而其憲法未嘗著爲成典。憲法著爲成典者。自美國始也。雖然。英國政府對於議會而負責任。美國不然。政府惟直接對於人民負責任。而國會曾不足以掣其肘。是故彼盎格魯撒遜民族者。於其本部之英國創立不文憲法與責任內閣制。於其派衍之美國創立成文憲法與無責任內閣制。兩者形式相反。而運用各極其妙。此實彼族政治上之天才。非他族所得而幾也。美國之成文憲法。百年以來。爲歐洲各國之模範。獨其無責任內閣制。則舍美國外無一國能效之者。蓋無責任內閣制與君主國體雖不相容。而在共和國則實爲保持國家統一最有效之機關也。

抑美國之憲法。根本於孟德斯鳩三權鼎立主義。立法部與行政部。全然分離。立法部之議員。不許入內閣。內閣之閣員。亦不許爲議員。而國家行政權。全以委諸大統領。大統領隨時得以己意任免閣員。其上院議員。自各州州會選出。代表各州利益。其下院議員。自各州人民選出。代表國民全體利益。然美國大統領。恒屬於二大政黨中之一黨。殆可認爲一政黨之代表。有服從黨中主義綱領之義務。大統領自某黨出。此即政權歸於某黨之表徵也。自建國以來。國運日日發展。大統領之權力。亦隨而增進。以實

時評 四

際言之。美國之大統領。其權力視君主國之元首。尤爲自由而有效。故美法同爲共和政體。而法人於大統領之更迭。視爲等閒。美人當選舉大統領時。則舉國若狂。非偶然也。

且熟察美國百年來之歷史。實足以證明各州分權之多弊。而感中央集權之不可以已。當建國伊始。人人咸疑中央集權爲侵害人民自由。由今觀之。乃適得其反。今日美國人民。時不免憔悴於虐政。皆各州分權之餘弊也。若美國各地。往往不行正當之裁判。而濫用私刑。嫌疑無罪者。動遭慘戮。又結婚離婚之制度。各州不畫一。重婚盛行。傷害風紀。其尤甚者。則跨連州境之大公司。無論何州之法律。皆不能制裁之。其橫暴無所不至。人民愁苦。思蘇其困。計惟有增加大統領之權力。擴張中央立法權。庶得利餘於弊。重以今世國際競爭日益劇烈。非得强有力之中央政府。無以自競於外。此實美國近年來政治思潮之所趨也。

而盧斯福氏之所謂新國民主義。即應此時勢而起。盧氏者。其天性踔厲。進取人也。雖嘗兩次任大統領。然精力絕倫。不能自暇逸。罷職以後。以普通之游樂。不足以慰其無聊。乃遠游阿非利加洲。與猛獸奮鬥。搏殺獅象等一萬三千頭。游歷二萬六千五百英里。歸途爲百二十次之演說。與十餘國之帝王分庭抗禮。受歐洲五大學之學位。在外一年有三月而歸其鄉井。自云當於兩個月中不赴集會演說。乃不及半月。即投其身於政爭之旋渦中。巡行全國。所至大聲疾呼。蓋盧斯福者。實今日世界上不可思議之人物也。英國約翰摩利卿嘗言美國絕偉大之自然力有二。其一爲尼卡拉之大瀑布（在美東北境全世界最大瀑布也）其一即盧斯福。非惟俊語。實篤論也。盧斯福以絕大之精力。懷絕大之抱負。內之欲結合其國中之組成分子。使確乎不拔。外之欲實行其所謂進取的門羅主義。以執世界之牛耳。此新國民主義所由興也。

天下事不如意者什常八九。盧氏之新主義。無端而偏樹敵於國中。民主黨之素相水火無論矣。即盧氏所提之共和黨。乃亦緣此而驟生分裂。蓋共和黨中之屬於現大統領塔虎特氏之一派。於盧氏之急進主義。不能無懷疑。當盧氏巡歷全國之時。而塔氏亦在聖波爾地方演說。謂吾與前大統領雖共一目的。而手段不能無異同。吾惟於各州權限範圍內保存國力而已。夫塔氏之識量才器。雖不能望盧氏之肩背。然勢既分。

則力自薄此民主黨之所以得乘其敝也。

時評 六

自今以往。盧氏欲實行其新國民主義。則或自進而爲第三次大統領候補人。或於塔虎特之外別推舉一親信之黨員。以爲大統領候補人。二者不可不居一。於是雖然美國任大統領者以兩次爲止雖非明著諸憲法然自華盛頓以來殆成爲政治上之習慣援此習者人將視爲不德且盧氏當在職時屢宣言不求三選今若食言民聽滋惑此自爲候補人之策所以難行也。若欲於塔氏外別推一人則美國習慣凡大統領非有大過舉次期恒必留任不留任者則無異其全黨之政綱不爲國人所信而黨勢且以日蹙此別置候補人之策所以難行也。盧氏雖荷民望終不能得援助於民主黨而共和黨中之溫和派又未必能惟盧氏之言是聽盧氏果能於最近之將來實行其所懷抱與否吾不能無疑。

要而論之。使盧氏而成功也。則美國之憲法精神與政治習慣必生一大變革此實爲今後美國政界之一大問題使盧氏而失敗也則五十年來蟄伏不振之民主黨必且躍起而政治方針盡反於今日此亦爲今後美國政界之一大問題吾將拭目以觀其後。

明水曰。吾草此文。而有數義根觸於吾心者焉。（其一）吾深有感於人國之政治家。其活動力無一刻休息。以彼其國之安富尊榮。猶欿然若不自足。而日日思改良其政治組織。惟恐不及也。（其二）一國之事業。恒恃一二豪傑負之以趨。而人國之豪傑。其國民所以崇拜之者如此其至也。（其三）非常之原。黎民懼焉。雖以驚天動地之人。不能無敵。其友多者其敵亦多也（其四）雖有絕大之勢力。不容自恃。內訌一生。而外侮即得以承其敝也。嗚呼。吾國人。亦可以鑑矣。

（念八期刊誤）

論說第二頁第三行非直接誤作然第四頁第九行浪擲誤作狠十一行空論誤作實第九頁第一行鉅額誤作注第十頁第九行帶投機誤作常十四頁十二行滿蒙誤作流十八頁十一行獻字衍十九頁第二行數級誤作汲二十頁第一行吾國誤作國第八行務從誤作欲三十四頁第一行是行誤作足第四行既開誤作現

時評一第九頁第七行鄰上漏四字十九頁第一行遇患誤作過

時評二第五頁十二行持誤作特

時評 弍

列强對於我國新外債之態度

明水

我國一萬萬圓之新外債。本報前已略有評論。一月以來。緣是事而牽及國際問題者。日有所聞。彼列强之関究已商議妥協否。固無由確知。而此約迄今猶未定局。其故未始不由於此。今摭各報電達諸情。譯述如下。

西曆十一月十日北京電云

中美一萬萬圓借款。目下因須聘用美國會計監督官。尚在磋商中。故未成約

同十一月十一日北京電云

美國銀行家梅諾往氏公言曰。中國一萬萬圓借款。純爲美國公債。然歐洲資本家。槩皆反對。外間傳言上月廿七日。中美兩國已經畫押者。實係謠說。此次借款。美國所以不能獨力發行者。因歐人亦提議須派財政顧問於中國云。

同十一月十二日北京電云

時評 二

中國一萬萬圓借款欲純恃美國其勢甚難美國資本家士德列氏雖在歐洲再三協議然英法資本家所要求者至少亦須得與美國同樣之契約又因抵押一事尚屬曖昧若欲如商業的借款此歐洲資本家所未易贊成者也故此事今尙在討論中成否實未敢必據士德列電駐北京美公使則言須延滯至月杪乃能至京是此事頗費躊躇之明證也且此次借款恐終不免蹈前此粵漢鐵路四國同借之覆轍假使事敗垂成則美國對於中國信用墜地故士德列竭其力所能及者以運動之也

同十一月十五日北京電云

前中美兩國所訂五千萬打拉之借款假約其後美國資本家與英德法三國資本家再三協議乃將此欵由四國共同承受十一日已在倫敦畫押云云又當畫押之際各資本家訂有密約謂此後如中國更有借欵之事無論商諸何國其承受之國皆當與他三國共同商議云

同十一月十七日北京電云

據旅居北京有信用之歐洲資本家之言曰此次美國借欵與中國其黨派有二其一則士德列與格拉特一派而以紐約希拉兒特爲其機關並其政略上欲殺日本在滿洲之勢力而借欵與中國也其他一派則純爲商業的貸金而有力之美國資本家皆在此派中至此事之原動力固起於士德列一派也然駐京美使於上月廿七日締結預備契約之際聲明中國宜提出相當之擔保指明借債所用之途並言此次所借之欵貸由英美德法四國資本而成並非美國獨立承辦云云同時歐洲資本家果有商議借欵之事而十一日遂在倫

較當抑由此觀之。歐洲資本家之得與聞此事。非彼等求而得之。實由美國與彼商議也。至中國今日情形。其信用程度。去無抵當而可借款者尚遠。若與有成議。則如各處鐵路。其會計監督權必在債權者之一條件。則甚要。特財政顧問一節。恐必無之耳。要之今次借款由政略的而變爲商業的。已可概見。然此尚不過預備契約耳。其詳細條件與其金額及授受之日。則究不知在何時也。

同十一月廿五日上海電云

據最近消息。中國政府向美國借款五千萬打拉一事。頗有矛盾之點。有謂中國對於外債利率發行價格及償還期限。皆表同意。惟反對財政顧問一層。故借款契約尚未畫押。此一說也。有謂借款契約頗爲　監國攝政王嘉納。已由度支部尚書澤公與美使畫押。其發行價格爲九三扣。利率五釐。償還期限四十六年云云。未知孰是。想不久必有確報也。

同十一月廿九日北京電云

中國新外債條件一二日間。美國新治湖特代表人士德列到京。即與中國度支部商決。聞條件中之最重大者。爲財政顧問問題。昔者美國本已運動中國宜聘美人爲財政顧問。今更擬利用借款一事。重申前說而得遂其所欲也。然其後有英德法三國共同承受之事。美國所謀。昔者未必遂能如願。故美國初與三國交涉時。即提議宜設財政監督而儆誡用美人之意。雖然對於各債權國一一皆設監督。非中國所能堪也。若必如此。則英國在中國債權最多。宜首設監督矣。是因借款而釀成種種弊害。故此一議中國未必輕易許諾也。

同十一月三十日北京電云

日本資本家欲中國停止與美國借欵改向日本借貸此事已交涉開始云。

同十二月三日北京電云

中國新外債即使爲整理幣制之用更宜聘用外人爲顧問此美國所主張也而中國極力反對顧問一事。故欲此約之成非有他相當之擔保物或增加利率則未易言辦也。

同十二月五日東京電云

中美借欵一事今所成者不過一空泛之預約。其細目則俟美國資本家代表士德列到京後再當磋商。然士德列已於前月廿八抵京亦未聞有切實之提議獨中國既已在預約中言明此欵係爲整理幣制之用頗爲世人所共知若借欵成後而以該欵用諸他途則美國在世界上大失面目故彼要求從一財政顧問蓋美國之地位不得不爾也至英美德法四國則已結一供給中國資金之團體此團體之立非僅以此次借欵爲目的也凡此後遇有中國借欵之事彼四國者皆得與聞蓋以永久爲目的者也信如是則日本豈遑深論其經濟財政之現狀如何而不速行加入以作分此四國權利之基礎乎云云。

以上消息皆傳自外電。良未敢盡據爲實錄。然情實當不甚相遠。綜諸條而核之。其眞相略如下。

一　此次借款確有其事惟現在約尚未定

二　此次借款其息率爲五釐其償還期限則或云四十年或云四十六年大約據置六年據置期滿後四十年償訖也其發行則用折扣發行法而爲九三扣或九五扣尚未確知

三　此次借款我政府自云以爲改革幣制之用然究竟用途所在殊未分明即債權國亦未能置信

四　此次借款雖由美國發起承受然現在權利已公諸英美德法四國

五　此後我國如再有借款四國約定共同均沾利益而日本亦思染指

六　此次借款初云不用擔保今中途而提出以某項稅源爲擔保之議

七　緣此次借款生出監督財政問題大約全以此爲交換權利之條件借款成否全視此問題能決定與否爲斷

吾請述吾之所感者如下

所感一　吾所最駭怪者以如許大事而全國輿論熟視無覩各地報紙非惟不加評

論乃至並其事實亦少記載資政院始終未嘗提起質問（即有亦未節）而內外臣工之有事責言責者亦竟未聞一言獻替也　**比年以來政府將權利送與外國人之事不下數十次我國民皆於事後抗議廢約事前未嘗一圖阻止今茲又將蹈其覆轍**　此皆由事前不知事實之眞相故也實則今日各國舉措外國各大報館記載綦詳若能留心鉤稽總可以什得七八而國中有指導輿論之責者竟不一研究之以爲國民告至爲可詫

所感二　我國人對於一省喪失權利之事件類能攘臂力爭而關係全國休戚者乃反漠然視之　**徒知有地方感情而國家思想銷沈於若有若無之間**　至爲可痛

所感三　曩者愛國之士每遇鐵路借款猶痛哭流涕以言抵制甚則割股斷指以身殉之豈非以路權與國權關係至切耶夫鐵路借款實借款中之最衷於理論者也

苟辦理得宜固絕不至喪失國權即小有所失圖救尚易其以視外國人監督財政禍害之博狹豈可同日而語哉 今我國民乃爭其所不必爭而不爭其所必爭此種心理至不可解

所感四 政府對外交涉素以祕密爲手段夫外交之不能無祕密固各國所同然亦當視其事件之性質何如若借外債則其事爲增加國民將來之負擔且關係一國安危安能不使國人與聞之況資政院欽 定章程明賦予以議決公債之權限今方在開院中而大舉募債而約案不付院議則 欽定章程要來何用 夫使外債之用途及其條件苟能適當則以付院議何患其不能通過即如此次借款苟實爲幣制之用而無所謂監督財政等可怖之條件也則雖以吾黨之愚猶不惜竭全力以贊其成政府苟能以通達事理之委員向資政院說明現在財政及國民生計之實狀痛陳不能不借外債之故而復將政府之計畫源源要約委細布聞以求國民之同情吾敢信

此案之全院通過決非難事也而必爲此晝伏夜動之行徑鬼鬼祟祟以賈國民之疑且躬冒違法大不敬之罪而弗恤何也噫嘻吾知之矣**政府此次借債實有不可告人之隱其指定用途實借以欺人而自始未嘗立意實行而其所約條件則賣國以求自肥決不堪與天下共見者也** 洵如是也我國民其能以不聞不見置之否耶

所感五 此次借款政府聲明爲整理幣制之用吾獨不解整理幣制何以須一萬萬圓之多也若謂吾國地廣人多本國所存生銀不敷鑄幣之用非賴外款挹注將有竭蹶之虞則政府初定幣制時何以不許人民自由鑄造乎如有自由鑄造一條則人民藏有銀塊者皆可辇之造幣局政府何患無原料以爲鑄造之地乎若謂因欲改行虛金本位制不能不預籌一款以爲資本則借款契約何以不聲明所借者須收金鎊乎夫行虛金本位制在國內雖不用金而於國際匯兌非金不可此初改之時所以宜有金塊以爲之盾也若借萬萬圓之銀而號於衆曰我欲藉此改行虛金

本位是南轅而北轍也而虛金本位之制將從根柢破壞矣使政府而果如此也則其愚爲不可及若政府而非如此不過假整理幣制之名號以圖便於借債則萬一借得後債權國以契約義務責其履行吾國尚有面目立於世界乎吾誠不解政府之用心果何在也

所感六　此次借款其詳細條件雖未確知至於發行價格公債利率據置年限報中亦屢有記載大約以六年爲據置以四十年爲償還期限吾國前此所借皆爲定期定額償還法爲言公債者所引爲大忌蓋惡其太不活動不能與國家財政緩急之度相應也今能一矯前弊未始非政府進步之徵至於發行價格聞爲九三扣此公債論中所謂折扣發行（日本名曰呼價發行）利於永息公債而不利於定期公債而尤不利於外債也何以故折扣發行其妙用全在收買故當債票價落之時政府即暗中於市場購取而燒棄之故雖有折扣而其實並不吃虧也若外債而行此法則九三扣者明明百圓吃虧七圓迨據置年限滿足之時國家財政設或裕如而欲償其一部則損失寧能謂小故吾於折扣發行期期以爲不可也

時評

所感七 政府自以此次借款條件爲大有利益以吾論之若用平價發行法則五釐之息率差爲近之今用九三折扣發行則息率五釐實等於六釐矣以現在歐美市場形勢其公債息率實在二釐半與四釐之間今以實際六釐之息率得債以云成功吾未敢肎

所感八 據內外報紙所傳述謂資政院議員關於此事亦嘗有提出質問者其所質問則問此九三折之折頭歸何人所得也此事若信則眞乃可笑夫折扣發行乃各國公債通有之一種辦法其折頭若用直接募集法則政府時或自得之若用間接募集法則承募之銀行時或得之而就正當之理論言之則此全屬持有債劵之人之利益也今該議員欲以此爲監督政府之具實不足以間執其口夫關於此事其利害之關係重大者不知凡幾放飯流歠而問無齒決乎

所感九 此次借款議初起吾方在京師聞諸道路謂美國深願不索擔保品而大借款與我非惟美國也即英法德等國亦有然吾驟聞而大疑之 **夫以我國財政之絕無計畫基礎杌隉其誰不知夫安肯無擔保而**

十

漫然以巨貲假我明知之而猶肯爲之則其必有所恃於擔保以外者矣而果也有監督財政問題隨其後也嗚呼國中論者方日日以有人肯借款與我侈然自豪曾亦知埃及當一八六二年至一八七〇年間歐洲資本家固日日輦金錢以致諸埃及政府惟恐其不賞收耶嗚呼吾國人而以此爲國家之慶也我四萬萬人死亡無日矣

所感十　吾黨持論向謂外國決無所愛於我其以目前小利予我者必將以啗我而求其所大欲而一派人士反對吾說謂他國誠然美國獨否叩其論據則曰美與日不兩立以現在情形論之將必不免於開戰開戰則所損至多故美國爲保和平起見雖犧牲種種利益猶樂以貲假我俾我得以自振故心地之光明正大者莫美若也嘻此眞夢囈也以我國現在政治現象而謂得債遂足以

自振乎今歲入不足七千萬此一萬萬之債僅足彌一年虧空耳試問於國家前途豈有絲毫補益**況乎借債之途一開益以增加無量之美差美缺政治更緣而腐敗財政更緣而紊亂耶**夫如論者言則欲免美日之戰爭必自中國能自強始此誠然也然以中國今日之政治現象而言借債以云自強乃適得其反耳謂美國人而不知此耶明知之而猶爲之其故可思矣

所感十一 今監督財政問題方在磋商中未决定也然吾不敢信我政府之必不之許何也今政府已至鹿死不擇音之時矣苟其許之吾知政府亦必將設詭辭以誑國民或易其名曰顧問而自言爲我發意聘請非由彼要求而得他國不得援以爲例也或曰聘用與解聘之權操之自我於國權無損也或曰美國素無野心雖聘用其人決不爲病也夫以今日我國民倚賴性質之深數月以來其視美國若失乳之兒謂他人毋吾與之言美國有野心輙怒目相向詆人以賣國吾固無取與強辯也

即如論者言美國絕無野心矣美國人監督我財政決不爲病矣然此次借款若果以監督財政爲一條件論者敢保其監督者必爲美國人乎藉曰能矣 **然尚須知我國現有之外債除鐵路借款不計外其餘政治的債務尚有七萬萬兩今此次新借之美債曾不逮其七分之一此條件一成又何辭以拒他國之援例脅索乎抑今日監督未來且無術以拒其來而云既來之後有術以麾使去其亦自欺欺人之甚矣**

所感十二　我國借款不求諸他國而惟求諸美者謂美爲愛我也謂美爲富也夫美誠富矣而謂富者遂必有款而樂於貸與人此又大誤也此次之事主動人士德列親往歐洲與英法德三國交涉而將來債項其由歐洲市塲募集者居四之三此中雖有種種原因而美國之力慮難獨舉亦其一也美國人富於冒險企業性而不好

安居貸財以取穩固而微薄之息與法國人性質正相反對且自昔爲債務國今形勢雖變然猶未能純成爲債權國之地位故吾國人若以爲一得美國歡心而外債取携無不如意者實謬見也

所感十三　就令美國果誠愛我而其力又克獨舉然以今日國際政局果許美國獨爲君子乎今日列強對於中國之行動常爲機會均等之主義所束縛本報已屢言之今乃不幸言中而此次借款遂爲引起英俄德法四國調和競爭之目的物　嗚呼倚賴根性之國民其迷夢醒耶未耶　今茲之事其爲英法德所要挾而美人降心相從耶抑美人懼善後之難而先以所得者公諸同好耶雖未可知然由一國權利而變爲四國權利則事實章章不可掩矣　恃美人之庇我者其迷夢醒耶未耶

所感十四　據日本報紙所論述則日人方奮力謀參加於此四國權利之中其一般政治家所論謂日本現在財政雖極拮据然即乞諸其鄰亦必須得款以爲我債主

竊嘗揆其形勢。恐四國權利。變爲五國權利。終所不免。嗚呼我國民其思之以我之一貧如洗而人人爭以金錢畀我吾求一債主而得四五彼則何求哉而我民方欣欣然自以爲榮幸天下固有以酖爲引年聖藥者有如此也

所感十五　四國協商之約其性質非爲一次的暫時的也而實爲繼續的永久的蓋以瀕於破產之國家非借債無以自活此後全國人公私之生命惟債焉託而有債權者即他日之主人翁也嗚呼我國民而甘永以奴籍自終也則承認現政府之借債而不然者則當思所以處此矣嗚呼吾口瘏吾聲嘶吾淚盡而血枯我國民其亦肯一垂聽否耶

要之吾國果宜舉債與否非客觀的問題而主觀的問題也主觀的問題維何則可恃

時評 十六

之政府是也政府果可恃十萬萬圓之債猶嫌其少政府而不可恃百萬圓之債已嫌其多政府而可恃雖英俄德法盡爲我債權國無之不可政府而不可恃雖舉債波士他日尙將爲患今之政府果可恃乎抑不可恃乎豈待余言

(附言)本報總撰述滄江先生嘗力陳中美同盟論與現在外債政策之危險其言字字皆由血淚而出稍有人心讀之皆當感動乃近日忽有上海報館數家日肆狂吠其所以誣詆滄江先生者無所不至其最無聊者則謂滄江先生受日本人賄賂以破壞中國自强之大政策也滄江先生之人格天下共見固不待鄙人阿好辯白而彼狂吠者苟爲有意誣陷耶則其心可誅其見有所不及耶則其愚可憐而今者國中大多數人一方面憤日本之侵陵一方面以美國人爲可倚賴則其致疑於吾黨所持論亦無足怪吾今請以一言正告國人曰**吾黨誠絕對的反對政府此次之借債而思破壞之恨力不逮耳顧不能謂反對借**

美債之人即爲袒日之人吾不必問日人之反對借美債與否吾惟問現在借債有害於國與否而己苟誠有害於國又安得以日人反對者而我遂避嫌不敢反對耶

滄江先生意志强毅其生平受人誣謗豈止一次曾不以稍攖其胸彼悠悠之口何足道者顧吾願國中之立言聽言者皆愼之耳

宣統二年十一月一日　明水識

時評

高峯突出諸山妬
上帝無言百鬼獰

著譯壹

美國之政黨及其人物

繫匏

此美國北美評論最近所載之文於美國邇來華俗之情勢政黨之更變人才之優劣推論至爲詳盡譯述之以告我國人

美國今日之政黨。未能滿其國民之望者也。其人民之議論。其報章之評議。動輒憤懣而有微詞。於是哈士特乘機奮起。思別組織一新政黨。取舊政黨而代之。事會不諧。遂無成而至於失敗。然美國之政治。實以政黨爲基礎。故政黨者。美國國民運用政治之惟一方法也。舊政黨能滿其望。則託舊政黨以政權。舊政黨不滿其望。則將有新政黨之組織。此固事勢之必然者矣。

今日之政爭。固自曩者競爭特權。繼續而至於今日者也。然今日之激爭。實視曩者之爭爲更劇。何者。今日所爭之特權。固非自君主貴族僧侶政治而發生之特權。實自自由國土民主政治而發生之特權也夫商工業上之新組織本因自由競爭而萌芽至今日乃爲遮斷自由競爭之結果美國立法之精神固使人人皆立於平等之地位各展發其才能以得均平之機會者也然反抗特權而建設之平等社會今忽發生至不平等之新特權而立法之精神幾至爲所蹂躪蓋物之不齊物之情也故特權之發生實人類自然之事實雖裁以法制固未易強不齊者而常使之齊故甲種之特權雖平乙種之特權旋起然無論爲何種特權無不與美國平民政治之最初目的相背馳吾人必當絕其根株使之復於平等此猶曩者自由主義之反抗專制其激爭之劇或且視之爲加甚也

力能自治之羣則必有政黨以維持政治既曰政黨固不能一黨獨立也有保持特權之政黨發生則必有反對特權之政黨與之對抗雖或有別樹政綱之多數政黨錯立其間然標特權爲攻守之二大政黨常對峙而互相進退而政治之變化亦以此爲中心此各國政治之大較也美國今日之二大政黨其抗爭之主義雖不一端曩者各州與中央政府固嘗以權限之齟齬成爲至大之爭端今則劃定權界既已分明昔者重

要之問題。不足爲政黨競爭之標幟。於是一政黨則維持秩序。重視權勢。期於此等庇護之下。申張特權。一則重視個人之權利機會之均等。反抗一切之特權。以博人民之同意。標特權以爲攻守。固無異各國政黨之通例也。

共和黨之主義。尊重人權。崇尚自由。昔日力持放奴之正義。以反抗特權者也。至近日則性質移易。一變而爲維持秩序重視權勢之政黨。有特權之社會。悉依附以求其庇護。自南北戰爭以來。共和黨常握政權。以組織政府。其重要之人物。多踞要津。故能道其黨內之潮流。日趨於擁護特權之主義。邇來美國工業蕃昌。其組織隨而一變。大公司接踵而起。託辣斯特繼之。自由競爭之範圍。被壓迫而日以狹小。彼大實業家之多數。表同情於此黨。以贊成其保護主義。固其所也。彼共和黨之組織與大資本家之關係。既深。遂漸爲新權勢新富力之代表者。反抗競爭共同諸主義而立於擁護特權之地位。

與共和黨對立之民主黨。固亦嘗爲特權之擁護者矣。南北戰爭以前。民主黨實久握政權。當支夫阿遜、查克遜等爲大統領時代。其平民之主義最昌。逮標嘉南大統領時

著譯 四

代。其主義已稍衰矣。及放奴問題起。各政黨內議論沸騰。一時皆有分裂之勢。民主黨中南部之持奴隸論者。實制勝利而握權勢。至一千八百六十年。其形勢猶未變易。於是。向所主張之個人自由與地方自治之二大政綱。主與奴隸問題相矛盾。及其結果乃主張地方之自由及各州之權利。而從來主持之人道及個人自由之說。棄之不顧而當時最重之奴隸問題。殆不啻支配於民主黨內部之人心。由是觀之。當日之民主黨。固亦重視秩序特權之政黨也。

十九世紀之季。民主黨之勢力驟衰。其黨員之內。亦無復利有特權之人。其黨中之新勢力。則大都市之勞動者。西部諸州之外國移住民。及普通農民之代表也。南北戰爭以後。南部諸州對於奴隸之利害問題。已歸消滅。其地之民主黨形勢。亦迥異於戰前。而爲新勢力所左右。蓋南部諸州奴隸所有者之寡頭政治。既已傾覆。而商業工業資本家之勢力。未能代興。其握有勢力者。乃在無門第。無財產之普通人民。故今日南部諸州。除人種問題而外。則皆反對特權。助民主黨之勢力者也。

美國商業工業日益發達。新特權之階級遂生。民主黨獨能主張個人之自由而與之反抗，宜其得公衆之後援矣。然十餘年來，民主黨勢，固仍萎靡不振者，何也？則以其組織管理，不得其宜，而缺於應時之智識也。彼共和黨組織嚴密，條理整然，其所措施，又能應於實務。民主黨適得其反，國民咸謂其力弱勢渙，不能委以重大之政權。民主黨之所以敗，實敗於人才之消乏，而非敗於主義之失宜也。

然而今日之政黨，固不能無所變動也。變動之故，實因二事：一則盧斯福政策之傳宣，一則共和黨內進步派之勃興。彼盧斯福之政策與進步派所主張，皆以爲今日維持黨勢，徒與大實業家相聯合，未可謂爲得計，必當因應時勢而注入新分子於黨中。要而言之，則維繫國民之人望而已。美國自有工業上之新組織，遂生羣治上之新特權，而國民不平之聲，亦緣之而起。彼所謂不平者，固非謂生計窘難，欲自救其困苦也。美人生活之程度，視他國爲較高，其執業之勞庸，亦視他國爲較厚。彼所以憤懣而不能自已者，徒以富豪之勢，日張中小之商業工業，悉爲大商會大公司所兼幷。彼等受役於富豪，不過如大機械之一部，雖有才智，亦無從奮其手腕，以與大資本家爭雄。自由競爭之範圍，日見蹙縮，無復轉旋之餘地。個人之自由不張，是實謬於平民主義與美國立國根本之國是大相乖背此所以不勝憤慨也國民不平之聲日激刺二大政黨而其內部遂因之而動搖彼盧斯福與進步派之所主張實深察此事勢稍變曩日之政策以應國民之要求者也

夫因民所欲以發揚平民政治之精神是果盧斯福為其率先者乎抑進步派為其創始者乎彼果出於愛國之熱誠以為國民之指導乎抑懷不軌之野心藉此以收拾人心乎是雖皆未可知要之盧氏與進步派不可謂非遠識也雖然當盧氏為大統領退職之時其所議論者僅制馭大公司之方針與保存富源之方法而已較之進步派之政綱固不能無所殊異蓋高度之保護關稅盧氏未嘗攻擊與共和黨利害密切之商工諸業盧氏亦不贊一詞也若進步派則極力詆排直與黨中之保守派公然挑戰然以是之故共和黨之分裂遂有見端而美國之政界其形勢亦將為之一變

今且揣測其分裂之情勢而一為豫言使進步派而獲勝敗共和黨之主義固必一變然保守派去將安歸勢不得不仍留黨內則共和黨之自由主義有保守派為之調和未必至為急進使保守派而獲勝敗則進步派必不肯仍留黨中以屈服於保守派之

肘下。必相率脫黨。或自組織新黨。或與反對黨合并。然則他日苟有自由黨出現。其主要之黨員。必爲今日共和黨之進步派與民主黨之一部分。可斷言也。若從來掌握美國實權之共和黨中保守派。亦必聯合素重秩序之黨派與夫民主黨中政見相同之人士。建一擁護特權之政黨。以與之角立。如是則美國今日之政黨。必將縱裂而仍爲二大政黨。固可揣測而豫知者耳。

然則美國他日之政黨。其將全行改造。別有新政黨之出現乎。抑仍舊黨之名稱而其內容主義實悉更革而變易之乎。是則在統率政黨者之才能而不能逆覩者矣。共和黨中苟有人豪崛起。如向者之哈爾登林肯諸賢。則開拓規模。黨勢必將大振而反對黨之人物。亦將吸集其中。民主黨中苟有偉人。亦必能網羅黨外之人才。以振已衰之黨勢。今日美人之心目中。莫不謂共和黨之盧斯福。足當人豪之目。至求人傑於民主黨內。則濮來安亦足當之。夫濮來安之政治意見。今日漸行於事實之上。彼盧斯福之政策。進步派所主張。當盧氏未任大統領之先。久已爲濮來安所倡道。其深識遠見。誠可稱爲先覺。然其政治理想。多迂闊而不適於行。而濮氏極力提倡。猶謂可見之實用其黨內卓識之士、咸謂濮氏缺於智識、短於判斷、未必能勝指導政務之重任。自玆以往、更恐濮氏之人望日減、而未必能起民主黨於方衰也。

若盧斯福則與濮氏迥異矣。且勿論其才略之如何。彼既去大統領之位、依然爲衆人奉仰之人。一舉一動、皆足聳世人之耳目。一語一言、反響且及於全國。其聲名之大、勢力之廣、數十年來美國未有能比者也。彼岸然以進步的共和派之首領自任。同派之人士亦推戴而樂從其命令。是誠衆望所歸之一大人物、而足膺統率政黨之任者矣。然盧斯福固絕大之野心家也。彼挾其過人之精力、蓋世之才氣、絕倫之智識才略、以飛躍於政治之舞臺。雖無汗馬之勳勞、然其內治之功績、即擬之該撒拿破倫、亦未爲遠過。彼雖非有特別之天才、然培養其能力、張拓其幹局、乃能達於天才之地位。身體本纖弱也、鍛鍊之使爲强壯。言論本拙劣也、練習之而易爲雄辨。才具非幹辦也、磨礪之而習於實務。日擴張其才力與權力、堅定其立脚之地、以逐漸進行。古來王統之建設者、帝國之顛覆者、共和國之創造者、及破壞者、固皆與盧氏爲同型之人物也。夫以如是之人物、統率民主之政治、其危險之及於美國、實視商業工業之新組織、新特權爲尤甚也夫商工業之特權建國之初所未有昔賢固無術以防之若以挾至大之勢力負極重之人望而又復富於野心之人久處權要總攬國政其搖動國家實在意計之內古來共和國之傾覆其實例不可枚舉矣是以建國之初大統領之任期限以四年不許再任其制至嚴然華盛頓已破再任之例及被舉三任乃峻拒堅辭此開國以來必不許變之成例也

國父華盛頓之成例非以約束避權勢之長者實將以限制怙威力之野心家彼盧斯福之野心雖其私人亦不能曲爲之諱也彼挾其橫肆之才力以求達其功名之雄心苟有足以阻其大欲者障於其前則無論如何人物如何法律必不惜一舉而破除之比年以來彼之對於政敵固亦稍露專制之鋒稜矣蓋其壯心雄略不可一世舉凡法律制度與夫一切先例足以縛束人者彼皆視之蔑如英美二國從來之大政治家無不敬重法律成例而謹守之者至彼而態度一變求之先賢與彼稍相類者查克遜一人而已然查克遜無縱橫肆恣之野心無急激變革之意見其就大統領之任也年已垂暮故雖蔑視法律成例而危險不甚若盧氏之壯心雄略苟重就大統領之職則其

權勢之大施設之事迴非查氏之比氣盛意銳旁若無人其蔑視法律先例之影響亦必不能援查氏以擬議之也

是故盧氏苟能裁抑野心則以彼其才固足以應國民之求而善國家之事而非然者則彼藉非常之人望握無上之大權馳騖功名求其大欲吾恐工業上之新特權足以蹂躪平民政治之精神者彼政治上之野心家更足以搖動民主政治之團體他日國家之危險乃在此而不在彼也

著譯弍

新刑律爭論之感言

咸寗崔雲松來稿

新刑律草案自光緒三十三年提出以來。屢受社會之駁擊。或各省大吏。或中央臺諫。函電交馳。皆視為一種不可行之物。今則發布有日。又見于憲政編查館員之論駁。波瀾復波瀾。似此一項法律。終無解決實行之一日。中國欲以法治國。而現象猶復如此。法治前途。尚覺遼遠。大局如是。嗚呼難已。

決律為一國生活之準繩。規定一有不當。全體即受一惡結果。反覆討論。不厭其詳。嘗見各文明國一法案提出于議會。縱橫辨難。往復無已。誠以茲事關係重大。自有不得不爾者。然各國無論如何討論。皆就其法律根本原理。本身系統之性質內論難研究。決未有駁者所據之理由與對象物全屬隔膜。諺所謂以張族之生計籌謀。强欲用之於李族家庭中。刺刺不休。議論何嘗不善。所惜者皆張族生活之現象。而于李族之事

實絕無交涉滑稽無用之論說此語曾未之前聞

吾國二三年來關于新律論說官場一方面固不必言而社會全體之見解似亦若明若昧求一眞知此草案性質者尙無精當之發表故有贊成者有反對者議論不一要之皆非眞知此律者也有反對者而新律之精神晦有贊成者而新律之精神亦失何也贊成者曰新律爲人道主義又曰寬大主義新律果屬此耶甚至以新律爲一種收回領事裁判權之具似乎不得已而一爲之者畢竟此律關乎一國生活標準者如何皆未道及試觀內外論說公文等凡言新律之可行者多以收回裁判權爲據吾儕亦非謂此言之不可然而新律所規定者爲今日社會需要所要求有萬不能不用者在國有外人裁判權耶固當用即無外人裁判權也亦當用收回裁判權不過間接之效果耳以此律爲不得已之手段胡爲者反對者曰刑罰過于寬大又曰與中國禮教不合即此次編查館所論戰之和姦無夫婦女違反父兄教令諸條皆屬舊律之根本理想據之以論新律反對贊成二者見解不同其于新律精神見之未瑩也則均所謂以張族之生計籌畫强欲用之于李族家庭中隔靴搔癢渺不相涉吾國人于維持社會

之要具仍在影響模糊中無可諱者此等見解本無批駁價值等之自鄶以下可已所最痛心者國家欲以法治國新一國能力與世界列強參驂于生活競爭塲中維持生存于不敝而一般社會于新律精神無理解能力多以舊思想解釋之此次編查館之論戰不過其一耳他如此等見解者何限且此後參議之議員運用之法官脫人人于此中根本原理不能消化又復新舊互糅雜色並列新律精神尙有實現之日耶吾國建國時代較遠于現世各國傳來之獨斷理想未受科學陶鎔者本極鴻博邦人君子遂據爲惟一之眞理而不化凡科學應用之一制度一學理稍有與舊學相影響者輒謂不出吾之範圍我先民已有行之者管子周禮春秋諸書歷爲頭巾家所引用以與各國制度相參雜不新不舊泥沙混淆而于文明國制度學理之精神全失矣中國多年變法不成者皆以舊思想運用新學理無不失敗以終今日之新刑律特其一端耳夫舊律自漢時成立以來綿綿延延垂二千年之久其中所根據之原理原則久已蟠踞于人心而不易去此種根本理想不剗除吾敢謂國家刑法改革歸于泡影直接受創者國民生活不改良無以固團體之基間接受創者吾國法律現象大異于文明各

國外人不能就我範圍裁判權如故即國權無完全運用之一日今日第一急務必剖晰新舊律原理之根據使一般社會知二律各有所憑區區數百條條文不過此原理具體的一記號欲知此記號之法理當溯其所據之來源既知二律之原理不同則張冠李戴之議論自消新律即有規定未善者祇宜于新律系統內討論之始有駁論之價值不爲識者所齒冷顧新律導源于十九世紀之科學而其形式沿革又爲十八世紀哲學之反響其中頭緒紛繁自非片言所能罄舊律又孕育于吾國數千年之哲學倫理學就繭抽絲引證浩博累累作數萬言不適于普通理解所不俟言勒成新舊律比較專書願以異日今惟就二律原理之輪廓大畧陳述聊以分晰二律之異同先清吾國人眼光一般限界而已

舊律濫觴于李悝大成于有唐至　國朝而益臻完備燦然成一大法典爲世界五大法學之一未始不足以自豪而上下數千年名人碩士未聞于刑法法理作精當之論著故舊律成立之基礎觀念渺無著名學說如泰西法律哲學家釋法律以種種見解如神意說自然法說等俾人有跡可尋辨析精理下以適當之解釋譬之深山大澤斧

斥未入羣其閫奥誠覺非易然一團體所遺傳之制度規則著于跡象者皆其羣全體意識所發現自如一種木本水源脈絡貫注于其間故欲觀其制度精神所在就其團體數千年意識所寄自可得其根底而悟其精微但人羣進化奔放無已團體意識已如强弩離弦一往而不可捉摸社會學大家 Dorte 氏謂人類意識分三大變遷卽神話時代哲學時代科學時代是已夫神話時代邈矣科學時代不過近一世紀之事支配人心者尙淺惟哲學時代處神話科學二時代之間不先不後適逢維持社會爲人羣當務之急其所倡導之意識更足以深合一般心理故其蟠踞于社會中自有一種潛勢力不易驅除而一切制度法律皆本其宗旨孕育焉如泰西前數世紀之哲理思想今猶有滌除未盡者言法律者尙有自然正義性法諸論說時見于法學家之口況吾國科學甫勾萌而哲理意識已淵渟于數千年之久一法一制無非此哲理意識所發表今欲知舊律之基礎原理一溯全社會意識中堅之要點自可得其梗概焉

吾國自堯舜時有書契以來無論國家政治個人事業皆以倫理道德爲惟一之標準凡典章所規定人文所謳歌千條百緒歸于倫理羣山萬壑無有不赴荆門者夫人類

著譯

初成社會時，自以維持秩序爲第一著。倫理道德，乃矯此無秩序者惟一之武器。故倫理一科，遂占各國思想史發達之第一頁。但各國因社會遷移，而全體意識不能專注于此一途。惟吾國社會，以四圍種種影響，使數千年守一而不化（此中關係複雜，恐筆墨趨于別途，故不細述）。日人綱島氏謂吾國數千年之學說理想，捨倫理學外，他無特色之可言（該氏春秋倫理發達史參照）。又建部博士謂希臘爲宗教的國民，埃及爲美術的國民，印度爲哲理的國民，而吾國爲倫理實踐的國民（該氏著哲學大觀參照）。誠哉言乎。然倫理道德，不過一抽象的理論，以如何方法而實行，必有一具體的形式物以表顯之，人民始有所依而奉行。古摩磨法典，穆罕默德經典，皆以倫理道德爲反響，規定于法典之中，使人依據而進行。吾國開化最早，于實行倫理之方法，作二大形式物以督催之，一曰禮，一曰刑。禮則示民以行倫理之矩矱，刑則加民以反倫理之制裁。二者相輔而行，倫理始爲社會生活之一實現物，決非理想空言之可比。此吾族秩序維持之要具，數千年團體所以綿延而不散者也。諸如此等論說，見之于各經史中者，不一而足。聊引一二名著，可以該其餘焉。

仁愛德讓，爲王者之大本。愛待敬而不敗，德須威而久立。故制禮以崇敬，作刑以明威。

六

漢書刑法志

惟禮以教之于先。刑以禁之于後。所以體上天仁愛斯民之心。而俾之盡歸于善也。辯

刑典刑曹敘

君令而臣恭。父慈而子孝者禮也。反是則有刑。吉凶軍賓嘉有儀節禮也。反是則有刑。故曰刑者禮貳也。聖人所以藉平天下之道。蓋莫要于是矣、經濟彙編刑藝文志柳斯禮刑論

法家者流。蓋出于理官。信賞必罰。以輔禮制。漢書六家要旨

就以上所引證者言之。有禮刑兩面之作用。而倫理道德始維持而不敝。禮刑本爲一物、不過其表裏方法不同、一則于積極處行之、一則于消極處行之。二者爲行倫理惟一之具。體物宛如國朝之大淸會典與大淸律例。皆屬國家經緯天下之要具。會典示人以職守。律例示人以大防。所謂納民于軌物。國于天地。始與立焉。此等社會意識所歸宿。垂數千年而不變。堯舜時所謂五禮五庸五刑五用。皆參透此中機緘之言。戰國時。儒法兩家分道而馳。儒重禮而法重刑。乃屬一時矯枉之過。後社會日趨複雜。非禮不可以治國。無刑亦不可以治國。禮刑遂爲國家之大典。除腐史有禮書、無刑書外。漢

著譯 八

書以下凡各史之書志無不禮刑並載者所謂天下之禮法又曰禮樂刑政爲國之經諸如此類枚舉不遑刑律至唐而大備而十惡大罪皆依禮而規定宋明以下因之故東坡云出禮則入刑元柳贊序刑法志謂禮刑其初一物出禮入刑之論固將制民以義國朝四庫書目謂唐律一準乎禮故得其平宋以下因之云然則一部大清律例條文雖至數千百條其所以孕育而發生之者抽象的倫理道德而已禮之反面而已如何謂之犯罪如何始加以刑罰皆以倫理道德爲標準以定問刑定罪之觀念爲據此原理產生條文自有一系統之排列刻亦不暇細述後當與新律之觀念比較而觀其中癥結自恍然已

新律仿自世界各文明國之法例就形式論似乎東施效顰全非故我然其中所據之原理原則多源于近世科學應用之法理而非出于各國遺傳之事物公例發明推之人類社會而皆準斥斥以新律爲他國之習慣法恐不適用于神禹故土管窺蠡測又胡爲者蓋十九世紀爲科學燦爛之期生物學上所建設之進化論尤爲人事科學開一新紀元新律中所規定之條文多自此學而發生故欲知所據之理由當知進化論

爲第一前提惟此學頭緒紛繁不暇縷述演其大畧而已

地球初成立時一氣體的火球而已漸次消滅凝爲固體一切有機體始發生焉而有機體分三大階段之生活第一階段曰單細胞的有機體阿米巴之類是已第二階段曰複細胞的有機體通常動植物是已第三階段曰複複細胞有機體動植物皆有之就動物一方面論凡爲社會的生活者如蟻與蜂之團體並吾人之國家皆是已夫一有機體之細胞由下等而高等由無意識的而爲有意識的非其始生時卽有此等系統也皆有一進化公例愈演愈進遂成爲一複雜生活之現象焉蓋生物日日生產之數與自然界之供給物兩不相應如水分土地食料等之有限而生物界之生生無窮供不敵求生存之競爭以起其結果也凡某種受其先祖之遺傳及四圍之境遇適于生存者爲優反是者爲劣優則强强則存子孫從而蔓延焉劣則弱弱則亡子孫從而滅絕焉所謂自然淘汰又曰適者生存地球自熱體變爲固體以來閱歷不知幾何年而生物猶能爲地球所容者皆百戰之餘所僅存者也夫生物種類導源于一需要無着則競爭競爭不已則進化進化不已則變種日離日遠有機界遂各成一系統分道

而成立焉人類爲下等動物所化進化之跡歷歷可誌無非循此法則而來者人類既爲生物之一則凡關于人類之一切之制度學理皆當與生物一體研究無足怪者十八世紀以前泰西一般思潮爲哲學家之理想所支配如人類中心說目的宇宙論等橫行一時學宗百家無非演此哲理而已自進化論出後始知人類由獸類而來爲遺傳感應之法則所陶鑄而中心目的等議論一掃而空之其他如社會學一科以會社爲有機體又曰社會連帶責任社會維持之法全用生物學之組織心理學家前以心理爲一自由無方之妙境者後遂變爲物力相繫之關係非知生理而心理有不可以言語形容者法律家前解法律曰正義之發現又曰行爲之準則後遂變爲生活之準繩要之進化論出後十八世紀以前之遺傳學說無不風駛電馳爲將曙的頹波捲之而去千八百八十年北美某學會以十九世紀各科學發明固多而其中可首屈一指者屬誰以此問題徧詢世界皆以達爾文種源論相答亦可知其價値已

泰西十八世紀之刑法皆以哲學爲根據所謂天賦人權人民自由者是已千八百五十年後犯罪日增識者已竊疑刑法原理之不當進化論一出則前刑法所據之原理

既覆法規自有不能不改良者蓋人類與他動物同一祖先進化不已始有今日之位置所謂天賦權利者何在人類爲椎脊動物之一所謂萬物之靈者何在人類以遺傳與社會之感應而意思爲因果律所束縛所謂自由者何在社會既造人之行爲則犯罪爲社會一現象罪惡必罰之刑罰烏能遏犯罪于未萌研究刑事法者遂藉進化論爲根底生兩大翼之學說焉一就遺傳一方面立論以人類生理爲犯罪之根據所謂犯罪人類學者是一就感應一方面立論以社會造成人之犯罪爲本所謂犯罪社會學者是研究日益進步爲世界立法家所採用刑法遂開一新紀元吾新律卽其中之一也

夫舊律所據之原理如彼新律所據之原理如此導源不同分派自異條文規定不符乃自然之結果無足異者今欲新舊混淆奐越一家抑何不于二律相異之處稍一比較而即得其眞相耶

一犯罪觀念之不同也舊律爲輔倫理禮制之進行故問以如何謂之犯罪不過一倫理禮制之反影而已人有行爲不善其實害雖有如何之大危險雖有如何之重意思

苟不反乎倫理禮制國家即不得而罪之脫于倫理禮制稍一相忤此其罪放之四海無能逃者故他罪皆可減赦而十惡大罪其中無論如何情節皆死之而後已且刑罰適用時不論如何性質而以其人之身分倫理爲斷夫婦之別官民之等良賤之分主僕之位族制師族等殺人雖同而刑罰有大相懸殊者律首載服制贖罪諸圖與法理絕不相涉在各國刑法家觀之誠有百思而不得其解者而吾國以倫理爲根據結果必至于此無足怪者新律之觀念以生物學爲根據人類社會乃複複細胞的動物保護共同生活爲人生之第一義個人之生活競爭超出于範圍以外社會受其侵害者始謂之犯罪德法派謂之反社會性又曰危險性伊法派謂之惡性苟其人之性質危險耶未遂亦爲罪過失亦爲罪徒罪一科舊律定爲三年者新律則延長十五年爲苟其人之性質不反乎社會耶雖殺人祗罰以五百元以下之罰金甚至刑罰不即執行期滿而刑即消除焉且舊律注重于倫理如何無論民刑事件官吏懲戒皆規定于一編之中新律既以危險爲標準關于危險者則有刑關于賠償者則歸于民法民事以實害爲主故以財產恢復之刑事基本在危險財產烏能恢復耶故不能不另編民法

者。犯罪觀念之不同。有不得不然者也。

一刑罰對象之不同也。以如何理由而加人以刑罰。則曰犯罪。犯罪于何見之。則曰行爲。就行爲而加以刑罰。此新舊律所同。然所不同者。問此行爲自何發生之一問題而已。舊律謂之偶然。新律謂之因果。來源既異。故處分不能不殊也。蓋吾國推重儒家哲理。以人性爲善。數千年如一日。故曰天降下民。皆有恆性。又曰三代之民。直道而行。以此原理推演。謂人類無不善者。一時教化未孚。不幸犯罪。不過一時之失。非其人性之不善也。刑罰所加。惡其罪。非惡其人。故祗就其行爲爲對象而已。足刑罰之輕重。視犯罪之大小而應報之。死本一也。曰斬曰絞。辱本一也。曰笞曰杖。贓本一也。曰錢曰兩。無不量其行爲而應之以刑罰。甚有出人意表外者。如情罪重時。行刑則加刀數。殺人子使人絕嗣者。則亦閹加害者之子。使伊絕嗣。應報如此。令人不禁捧腹（以上二條經沈大臣刪之）且行爲犯罪。乃一時之不幸。故有贖罪之刑。脫以其人之性質爲根據。區區數金。鳥可贖者。

新律據生物學之法則。謂人類之性質。無不由二大因果律所造成。一曰遺傳。一曰社會。犯人或因祖先所遺傳之惡性。及社會四圍之剻染。使之有不得不然者。故于惡性可矯正者行爲之犯罪雖大不可以刑罰加之如猶豫行刑不論罪等章之規定是惡性有不可矯正者必用社會的排除方法如累犯科重刑長期徒刑等章之規定是且刑量規定皆設以最上限與最下限任判官臨時之酌量與舊律絕對的規定者原多相反此根本不同之所致也

以上所論不過陳其大畧新舊二律各有系統之組織稍一參雜法理即不能通奈何以舊律條文如和姦諸條强欲加之于新律系統之中不牛不馬新律尚可運行而無滯耶使舊律至今日而猶未改也吾朝野禮教主義之觀念依然如故自屬正當之見解吾輩雖不學當出前數年所習中國學理之宗旨追隨諸君子後作一鸚鵡之助舌無不可者使舊律至今日而不可行也新律之法理精深竭力研究且恐有不能造其室者何暇新舊雜糅爭無謂之閑氣也夫學問之對象在人生人生之活動隨社會所學與社會無涉則學問無價值之可言吾國學者如卿平心而論一言一動合乎活社會之現象者有幾此其病在視社會爲一種傀儡無古無今豈不由一模範科臼造成者古之社會既無殊于今之社會則古之制度學理可推行于今日也無疑董子云天

不變道亦不變一語不知誤幾許讀書先生矣科學未發明以前一切制度學理本無指南之針各就其一羣所憑藉者山盩水厓生一種獨斷的理想維持其羣之生活而自足所謂一國文明是已科學發明試金有石凡與科學實驗無歸宿者皆爲自然所淘汰代之以實驗可行者所謂世界文明是已舊律理想發生于數千年以前爲蠻時社會所需要有不得不發達者在蓋社會初成生活單簡倫理一科足以維社會于不敝刑法不過對于反倫理者不得已適用之一具遂成爲一種哲理思潮皆以刑法爲副倫理之一消極物今社會日趨複雜倫理學不過爲維持社會之一端欲諸事皆以此爲根據不知分業維持之法則此何可者不見夫舊律大部分久不適社會之用時製出若干條例以補其窮而濟其闕甚至條例而亦不製惟捺新事實以合舊律文致口工誦讞牘更換面目諸怪劇爲法曹所習見而不以爲怪律之精神亡之久矣昧者不察猶謂舊律之根本主義適於中國之社會抑何不思之甚也且生物學之所實驗人類性質爲遺傳與社會所束縛或善或惡自有不得不然者則舊日性善之哲理既覆應報行爲之刑罰豈有運行之餘地猶能拘之而不化耶故謂舊律之根本主義爲

不善者妄也謂其根本主義猶可行之於今日也又愚以社會之需要與科學之應用衡之可已

新律規定之未妥者甚多吾輩亦非絕對的贊成如未遂罪之過多公權褫奪之不當徒刑之階級複雜從犯之條件不合以及俱發罪之名目并徒字律字等皆當更正似此者枚舉不遑然一般見解于產生此條文之原理猶在五里霧中脫更于其中之小節目而梳櫛之益復混雜不愈亂于治絲而棼耶故祇言其一般原理藉濟限界至其內容之妥否當繼此而進次第發表與海內識者共商榷之可也

法令

資政院會同學部奏定地方學務章程

第一條　地方學務由府廳州縣及城鎭鄉自治職按照地方自治章程及關於學務之法令辦理　府廳州縣自治職對於地方學務應有之職權在府廳州縣自治職成立以前由各府廳州縣勸學所行之　第二條　鄉之地處偏僻或財力薄弱者得照城鎭鄉地方自治章程第十三條設立鄉學連合會　照前項設立鄉學連合會者應於協議時將連合會議之編制事務之管理及經費之籌集處理方法一併規定其協議不決者由府廳州縣參事會議決之　第三條　城鎭鄉或鄉學連合會爲辦理學務得就各該區域內劃分爲若干區　第四條　在城鎭鄉或鄉學連合會區域內居住流寓有不動產或營業者對於該地方公用之學堂均負擔設立及維持之義務其本地方原有公款公產者應先以公款公產之收入充設立及維持之用　第五條

城鎭鄉鄉學連合會或其分區經該管地方官之訓令應受他處城鎭鄉鄉學連合會或其分區之委託代辦兒童教育事宜　第六條　鄉學連合會因連合解散或擔任事務之關緊而生財產上之紛議者由府廳州縣參事會議決之　各鄉因代辦兒童教育所需酬金之有無多寡及其他必要事項而生紛議者照前項規定辦理　第七條　府廳州縣及城鎭鄉爲辦理學務應設學務專員由各該議事會公推曾辦學務具有經驗者在府廳州縣由地方官委任在城鎭由董事會在鄉由鄉董申請地方官委任執行之　第八條　府廳州縣城鎭鄉鄉學連合會或其分區爲辦理學堂蒙養院圖書館得置基本財產及積存款項　前項基本財產及積存欵項之籌集處理須經監督官府之核准其照原定宗旨動用積存款項者不在此限　從基本財產所生之收入不得於原定宗旨以外移充他用從積存款項之收入應加入積存款項之內　第九條　府廳州縣城鎭鄉鄉學連合會或其分區遇有捐助學務經費者應作爲基本財產其捐助人指定作爲辦理某項之用者不在此限　第十條　公立學堂蒙養院圖書館所收學費公費及使用費均得作爲基本財產或積存欵項　第十一

條　府廳州縣城鎭鄉鄕學連合會或其分區每年經費若有贏餘得作爲基本財産或積存款項其無贏餘者得於歲入內酌增若干作爲基本財産或積存款項　第十二條　從前爲地方學務籌集之款項若有按照地方自治章程列入自治經費移充他項之用者自本章程實行後三年之間得以府廳州縣參事會之議決分別劃定取作爲學堂基本財産或積存款項　第十三條　本章程自頒行文到之日施行　第十四條　本章程施行細則由學部以命令定之　第十五條　本章程內所定應由府廳州縣參事會代爲議決之件在府廳州縣參事會成立以前由各該地方官代辦

法介 [illegible]

前不見古人
後不見來者
念天地之悠
悠　獨愴然
而淚下

文牘

晉撫丁寶銓奏查覆晉省礦產摺

奏爲遵查晉省礦產謹將現在辦理情形恭摺具陳仰祈　聖鑒事竊臣七月十三日承准軍機大臣字寄宣統二年七月初七日奉　上諭朕維貨藏於地富國之道礦政爲先我國地大物博礦產富饒近年各省漸有開採而成效總未昭著者或以財力未充或以運售不易甚有欺詐之徒藉集股以圖誆騙遂至股實富商虧折於前不復踴躍於後有利不興殊爲可惜現在百事待舉總以開濬利源爲第一要義凡有產礦之區該都統督撫等當於平日派員查勘設法興辦無使利棄於地其風氣未開者多方以勸導之資本富有者竭力以鼓舞之動以歆羨破其疑慮果能盡集華股固屬甚善設力有不足亦可附入外股惟須妥擬條欵愼防流弊隨時咨送外務部詳核方准實行凡茲興利大端亟應設法提倡著農工商部會同各都統督撫等調查詳悉熱籌辦

法將來有關於集股籌款等事幷著咨商外務部度支部會同辦理將此諭令知之欽此遵 旨寄信前來。臣跪聆之下。仰見 朝廷開闢利源。振興礦務之至意。欽服莫名。伏查晉省礦產。以煤鐵爲大宗。礦苗礦質之美富。實爲全球所無。但自戊戌年前商務局與英商訂立合同後。平孟潞澤平陽府、全省煤鐵精華薈萃之處。悉歸外人掌握。晉省即不能自辦。並以鎔化廠合辦合同四條。則幷本省鍊鋼鍊鐵之權。亦均難自主。三十一年。英商據合同請外務部電止晉省土人開窰。晉中山多田少、耕種常不能自給。平日窮民。全恃土窰挖煤挖鐵以資生計、一聞禁止開窰之信。羣情洶洶。幾釀大變。該公司復堅執不讓。外務部屢接照會。謂耽延一日。索賠償金二百磅。官紳不得已。始議收回之策。然英商經營多年。糜款頗鉅。索償至一千一百餘萬。磋商累月。始由外務部定議。以二百七十五萬贖回合同自辦。合之匯兌到津平色。並息款商款利息等項。數近三百萬。臣回晉後。與官紳竭力維持。設立保晉公司。現贖款已還過二百二十餘萬。祇短四十餘萬。已預儲的款。來春即可悉數清結。夫民力祇有此數。用一綴二。不能不並顧衆籌。該公司力顧大局。而公司底蘊。外間不能盡知。難免妄生疑議。現計該公司墊付之款。已一百十餘萬。歷年以來。清償贖款。集股開辦。並收回同濟公司地畝。數近五萬。收回壽榮公司煤礦機器地房、又費數萬。更復添購機器、推廣銷路。刻下正定大名等府並京津一帶。均銷晉煤。煙台香港海參威美國各埠、亦陸續來晉訂購。祇因正太路窄灣多。不能多運。且運價較各路爲重。成本未能減輕。即銷路不易推廣。而該公司悉力經營。近於大同一帶推廣外銷、每日騾駄車至三百餘起。此晉省礦產設法贖回及歷年籌辦之實在情形也。自來偉大之業。固在經理得人。但繼長增高。必由積累。不能一蹴而幾。即如萍鄉大冶之礦、費款至二千萬。爲期至二十年。近日始稍可自立。晉礦一面以巨資贖回。一面集股自辦、爲時不及三年。規模略已粗具。而思中傷者復謠謗時興。致該公司總理等皆懷去志。臣查指摘該公司等大致約有二端。一曰糜費股東股款。不知公司先集股銀。全以墊付贖款。股銀並未交公司。有何糜費。俟贖款贖清。方能以全力辦礦。刻下股東息銀。仍按時付利。不爽毫釐。公司總理每月僅支夫馬數十金。其餘用人一切。較之各省公司、格外節省。帳目班班可見。所謂糜費。不知何所見而云然。一曰公司意存排外。不知該公司章程載明不論何省紳商均可入股。但不收洋股。現在外省股款。即奉直一二省。已收款至十九萬。蓋晉力不足。必藉外省之力。乃克集事。若並外省而排之。則礦事安望其有濟耶。中國每辦一事。局外不悉局中實情。則恆幸災樂禍。必思破壞其事而後快。至云酌借洋款。原爲各國所不禁。但借款與放棄礦地主權不同。必契約合同。僅止借款。一切用人辦事。均由我專主。方爲無碍主權。倘如晉省前此與英商原訂合同。則是舉一切土地利權拱手讓人。固不得僅訓之借款矣。伏讀 諭旨。兢兢於妥擬條款。愼防流弊。蓋已深鑒及此。即如汴省福公司在汴辦礦。用人辦事及礦產利益。不獨於汴人無與。汴人並無從過問。然當訂約之初。何嘗不曰借款辦礦。無損主權乎。近日人情變幻、輒造作疑似之言。以惑衆聽、若非洞明利害。難免不有毫厘千里之謬。臣於晉礦始末。知之有素。默計煤鐵之佳。實爲全國鐵路及海陸製造之源。但圖大事者不規近利。晉礦甫以巨款收回。晉人之力。亦當稍事舒緩。以資周轉。大致該公司自明春償淸贖款後。始能作爲成立。可以一意辦礦。此後鍊鋼鑄軌。亦可騰出款力。設廠購機。約計五年。必有眉目。十年當可自立。該公司總理候補三品京堂渠本翹。條理精密、信用素優。論其才具資勞。久堪大用。自不能以本省之事。阻其報 國之忱。將來設蒙 恩簡。服官中外。第令其遙爲主持礦事。即可就理各處紳商股款。亦可日見增加。惟該總理因外間謠諑。日集矢於辦礦集股之人。遂不免多所顧慮。臣以晉礦重要。謂當勉爲其難。該總理遂亦無可推諉。但外間不悉局內實情。胥動浮言。致辦事者益難措手。竊維晉礦爲全國富强之基。西北各省鐵路無不恃晉省煤鐵爲建築之本。即海陸軍根據之要素。亦舍此無以圖强。全球注目。種種垂涎。晉人備極艱難。甫由英商收回。今贖款尚未償清。而物議又復蠭起。臣忝膺疆寄。既確有所知。不得不據實上陳。並據諮議局公呈。亦請維持礦務。以爲自强之本。並杜覬覦之萌。蓋深知晉礦關係重要。不可不審慎以圖功。至省北一帶各種鑛產。並當遵照諭旨。派員查勘。設法開採。以資利用。而厚民生。除分咨查照外。所有遵查晉礦並近年辦理情形。理合恭摺具 奏。伏乞 皇上聖鑒訓示。謹 奏。

郵傳部七品小京官劉澤瑩請確立財政監督大借外債以救危亡呈請代奏摺

文牘

呈爲籲懇速確立財政上監督大借外債以救危亡伏乞代奏事竊維今者度支部豫算。歲入歲出不敷之款。共計七千餘萬。爲吾國財政向來未有之奇絀。加以逐年籌備憲政。用款應當增入者不知尚有若干萬。近年以來銀根尤爲奇緊。全國掣動。東倒西虧。不絕於耳。即如近日因滬上提款。遂至全國金融、愈加緊迫。倒閉者不下數十家。遠且波及於北京天津等處。一國富力。非特不足以舉一國之要政。即欲支持現狀。亦所不能。於是遂有謂一切設施。皆屬緩不濟急。亟宜借債以興辦鐵路及陸海軍實業諸要政者。瑩澤亦知中國當此奇變。非大借外債實不足以圖存。但惜其只言外債之利。不言外債之害。只言外債之亟宜借入。不言外債合同條款之亟宜研究及使用之法籌還之方。而於財政監督之根本問題、尤遺棄而不敢道。則誠所謂舉細而遺大舍本而言末也。瑩澤忝列臣民之列。目擊時事之艱。誠恐政府一舉不當。禍延宗社。追悔無窮。用敢不避斧鉞。披瀝肝胆。爲我皇上陳之。天下事有大利者必有大害。外債之爲物。即所謂用之當則利大。用之不當則害亦大者也。蓋外債猶水火也。可以活人。亦可以殺人。外債猶武器也。可以自衛。亦可以自殺。歐美列國及日本。以利用外債而强。埃及邱尼斯以濫用外債而亡。其明徵也。故吾國不言外債則已。如欲言借外債則宜鑒埃及濫用之弊。師列強善用之術。矧吾國所借外款。計其總額。已在日本之上。尤不可不懲前毖後。慎重維持。查自同治六年因新疆軍費借外債一百萬美金。合計英金十五萬磅。為數甚微。是為中國借外債之始。此後自光緒元年至十三年。先後借入外債六次。共計不過合英金四百七十六萬六千五百零六磅。尚不得謂為過鉅。及甲午戰敗後。賠款事起。前後五年間。外債驟增。共計合英金五千四百六十三萬五千磅。加以因庚子賠款所借入之六千七百五十萬磅。及三十一年因磅虧籌款之一百萬磅。則已成為一萬萬二千八百零五萬一千五百零六磅。除陸續付還一千九百四十六萬五千零四十一磅外。尚餘一萬萬零八百五十八萬六千四百六十五磅。至於因鐵路借入。共合計英金二千七百六十萬磅。除付還五百五十萬零七千五百磅外。尚共存二千二百零九萬二千五百磅。二者合計。則吾中國現時所負外債之總數。實合英金一萬萬三千零六十七萬八千九百六十五磅。若以華銀計算。大約當合銀十萬萬零四千五百餘萬兩有奇。吾國財政。現已萬分支絀。民間財力。又復羅掘俱窮。恐即欲了此舊債。亦如蒸沙成飯。終不可望。況復驟加新債。重其負擔。苟非通觀時變。參酌國情。因其輕重緩急而利用之。則必至貽國家以大憂。遺人民以重戚。欲以救亡。徒以速亡而已。然則所謂利用外債若何。曰有三策。一則借款合同條款。亟宜善訂也。歐美各國。現時之對於中國也。純用投資政略。推原其故。實由資本過多。羣然以中國爲尾閭。故不患借入之無款。而患在條款之不善。矧吾國財政紊亂。外人投資者。常抱危險不安之心。故其要求條欵。較之對於各強國。迥然不同。甚且有不近人情者。如前此因路借欵。不特以路作抵。而并要求必用彼國工程師。購用彼國材料。路款贏餘。必儲彼國銀行是也。且夫外國之募集外債也。若係公家借入。卽以國家爲擔保。無所謂以某物作抵者。如日本之九分利息外國公債。及七分利息外國公債。皆是。今吾中國財政。既不能驟然整理。外人對於中國信念。亦不能驟然使深。矧前此所借之款。其因賠款及他項用者。大概以關稅收入作抵。其中惟光緒二十四年與滙豐及德國銀行所借者。則於關稅外。兼及釐金。因庚子賠款借入者。則兼及鹽稅。三十一年所借者。則純以山西釐金及煙酒稅。至鐵路一項。如買回粵漢鐵路敷設權。則以廣東兩湖鴉片稅作抵。如買收京漢鐵路。則以三省鹽酒煙稅作抵。津浦及滬杭甬兩鐵路。則以三省釐金及關內外鐵路餘利作抵。其餘則皆即以鐵路。成例昭然。故此時欲以無抵押借入。彼既不能確信。而又狃於成例。其勢必不可得。故爲一時權宜計。不妨許之。且債務償淸之後。抵押物仍歸我有。亦無大害。惟彼於此外所要求損權損利等條款。則當據理直駁。例如因路借款。即以鐵路作抵。固不待論。惟與彼所結契約。則亟宜分別研究。如以鐵道收入。宜首先付其利息。及有贏餘。必須償還彼債。皆屬可許條款。何也。皆於我償還外借計畫上有益者也。其他如必須聘請彼國工程師。則不特侵害我用人行政權。且於路工之良楛。亦有關係。如必購買彼國材料。凡鐵道餘利。必儲蓄於該國銀行。一則損傷政權財權。一則握我金融樞紐。皆亟宜拒絕。不可聽從。其他如管理行車及分餘利二成。或先提款給付若干。皆不可許。查賬一事。雖可明定權限。不至妨碍營業之自由。但大損國家之信用。亦不可許。至於折扣。本係借款通例。日本且有至九折以下者。蓋中國既無國際銀行。不能自行募集。則不得不賴彼等居間。且爲代售小股票。皆非有折扣不行。還款時更有所謂酬銀行費用者。亦皆商務習慣上之成例。無庸爭議者也。其他如訂草合同一事尤足無窮弊端不宜再蹈覆轍可許者則許之不可許者則拒之彼既欲達其放資之目的又怵於理勢必能勉强以就我範圍如此辦法雖未必盡善而暗中所保之權利已多所謂以善條款借入者此也二則借入後須善擇使用之途也歐美財政家嘗謂用公債於生產之途則利用公債於不生產之途則害故論中國現時各要政官借款以興辦者厥惟鐵路就商務上言之則當以便於商務如粵漢川漢西潼等鐵路爲最宜其他如川藏及張哈伊黑等路純爲軍事上之鐵道爲國防計亦有不可緩者然總宜先修粵漢等路以便利交通發達商務而後以川藏等路之經營繼之則財力可稍舒緩卽辦事之次第亦當如是路線既定然後一面劃定鐵路爲若干段每段估計需用若干款又一面議定包工而由外國借入之款卽按照每段所需之款若干如數按期而至徑交於包辦工程者之手如修甲段先估計甲段需款若干其款必於甲段將開工時始到到後卽交與包工程者修乙段亦如之其款不經官手則中飽之弊自除又係包工則監督之事亦易尤宜明下　上諭凡因路借入外款一概不許移爲他用外國財政整理中國財政紊亂其原因實在於此至於興辦陸

海軍當在財政整理之後故此時只宜徐圖擴張以養國力不宜濫用外債以搖國本蓋內政不理雖有陸海軍亦無所用干將莫邪非不爲利器也然以之屬病夫稚子適以自殺故中國當此時局宜首革除軍政之根本上弊害以求練一鎮即得一鎮之用不宜徒事張大以耗一國之富力也若夫興辦實業尤非所宜各國百度整理而官營事業亦只限於最簡易少變動之事如鐵道郵便礦業森林等業經營甚易始以官吏爲之其餘則皆放於民業以經商一事官業終絀於民業也中國吏治敗壞甲於各國侵吞糜費日有所聞今復以鉅款資之是棄於地也故爲中國現時實業計不宜直接以奪其利藪只宜間接以促其發生且夫爲吾實業前途之最大阻力者莫如資本缺乏不足以供流轉而一國財力又爲人所吸收故上年北京某銀行曾向人言余能於數日間使北京及各處所有銀行錢莊概行倒閉細譯其意實非妄言蓋彼既握吾全國金融機關市面昂跌之權全操其手故彼一舉動影響直及於全部言念及此實爲寒心中國果欲整頓實業則第一宜改良大淸銀行之組織除其弊害確定爲國家銀行然後多借外債儲存於該銀行務使克當整理全國金融之任第二則分發借款於

各行省採用外國株式會社法集募民股組成外國所謂勸業銀行及興業銀行專以備借貸於業農工商者而使各省諮議局爲直接監督督撫爲間接監督明定規則嚴爲取締而又斟酌各省市面情形之緩急以爲伸縮則一舉措間全國金融之狀態卽因之和緩全國貿易之生氣卽藉以昭蘇國民之經濟力當有不期膨脹而自然膨脹者所謂善擇使用之途者此也三則豫定償還之計畫也外債之所以招干涉而亡人國者其始由於償還無規畫而使外人有所以藉口其繼由於償還無期限而使外人不得不出於代謀如英法等國之於埃及其前車也故外債之能借與否恒視乎既借後之能償還與否爲斷譬如有一人於此借其鄰人之款以之營業日得贏餘彼鄰人確信其異日之必能還出斷未有出而干涉者若見其人以之供浪費行將破產則不得不急起干涉之國家何獨不然爲今之計對於鐵道借款也宜仿日本設立鐵道廳使其會計獨立受郵傳部之監督每年自製豫算呈出於度支部考日本鐵道廳官制及會計獨立法卽可瞭然要之凡借款所修之路每年所得之利除付債息外所贏餘者皆儲之以爲償還外債基本金之用不許移爲他項行政費用此其最要者也其他

如因辦銀行所借入者則特設外債經理局隸於度支部其會計仍使獨立即萬不得已須用款以籌備要政時亦只宜量酌情形另借外債不可妄為挹注以開濫用之風果能如是外人見我償還外債之計畫已確然不動信我之念必堅不特不至托詞干涉而放資者且將源源而至一國之富力可由此駸駸矣所謂確定償還之計畫者此也以上三策皆用之足以救一時之急所謂權宜辦法也雖然可以救一時者必不可以經久遠可以解國家之危急者未必即能致國家於安全故瑩澤於陳三策後尤有不能已於言者則望 皇上速為根本之解決以固國本而已根本之解決者何即速開國會確立財政上監督機關是也財政上之監督機關既確立則以上三策聯為一貫其用愈大收效愈速不然則合同條款無由盡善使用借債之途不廣無由展發國力還債之計畫雖確定然易生變動無由鞏固國權瑩澤請就前三策而畢申其說焉言乎借款條款無由盡善也世界各國未有內債不能募集而獨能以絕好條款募集外債者也蓋公債發達之原因實由國民對於政府之信念其所以有此信念者非感情為之亦非愛國心為之實由於以已所有者貸與之於已所監督之政府而已已能

監督之斯已能信任之矣故西人云國家猶公司也政府猶總理也人民猶股東也公司所以能發達者以股東有查賬權故公債所以能發達者以人民有監督權故中國惟無財政監督一切皆放任於官吏以致人民毫不相信一言內債人民即奔走駭汗無一應者即至外債外人以財政無監督之故支離紊亂恐其資本危險故必先要求各種條款以為異日取償之地使我財政終此紊亂則外人之不信任將愈甚即借入將愈難恐他日必有即俯從其一切條款而亦不能借入巨款者遑論十萬萬為莫大之借款乎然則整理財政實為借債之第一要著而財政監督又為整理財政之第一要著也 瑩澤 所謂不開國會即借債條欵無由盡善者即在此無監督機關為其最大原因也至於前陳使用之途僅限於鐵路及銀行者亦以無國會之故以中國現時與其防濫借不如防濫用惟其濫用故必濫借耳外國則不然當其定議借外債也必經議會協贊已豫定其使用之途既用以後則列入決算表仍受國會之承認一有不當國會卽得起而彈劾之故自無濫借亦無自濫用由是言之無國會則二弊俱至有國會則二弊俱除然則謂籌辦憲政非大借外債不可者 瑩澤 則謂欲借外債非先開國

會不可也。蓋國會之監督既立。無論因何種款項。皆得涓滴歸公。既不能妄爲挪移。復不至涉於浮冒。凡一國不能舉辦之新政。皆可借款以經營之。亦無他害。卽如前所謂國家銀行。爲全國之總機關者。苟非卽以全國人民監督之。則無論採何種制度。終不能維持此莫大之信用。欲銀行之信用厚。必先監督之機關強。二者既備。而後克盡其爲全國酌盈劑虛之任。否則仍屬補救小術。不特不能解決經濟上之根本困難。且行之稍久。或反以滋弊也。是故有國會則辦事之程度與借債之多少爲比例。故債多者利亦多。無國會則濫費之程度與借債之多少爲比例。故債多者害亦多。專制國之外債限制宜重。立憲國之外債限制宜輕。卽此由也。瑩澤 故謂不開國會。卽使外債之途不廣也。至於就償還計畫言之。則尤有非速開國會不可者。何以言之。蓋各國借債所謂借換利息等事項。率以法律定之。則與國會有重大關係。固不待論。卽如管理及期限。亦有間予政府以餘裕之地者。要不過爲舒緩財政起見。非使脫離監督而自由行動也。至關於償還之大計。則政府實負法律上之義務。不得自由變易處置。而中國則適與之相反者也。故有國會。則償還外債。爲國法上之義務。政府不敢遷延。無國會。則政府每怠於籌還易以啓外人之干涉故鎣澤謂不開國會償還上易變動易損國權者此也要之國會不成立財政終無整理之時財政不整理外債終無可借之理今雖國會年限短縮至宣統五年然國勢日危不可終日萬一強鄰乘釁內變驟興恐救國良謨終歸無用鎣澤願 皇上大奮乾綱毅然獨斷再下 明詔速行召集國會建設責任內閣力求振刷掃除浮僞然後大借外債興辦一切要政一年而國是定三年而規模備十年而治功成矣存亡之機實在於此鎣澤知而不言言而不盡則上負 皇上下負國民謹臚列所見上瀆 天聽不勝惶恐迫切之至請代奏 皇上聖鑒謹呈

浙撫增請速設內閣電

迭奉 諭旨飭將提前趕辦事項由該管衙門通盤籌畫凡召集議員以前必須完備各事宜分別最要次要請旨辦理并着各督撫將開設議院以前地方應行提前趕辦事項切實進行等因欽此凡屬臣下敢不奮勉圖維以仰副朝廷殷殷求治之至意惟提前趕辦各事項何者宜先宜急何者可後可緩若責成該主管衙門通盤籌畫但能於主管各事項詳加分別既未必能合全國之財力以量入爲出復不能審通國之情

勢以因地制宜。且提前趕辦事項。何者宜屬國家經營。何者宜俟地方分擔。恐非各該管衙門所能各自取決。前者憲政籌備清單。不免竭蹶叢脞者。實由主持憲政者既無從通籌財力。綜覈財政者又勢難兼顧事體。遂致政令與政務未能合一。此次明諭通盤籌畫。通力合作。誠爲憲政進行之根本。惟通盤籌畫。莫如速設內閣特簡總理以爲統一之機關。通力合作。莫如主持於中央商榷於各省。力除隔閡之舊弊。似此辦法。或可於年內公同商決。請 旨遵行。以免貽誤。此國會未召集以前。目前宜亟亟定議者。至地方應行提前趕辦事項。仍宜以籌備憲政。應如何修改爲標準。內閣綜核一切。較各省先自爲謀。自易統一。且現在國會尚待召集。責以負擔義務。非國會成立。確有把握者可比。而各省預算既已定表。部咨不准追加。尤難以空言而踐實行。爲今之計。惟有飭下政務處會議。將通國財政預算應加之數。妥擬辦法。提交資政院決議。以期共維憲政。愚昧之見。係爲遵旨切實施行。不敢敷衍塞責起見。是否有當。出自 聖裁。謹請代奏。

蘇撫程請設內閣電

文牘　十八

伏讀本月初三日　諭旨。提前趕辦事項。須於召集議院以前一律完備。是現行籌備清單。必須重議修改。德全竊維從前籌備事項。所以竭蹶叢脞。應付不遑者。由於立法之始、無統一籌畫機關。政務與政費。未嘗合為計算。往往一事而各相牽持一款而互爭、指撥內外上下。煩擾棼雜。大可引為殷鑒。現在預算案已咨部。地方之財。現祇此數。所有提前趕辦事項、應懍遵　諭旨通盤籌畫一語。由各衙門組合商量。分別先後緩急。妥為規定。但求切實、不妨簡單、總期准乎財力。協乎時機。庶幾言之能行。行之有效。惟是提前趕辦事項。何者為先。何者為後。何者為緩。何者為急。盈庭聚議。莫衷一是。羣揣意見。則各有理由。互證條文。則各成體要。必須有人焉為之萃衆見而加以斟酌。守定見而力為主持。然後血脈流通。主腦泰適。一掃從前牽掣紛擾廢敗之習。應請即速欽派總理。預設內閣。就一切事項。先後緩急。斟酌而主持之。條列清單。綜核釐訂。以收提前趕辦之實效。至於人民擔負義務。乃立憲國民自有之天職。按之憲法原理。所謂義務者。乃對於權利而言。此時國會未開。憲法未頒布。人民焉肯不見權利而認義務。若遽加擔負。人民必有藉口。故量出為入之說。祇能行之於國會既開之後。不能行之於國會未開之前。德全逆知宣統五年國會開設。彼時官民交相淬厲。合力進行。不特義務擔負。確有把握。即一切政治問題。均可迎刃而解。惟此時修改清單。宜單簡不宜繁密。宜通盤籌畫。不宜各出心裁。而扼要之處。則在趕速簡派內閣總理。蓋內閣一日不設。則政治統一機關一日不備。即提前趕辦之清單。亦一日不能規定。朝廷殷殷求治之意。亦因之濡滯矣。愚昧之見。是否有當。伏候 聖裁。請代奏。

各省督撫籌商官制電

一 滇督電

國會原以監督內閣。使負責任。今既縮短三年。內閣成立。未定期限。朝野咸謂官制與內閣相關。官制一日不定。內閣一日難設。周折日多。變端日亟。諸公蓋猷在抱。必謀補救。鄙意能早妥定官制。內閣或不虛設。內官制可參酌各國中央制度。尚不難於釐定。外官制因吾國地大俗殊。交通濡滯。內外關繫之間。既不能效聯邦之組織。復不能如日本現制。以府縣直接中央。自非體察國情。我定我法。無以謀全國政治之統一。期地方行政之整理。羲不揣譾妄。以為今日行政組織。宜分三級。第一級為內閣與各部。其權責在計畫國務統一政綱。第二級為督撫。其權責在秉承內閣計畫主決本省行政事務。第三級為府廳州縣。各治一隅。不相統轄。其權責在稟承督撫命令整理本屬行政。省制略如部制。司道如部中各司之長。補助督撫同一公署辦事。不宜獨設衙門。府廳州縣雖仍為各司屬官。并受考核。而公牘均直接督撫。一省行政得失。督撫對於內閣完全負責。各司對於督撫。分事負責。各司由督撫辟薦。用舍決於內閣。溺職者內閣督撫均得勒退。惟另選必由督撫。府廳州縣進退決於督撫。各就事務繁簡。酌設佐治員缺。由府廳州縣自辟。如此辦法。方能有監察而無僭越。有維繫而無推諉。邊省照僻遠地方。酌設巡道。受督撫指揮考核。府廳州縣務期權責分明。行政敏活。一掃從前散漫隔閡牽制延宕之弊。此特畧陳大意。諸公各具偉識。如有異同。彼此參考。均徑達清莘兩帥處。公推主議定稿聯銜入奏。未知可否。羲之言此者。以外官制關係甚重。若築室道謀。漫無折衷。全由內議。又恐不明外情。憑理想而誤事實。則事更難辦。再各省未便通電。如諸公謂然。再請清莘兩帥通電各省。不願者聽。羲分淺。才庸只能聊貢愚忱。知無不言。邊遠乏才。苦難籌決。力挽大局。惟望諸公。乞教盼復。

二　魯撫電

仲帥文電謂先定官制。爲設閣張本。而外官制較之中央爲難。行政組織。擬分三級。各司由督撫徵辟各節。深佩卓識。惟各省督撫爲中央政府之代表。監督一切行政。各司即爲中央各部之分設機關。既規定各司權限。則凡在職權中者。皆可直接中央各部。不必盡由督撫承轉。但遇重大事件。須行會商。如現行會議廳規制。督撫對於軍事外交負完全之責任。如此庶權限分明。機關敏活。利於推行。若同一署辦事。鉅細悉集於督撫一人。精力疲於畫諾。要政必多廢弛。矧各司既設佐治人員。以及儲藏案牘。皆非有公署不便。似難比擬各部司長。鄙意目前急宜劃分度支民政兩司。即以藩司公費勻分之。度支以藩司所管財政部分隸之。民政巡警道及籌辦自治處隸之。中央應有審計院。各省宜改清理財政局曰審計局。爲鉤核全省財政機關。務與中央相應。上年琦條奏釐定直省官制。一確定督撫權限。設責任專法。一申明司道職守。一加重知府責任。一除州縣迴避例。大指以一省之權。統於督撫。地方之政。起於州縣。集權分權。必以督撫爲機軸。而歸納於中央。國政民政。以州縣爲根本。而裁成於知府。而官制精神。

尤全在任用懲戒兩法。原摺均經咨送。請調卷檢閱。以備參酌。照清帥莘帥電。仍請仲帥主稿。并挈敝銜爲感。

三　吉撫電

仲帥文電清帥莘帥咸電又清帥號電堅帥嘯電慕帥篠電樸帥銑效兩電均敬悉、中國行省制度。爲地方一種特別階級。誠如仲帥文電。不能以德國聯邦日本府縣爲例。所定三級之說。尤不可易。惟仲帥省制畧如部制一議。東三省行之已久。比已稍事變通。利弊均如清帥號電所云。此時議定官制。當以統一全國政治整頓地方行政兩義爲前提。時論所稱中央集權地方分權之說。均屬偏倚。於義無取。謹伸鄙見。藉備采擇。其一規定組織。擬分地方官制。總督與各司爲一級。總督親任。司敕任。府縣及佐治員爲一級。府縣奏任。佐治員判任。巡撫名制不符。擬裁。從總督稱。布政司巡警道擬裁。改設民政司。銓政別出。提法司提學司度支司皆係甫經改定。暫仍今制。勸業道擬裁。改設農工商務司。交通司。或兼或分。視地方之繁簡。邊省別設殖務司。司各設科。外交軍務本爲君主特權。宜直轄中央。委任總督。擬裁交涉司。改外務處。裁督練處。改軍務處總督領之。道缺與三級制相背。分巡非制、兵備無實、擬裁、其邊要各處、有外交軍務者。均設知府。由總督委任執行。另定兼銜鹽運等使河工等道。擬裁、設立專局。別於各司府縣。各有轄境。直散廳州舊名無所取義。擬裁從府縣兩稱。佐貳各官職制未合。擬裁。改設佐治員。分課治事。爲府縣輔助機關。分防與佐治制背馳。擬裁。改設警區。如轄境過廣。難於控制。分所轄獨立。從府縣、總督既內承中央。外任地方。署內宜略倣內閣制。以現設會議廳改置內廳。各司爲省務大員。總督爲之長。設銓政法制統計官報四局。設行政裁判文官試驗兩種委員。自督司府縣均獨立衙門。設官房。置秘書書記等官。由主官判任。其二分定權責。關於總督者。一參預國務。其細別二。(甲)列入內閣會議本省事務。(乙)預議全國重大事務。二秉承內閣計畫、計決一省政務。得發省令。對於內閣負完全之責任。三一省之外交軍事。得直接受君主之委任。行其職務。四進退一省文官。其細別三。(甲)各司奏由內閣請旨。(乙)府縣及上級事務官隨時奏明。(丙)佐治員及下級事務官彙案奏報。五一省武官得奏咨參撤。關於各司者。一輔治省務。凡屬一省大政。應列入內廳會議。二稟承總督命令。主管一司政務。得發司令。對於總督負完全之責任。三有進退考核所屬文官之權。其細則二。(甲)本司所屬之判任事務官。呈報總督備案。(乙)府縣以次之文官。隨時受其考核。關於府縣者。一稟承督司命令。主管本府縣行政事務。對於督司負完全之責任。二進退本管佐治員。三有外交軍事之府。治得受總督之委任。行其職務。其三差缺合併。就今日仕途論。大官浮於小吏。差事多於實缺。其流弊極於牽制推諉。其現狀成爲破碎支離。實爲官制大害。鄙擬不論局科課。一律均爲實官。惟暫時派員。如調查採辦之類。始作差事。其四品職分離品以定級。職以治事。現例品職淆雜。級事不明。擬釐訂品位。職從其品。雜職以品名官。其餘俸給考試任用諸大端。別以法令行之。此其犖犖大者。竊謂官制關係至重。議訂之始。似宜先從中央地方兩面規定聯繫辦法。淸帥號電今日督撫實帶有國務大臣性質一語。最爲精當。惟但須兼含職權。不必專立銜名。若各司直接中央。各自爲政。如堅帥電則督撫但須一民政長官。如慕帥電督撫又同一名譽監督。就我國歷史地理兩方面觀之。實恐窒礙難行。鄙擬總督權責第一條首定參預國務。卽以總督一官。對於中央爲國務大臣。對於地方爲行政長官。雖各國無此成例。仲帥文電體察國情。我定我法。義實同之、督撫既當參預國務、部擬內廳辦法。自不可少、事屬一司、則一司負其責。任事屬全省。則各司連帶負其責任。此又督司相維、期於允協。其他更置各條。無非求權責分明。行政敏活。與各帥意見小異大同。事關經制。敬陳管見。惟諸帥裁奪教正。仍遵濟帥莘帥咸電。由仲帥主稿。釐訂就緒。尚希教示。再仲帥皓電轉雪帥覃電所述各節、詞嚴義正。具表同情。敢避多口之嫌、願隨諸帥之後。昭常印

四　署粵督電

仲憲並清莘兩帥電示先後敬悉、外官分級編制辦法。仲憲所論、極爲精當。岐在都向憲政館諸公所陳意見大致相同。稿成甚願附驥。惟部見官制由政務而生。若不趁此將中央與地方之行政權限劃分清晰。恐官制雖改。仍不免牽掣錯誤。督撫一官。將來應作爲中央之官。抑作爲地方之官。館中議論、尚未一致、岐愚以爲應作爲地方之官、不宜列入國務大臣之內。按照各國所分五類行政支配。中央與地方之權責。內務行政包括最廣。其事亦屬於地方行政範圍者居多。此類事權。宜專屬諸督撫。中央但受其權。不爲牽制、其中間有應屬國家行政範圍者。則以中央之命令委任督撫行之。外

務各國皆視爲國家行政。此類宜照各國通例。集權中央。不隸督撫。如以領事租界之故。外省不可無應付之人。則各省新設之交涉使。儘可直接內部。司法純是國家行政。亦應集權中央。不隸督撫。惟就地正法四字。既爲目前事實所萬不能廢。即爲督撫所必爭。然此四字當歸入軍事範圍。不當屬之司法。是督撫不干涉司法之權。於事無損。財務行政。爲目今內外交爭最烈之事。然正坐權限未清之故耳。若劃清何者爲國家稅。何者爲地方稅。國家稅提歸國庫。以供國家行政之支用。地方稅留存省庫。以供地方行政之支用。夫而後各省乃得各就其財力之盈虛。以爲辦事多寡緩急之標準。何有於爭。至徵收國家稅之權。或委任督撫行之。或特設度支司直隸中央以專管之。均無不可。軍事行政。亦今日內外交爭之事。岐謂果是軍隊。自係國家行政。必應集權中央。欲明外省是否應爭。當先問所爭者是否軍隊。夫軍隊者其性質均獨立對外。近日所練新軍是也。各省所爭者。實非負國防責任之新軍。乃係負省防責任之巡防隊。此種營隊。專在彈壓地方緝捕土匪。只可同爲一種特別巡警。不得謂之軍隊。若將新軍之權。集之中央。巡防隊留與外省。亦何爭之有。抑不能將巡防隊屬之巡警。仍令屬之軍隊。以歸入國家行政範圍。亦可暫時劃出此一部分之權。委任督撫管理。此與就地正法一項。均係權宜辦法。照此劃分。似與新官制權限尚無窒碍。以上所述。歧在都亦爲憲政館陳之。是否有當。仍求教示。

馬驚人不奇　芻豆日在皂
馬良人過求　飛馳常不飽

中國紀事

資政院彈劾軍機之大波瀾　資政院彈劾軍機一事。聞者莫不驚為自開院以來。最有價值之壯舉。乃不轉瞬間。遂如烟消雲散。今綜其事之始末。畧敘之如下。初資政院因雲南鹽斤加價。並廣西學堂招生兩議案。曾經該院決議具奏。當時樞垣中擬　旨大臣。蔑視院章。　諭旨內竟有交鹽政處與民政部察核字樣。隱然視資政院為鹽政處與民政部之下級官廳。全院議員憤之。謂其蹂躪院章。違法侵權。決議上摺彈劾。業經舉定起草員六人矣。樞垣中人聞此耗。連日密議預籌對付之法。有主用壓制手段者。有主用和平了結者。時洵貝勒澤公等。均不以壓制為然。洵謂資政院裁可事件。皇上不以為然否之可也。本不應再交行政官核議。澤亦謂此事不合院章。不能盡咎議員之相鬧。時適值鹽政處與民政部。亦於是日覆奏。所言與資政院同。於是思得一和解之法。另降　諭旨將資政前奏雲南鹽斤加價及廣西學堂招生事。均依院議。隱然微示收回成命之意。並以見　朝廷前此交該兩衙門具奏者。不過諮詢之意。並非有意蹂躪院章。意至巧也。又乘該院參摺未上時。急遣蘇拉加快將　交旨馳送資政院。冀其可以將參案取消。維時適值資政院會議彈劾樞臣事。議長倫貝子奉到　交旨後。卽將　上諭向衆宣讀。院中議員聞之。大起紛議。約分爲三派。一主張彈劾之目的既達。可以將參案取消者。（政府派）一主張取消奏文。（蓋以起草員等所草之奏係據二案、今二案既解決、原奏自不合用、然軍機之不負責任、仍可彈劾、）而不取消議題者。一主張改正議題作爲促成責任內閣者。（二派皆民黨）於是多數所在。民黨議員。遂占優勢。惟議題既爲彈劾軍機。主意既在促成內閣。而彈文內容。復議論不一。有主張從法律上立論者。有主張從政治上立論。痛陳軍機之罪惡者。蓋從法律上立論。係根據院章。資政院祇有彈劾軍機大臣侵權違法之權。不如從政治上立論之較爲痛快。因資政院既有上奏權。卽有彈劾權。在乎解釋院章者之善爲引伸而已。蓋政治腐敗。雖有良法美意。皆無所用之。爲今日計。固不能偏重於法律一方面也。

資政院議員爲魯省領土事質問外務部　資政院議員王良佐日前提出質問外務部說帖。畧云。查渤海灣爲我國領海。北屬奉天。南卽山東。自日人佔據大連旅順等處。

奉天沿海一帶漁業。悉被其占有。今且不暇深論，渤海南岸。東自海陽屬之桑口灣。西至掖縣屬之虎頭崖。延長千餘里。皆係山東領海。實國家主權所關。乃日人雄心未已自北而南。偸駕漁船。侵奪山東漁業。種種行爲。衆目共覩。去冬在蓬萊屬之欽島捕魚，漁船被風損壞。强索賠欵。東省竟賠銀八百兩。含糊了事。不知係用國家名義抑屬私人交涉。今春成山頭一帶。又有日本漁船多艘。私行捕魚。登萊靑道派靜海兵輪巡查。彼等皆潛伏各島內。迨兵輪一去。又出捕如故。現在寗海屬之養馬島。福山屬之兎子洞。掖縣屬之芙蓉島及烟台芝罘山等處均有日本漁船，蹤跡無定倏往倏來侵越海權。莫此爲甚，尤可慮者。山東黃縣所屬之龍口。我國並未聲明開放。乃日本公然自由開港。由大連旅順營口等處。航行該口之船。絡繹不絕，設立行棧。非止一家。並多派下流社會。雜居其間。以爲侵佔山東地步。據該國調查報告書，稱中國內地礦產山東稱最。當英據威海，德佔膠澳，已無插足之地。故一得龍口。謂可與英德鼎足而三。外可與大連等口相爲犄角。似此覗眈，欲逐任意橫行，不但顯背約章實於國家主權有礙，地方官忍而不言，外務部置而弗問。誠不解其職司何事。云云（後畧）

資政院議員爲噸稅餘積事質問稅務處

資政院議員周廷弼。日前提出說帖。質問稅務處云。查各埠海關。凡輪船進口。向章照輪船之大小。關噸完納噸鈔。統歸總稅務司收儲。以爲修理燈塔之用。計每噸每月完關平銀一錢。每年共繳三次。茲查得滬關一處。其收進噸鈔之數。光緒二十六年收銀七十二萬四千八百六十兩。二十七年收銀八十萬零九千五百六十一兩。二十八年收銀九十二萬零九百十一兩。二十九年收銀九十五萬三千五百七十五兩。三十年收銀九十九萬二千五百八十五兩。三十一年收銀一百十萬零五千三百五十兩。三十二年收銀一百三十二萬六千六百十九兩。三十三年收銀一百三十二萬一千一百九十二兩。三十四年收銀一百二十六萬四千九百十五兩。宣統元年收銀。一百二十七萬六千二百十八兩。統計十年之內。共收進銀一千零六十九萬五千七百八十六兩。而光緒二十六年以前所收之鈔。尙不在內。此項大宗入欵。除歷年修理燈塔外。餘積之銀。未知現存何處。究竟作何開支。云云。按此項噸稅。據記者聞諸京曹某君云。除繕修燈塔外。尙有撥充外務部及各使署津貼者。然合數項並計。開銷亦無幾。所餘者當在數百萬外。前由總稅務司赫德用已名義寄存於倫敦銀行。後經唐紹怡詰問。始改用中國國家名義。所說若確。是又清理財政者所當注意者也。

江督據實奏覆蔡革道虧欵之罪過　日前江督張安帥覆奏革道蔡乃煌虧款情形。畧謂該革道所虧之款。皆由其平日專顧私利。所存之銀行。並非殷實商行。至維持市面。其數不過百餘萬。乃來寧面謁時。未將滬市情形。詳細明告。竊思國借之外款。豈可償還私累之理。不但措置乖方。且心存蒙蔽。俟滬關各鉅款嚴追收足後。再行請　旨辦理云云。觀此則蘇省諮議局糾舉蔡革道之質問案。不爲無效矣。

閩省諮議局之風潮　福建諮議局前因提出質問法政教育案。致惹起風潮。此事之所由起。因法政學堂教務長與監督爭持分班合班。及增徵學費之事。監督訴之學司。謂教務長越權曠職。遂撤其差。諮議局因此事提起質問案。當時有一部分之人。不以諮議局爲然者。於是控之於督院。論者謂諮議局爲立法機關。與督院爲行政機關。本立於對待地位。諮議局如違背局章。則呈請資政院核辦可也。不應控之於督院。況閩局所質問之事。明明爲局章所許。而乃來局外之干預。不亦與局章所規定議員言論於議事範圍外。不受局外之詰責一條相剌謬乎。近又聞閩局因公推會議廳議員事。亦起爭議。竟有人在督署控其選舉違法者。經由該局電致資政院。請其維持。則該局之風潮。正未有艾也。

蒙藏議員錮閉之一斑　某貝勒以欽選蒙回議員。於資政院開院之初。多不知資政院爲何物。直至旬日之久。始行明白。現距閉院之期甚邇。不容再事延誤。特謁理藩部壽尙書。請速派唐古忒學生二員。爲該員通譯。並請即日邀集該議員及通譯學員。在部告以資政院之性質。與議員之職任云。又聞西藏議員。色楞那木濟勒旺寶。日前抵京時。已屆開院兩月。據其所述路程。謂較之內外蒙古札薩克各旗部落遼遠數倍。理藩部各堂。經已將關於西藏各要政條奏議稿檢齊。以便與該議員討論預備議案。觀此則整頓蒙藏。不知從何措手。眞令人可爲浩歎也。

度支部集京署收發權　度支部上月具奏畧云。現在試辦宣統三年預算案。業已告成。所有各衙門欵項。自應遵照原奏。酌定暫行辦法。統由部庫收發。以爲將來國庫獨立之基礎。臣等公同商酌。擬自宣統三年正月初一日起。各省關報解在京衙門之欵。

一律改解部庫。一面仍咨報各該衙門查覈。並由臣部將部庫收到銀數日期。知照各衙門。隨時出具印文。赴部支領。其海關應解外務部稅務處船鈔罰欵。鐵路各局應解郵傳部辦公經費。及京奉京漢鐵路應繳郵傳部辦公餘利。一併照此辦理。至各衙門在京直接徵收零星雜欵。由各衙門將收支數目。按月開單。咨報臣部。一俟積有成數。仍行轉交部庫存儲。以符原案云云。

●上下議院工程開始● 上下議院工程。現已開辦。圖樣早經繪齊。本擬年內將地盤一律築定。刻因天寒地凍。難於施工。僅將下議院一面墻脚基礎趕辦。定於明年二月。再行開工。按此項工程。本分三部。南部爲上議院。北部爲下議院。中部爲兩院行禮及協議之處。規模甚宏大。預算經費約在百萬以上。一切規制。均係仿照德意志議會式樣。原議將中部禮堂。先行建築。作爲資政院之用。現以國會期限業經奉旨縮改。而此項巨工。非二三年不成。故變更計畫。同時並舉云。

●東督請開國會之痛切● 東三省人民於本月初五日公推代表齊赴督轅。要求東督錫清帥代奏即開國會。當經清帥延見。面允代奏。茲悉東督業已飭由民政司張司使起草。摺稿經即拜發。摺中大旨係分三大段。首敘人民請求之哀。中述東省外患之迫。其結尾以去就力爭。語語沈痛。略謂臣維東三省自甲午甲辰以後。受強鄰之激刺。生國家之思想。人民知身家性命。非合羣不能自保。近復目覩朝鮮亡國慘狀。甚恐三省版圖。首淪異域。即萬劫不能自拔。其切膚之痛。較之各行省有特別之危險。不能不有特別之請求。臣蒞東以來。默察今日大勢。欲求所以捍三省之危亡者。一無可恃。所恃者民心不死。皆知崇戴朝廷耳。夫以萬餘里朝縱夕橫。僅餘此殘缺不完之領土。與三百年深仁厚澤。僅得此固結不解之人心。忍令轉瞬之間。拱手而授之他人。爲朝鮮之續乎。總之時勢危迫。爲人民所公憤。亦朝廷所深惘。何必斬此區區二年之時間。不與萬姓更始耶。臣受恩深重。奉職無狀。上無以匡國是。下無以慰輿情。伏乞聖明俯允所請。再降諭旨。定於明年秋間召集國會。如以臣言爲欺飾。卽請先褫臣職。另簡賢能大員以紓邊禍云云。

世界紀事

英國議會解散　十一月二十八日。英國皇帝因解散議會之事。開樞密會議。午後議會接停會之命。英皇旋發宣言書解散議會。定以明年一月三十一日。召集新議會。

德國兵力　德國軍隊平時人員至一千九百十五年度。漸可增至五十一萬五千三百二十一人。其中步兵六百三十四大隊。騎兵五百一十中隊。砲兵六百四十一中隊。

德國議會休會　德國議會。自十二月十二日至明年一月十二日休會。

德國之總選舉　德國議會議員之總選舉。以明年十一月舉行。

普國議會　普魯士議會。以明年一月十日行開院禮。

法國大水　法國羅亞爾河流域。又有洪水爲災。惟巴黎尙不至被害。又特令河及西瓦侖河泛溢之地甚廣。英國東部亦被水災。

意大利之財政　意國大藏大臣。於議會陳說意國財政之情形。明年度之豫算。有五千一百萬之剩餘金。

俄國兩院之衝突　俄國上院。與國民議會。因事齟齬。協商不成。遂大決裂、國民議會議長格支哥夫。仍謀兩院之和協。有所陳奏於俄皇。俄皇亦冀其能相調和。不至於解散國會。

土國外交之辨明　土耳其宰相、發表外交政策之辨明書、謂土耳其初無締結三國同盟及三國協約之意。亦無與羅馬尼締結軍事協約之事。

土法之新協商　土耳其與法國協商阿些利亞國之保護權、經已妥協、

運河守備案之失敗　美國近議於巴拿馬運河築造要塞。此塔虎脫大統領之計畫也。頃者下議員派遣察視運河委員、經已復命。謂施守備於運河地帶。實爲無謂之舉、於是運河守備之議。遭强烈之反對。對於此案。共和黨員極力反對。而民主黨員中則多數贊成、運河守備之議、大統領果能制議會之多數與否。誠未可知。反對運河守備之理由。則半由於節省經費也。

美國縮減行政費　美大統領塔虎脫。力謀節省行政經費。於各部豫算中。減少二千五百萬元。

美艦隊之行蹤　美國艦隊。日內訪問英國。明年一月。將赴德國之茄爾港。

加拿大建設海軍　加拿大建設海軍之議。辨論已久。頃決支出一千萬元。製巡洋艦三艘。驅逐魚雷艦六艘。

墨國亂平　墨西哥革命之變。經官軍攻勦。今已鎮定。其蜂起於墨國北部之黨人。僅數百名。實不足稱爲革命。消息傳自美國。故其詞稍涉夸大耳。

墨國大統領重任　墨西哥前大統領爹士。以議院信任投票。仍選爲大統領。以十二月一日。於國會議事堂。舉行就任之禮。禮畢。接見各國公使。各部大臣。皆無更動。爹氏之任大統領。今蓋第八度矣。自千八百七十六年就任以來。迄於今三十餘年。雖其間有能任之時。然在位歷三十年之久。則其爲國民信任可知。或謂爹氏名雖大統領。實則不啻皇帝。殆非過言也。

伯國亂平　南美伯剌西爾謀亂之軍艦。皆已降服。將校亦皆復職。暴動之水兵一一皆歸平靜。

日本製造新艦　日本海軍之充補費。總額一億九千一百萬元。當局者議以此款。新製戰鬥艦四艘。裝甲巡洋艦二艘。

叢錄

春冰室野乘

春冰

揀魔辨異錄

揀魔辨異錄一書。世宗憲皇帝御製。以闢天童僧法藏宏忍師徒之邪說者也。簡端列諭旨一道。計四千一百餘言。畧謂佛道以指悟自心爲本。利人接物。直達心原。外道魔道。亦具有知見。因誤認佛性。謗毀戒行。故謂之魔。朕覽密雲悟天隱修語錄。其言句機用。單提向上。直指人心。乃契西來的意。得曹溪正脉。及見密雲之徒法藏所言。全迷本性。無知妄語。不但不知佛法本旨。即其本師悟處。全未窺見。其嗣宏忍。復有五宗救一書。造業無窮。今其魔子魔孫。至於不坐香。不結制。甚至飲酒食肉。毀戒破律。唯以吟詩作文。媚悅士大夫。若不翦除。則諸佛法眼。衆生慧命。所關非細。朕既深悉禪宗之旨。豫識將來魔業之深。不加屏斥。魔法何時消滅。著將藏內所有藏忍語錄。幷五宗原五宗救等書、盡行毀板、僧徒不許私自收藏、有違旨隱匿者、發覺以不敬律論、另將五宗救一書、逐條駁正。（案即此書）刻入藏內、使後世知其魔異。不起他疑、天童密雲悟派下法藏一支。所有徒衆。著直省督撫詳細查明。盡削去支派。永不許復入祖庭。果能於他方參學、得正知見。別嗣他宗。方許秉拂。諭到之日。天下祖庭係法藏子孫開堂者。即撤鐘板。不許說法。地方官即擇天童下別支承接方丈。朕但斥除魔外。與常住原自無涉。與十方參學人更無涉。地方官勿誤會朕意。凡常住內一草一木。不得動搖。參學之徒。不得驚擾。奉行不善。即以違旨論。如伊門下僧徒。固守魔說。不肯心悅誠服者。著來見朕。朕自以佛法與之較量。如果見過於朕。所論尤高。朕即收回原旨。仍立三峯宗派。如伎倆已窮。負固不服。以世法哀求者。則朕以世法從重治罪云云。此旨既出。當時督撫。非皆諳習佛法之人。不知如何遵旨辦理。書凡八卷。每條先以小字低一格錄宏忍原書於前。而以大字頂格書　聖製於後。與駁呂留良四書講義。體例相同。特彼書爲儒臣奉　敕編纂。此書則一字一句。悉出　聖裁耳。（按藏忍之書、既入釋藏、其人必非　國朝人、但未知其生當何代、當質諸精通內學者、）

書中第六卷有一條。涉及儒書。因辨史記記孔子事之不可信。恭錄於此。以見　大聖人讀書論世之精識。畧云。論語言孔子在陳絕糧。不言陳發卒徒圍孔子也。孟子曰。孔子之戹於陳蔡之閒。無上下之交也。孟子何爲有此言哉。蓋當時卽有陳蔡發兵之說。而孟子辨之。謂陳蔡君臣皆與孔子無交。是以適有絕糧之厄。而非有兵戎之患云爾。歷來轉以史記釋孟子。而孟子之意遂不顯。按史記所載。吳伐陳。楚救之。軍於城父。知孔子在陳蔡閒。使人召之。陳蔡之大夫相謂曰。孔子賢者。其刺譏皆中侯王之疾。恐至楚而發我陰私。遂相與發卒徒圍孔子。絕糧三日。孔子使子貢告於楚。昭王發兵迎孔子。圍乃解。此其爲子虛烏有無疑。是時陳蔡安敢搆怨于楚。且吳伐陳而楚救之。楚迎孔子而陳轉圍之。陳君臣雖至愚劣。安敢當一大國伐我之時。更得罪救我之大國耶。楚使者與孔子俱。陳其并圍之耶。抑解圍一角而出之耶。楚王聞之。有不卽發兵迎孔子。而必待子貢之來告耶。從者皆病。莫能興。子貢獨能潰圍而出耶。此事之必無者也。且所記孔子告子貢顏淵曰。匪兕匪虎。率彼曠野。吾道非耶。何以至此。子貢曰。夫子之道大。故天下莫能容。盍少貶焉。顏淵曰。不容何病。不容然後見夫子。夫顏淵子貢之賢。豈得謬戾至此。君子當患難。省躬克己。則有之矣。安得有怨懟改絃易操之理。且道大則於人無所不容。而亦無惡於天下。豈有以道大而轉致天下莫能容之事。如果至不容於天下。則必於己實有不體天下國家。豈有皆非之理。安得漫然曰不容何病。不容然後見夫子。豈聖賢戒慎恐懼之心哉。且孔子於子貢之勸以少貶。則怒而嗤之。於顏淵之言不容何病。則悅而受之。天下有如是好諛之聖人乎。且曰回也使爾多財我爲爾宰。於絕糧三日之時。因一語投機。忽欲爲弟子主掌家財。尤可謂無謂之極矣。此又理之所必無者也。然則史記之言。好事者爲之也。

尹嘉銓得罪之異聞

博野尹侍郎元孚。生平學術。恪守程朱。爲畿南鉅儒。其子嘉銓。克嗣家學。由進士起家。官至京卿。晚年引疾家居。乾隆中葉。 高廟南巡。嘉銓迎 駕行在。忽奏請以其父元孚陪祀 聖廟。 並面求賞戴花翎。自言臨行時。曾誇詡其妾。謂此行必得花翎。倘不得恩允。無以相見云。上大怒。褫職交大學士九卿科道嚴訊。嘉銓俯首引咎。自認爲欺世盜名之小人。叩求立置重典。諸大臣覆奏。請援胡中藻例處以極典。奉 旨加恩賜令自盡。子孫家屬免其緣坐。而以其罪狀宣示天下。以爲僞儒之戒。

按此案　諭旨。聖訓。未嘗有曲赦之言也。昨在京師。晤膠州逄福陔觀察(恩承)。爲言此案顚末。乃知嘉銓雖奉　嚴旨。旋蒙赦宥。聖人之明罰勅法而未嘗不俯順人情。操縱之神。固非下士所能知矣。逄君博雅好古。多識前言往行。語必有徵。非傳聞者比也。云其姻家某氏之先人。於乾隆中爲刑部郎中。總司秋審。此案經其一手辦理。會奉　旨爲紀事一篇。今其稿尙存某氏家中。逄君實親見之。畧云。嘉銓旣得罪。爰書已定之次日。　上知某君之與嘉銓契也。特命某君往獄中宣　旨且賜御廚酒肴一席。命某君齎赴獄中。陽爲已所携入。以與嘉銓餞別者。　諭令酒罷毋遽就死。而先以嘉銓所言。暨飲食與否。親自回奏。再俟後命。某君遵　旨往。有頃復奏謂嘉銓謝　恩就坐。顏色不亂。陽陽如平常。惟深自引咎。辜負　聖恩而已。凡飲酒三杯。食火腿及肥肉各一片云云　上聞奏微哂。俄頃命召嘉銓至。先數其罪。後乃宣　旨。赦令歸田。又問尙有何奏。嘉銓頓首奏云。臣蒙　皇上天恩至於此極。感激之忱。靡可言喻。惟年逾七十。精力衰頹。無以圖報。祗有及未死之前。日夕焚香叩天。祝　皇上萬壽。國家昇平。雖至耄期。誓不敢一日間斷。　上大笑曰。汝尙欲活至百年乎。因揮之出。

翼日。復召某君入見。 賜酒食。即於 御前就座。且命內監給紙筆。使某君將此案始末情形。詳細紀錄。某君且飲啖且書。日旰始脫藁。 上閱之。頗嘉許其詳盡。即以賜之。逵君所。見猶是當時呈進眞本也。

猿鶴餘聞

庚子拳亂。公私塗炭。誅戮之慘。近四十年之所未有。惜無好事者爲詳紀之。昨遊京師。從都下士大夫。得聞當時梗槩。雖闕而不全。然證以諸家紀載。皆未有述及者。海上樓居夜寒不寐。追憶所聞。拉雜紀錄。亦猶康傳信孤臣泣血之遺也。

浙右老儒某君者。與許竹貧侍郎爲布衣交。自侍郎持節歐西。即入其幕中十餘年。未嘗一日去左右。某君嘗爲人言。侍郎下獄之日。晨起。都市尚平安。寂寂無所聞。日晡飯罷。方坐書室中。與某君閒談。一面令從者駕車。云將赴總署。未及整衣冠。忽閽人持一名刺入。云有客求見。侍郎審其名。非素所識。令閽人辭以即赴總署。有要事。不暇接見。閽人出。須臾復入。則來者自云係總署聽差。武弁。奉慶邸命。請許大人即入署。兩邸諸堂已先在。云有要公待商也。侍郎乃出見之。立談數語。某弁即辭出。侍郎乃入具衣冠。

語某君曰。昨晚散署時。未聞有何要事。何今日兩邸諸堂同時俱集耶。某君曰。想必有事。公出。我亦欲至城外。看外間消息如何。言已遂去。俄復入云。請公之某弁尚未去。方在門外。顧盼非常。甚可疑詫。且總署武弁數人。吾備識之。未嘗見此人也。公可多帶數人去。有不測。當飭其還報也。侍郎笑置之。不以爲意。及驅車出胡同口。則尚有提署番役數人俟焉。某弁一指揮。爭蜂擁侍郎車。不東向而北駛。問何故。則曰今日議事在提署。不在總署也。有頃。至步軍統領衙門。某弁卽扶侍郎下車。而盡斥其從者使還。曰此間有人伺候大人。不須汝等矣。侍郎入。引至一小室內。卽反扃其門而去。侍郎聞隔壁室內。有一人叱咤聲。審之。卽袁太常也。然亦不得相見。從者旣歸。某君大驚愕。急詣王文勤宅。探聞消息。幷請其論救。文勤尙不信、曰頃散直時。幷未奉　旨。安得有此事耶。某君奔走終夜。卒不獲要領。三鼓後。始聞侍郎及太常皆送刑部。次早又得刑部某部郎密書。謂頃者堂官從內出。卽飭預備紅絨繩。恐目前卽有不測。故事大臣臨刑。必用紅絨繩面縛也。某君得書。猶欲詣文勤乞援。甫出門。聞人言囚車已出城者。急奔赴西市。則二公皆已授命。監刑者徐侍郎承煜。已驅車入城復　旨矣。

逢福陔觀察言。立豫甫尚書之死。人皆知爲拳匪涎其財富。而不知尙書與瀾公別有交涉。其死也。瀾實與有力焉。先是都下有名妓曰綠柔者。豔絕一時。瀾與立皆昵之。爭欲貯諸金屋。是時瀾尙閒散無差事。頗窘於貲。故不能與立爭。綠柔卒歸立。瀾以是銜立次骨。及是遂傾之以報。聯荇仙學士之上封事請停攻使館也。出遇崇文山上公於景運門外。崇訝曰。荇仙何事。今日未明入直耶。學士告以故。崇艴然曰。荇仙君自忘爲吾滿洲人乎。乃效彼漢奸所爲。（學士點庶常時、崇爲閱卷大臣、固師生也、）學士毫不遜謝。竟拂衣出。崇益怒。未數日。學士遂赴西市矣。是日學士已赴市。將就刑。忽見一大師兄紅衣冠。由宣武門出。怒馬騣馳。騎後尙拖一巨物。塵埃坌涌。觀者皆莫辨。俄頃至刑所。始知爲一人。縛手足。繫諸馬蹄。面目已毀敗。不可復辨。私問諸番役。乃知爲立尙書也。

立聯既死。端剛諸人猶不慊。將以次盡殺異議諸臣。廖仲山尙書壽恆時已罷軍機。及總署大臣。然其初入樞庭。固常熟所汲引者。故端剛惡之尤甚。已定於七月口十口日斬異議者數人。而尙書爲之首。時諸人亦不復秘密。聲下幾無人不知。尙書於時已蟄遣家屬出都。而身寓東華門外一小寺中。聞耗大懼。屬其戚某御府。乞哀於榮相。榮相允之。翼日謂某制府曰。仲山事無望矣。吾今日入對時。百計爲乞恩。叩首無數。而慈意竟不可迴。奈何。君可傳語伊。早自裁可也。某制府以語尚書。尚書竟不能引決。會先期一日。聯軍入城。乃得脫。匆匆南歸。寺僧爲人言。方事急時。尚書在室中。環走三日夜。未停步。不語亦不食。面殆無人色云。

江蘇劉編修可毅。以甲午恩科南宮第一人入翰林。都下傳刋題名錄。或訛爲可殺。一時引爲笑談。而編修心疑其不祥。既留館。一日與朋輩數人詣一星士。星士謂之曰。君將來必死於刑。編修大懼。念詞曹清簡。無抵觸刑章之理。或將來以科場事被累。如咸豐戊午之獄乎。由是遂不敢考差。然翰林俸入微薄。無他差可資津貼。奴僕債主皆望其三年一差。倘不考差。則米鹽無從賒取。而僕輩亦將望望然去之。於是每試輒不終場而出。家中人不知。猶望其得差也。及是乃被拳匪所戕。刑死之言竟驗。

張總鎭懷芝遺事

庚子拳亂。董軍攻使館。十餘日不能下。朝旨召武衛軍開花砲隊入都助攻。今天津總兵張懷芝。方爲武衛軍分統。奉檄率所部入都。察相以城垣。偪近使館。居高臨下。最便俯攻。即飭懷芝以所部登城。安置砲位。砲垂發矣。懷芝忽心動。令部將且止毋放。而急下城詣榮相邸。請曰。城垣距使館僅尺咫地。砲一發。闔館立成齏粉矣。不慮攻之不克。慮既克之後。別起交涉。懷芝將爲禍首耳。請中堂速發一手諭。俾懷芝得據以行事。言之數四。榮相終無言。懷芝乃曰。中堂今日不發令。懷芝終不肯退。榮相不得已。乃謂之曰。横竪砲聲一出。裏邊總是聽得見的。懷芝悟。即匆匆辭出。至城上。乃陽言頃者測量未的。須重測。始可命中。於是盡移砲位。向使館外空地射擊。一晝夜未損使館分毫。而停攻之中旨下矣。

馬士英玉佩

桂林王幼遐給諫。嘗得玉佩一事。長二寸弱。寬半之。盤螭宛轉。小刻瑤草二字。疑爲馬士英故物。因賦念奴嬌一闋紀之。詞云。夢華遺恨。話南朝影事。誰教玉碎。漫擬茗華鐫宛轉。腹草家瑤云爾。製想牙牌。臭餘腰玉。名字參差是。沙蟲江上。未隨塵刼輕委。　贏得圖畫漂零。玉瑛塗抹。辱及桃根妓。扇底曾窺名印小。篆勢殷殷曾記。射馬諸新。用牛語謔。塵垢難磨洗。梅花冠劍。只今光照淮水。按畫徵錄。瑤草畫法倪黄。頗足與思翁龍友肩隨。爲人所累。過者咸棄弗顧。書畫賈人。因增其姓名爲馮玉瑛。謂明末南都妓女。始有人肯購者。故有辱及桃根之語。給諫又爲士英畫扇。儷以周宜興書扇底名印。即指此也。相傳浙中軍敗。士英召其妻高夫人至。使自裁。高問汝將何爲。曰吾將披剃入山。棲某寺耳。高恚曰。汝尚不肯死。乃令我死耶。士英固迫之。高怒閉門大詬。士英惘惘出門去。俄而大兵至。大索士英不得。高聞之。乃赴軍門。自言知士英所在。導官軍入山。徑趨某寺。士英遂被禽。

孫豹人遺事

三原孫豹人先生。於甲申闖賊亂時。曾結里中少年殺賊。失足墮坎中。幸不死。後流寓廣陵學賈。三致千金。已而盡散之。僦居董相祠。扃戶讀書。身長八尺。龐眉廣顙。衣冠甚偉。與尤悔庵初未識面。一日悔庵集某公處。豹人甫入門。悔庵即離坐起迎曰。此孫先生也。余問識之。相與大笑。豹人晚年築室數楹。題曰溉園。烹魚釜鬵。隱然寓匪風之痛也。嘗遊焦山。中流遇大風。噩作鯨吞。舟中人失色震恐。豹人獨扣舷歌曰。風起中流浪打舷。秦人失色海雲邊也。知賦命原窮薄。倘欲西歸太華眠。時人服其雅量。王文簡之司李揚州也。慕豹人名。欲往詣之。而恐其不見。乃先之以詩曰。焦穫奇人孫豹人。新詩雅健出風塵。王宏不見淘潛跡。端木寧知原憲貧。遂爲莫逆。漁洋俸滿入都。豹人送以詩曰。欲問忘情老。何名並命禽。

吳徵君農祥遺事

吳徵君農祥。字慶百。仁和人。康熙十八年薦舉鴻博。徵君生有異禀。淹貫經史。與西河竹垞頡頏。而身後之名稍晦。方四方徵車詣闕。益都相國擇其尤者六人。容之邸中。世稱佳山堂六子。六子者。迦陵、西河、吳任臣、王嗣槐、徐林鴻。其一則徵君也。徵君虎肩鶴頸。指爪長三寸。鬚髯鬖然。頹然淵放。得錢輒付酒家。而識徵見遠。吳下人沿復社故態角藝相徵逐。而浙西之讀書、秋聲、登樓、孚社及慎交諸社。爭立名字。應之。各欲得徵君自重。徵君曰。是戰禍見餉也。諸君子忘東京鉤黨事乎。不答書。亦不發視。其後政府果切齒爲社事者。豔搜所刊錄摧燒之。隨園詩話言徵君乳哺時啞啞私語。諦聽之皆建文時事也。年逾十歲。始不復言。此則隣乎語怪矣。

陶農部宮詞

新建陶無夢農部。宸有宮詞百首。述三十年來內庭軼事。大都得自傳聞。爲錄其翔實者十五章。附以箋釋。皆他時史料也。倚虹堂外柳烟濃。御路無塵走六龍。歲歲宸游春色裏。萬人歌舞百官從。倚虹堂在西直門外、臨高梁河、駕幸頤和園、恒於此小憩進茶點、慈 雕闌百折接明廊。仙殿排雲湧御香。天半銅亭光四照。日高草木遍山黃。排雲殿爲萬壽山最高處、八方無事暢皇情。機暇揮毫六法精。宸翰初成知得意。宮人傳喚繆先生。繆女士嘉蕙、字素筠、雲南人、以書筆供奉內庭、釘鈴佩馬去如飛。諳達垂鞭左右隨。詔遣阿哥歸主祭。黃韁紫轡好威儀。大阿哥溥儁、立二年、凡大祀皆奉 旨恭代行禮、諳達國語、謂師傅教授清文者、其儀視師傅稍殺、公使西來越巨溟。國書親奉覲宮庭。禮臣引入文華殿。天語溫和賜寶星。文華殿在東華門內、爲各國公使覲見地、景運門前曉色開。百官濟濟早朝回。御醫隨例聽傳喚。排日抄將脈案來。戊戌九月後、上多不豫、隔數日輒以脈案頒示中外、 六龍倉卒幸西秦。玉骨含冤裹錦裀。從此笙囊休進御。武皇歸哭孟才人。哀珍妃殉國也、天家玉食壽奇瑰。潑翠茶濃瑪瑙杯。昨日使臣新貢入。柏林香草野楊梅。此下皆辛丑回鑾後事 天半燈搖紫電流。玲瓏殿閣仿歐洲。却因一炬西人火。化出繁華佛照樓。佛照樓即儀鸞殿故址、殿燬于庚子之亂、回鑾後重脩、費帑五百餘萬、改用西式、賜名佛照樓、 清華西苑賞如仙。百頃琉璃漾井蓮。羨殺詞臣與樞密。獨邀天寵許乘船。軍機大臣及兩書房翰林入直西苑、例得乘船、免迂途也、 供御龍賓發異香。新年染翰

叢錄 十四

伴君王。淋漓錫福蒼生筆。福字先書絹一方。錫福蒼生筆、聖祖所製、列聖寶用、每歲元旦用此筆書福字、圜子春來柳早青。郊居景物暢皇情。輪船似報巡游信。一帶長河汽笛聲。昆明湖中御座輪船二艘、某國所進也、疆臣獻納太珍奇。一笑天顏喜可知。翡翠壽星高二尺。透明碧綠似玻璃。翡翠壽星、回鑾後浙撫某中丞所進、蠶織蘇杭藝最精。詔徵機女入神京。綺華館內薰風暖。長晝遙聞絡緯聲。綺華館在福華門內、徵蘇杭女子蠶織其中、恭進應時春帖子。樞臣親寫硬黃牋。兩齋毓慶同頒賜。麝墨雞毫下九天。立春日、軍機大臣進春帖子、五言截句一首、七言截句二首、用硬黃紙書之、毓慶宮及兩書房翰林亦如之、各拜筆墨之賜、近時春帖以張文襄所進爲最工、

江介雋談錄

野民

冒鈍宧詩

大江之滸。有雉臯焉。雉臯今名如臯。如臯之冒。前有巢民。後有鈍宧。皆能文章事交遊。卓然以才氣標著於斯世者也。茲錄鈍宧詩從耆壽民閣學詣　東陵途中賦贈五古三首云。曉行桃花山、山色媚朝陽。他山淨若鏡、此獨施嚴妝。離宮炫金碧、老柏森靑蒼。記從薊州城。並馬同徜徉。(謂春間與壽民及信三舒民同游桃花寺事)　昔來桃未花。今來葉已黃。秋風悽以厲。瑟瑟鳴長楊、感此景物殊。坐惜馳流光。此時念信三。(謂舒民)　好夢方繩牀。又少年慕聲氣。四海通縞帶。自從官京師。頗頗別蕭艾。未裁次公狂。已學伯夷隘、擇交近十年。屈指得者大。相知在一言。(世多目余爲狂惟壽民獨知余狷)　相期各千載。長安萬悠悠。往來盡冠蓋。誰能畧勢分。傾襟到吾輩。折節君可風。忘形余亦太。乃知芝與蘭。一氣成沆瀣、又君家有高樓、樓開見西山。樓上萬琳瑯、樓下千琅玕、從君借一鴟、薄暮奚童還、行間與字裏。一一施朱丹、近來時世變。束書恆不觀、君獨胡爲耶、窮年心力殫。不鄙敬禮文。磨石欲雕刊、三年負宿諾、日夕慚心顏。轉因交情深。言淺非所安。終當尋息壤、嘔出長吉肝。(壽民嘗要余爲見山樓藏書記)　再宿北園用少陵重游何將軍山林韻五律云、記泛瓜皮艇、殘荷未盡時。經行舊游處。根觸老夫詩。落葉紛無數。垂楊得幾絲。眼前不成醉。白髮已相期。將之萬柳堂爲人所尼不果七律云。待向城東散百憂。回車敗興又蹄休。蟲官難得偸閒日。此輩眞宜付濁流。遠樹光中留夕照。落花聲裏負淸遊。尋思萬縷千條盡。便到盧堂也是愁。贈湯蟄僊提學云。哀樂百年同老大。去來千里爲君親。有寄云。側身天地吾猶賤。垂老江湖汝未閒。胥柝云。偶吟斷句常欹枕。默數前游半化煙。攄懷述事、咸淸拔可傳。君著有小三吾亭詩文詞集、及冒氏叢書。

盤山

盤山在薊州。爲畿輔之名區。 國初山僧智朴著有盤山志。（智朴上人乃洪承疇稗將松山杏山敗後祝髮于此繪有靑松紅杏圖隱寓往事也○上人人標風雅順康之際公卿名流咸樂與往還）謂上盤以松勝。中盤以石勝。下盤以水勝。鈍宧有游盤山詩。茲錄二首于此。感化寺云。山寺野花飛。山僧去不歸。無人弔高躅。一爲立斜暉。閱世成今古。爭墩有是非。（盤山或云以田盤得名或云以田疇得名而此寺則疇所隱居處也）回頭謝雲罩。（雲罩寺名）明發賞心違。翠屏山云。日落翠屏山。驅車過其右。人言潘家女。昔作楊家婦。府吏府中趨。空房愁獨守。情天有壞空。佛法無淨垢。阿難戒體毀。觀音鎖骨朽。至今梳妝樓。舞鶴樓在蘄州城內大街相傳即潘氏妝樓隱約蔽楊柳。一客聽未終。整襟屢搖首。虞初說九百。君子不上口。悠悠勝薛爭。誰能置可否。呼僮且晚炊。爲我爇斗酒。宣和世已遙。茲事莫須有。宣和遺事載宋江諸人事最詳爲今世通行水滸傳所本 前作以清逸勝。後作以典雅勝。詠俗事而能典雅尤難。

絕句

甘泉閔葆之秀才 爾昌 暮雨絕句云。怒潮東海走鯨鯢。十載河山往事非。瑟瑟靈旗吹暮雨。邦人爭賽李侯祠。侯官張珍午民政 元奇 登奉天龍首山絕句云。北去風沙撲馬頭。一杯聊此弔殘秋。座中各有新亭淚。迸入遼河水不流。一意致悽婉。一音調激越。皆有唐賢氣韻也。

姚伯懷斷句

山陰姚伯懷觀察 紹書。有吏才。以孝廉起家。光緒季年。官廣西太平思順道。周歷屬郡。勤求民隱。以勞瘁卒於思恩府。詞章非所長。嘗客廣州。有北郭斷句云。涼風吹平蕪。瘦竹影交弄。亦復甚佳。特錄存于此。此詩見冒鈍宦小三吾亭詩集聯句中

集獵碣聯

吳倉石大令嘗集獵碣字爲百許聯。余最愛其五言云。望彼夕陽處。涉來嘉樹陰。清逸似唐人詩句。六言云。流水亟鰲魚立。余（古斜字）陽微獵馬歸。渾樸雄厚。類古謠諺。

陳寂園觀察語

李文忠公眉如臥蠶。眼有三角。秀而且長。兩顴巨大。上侵髮際。重頤（即燕頷）大耳。

翁常熟相國耳長鬚偉。

王仁和相國貌修癯。兩目有異光。鼻準豐隆。少髭鬚

廬江吳武壯公（長慶）頎身方面。鬚眉高朗。修然玉立。與盛伯希祭酒（昱）潘文勤公（祖蔭）曾忠襄公（國荃）狀貌略同。

瑞安黃通政（體芳）身短聲雄。面方眉高。聳目有威棱。

桐廬袁太常（昶）貌豐碩。會稽李侍御（慈銘）貌清癯。

榮文忠纖眉秀眼。大鼻高顴。

剛相（毅）眼小而視直。其頷曲而仰。

文苑

贈徐佛蘇即賀其迎婦

滄江

秋窗初月吐冏冏抱書不眠怯夜永懷人感物心百端獨倚西樓看斗柄故人書隨北雁來端坐籀諷維唱慶上言國事愈阽陧瘼狗當門莫與屏三邊設險感齒寒四海論才恥缾罄顧瞻周道抱先憂欲起沈衰賴衆聽群賢抗議設明堂予口卒瘏作桴應庶幾至誠格九閽好惡同民 陛下聖下言有毋令六十鞠我殷勤恩其並居室大倫安敢忘庶得賢才佐溫凊瘝瘵求思亦有年窈窕克諧信由命正值初陽動早梅行誦河洲薦新荇士昏賓祝古有辭德愛仁言可無贈自我求友二十年晚乃交君傾蓋定喜君眼界出風塵愛君心徑無畦町驚君精誠鍥不舍多君才氣能馳騁上下議論輒心許往還交期無貌敬自君去我歸鄉國四方蹙蹙曾靡騁吳門乞食落日黃燕市酣歌西風冷幾度遭削比孔跡累歲無毛同禹脛端居憂傷擣心杵稠坐委蛇避話穽豈無瀟灑江海懷不忍顛躋衆生病今居高明尸言責應有崇論發深省春秋大義通國身

文苑　二

有家弗恤非中行。況聞同心彼美人。夙抱玉德含蘭性。績學淵懿才密微。餘事復乃工吟詠。舊種桃李已成陰。新倚蘭茗更鮮映。（什夫人久任天津師範學校教授好學善屬文）讀書有味得添香。勳業商量宜並鏡。辯才天女最情多。專城夫壻正年盛。我今作詩遙相賀。匪衍吉語門辭令。但祝閨闈嗣清明。我　皇繼述思王政。君言見用什一二。指揮若定天下正。大闢衢室奏雲門。九域無塵四壘靜。男皆有分女有歸。友朋膠漆心無競。君亦夫婦共挽鹿車奉母返故鄉，長作幸民如粱孟。

同昫老鶴柴瓔菴游天甯寺　若海

出城不及半里遙。盡洗塵埃換眼界。壞塔無鈴兀不語。但有松風吟萬籟。夕陽巧照僧榻明。茗椀竹罏坐相對。霜藥叢叢開向客。盈谿樂香久能耐。山徑曲折通深幽。尋碑不見空發慨。沈沈瓦屋覆古佛。丈八金身吁半壞。試登平臺縱遐矚。炊煙漠漠寒城帶。林空地迴見高明。亂葉纍爲風所敗。幽寂如此誰肯到。算有吾徒三五輩。西山能會來遊意。淨拭明粧飛檻外。

經芝渠作　倅孤

秦皇臺址草離離。廢石嵯峨峙水湄。我亦孤游有眞樂。海中見日五更時。

九月廿八日羅癭公招同趙橫谿陳石遺湯覺頓潘若海吳北山師小集癭菴酒罷以燉煌石室所藏唐人寫妙法蓮華經爲贈賦此言謝　前　人

庚戌秋暮時。振轡謁上京。京華塵土中。故舊忽交并。羅癭酌我觴。嘉客粲一庭。庭前何所有。異菊列雲屏。庭中何所有。千佛遺名經。昔日四印齋題牓已飄零。鶩翁留敝笥。室中有半塘老人爲存度書木架蠹辭孤腸撐。撫此忽三歎。去日彌心驚。佳徵出巨嫂。是日德配梁佩珊夫人躬親治庖備極珍饌有酒復如灑。衛衕話涼州。酒蠱臥空飢。言歸復有贈。佛品殊溫馨。曾聞得智慧。法華語堪銘。唐人書硬黃。尺幅重連城。再拜捧持去。俛仰吾何能。生無一邱寄。徒羨西山青。

羅癭菴招遊天寧寺同游者楊眴谷潘若海二君　前　人

羅侯招勝侶。適野看西山。入寺寒松吼。低眉大佛閒。廢鐘苔蝕。孤塔鳥能攀。贐子殊英特。長哦向壁間。公子宗霞同遊年甫九齡能哦壁間詩句卓有父風

十月五日陳石遺先生招飲上斜街賃宅同集者楊眴谷趙橫谿胡漱唐王書衡林畏廬冒鈍宧馬通伯姚叔節吳北山師暨余共十一人既歸賦詩代簡即效

文苑 四

石遺體

前人

日晡適城南。奔騎如突鶻。斜街在釜底。人家盡面凸。流風踰百年。佳趣尙林樾。依君秀野堂。今日石遺室。清流日駢羅。韻事未衰歇。珍錯出閩海。鄉味煮石髮。猶有江瑤鮮。甘貝海月匹。談詀萃古懽。勃窣入理窟。朶頤旣腹果。出門愁日沒。比舍有樊蘇。彊叟舊所宅。（朱彊邨先生嘗賃居查查浦舊宅即在比鄰）賃者今爲誰。叩門懼遭叱。霜天拄歸策。墜緒聊一掇。

冒鈍宦近於京師市得吾宗迦陵先生洗桐圖卷乃康熙庚申吳人周道所繪出示因題

前人

迦陵客水繪。曾下北窗榻。今我游京華。鈍宦亦餉榼。示我洗桐圖。庭陰訝綠匝。疊師貌迦陵。適在天祿閣。嶧桐應宮徵。殘雨風颯颯。沈沈坐其下。涼緒一襟納。審音擅伶倫。清詞何雜遝。吾思菊飲卷。晚往意有嗒。（君藏有巢民先生菊飲詩卷予曩歲嘗爲題句）歸歟犯曉霜。葉落天衢蹋。

將驚喜交集也。彼今方接待賓客。然博局至中夜始得開場、此時固可抽身來者。吾今立往告之。謂娘子來至此也。姌娜曰、爲我告若主。謂我但欲稍事詢問、不至多費其時光。者侍女乃導之行。姌娜此來不欲使人識之。不徒遇此侍者。多年暌隔、尚能相識、然此際斷難却退。乃聽其引導。前行經正座前廊、知今夕不設舞蹈會投球之戲。則設於地下層。故樓上無甚賓客。侍女直導之轉至右廂、坐之於一精緻之闌闥中。四壁燈光燦然。姌娜記當日曾到此間、今雖不復作這般生涯、到此猶不忘舊事、往日於羅甸娘子家中所行事跡、不覺一一棖觸於懷。來方惆悵間。羅甸娘子已至。其人頎長而纖削。年尚未老。而顏色稍呈衰褪狀。意態輕狂。剛及闥遽呼曰。咄咄子來耶。吾甚喜再得見子。子所善之諸人。多謂子欲修眞去也。姌娜略一皺眉。蓋聞彼狎易之詞、心中稍覺不快。然亦不能不順受之。乃強笑應曰。渠儕皆多過實。吾不過欲作退步計。思轉適諸州間耳。曰。攢積之貲。想必豐盛。歲入至少諒有六七萬佛郎矣。曰。安得如是之多。不過四五萬之間耳。曰。然則今之見顧。殆非爲營生上事故者。曰。並不爲此。吾聞有一異邦之夫人行。每夕獨往劇場者、曾就此間賃房室以居、欲詢子信否耳。娘子沈吟曰、其是乎。

殆即此可訝之異邦人乎。吾知子之所指矣、然彼實非安居於此者。不過每夜亥正時始一到耳、姌娜曰。噫彼之來此。得非意中有相期之人耶、曰、然惟其所期之人。則始終未來赴約、似此怪異之事、實吾所未聞者也。先一月有一男子來訪吾。其人之形狀頗類於富貴人家之主管僕。向吾僦空房數間於第三層樓上。即今吾人對語之室。便與彼處相鄰者也。彼許吾每月租值一千佛郎。而先期納租三月。幷不用吾之牀榻鋪陳及一切器具。但賃空房、而自將器物來陳設。人莫不謂彼男子將自來居之。而抑知乃大不然。彼告余謂將有一夫人行來居是也、鋪陳既設之後。不數日。其人便至。姌娜曰。是殆即每夕觀劇之婦人乎。曰、然、即其人也。彼初來時。以羃羅障面。然久之吾已潛窺得其面貌。吾又常至劇塲、愈益認識之。見彼常坐於衆驕貴女子之間也。曰。彼初來時。曾作何語耶。曰。彼詢吾有人爲彼預賃房室於斯。想已準備。向吾索取一切管鑰。吾即付之。吾之旅客。向例皆授以諸門戶管鑰者。故由街衢可以直達室中、自由啓閉。無所需於閽人。而且每鑰必多副。以備同居之客各有其一。庶出入各可自由。此諸門管鑰。先時來賃房之男子。已取去其一分、今乃以其餘一分。付此婦人。逆料兩人將自來會唔。此非吾所能干預之者。而不謂彼婦每夕至此。而彼男子則始終未嘗一踐約也。曰。子何由知其然耶。曰。何爲不知吾自有術以潛察之也。吾之摯友。吾今告子。此間之鄰室。即與彼婦所居之室爲鄰。吾之特空此室者。本自有故。其壁間鑽有兩小穴。適符兩目之視線。以便偸窺鄰房舉動者。吾特名之曰窺測所。此固子嚮昔所畧知。吾由是得靜窺此婦人之舉動。其人常獨處。每至則燃燭二枝。去其覆冒及手套。兀坐于長榻上。狀殊抑鬱。且時或至於泣涕。又終未一就枕席。坐久之便復他去。想其少年之容貌必甚美好。今則容顏已衰。其年當有四十五六矣。姌娜沈吟問曰。此男子何故常爽約而不來耶。曰。此則殊難索解。彼費如許經營陳設之貲。而足跡不一踐。令此婦酸楚之狀。教人目不忍覩。此則洵可駭怪者。然其舖陳皆絕精緻。而牀榻尤壯麗。逾於尋常。子倘欲一覘之否耶。曰。彼婦今在室乎。曰。彼歸來約可刻許。子倘欲窺者。吾當導子至鄰室。任子飽窺之。曰。吾曾識一人。與彼頗相肖。今將察彼果是其人否。故欲一窺之。至其事之顛末。吾行時將爲子詳述也。曰。惡。此亦何須者。子儘可自握全權。以秘子之私事。吾寧敢窮詰子之秘事耶。吾諸賓客。方在下層作投球戲。吾須往招呼。不能久待子矣。今先爲子布置一切。吾便自去。子窺察旣竟。可徑自歸家。子於吾門戶之啓閉機關皆所稔悉。吾知子今此之再蹈吾宅。決不欲使人知之者。子便潛踪出戶。手自掩關。則不慮有人識破矣。如此寧不佳歟。曰。吾極感紉子之厚意、羅句娘子乃起趨近隣室之屏、褰其簾幙。招姍娜而小語曰、請卽入此。姍娜踟躕不敢進。心若猶豫然。羅句娘子曰、噫子何爲如是。事必窮其究竟、且子亦何以懼爲、此室中雖有門戶通於彼婦之室。然遮蔽甚巧。旅客多半不之覺、且復有鍵鑰閉之。縱彼覺有人潛窺、亦無能啓戶以覗子也。姍娜猶遲疑不欲行。娘子復曰。子果不欲窺。吾亦不能相强。區區之意。不過欲使子得窮其事之究竟耳。姍娜默然良久。乃歎息言曰。使其事但關係吾之一身。則吾寧決然舍去。惟玆事乃更與別一人大有關係。其人又吾所最關情者。故不得不察之。曰。旣如是。子何尙猶豫爲、盍徑往一窺之。羅句娘子語訖。便手㧋門扉。扉啓。姍娜至此。惟有從其言入室、乃甫入。羅句遽掩扉而去。

第二回　窺比鄰奮身救同類　囚闇室設謀脫危機

姍娜獨在室中。黑闇無所見。本無可驚怖之事。而不知何故。心中懍懍。若預知有危機之隱伏者幾次欲反身退出。然終竟不忍舍去。久之。乃自忖曰。吾終須一窺之。以察視果爲斯人否。茲事關繫吾女兒畢世之榮枯。機會難逢。未可當面錯却也。却說此室其爲窺入而設。恐漏光線。故無窗牖。又恐礙窺覘者之潛蹤。故一無陳設。惟地上厚鋪氈毯。以便行步無聲。壁間兩穴光線熒熒然射入。此羅伽娘子特設之機局。所以便偵敗行之倫偷窺鄰室。以求遂其所圖謀者也。姌娜至是。乃決計必一窺之。于是探手摸索而前。俄而手觸壁間。膝下亦覺有障礙物。撫之知爲匟牀上有墊褥者。即跪于其上。壁間兩穴。直接於目。中心怦怦若有所畏怖。未敢即窺。久之乃強自鎮定。放眼一窺鄰室。但見一壯麗之牀。牀角四柱皆作扭絲形。上承重大之穹蓋。流蘇四垂。純然古式之華美牀。而牀中不施帷幔。牀頭障版。適向對立之牆。而自孔穴窺覘牀中。了無障礙。此臥室爲四方形。左方設暖爐。爐上承物處陳設古銅器及瓷器數事。右方乃一巨大之衣廚。旁設休息几榻二。別有漆木架。承二瓷檠。二燭輝映於其上。初不見此中有人。久之。察見一几案上置女帽。細辨其式樣。知爲適間劇場中所見者。乃知其人確已在室。又久之。始察得其所在。蓋彼適負牆而坐。正在兩穴處之下方。寂然不動。垂其首俯視裙裾間。如觀物狀。悄然無聲。久之忽起立。此時但見其背。不能覩其面貌。見高揚其臂。手中持一物。作睇審狀。旋縘知其所持乃一小篋匣。環以金剛鑽石。晶瑩閃爍。與銀燭相映射。姌娜念此殆一肖像。乃靜觀其所爲。彼凝睇久之。忽吻親其匣。然後藏諸懷中。以手拭目。如揮淚之狀。遂轉身移步。趨就臥榻。牀前有階級二。歷之而登牀。姌娜得乘便畧一覩其面貌。及既登牀偃臥。則以綉衾覆首。不復可見矣。姌娜究未諦視。不知果否斯人。至是益覺彷徨無主。欲就此舍之而去。則這番潛身來此。不免空回。若留此以待其復起。再審視之。又不審俟至何時。深恐淹跡過久。或爲人瞥見。蓋羅甸娘子夜間之賓客。皆放意行樂之人。到處游行。在所不禁。此室緊接輝煌之正廳。爲賓客所得至之處。好事之叢。何難直至此閨室中。如此則又何可久留者。然姌娜雖如此思。終亦未肯遽然捨去。諦視牀中人寂然不動。鼾聲漸作。默念羅甸孀之相告。謂此人從未一就牀寢者。今來乃適值其睡眠。何遭逢之不偶。如是此心愈覺進退維谷。壁間固有門戶管籥皆插置於此。方可以徑啓之。念及此。幾欲排闥直入。以驚醒其睡夢。然不知其果否斯人。設有錯誤。則冒昧闖入人私室之罪。其何以自解。且穴壁窺人之事。又寧能明告諸其人者。事若決裂。非徒無益。且蒙害矣。以故心事幾經起落。卒不敢爲。而又卒不肯決然舍去。惟惓惓然凝視牀中人。目不轉瞬。久之恍若雙目疲眩。視物畧有異者。覺牀頂之穹葢。彷彿低於其舊。念此葢初見時。似高接承塵。今若相去畧遠者何耶。忽又轉念曰。寧有是。此牀豈坑殺人之陷阱乎。吾目勞生幻耳。乃退去數武。稍自休息其目力。乃復向壁窺之。不覺悽動心脾、今番信非目眩矣。只覺穹葢愈益低垂。去承塵業已盈尺。私念此牀之支柱。豈藏有機括。使其上葢能伸縮上下自如。如兩截之遠鏡者耶。此葢厚而且大。苟覆人身。當閉窒人之氣息而扼殺之矣。世間不圖竟有此坑人之機阱。念此不禁惶駭。然終私自冀幸所視之非眞。勉自委爲心目之迷眩。謂縱有謀殺之人、思得此秘計。而此牀之機括。何自得之。豈有造牀榻之巧匠。而肯爲惡人搠此殺人機括者乎、遂堅以此意自慰。復閉目數息。久之。乃一啓睫。而穹葢之低下。又增數寸。雖欲不信其事。不可得矣。瞠眙凝視。則見此葢節節下行。勢甚紆徐。而又絕無磨軋之聲。視牀中人。安臥不少動。早已睡鄉深入。少間穹葢下壓。挾萬鈞之重。以加此荏弱之身軀。必無生望矣。妠娜知此婦存亡在於俄頃。而無術以救之、慌亂不暇計慮。遽以手擊壁欲驚醒之。而壁間亦厚加墊蓋。有如坐褥。雖猛擊。而依然無聲。再一窺穴。見臥者卒不少動。而穹蓋下垂之勢。則刻刻加甚。羌不知其所底止。而其機捩之巧滑圓轉。直若兩柔相受而無聲。婀娜觀此。震駭無極。念此必非羅甸娘子所安排。其人雖非善類。然邪惡則有之。殺人之事。則斷不肯爲。且彼果設此機阱。倘安肯教人來窺。則知此事斷非娘子所與知者。似此莫若奔告羅甸娘子。事一聲張。其人當尚可救。既而復念己身今已厭倦風塵。與舊時相識諸人。蹤跡久已疎濶。此間爲此輩所團聚之地。倘一聲揚。則又不免再爲諸人所屬目。而終無術可以遠引。然此猶其後焉者。若此事一旦喧騰。則必立成大獄。而己身實爲案中重要之人證。地方有司必當傳呼。諸日報必當騰播。則己身與此藏垢納污之地之尙有關係。將爲人人所共知。他人猶可。其如愛女何。此愛女固己身所日夕惓懷。愼加姆教。舉凡一切污穢習俗。固不令稍一觸目。即己身不正之營生。亦從不使其預知。今倘得聞其母來此垢穢之地。作此不可告人之舉。其何以堪耶。乃自奮曰。吾寧死必不致吾女負此奇辱。此婦人吾亦誓必救之。然斷不求助于他人。雖然。此際更有何術耶。再視穹蓋。已愈低下。距臥者之身。大約不過二尺之間

商務印書館出版

重印訂正

漢譯日本法規大全

定價十五元預約八元

●材料豐富

本書由日本法規大全譯行共分二十五類凡憲法裁判民法商法刑法官制外交地方制度警察監獄宗教衛生財政軍事教育實業等類無不詳載而各類之下又分細目極便檢查

●改訂完善

本書於光緒丙午出版迄今已閱五載歷時既久更變亦多現特延請日本明治大學法科畢業生閩縣陳君承澤重加校閱凡有舛錯一律訂正較前出之本尤爲完善

●定價低廉

本書前用連史紙印定價二十五元現改用有光紙印定價十五元豫約八元較原價不及三分之一而字跡大小仍與原本大小一律定價之廉洵爲從來所未有期爲普及政法學識之助

●豫約期限

本書第一次豫約印三千部十月截止現計所售之劵已逾三千之數而續定者尚紛紛不絕茲特用有光紙再印二千部仍售豫約悉照前例定期以宣統三年三月爲限速購爲幸遲恐不及

●學堂講習

凡政法學堂法律學堂司法研究所審判研究所及各種相當之中學堂苟採取此書議員則可供講義之用學員則可備自修之助斯於法政之常識自有根據不致茫無適從矣

●法官考試

法官考試定章第二場有各國民法商法刑法及訴訟法各一題則應試者必須略明外國情勢始能及格本書於上列各法均極詳備應試法官者苟得此書以爲指導其裨益實非淺鮮

●各界研究

吾國近行新政大半採自日本而是書則日本政法之淵海尤得提綱挈領之要凡京外議員行政官廳幕友僚佐以及學界軍界警界均當時時研究以增進知識尤爲必不可少之書

預約簡章

一　本書第一次預約券業已售罄茲因續定紛紛現仍用有光紙印刷出售第二次預約券

一　預約者先付四元即交預約券一紙出版時續交四元憑券取書

一　預約者可將定單截下塡明姓名住址部數及寄洋數目與洋一併寄至本館及分館購券出書後仍向該館取書

一　郵局兌局不能匯款之處可用郵票代錢（以一角之郵票爲限二角以上郵票不收）惟郵票以九五折計算如購預約券一張應寄一角之郵票四十二枚取書時續寄一角之郵票四十二枚

一　出書後如欲本館將書寄奉者務將郵費一併寄下其每部應加郵費如下（上海總發行所直寄）輪船火車已通之處一元　輪船火車未通之處一元二角　廣東廣西輪船火車已通之處一元四角　未通之處二元　陝西甘肅四川雲南貴州五省二元一角　若買五部以上郵費運費較廉當照實數收費其在各省分館取書者郵費由分館酌定

一　另印樣本一冊欲閱者務請函示當即寄贈

一　布套十兩加八角木箱一個加一元應用與否及用何種悉憑尊便

上海商務印書館

北京　天津　奉天　龍江　濟南　太原　開封　西安　杭州　蕪湖　南昌　漢口　長沙　常德　成都　重慶　瀘州　福州　廣州　潮州　分館同啓

預約定單

姓名　　號　　住　　省　　廳府州　　州縣　　今向

商務印書館定購重印漢譯日本法規大全（有光紙）　　部照預約價每部八元

合計共洋　　元今如數由　　寄上請即收入將預約券　　張

寄交　　手收俟出書時將預約券照章依限向貴館取書可也

再查預約章程　貴館於郵政局已通之處可以將書寄下現在定購之書將來即請交郵政局寄至　　地方所有郵費當於取書時附繳

宣統　二　年　　月　　日　　具

時中書局書目

黃梨洲遺著彙刊　連史本 價洋四元　尋常本 價洋二元八角

邃漢齋校訂本 龔定盦全集　連史本 價洋一元五角　尋常本 價洋一元

原版影印 王漁洋詩鈔　連史精本 價洋一元六角

黃陶菴全集　連史大本 價洋二元五角　竹連大本 價洋二元

陳臥子先生安雅堂稿兵垣奏議台訂　尋常大本 價洋二元

陳臥子先生兵垣奏議　尋常大本 價洋六角

錢牧齋全集　連史大本 價洋念八元　尋常本 價洋拾六元

錢牧齋箋杜工部詩 諸名家評點　即日出版

錢牧齋尺牘　連史本 價洋一元二角　尋常本 價洋八角

精寫本 柳河東詩集　連史本 價洋八角

吳次尾先生遺書　價洋二元

章實齋先生遺書　價洋二元

王陽明先生集要三種　洋紗精本 價洋二元四角

孟浩然 王摩詰 高常侍 岑嘉州 四唐人集　連史本 價洋一元二角

劉隨州詩集　連史本 即日出版

楊忠愍公集　尋常本 即日出版

陳洪綬寶綸堂集　尋常本 連史本 即日出版

張文襄公書目答問　尋常本 價洋四角

吳愉庭先生兩罍軒尺牘　連史本 價洋八角

胡文忠公全集　尋常本 價洋一元五角

上海外交報館今遷四馬路畫錦里口

庚戌年　外交報　十年紀念　增刊兩册

本館延定留學外洋法政專家撰著國際法學論說並於正月臘月各增一册逢五發行全年三十四册自辛丑至庚戌適屆十年共三百册預訂全年本埠四元五角外埠五元二角外國六元零售每册一角六分補購辛丑壬寅癸卯甲辰百册減爲十元外埠加郵費八角陝甘雲貴四川等省郵費加倍補購壬寅全份本埠四元外埠四元五角癸卯全份本埠四元三角外埠四元八角甲辰全份本埠四元外埠四元五角乙巳全份本埠四元二角外埠四元八角丙午丁未戊申每年各全份本埠各四元五角外埠各五元己酉全份本埠四元八角外埠五元五角外國六元二角歷年零册一角六分

●上海外交報館　在四馬路畫錦里口商務印書館內

●第二十八號即二百九十四期十月十五日已出　要目列下

●論說　論各國之國際商業政策（法政畢業生武進王倬撰）

●譯論　述俄國之經營滿洲　論美國觀光團與中美之親交　論中國之中央集權問題　論德以三國同盟破三國之均勢　論英美漁業問題　論日英關稅問題　論朝鮮與美法借欵問題　論葡國革命　論美國兩政黨　論巴拿馬運河之防備　論朝鮮之統治與總督

●外交大事記　要事彙誌　俄國更換駐法大使　俄國對土擴張黑海艦隊　俄將合併希哇　俄擴海軍　德之財政　法國禁止埃及民黨開會　法以飛行機聯絡領土　比王及妃至法　尼人疑德皇之貽書總統　尼總統出奔　美將合併巴拿馬國　美之於巴拿馬運河　美國民政黨之政見　美國共和黨大會　美屬非律賓土人叛

●世界大事記　西洋之部　各國新聞記者會議

●日韓交涉史（續二百九十二期）

●日本併韓始末記（續二百九十三期）

●第二十九號即二百九十五期十月念五日已出　要目列下

●論說　論我國二十四時間及其與他國規定之比較（留學日本中央大學法科大學部無錫孫觀圻撰）

●譯論　論美國遠東政策　論巴拿馬運河軍事上性質之源流　論土匈二國在法募債　論法在摩洛哥經濟界之地位

●外交大事記　華工紀聞　要事彙誌

●世界大事記　東洋之部　日本明年度豫算案　韓國遺民受賞

西洋之部　各國社會黨大會　俄皇將往會德皇　俄太平洋艦隊數與軍費之豫計　奧以海軍案布告匈國　土內閣不協　土屬小亞細亞土民叛　義使爲土人所窘　土人抵制希貨　希土爭購軍艦　希議院解散　義塞修好　塞之孤立　美之排亞

●德國霍亨洛親王日記節本（續二百八十四期）

挪辦合肥惠政學堂王君揖周讚証自來血有自服

自效之神功

五洲大藥房主人鑒僕體素健任事不畏煩難不辭勞苦丁未之冬創辦私立惠政學堂距今已歷四學期去歲秋因伏暑致病月餘始起覺精神遠不如前四肢酸軟私心深慮不能勝任後常至鉅康隆周君斗青處聚談遇友人李君德三來購　貴製自來血大瓶一打并稱道其靈效不可比喻復見北鄉高塘集務本學堂壽春孫琴舫君致斗青書託其轉謝　貴處函中盛稱自來血功效之神且速無異仙芝僕遂深信即於鉅康隆購取小瓶半打每日照服果然未及旬日強健如初樂甚噫海內古今補品其於斯爲盛矣特贈蕪箋以鳴謝忱手此順頌　利祺　合肥王揖周頓正月念六日

小瓶一元二角　每打十二元
大瓶二元　每打二十元
託局函購原班回件諸君光顧請認明商標全球爲記每瓶內附有精工五彩認眞券一張方不致誤

總發行所上海四馬路老巡捕房對門五洲大藥房抄登

人造自來血乃人身之活寶

人生百體所賴以生長者血也如血多則百體強壯血少則百體衰弱設過血盡則百體自枯是故凡人不能無血**血者誠乃人身之活寶也**然吾人欲究身壯力健之術者必以多血為適宜若近今之衛生家雖常服各種補品而未得十分健壯者何也其故因我國理化未精藥物一道素鮮研究故自古迄今絕未發明不知以多血為要義噫**此即吾身不強之由來也邇者神州睡獅抖擻初醒努力鼓盪我同胞之熱血奮振我同胞之精神**無庸疑義速請嘗試**能壯民力強國勢之人造自來血已經及時出現**

故再行謹告同胞凡有心虧血虛破金吐血面黃肌瘦頭暈眼花耳聾腎虧陽萎精枯四肢無力手足酸軟身虛腳腫胃弱脾薄以及婦女經水不調白帶赤帶頭痛腰酸五勞七傷諸虛百損之症者服之自然**壯心經多血液**請將下列服法試驗之自能奇功立見幸勿輕視蓋其中實有絕大之能力也我同胞凡購服自來血**須先試驗究有功效若何**可用小針刺破皮膚出血一滴滲在白紙上待服過七日之後再用前法將前者滴血之紙與七日後滴血之紙兩相比較後者之色必紅於前此則**最易最明之確證也**倘能多服則**血愈紅而人之體力愈健**又如腎虧耳鳴眼花者連服數日眼目自覺清爽耳鳴耳聾自可並除此即顯明有補腎之功效又如年老血衰或壯年勞傷過度體質虛弱面無血色者自必畏寒驟遇冷風即發寒噤者服之半月之後**血氣漸充體質自固**雖遇箭風**亦不覺寒冷矣**又有明見之確證如久患爛瘡而不易收口者自服自來血之後則瘡內之**肉刺日漸增紅**如能常服收口亦易如婦女之經淡白者服到一月經水當即增紅**如患冷經痛經亦能並除**凡患破金吐血者服之補血則可以之止血則不可然患吐血之人血愈虧少若不培補則體質愈弱病勢日重尤宜常服以補之當時雖無止血之功然久服之心經壯**而吐血之患可以除根也**如腳氣水腫者步履蹇滯亦血虛不充之故須連服旬日則腫自消而步自健矣又**如患瘧疾者**服之旬日**立可除根**不發以上一切功效皆最易試驗者也

●小瓶一元二角大瓶二元**每打**小瓶十二元大瓶二十元託局函購原班回件海內諸公如蒙惠購請認明全球商標為記內附五彩認真券一張值洋一角方不致悞

●**總發行所上海四馬路老巡捕房對門青花石三層大洋房五洲大藥房并南北兩京以及各埠大藥房均有經售**

此疾此苦惟婦女自知

鎮江病婦服韋廉士大醫生紅色補丸而得全愈之樂

世有婦女隱抱疾病終身輭弱絕無怡樂之日者不知凡幾卽如處女失血困疲頭痛發厥少婦腦筋失調背痛力衰老婦天癸將絕身受痛苦歷年以來凡患此種疾病者皆爲其血輭弱不潔所致也韋廉士大醫生紅色補丸付助天下各處婦女女享康健之樂者已不可以僂指數矣因是丸能生稠濃鮮紅之新血充溢枯竭之血管以及困疲之腦筋使輭弱之婦女得有活潑強健之樂如楊鏃儒之妻爲中國無數病婦中賴韋廉士大醫生紅色補丸所治愈而得康樂者之一也楊君爲鎮江禮敦洋行買辦茲將其妻之病狀自述於左云○余妻三年前因染時症多服敗血之藥以致身體衰弱初患筋系疼痛常覺頭暈耳鳴胃口失調白帶淋漓心常跳痛夜睡盜汗面黃目陷一身兼受諸般痛苦遂使瘦弱不堪如此情形計歷兩年之久屢延名醫診治毫無寸效後遇中外大藥房主人黃自信君談及韋廉士大醫生紅色補丸有治疾之奇功勸余妻服之余遂購一瓶囑妻如法試服瓶罄卽有轉機連服半打諸病若失迄今身體健壯逾恒胃口強健作事活潑大有與致且喜已懷六甲兩月有餘是皆服韋廉士大醫生紅色補丸靈丹妙藥之功也余欣喜萬狀無以爲報特具數行以贊是丸使身體復原之奇功

楊鏃儒之妻服韋廉士大醫生紅色補丸之奇效錄於此

韋廉士大醫生紅色補丸不第能治婦科各症亦能使男子小孩身體強健有力二十餘年已來已治天下各國無數所患血薄氣衰諸虛百損少年斲喪陽萎不舉肝經失調背脊疼痛山林瘴氣胸膈疼痛風溼骨痛醫尻痠痛左癱右瘓跳舞瘋病乾溼癬癩皮膚諸症發熱病後紅白痢疾感冒風寒男子操勞過度或吸鴉片以及他故損傷身體一服是丸立能精神充足氣力復原

韋廉士大醫生紅色補丸中國各處藥材商店凡經售西藥者均有出售如內地無從購買可直向上海四川路八十四號韋廉士醫生藥局中國總發行函購或向重慶白象街分行函購亦可價銀每一瓶大洋一元五角每六瓶大洋八元遠近郵費一律在內

認明眞樣　謹防假冒

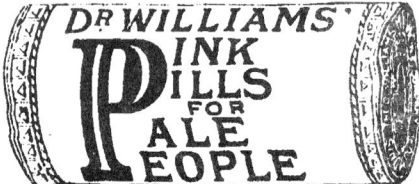

大清郵政局特准掛號認爲新聞紙類
日本明治四十三年二月十三日第三種郵便物認可

每月三期逢壹日發行

年十一月一十一日

第參拾壹期

愛理士紅衣補丸

治愈咳嗽時發精神困倦承烏君雨亭惠來証書照登

余自幼身體虛弱以致咳嗽時發精神困倦夢寐不寧雖經時常調理無奈實無見効茲蒙 家嚴寄來 貴廠之愛理士紅衣補丸兩瓶服後果然精神煥發咳嗽全消足見此丸之功効非淺除另函求 家嚴再寄外就近泐此數行以表謝忱並附小影以爲是丸之佐証幸祈刋登報章以告病者耶

中國電報滬局雨亭謹識

外埠各大藥房均有發售倘內地無從購買處請函至上海四川路一百十七號總批發所購買即班回件郵費不加

本埠西北城鄉由南翔暖永吉號代理

震寰藥廠啟

各埠代理處

北京桐梓胡同廣智書局　保定萃英山房　官書局　天津原創第一家派報處　公順京報局　李茂林　羣益書局　奉天振泰報局　圖書館　盛京振泰報局　吉林文盛報房　濟南維新書局　開封茹古山房　文會山房　大河書局　教育品社總派報處　彰德茹古山房　武涉永亨利　西安公益書局　萃新報社　太原文元書局　書業昌記　貴州崇學書局　雲南天元京貨店　安慶萬卷書樓　廬州神州日報分館陳福堂　閱報館於炳章　漢口昌明公司　蕪湖科學圖書社成都正誼書局　輸文新社　華洋冬報總派處　安定書屋　長沙羣益圖書公司常德中報館　南京啓新書局　莊嚴閣　崇藝書社　圖南書社　神州日報分館　南昌開智書局　廣益派報社　廣信益智書局　福州教科新書館　厦門新民書社　溫州日新協記書莊　廣明書社　揚州經理各報分銷處　蘇州瑪瑙經房　常熟朱乾榮君　海虞圖書館　廣州國事報　廣智分局　廣生印務局　日本中國書林　星架坡南洋總匯報　澳洲東華報　金山世界日報　紐約中國維新報　溫哥華日新報　香港致生號　商報

宣統二年十一月十一日出版

編輯兼發行者　何國楨

發行所　上海福州路　國風報館

印刷所　上海福州路　廣智書局

定價表

費須先惠逢閏照加

項目	報資
全年三十五冊	六元五角
上半年十七冊	三元五角
下半年十八冊	三元五角

零售每冊	二角五分
本國郵費	每冊四分
歐美郵費	每冊七分
日本郵費	每冊一分

廣告價目表

一面	半面
十元	六元

國風報第一年第三十一號目錄

目錄

野民

諭旨

十一月初九日 上諭郡王銜貝勒載洵載濤差務較繁著在內廷行走毋庸兼當御前行走差使欽此 上諭本日引見進士館游學五年畢業之庶吉士宋育德著授職編修記名遇缺題奏並賞加侍講銜陸光熙著授職檢討記名遇缺題奏並賞加侍講銜法政學堂補習期滿考列優等之庶吉士賀維翰著授職編修並賞加侍講銜進士館外班畢業學員考列優等之主事施堯章著仍以主事歸吏部儘先補用欽此 上諭本日引見北洋大學堂畢業學生考列最優等之馮熙敏王正黼均著賞給進士出身授爲翰林院編修王鈞豪著賞給進士出身授爲翰林院檢討考列優等之朱行中王瓚徐岳生盧芳年蕭家麟黃保傳均著賞給進士出身改爲翰林院庶吉士考列中等之程良模馮譽璪葉德言均著賞給進士出身以主事分部儘先補用欽此監國攝政王鈐章軍機大臣署名

初十日 上諭現値天氣嚴寒實錄館人員朝夕恭纂書籍著加恩於十一月十二月正月每月賞給柴炭銀五十兩在廣儲司支領欽此 上諭此次引見陸軍部游學畢

業考列優等之炮兵科畢業生全恕彭廷衡張漢堂鄧翊華方日中石陶鈞宋子揚張叙謙顏景宗鵬興均著賞給陸軍砲兵科舉人並授炮隊副軍校考列優等之馬兵科畢業生范熙績宋邦翰陳復初余範傳袁華選楊盡誠曾承業尹同愈張文林熊一弼均著賞給陸軍馬兵科舉人並授馬隊副軍校考列優等之步兵科畢業生孫棨孔庚周燊儒鴻賓陳經唐義彬姚受唐壽明雷壽榮魏國鈞王深孫象震葉佩薰吳恩豫張鼎勛周應時關松秀何浩然均著賞給陸軍步兵科舉人並授步隊副軍校考列優等之工兵科畢業生張宣揚源濬文祺江煌均著賞給陸軍工兵科舉人並授工程隊副軍校考列優等之輜重兵科畢業生高兆奎著賞給陸軍輜重兵科舉人並授輜重隊副軍校考列上等之砲兵科畢業生吳鼎麟程普煌孫方瑜陳宗達恩康均著賞給陸軍砲兵科舉人並授砲隊協軍校考列上等之步兵科畢業生李浚孫葆瑢巨純如培模張壽熙陸紹武包述佐春榮吳觀樂蔣隆權李德昭陳康時均著賞給陸軍步兵科舉人並授步隊協軍校考列上等之工兵科畢業生楊宗雷炳焜歐陽沂周凝修均著賞給陸軍工兵科舉人並授工程隊協軍校考列上等之輜重兵科畢業生齊琳著賞

給陸軍輜重兵科舉人並授輜重隊協軍校考列上等之馬兵科畢業生金壽李長潤李乾璜楊翼均著賞給陸軍馬兵科舉人並授馬隊協軍校其同日引見考列優等之警察畢業生殷學潢陳興亞王子甌均著賞給陸軍警察兵科舉人並授警察隊副軍校考列上等之警察畢業生余晉鑽楊發源奎福王天培王天吉文潤恒成桂誠均著賞給陸軍警察兵科舉人並授警察隊協軍校考列優等之軍需科畢業生葉興清王世義馮福長士傑均著賞給陸軍軍需兵科舉人並授軍需副軍校該部知道欽此

上諭貝勒載濤等奏大員違例餽遺據實糾參一摺署江北提督直隸通永鎮總兵雷震春違例餽遺殊屬非是著交部議處欽此監國攝政王鈐章軍機大臣署名

十二日　上諭陳際唐著調補甘肅新疆鎮迪道並加提法使銜山西河東道員缺着榮霈調補欽此監國攝政王鈐章軍機大臣署名

十三日　上諭憲政編查館奏派員考查各省籌備憲政情形據實臚陳一摺前因憲政關係重要曾由憲政編查館王大臣選派館員分赴各省考察一切茲據奏稱派赴東三省直隸山東山西河南湖北江西安徽江蘇浙江福建廣東各員先後察竣回京

將考察實在情形逐一呈報各省籌辦憲政均已略具規模惟程度未能齊一瑕瑜難免互見其主管各員實心任事者固不乏人而奉行具文者亦在所不免自應分別優劣加以勸懲奉天民政使張元奇提法使吳鈁遼陽州知州史紀常鐵嶺縣知縣徐麟瑞直隸提學使傅增湘河南提學使孔祥霖廣東布政使陳夔麟山東巡警道潘延祖山西太原府知府周渤吉林試署西南路道前署吉林府知府李澍恩農安縣知縣壽鵬飛黑龍江署龍江府知府黃維翰江蘇候補道夏敬觀江西候補知府黃立權浙江候補知縣梁建章谷鍾秀俱能實事求是尙有成績可觀均著傳旨嘉獎福建興泉永道郭道直辦事竭蹶精神不及於巡警禁煙各要政率多有名無實著即行開缺河南巡警道蔣楙熙辦理警務未能擴張整頓著開缺另補直隸天津縣知縣胡商彝諸事廢弛斂錢肥己每年所收陋規爲數頗鉅調查戶口復欲向民間苛歛以致民怨沸騰著即行革職現值提前籌備憲政內外臣工應當淬厲精神力圖前進著各省督撫嚴飭所屬妥速籌辦毋再任令敷衍因循致誤期限並著憲政編查館王大臣隨時加意考核分別殿最臚列奏陳總期通力合作尅日觀成用副朝廷孜孜求治之至意

餘著照所議辦理該部知道欽此　上諭福建興泉永道員缺著慶蕃補授欽此　上諭河南巡警道員缺著王守恂補授欽此　上諭試署河南勸業道王維翰著開缺另補所遺員缺著胡鼎彝試署欽此　上諭寶棻奏考覈文武各員分別舉劾以昭激勸一摺河南開封府知府袁鎮南衛輝府知府華煇汝寧府知府李兆珍鄭州直隸州知州龔濟前署洛陽縣知縣甯陵縣知縣鄭鴻瑞孟津縣知縣孫金章夏邑縣知縣黎德芬署理永城縣知縣候補知州楊葉昂祥符縣典史丁燕詒尉氏縣典史朱道培既據該撫臚陳政績均著傳旨嘉獎鄢陵縣知縣榮禧性躭安逸闒冗無能濮鄭縣知縣袁啓芬衰庸懦弱物議沸騰太康縣知縣龔文明丁役用事玩視民命内鄉縣知縣邱緒積案濫押馭下不嚴汜水縣知縣顏豐杰性惰才庸優柔寡斷偃師縣知縣李龍書疏庸惰玩信任家丁封邱縣知縣謝葆榮庸鄙近利尤習惰逸前署泌陽縣知縣試用同知王壽勳治匪寬縱營私忘公前署息縣知縣候補知縣劉豫立緝捕不勤操守難信前署汝州直隸州知州候補直隸州知州唐彝藩擅釋押犯罔顧民瘼署修武縣知縣大挑知縣保啓瑞卑鄙貪猾聲名狼藉前署柘城縣知縣試用知縣高錫麒性情卑鄙行爲

諭旨

浮安前署原武縣知縣試用知縣周維清不通文墨辦事昏庸前署唐縣知縣候補直隸州知州關書麟人品卑汚聲名甚劣代理淮沈項縣丞試用典史劉覲宸柔懦貪劣光州吏目余嘉蘭性情乖戾前代理盧氏縣典史試用未入流華霖行同無賴已撤五十七標二營管帶候選鹽大使周葆楨性情貪鄙前在洛陽防次嘗有犯事候選縣丞湯本新前充協部副軍需官採辦不實已撤中路巡防隊領補用游擊徐厚光藉案擾累用人不當汝州營守備馮青雲借官勒派被控有案南召汛把總高鳳翥聲名惡劣西華汛把總胡沛霖不安本分已撤陸軍工程營管帶補用千總李保常不齒軍界均著即行革職分缺先知縣吳廷模劣跡多端衣冠敗類革職永不叙用中路巡防隊二營管帶補用守備周明成聞有受賄養匪情弊前路巡防隊三營管帶儘先都司伍錫福所屬弁兵不甚可靠均着即行革職如有重大情節著力行查明參辦陳州府知府陶福同年力稍衰不勝繁劇浙川直隸廳同知王錫田才欠明幹難勝邊要汲縣知縣李崧祐精神不振輿情未盡允洽均著開缺留省另補桐栢縣知縣王慶垣拘迂未化難膺民社惟文理尚優著以教職降選餘著照所議辦理該部知道欽此監國攝政王

鈐章軍機大臣署名

十六日　上諭吏部右參議著裕隆補授欽此監國攝政王鈐章軍機大臣署名

十七日　硃諭軍機大臣慶親王奕劻等奏才力竭蹶無補時艱懇恩開去軍機大臣要差一摺披覽均悉該大臣等盡心輔弼朝廷自能洞鑒既屬受恩深重不應瀆請所請開去軍機大臣之處著不准行欽此　硃諭資政院奏大臣責任不明難資輔弼一摺朕已覽悉朕維設官制祿及黜陟百司之權爲朝廷大權載在先朝欽定憲法大綱是軍機大臣負責任與不負責任暨設立責任內閣事宜朝廷自有權衡非該院總裁等所得擅預所請著毋庸議欽此　上諭陸軍部奏遵旨議處一摺署江北提督直隸通永鎭總兵雷震春著照部議革職欽此　上諭江北提督着段祺瑞署理並賞加侍郎銜欽此　上諭直隸津海關道員缺著錢明訓補授欽此　上諭長庚奏大員在途病故代遞遺摺一摺已故甘肅新疆巡撫何彥昇由監司洊陟疆圻克勤厥職茲聞溘逝軫惜殊深加恩著照巡撫例賜卹任內一切處分悉予開復應得卹典該衙門察例具奏欽此監國攝政王鈐章軍機大臣署名

十八日　上諭長庚奏舉劾屬吏一摺甘肅在任候補道寧夏府知府趙惟熙署蘭州府平凉府知府張炳華既據該督臚陳政績均著傳旨嘉奬卸署寧州知州平凉縣知縣阮士惠性情偏執諱匿命案卸署永昌縣渭源縣知縣楊鼎新挾恨被控任性濫刑伏羌縣知縣紀鍼蘭才識平庸禁烟不力署寧夏府經歷候補縣丞袁蘭先行爲不端有玷官箴署玉門縣訓導馬凌雲藉事需索屢被控告卸署陝西宜君營守備兼護寀將留陝用卽補都司任正循散偷缺額罔利營私均著卽行革職西安城守協標雲騎尉世職烏騰漢沾染嗜好巧飾規避著革職永不叙用餘著照所議辦理該部知道欽此

上諭直隸通永鎭總兵員缺著田文烈補授欽此監國攝政王鈐章軍機大臣署名

論說

外官制私議

滄江

朝旨以明年設責任內閣。將以舉行政改革之實。則釐訂官制。實爲目前最大急務。滇督李君通電各省。有所建議。規畫宏遠。洵大臣謀國遠猷也。吾於茲事。亦夙有所懷。今述一得。備采擇焉。

一 省區問題

我朝沿元明之制。將全國區分爲二十一行省。誼既非古。而又與現今各國制度無一合。於是先覺之士。有縮小行政區域改省爲道之議。此問題今雖未有人提起。然爲我國譚官制者最有價値有趣味之問題。無可疑也。今請從種種方面論其得失。

(甲) 省區應改置之故

第一 現制不能保政治之統一 現制。各省督撫。與中央各部尚侍。立於同等之地。

位非有長屬之關係彼此同對於君上而負責任督撫曾無服從部臣之義務倘他日責任內閣成立後而仍沿此制則內閣政綱將徒託空言

第二　緣此而中央施政之範圍太狹　今日之制中央各部除收發文告外幾於無事可辦就令將來釐訂京外權限以後或能將軍事外交等權全集中央此諸部差能保其獨立其他諸部終無以舉統攬全國政務之實例如現在民政部除管理五城巡警外殆無所事學部除管理五城學務外殆無所事農工商部除發給商會執照外殆無所事他日責任內閣成立以後此現象恐終不能免

第三　緣此而財政計畫極難善良　凡一年度之政策皆具體的表示於豫算案蓋以凡百政務非有政費則不能施行也以故各立憲國度支部大臣一席實占內閣最重要之位置而其編製豫算也先由各部列出所要求之政費與度支部悉心商榷經閣議然後決定各部皆有交讓之精神故財政之系統常能與政治之方針相應若沿今制則預算案既須縱切於各部復須橫切於各省其混雜已不可思議且各省督撫終無從與內閣諸大臣會議於一堂各欲擴張其本省政費而不肯相下

則財政之計畫殆無由成立

第四　緣此而弛內閣之責任　中央施政之範圍既已甚狹財政計畫又不能悉如度支大臣之意則中央內閣幾於無責任可負國會欲問其責什九可諉諸督撫所謂責任內閣將成空名

第五　督撫無任責之道　督撫之地位既非各部大臣屬官無絕對服從之義務而職權所及如彼其廣一舉一措關係全省千數百萬人之休戚延及一國之利害而無適當之監督機關將以國會監督之耶則勢有所不周將以諮議局監督之耶督撫職權常汎及於國家政務諮議局職權則僅限於地方政務然則糾問督撫責任之機關遂終不可得其事至爲危險

第六　欲免此諸弊則今制之督撫遂成贅疣　欲免此諸弊則惟有將一切政權悉集中央內閣督撫惟以地方行政長官之資格奉令承教而不得自爲政治上之計畫果爾則現在督撫制度之特色全然喪失無取厖然擁此虛器

第七　既爲行政區域則不宜太大　今制督撫所以獨尊者以其爲國家政務官之

資格非以其爲地方行政官之資格也旣爲國家政務官則必所轄治之境域較廣規畫始能見其大若僅爲地方行政官則必所轄治之境域較狹督飭始能期其周

第八 破除省界之一手段 我國有所謂省界者無端浸灌於多數人腦識中遇事輒發實足以爲國家主義發達之障而欲破除之固非易易苟將省區改置則此種結習不期而自消

以上皆主張縮小省區者所持之論據也徵諸普通之學理揆諸當然之事勢皆無以爲難雖然在中國今日固有萬不能行者

(乙) 省區不能驟改置之故

第一 今制雖內閣不得人而人民受病之程度稍得輕減 今雖奉 明詔設立內閣而將來膺此重寄者爲何等人已畧可想見更名不更實易法不易人則其有以愈於今日者幾何今者多數督撫其謀國之忠論事之識皆遠過於中央大老此天下所同見也恃有二三賢督撫爲一地方之保障中央之淫威或不能直接加於各

地而督撫望地既隆中央不能無所嚴憚時亦足以矯正秕政於一二若改省區督撫之權隨之而殺是並此一綫光明而奪之也

第二　雖內閣得人而撰諸現在情形終不能缺督撫之一級　我國幅員之廣爲當世諸立憲國所莫能並即有能並者亦大率由聯邦組織而成我則不爾故我國行政階級之畫分不能取模範於他國夫以各省閡隔之遠利害之殊重以交通機關百不一備雖以管樂當內閣之任使之謀全國之樂利勢固不周故豈如今制以政治計畫一大部分委諸督撫實爲得宜

第三　今制有歷史上之根據不能驟革　今制之衷於學理適於時勢與否且勿論而自元迄今行之已垂千年重以近數十年來中央失綱其有治績勳伐可見者大抵在督撫其歷史上之根柢所積至深驟欲改之則民聽易惑而社會秩序之基礎或且緣而搖動

此反對縮小省區者所持之論據也。

（丙）折衷論

以上兩說立於正反對之兩極端，而各皆有極強之論據以持之，有故言之成理。**此實我國施行憲政前後之最大問題，非旦夕所能解決者也。**竊嘗論之，現今之行省制度，與國家主義不相融洽之點甚多，與立憲政體不能湊泊之點甚多，其不能永持於不敝，自無待言。然欲驟然變之，則弊亦必且餘於利。我國當今最困難之政治問題，莫過是矣。**吾以為自今不可不預立改置省區之計畫，而行之當以漸。**行之以漸奈何。

其一、將政務性質之萬不能分賦於各地方者，提而集諸中央，使中央施政範圍漸恢，經若干年後，督撫乃純變為地方行政長官之性質。

其二、將國中一部分地方改為中央直轄地，俟辦有成效，乃以次推及他地方，定若干年為推行完成之期。

右第一義，吾將於次節別論之，今但論其第二義。

夫反對改置省區者，其辯說有三，然最有力者實惟第二說。若第一說與第三說則固不甚足以爲難也。夫謂內閣苟不得人。則有良督撫猶可以救一方。似也。然使內閣長此不得人。則雖有良督撫。而所補於國者幾何。且又何道以多得良督撫者。是故內閣苟不得人。則一切政治問題。殆無復更容置議之餘地。今嘵嘵然有所論列者。則以內閣得人爲假定前提而已。若謂有歷史上之根據。斯不容漫爲廢置。則今之變專制爲立憲。實已先反於歷史之習慣。抑何以稱焉。凡以我之改置省區與日本之廢藩置縣相校。其變革孰劇。孰緩。其影響孰大。孰小。苟誠足以安國家利社稷。雖艱鉅固義不可避也。然則今日改置省區之議。不能驟行者。非有他焉。徒以幅員太廣。交通未開。中央政府直接統治全國。施政慮不能周云耳。此前提若不謬。則自有一斷案焉相隨而生。曰凡中央政府施政能周之地。則行省制度必當廢止。是也。故據吾黨所主張。則當改革外官制。伊始一切督撫暫勿廢。而先廢直隸總督。夫既名曰直隸。則直隸於中央之義而已。既直隸而復介之以總督。其愆名實莫甚焉。夫以輦轂之下。畿輔之近。且交通規模亦已粗具。苟中央政府於此猶不能纖悉周備以施政。則更何以御全國。故吾謂外官制宜分爲行省地方與直隸地方之二項。其直隸地方官制畧如下。

論說

一　凡直隷地方不設督撫。
二　在民政部設一直隷地方政務局。專監督直隷地方之行政。
三　直隷地方以今制之縣爲最高行政區域。大縣謂之府。中縣謂之州。小縣謂之縣。其行政長官曰府尹州尹縣尹。職權畧如日本之府縣知事。
四　改革伊始。先以直隷省爲直隷地方。俟辦理有效。乃推及沿江沿海各省。更推及腹地各省。

此法若行。其利有四。
(一)我國以行政官階級重疊之故。手續煩雜。官吏皆斂精神於簿書期會。無日力以事事。似此則治理可趨簡易。而政務庶少叢脞。
(二)地方團體階級既多。則人民負擔地方稅之度數亦增。非涸國家之稅源。即損人民之富力。民省一重負擔。自增一分樂利。
(三)現在中央各部。除文告督撫外。大抵無事可辦。有直隷地方。則使中央官吏。得親實務。磨鍊其治事之才。

(四)先以一省爲試驗之場則可以察此種集權制度我國是否可以實行其窒礙之處亦可隨時改良雖屢有更置不至牽動全局而斟酌盡善之後布諸全國舉措裕如

吾對於省區問題之意見如右撮其綱要則以全部改置爲最終之目的以一部改置爲施行之手段也

二　督撫權責問題

吾於省區問題既僅主張一部改置則其餘未經改置之省督撫依然存在此督撫權限責任問題所由生也欲解決此問題首當明今世立憲國所謂最高官廳與普通官吏之區別又當明其所謂國務大臣與行政長官之區別

(一)最高官廳與普通官吏之區別　凡官吏以服從爲義務者也下級官吏服從其上級者焉上級者又服從其更上級者焉其有瀆職則施以懲戒行懲戒權者長官也若奉行長官之命而干紀僨事則責任在長官而屬官無與也此專制國與立憲國之所同也而其所以異者則在最高官廳之長官最高官廳之長官無

復上級官吏以臨乎其上有之則君主耳故更無官吏能監督之者更無官吏能懲戒之者其在專制國則以監督懲戒之權責諸君主其在立憲國則君主無責任者也義不可以躬親此故監督之權託諸國會懲戒之權經國務裁判乃得行之（說詳次號論說責任內閣與國務裁判篇）夫各國惟以內閣各部爲一國之最高官廳我國之督撫則自昔固爲最高官廳之長官也改革官制以後仍當認其有此資格否耶此一問題也

（二）國務大臣與行政長官之區別　今世各國內閣之國務大臣大率皆以各部之行政長官組織而成於是有誤認二者爲同物者此大誤也國務大臣之職在政治行政長官之職在行政政治與行政決非同物其職又非必須集於一人之身各國之以二職集一人之身者取便易耳政治與行政之別觀其責任所麗而可知也行政於法律範圍內行之故行政瀆職則生出違法責任問題政治可以產出法律或神明於法律以外故政策失當則生出失政責任問題各國內閣大臣皆以一身而兼此兩種資格故亦以一身而負此兩種責任雖然猶當細論焉

其違法責任則緣其爲行政長官之資格而生者也故一人單獨負之失政責任則緣其爲國務大臣之資格而生者也故全閣員連帶負之夫各國之國務大臣惟集於中央之內閣我國督撫則其職不僅在行政範圍而常涉及政治範圍以一身而兼兩資格與他國之閣員絕相類者也改革官制以後仍當認其有此職權否耶此又一問題也

據此兩義而有種種相錯綜相衝突之問題生焉

第一　據滇督李君通電謂督撫權責在秉承內閣計畫主決本省行政事務對於內閣完全負責此實正當辦法爲行政統一起見計無以易此也然似此則與日本府縣知事之權責幾於無甚差別矣夫我國所以不敢逕效日本之府縣制而特留督撫之一階級者凡以慮中央遠馭之難周耳督撫權責而與日本府縣同一於現在國情果適當乎此最不可不深考也請參合下方所陳各義詳核之

第二　如李君言督撫對於內閣完全負責是必內閣對於督撫有完全之監督懲戒權然後可何則凡欲完一責任必須有使之不得不完之權力以盾乎其後不

閣則徒託空言也質而言之則欲使督撫對於內閣完全負責必須將內閣與督撫變爲長屬關係而現在我國之情實果能辦到乎吾不敢言

第三 夫督撫既對於內閣而完全負責則督撫責任自爲內閣大臣責任所蔽含內閣以外固無他機關得糾問督撫責任而督撫無論有違法行爲失政行爲苟內閣而怠於監督懲戒則內閣大臣不能辭其咎新造之內閣其力足以舉此乎新造之國會其力足以使內閣必負此責乎吾不敢言

第四 其極難解決者則督撫上奏權問題是也據今世立憲國通制國中各機關之有上奏權者惟二其一則內閣其他卽國會雖以日本之臺灣總督朝鮮總督猶不能逕行上奏而必須經總理大臣之手蓋非是無以保政綱之統一也若謂督撫不宜有上奏權則此議在今日固無人敢倡卽倡亦未必能實行卽行亦未必利餘於弊然使督撫而惟秉承內閣計畫對於內閣而完全負責則亦何待於上奏督撫而上奏則安保其無與內閣意見不合同而陳於君上之前以乞裁斷者更安保其無彈劾內閣者若是則內閣不能行完全之監督懲戒權於督撫而

督撫非對於內閣負責任乃對於君主負責任耳是故督撫而苟非最高官廳則不應有上奏權既有上奏權則必爲最高官廳而最高官廳之性質則更無他官廳能監督之者也今必如何而使內閣得舉監督督撫之實是卽督撫對於內閣完全負責一語能生效力與否所由斷也

第五　督撫主決本省行政事務一語督撫職權果能以此爲限乎政治與行政非同物既如前述然今者特設督撫之一階級其職務不僅在行政也而往往須涉及政治蓋以我國交通之不便重以督撫轄治境域之寥廓勢不得不假之以便宜行事之權質而言之則凡憲法所規定君上大權範圍內之事項本應由內閣大臣輔弼君上以行之者有時不得不委其一部分於督撫（如發緊急命令行豫算外支出布戒嚴令等其他尚多）此等事件而一一受成於內閣則督撫活動之範圍無乃太狹乎不受成於內閣則當以何機關糾其責任乎此一問題也

第六　要之據現制之精神則督撫實爲最高官廳不對於他官廳而負責任惟對於君上而負責任督撫以行政官兼政治官非惟負法律上之責任且亦負政治

上之責任即改革官制以後而此種精神料難驟變其在專制時代則糾其責任者宜在君上今既爲立憲政體則萬不容以此瀆君上之神聖然則當以此權託諸何機關耶託諸內閣耶當內閣與督撫意見衝突時將奈何甚則督撫彈劾內閣時將奈何得毋將不由內閣大臣副署而徑下中旨以裁斷之乎是破壞立憲之精神也不爾則使內閣大臣反其本意而副署亦破壞立憲精神也又不爾而常以一督撫之意見釀內閣之交迭又非憲政之佳現象也又不爾則督撫之意見常屈於內閣則督撫遂失其爲最高官廳之性質失其爲政治官之性質此誠爲理論上所當然但不識現今之情勢能行焉否耳行之而能利餘於弊焉否耳

第七 或曰督撫爲一省長官則以諮議局爲監督督撫責任之機關最宜雖然諮議局爲地方團體之機關祇能議決本團體之事務耳督撫一面以地方長官之資格執行本團體之事務一面復以國家大臣之資格執行國家之事務當其執行國家事務之時恐非諮議局所能監督耳然則移此權於國會何如曰理論上似可也然亦有窒礙者以一中央國會而欲周知各省之利害爲事頗難此其一

國會開會期甚短常以各省事務勞擾之恐反曠要政此其二地方問題常提出於國會恐國會中生出地方黨派此其三

第八 或曰逕加重督撫之權使如美國之各州稍次亦如奧大利之各州而一面亦加重諮議局之權使爲完全之監督機關何如曰此徒導一國政治上之分裂且使中央政府無事可辦而責任內閣與國會將盡成虛器其反於政治進化之大勢戾於我國歷史之情實蓋無待言

第九 日本有賀長雄氏嘗發一奇論謂我國宜將督撫加入內閣並爲國務大臣與閣員負連帶責任爲政策統一起見似屬一種妙法雖然以實際論之督撫雖加入內閣豈能常參列閣議則意見之疏通一致終不可期而以爾許之閣員負連帶責任徒使政治上動搖頻數傷國家之元氣耳故此論徒足資談柄不能見實行也

第十 尚有極當研究者則編製預算之問題也凡一國之政策其具體的表示皆在預算而立憲精神之能貫徹則亦恃預算通例各立憲國之預算其歲出部門

皆以各部所管分類而地方行政費則以隸民政部項下而各地方長官無提出概算書於度支部之權我國果能采此制否耶國家一切政務自昔非由中央各部直行而皆經督撫之手一省所需政費勢不能不由督撫列出概算書以要求於度支部而督撫不列於閣議度支部若悉徇督撫之意則財政計畫失其自主若任意削減而督撫計畫不能實行安能負反於其本意之責任此其窒礙難通者一矣且以預算之形式論之若各省各自爲特別會計耶則特別會計件數之多談預算者方引爲大戒今方謀財政統一豈宜出此若通製入一表中則既以各部分類復以各省分類其混雜殆難名狀若以某省行政費若干渾括言之則預算之性質各項目嚴禁挪用似此簡畧則監督權益無所施此其窒礙難通者二矣凡此問題之糾紛皆根於督撫權責而來而苟不得正當之解決則立憲主義實無從貫徹也

吾於以上諸義思之思之既積歲月而無一不相矛盾相衝突通於此輒窒於彼蓋一切政治問題其困我未有若斯之甚者度全國憂國之君子亦同茲懷抱矣**此問**

題。欲。求。正。當。之。解。決。惟。有。廢。督。撫。而。集。權。於。中。央。之。一。法。然。既。爲。今。日。所。萬。不。能。行。則。無。論。何。法。皆。不。能。圓。滿。無。憾。亦。惟。利。害。輕。重。之。間。以。爲。去。取。焉。耳。滇督李君之議。其大體固爲吾所樂贊。然若何而能使李君所議。得見實行。則其條理有不可不講者。吾故歷舉思索所及之諸問題。以供立法者之參考。他日苟有所見。當更貢也。

（未完）

倦鈎簾幙晝沉沉
難向庸醫話病深
不信詩人容易瘦
一春花鳥總關心

時評

亘古未聞之豫算案

滄江

今政府居然提出預算案於資政院矣。資政院居然審查脩正而將付諸議決矣。立憲國最重要之政治手段。儼然已移植於我國。政界一綫之光明。豈不在是。乃吾觀於今茲之豫算案。而不禁廢書而嘆也。

今茲之預算案。其實質上。其形式上。鹵莽滅裂。千瘡百孔。不遑殫述。而其最奇怪不可思議者。則收支之不適合是也。夫預算非他。實一國行政之鵠也。無論何種政務。行之必需政費。而立憲國之所以有預算者。則除預算表歲入項下。遵依法律所收諸稅則外。行政官不得濫有所徵索。除預算表歲出項下所列諸款目外。行政官不得濫有所支銷。此立憲國之通義也。故無論采量入爲

時評 二

出主義采量出爲入主義要之其第一著必期於收支適合量入爲出者以所收既萬不能增則設法減所支以期合於收量出爲入者則以所支既萬不能減則設法增所收以期合於支既名爲預算則未有不遵此道者也

今次提出於資政院之豫算案原文吾雖未之獲見據其所已知者則入不敷出之額約五千萬兩或云合諸各項預備金實不敷七千餘萬兩其支出之果皆適當與否且勿論其收入之果符實際與否且勿論要之既名曰豫算案則無論如何必須將此七千萬之差額貿合彌縫或增加新稅而以收就支或節省政費而以支就收及其提出於資政院也資政院於歲入一面則討論各項所入能符實際與否新增之稅能應民力與否於歲出一面則討論各種政費必要與否有益與否有應移此辦彼者與否而決議其租稅之是否可以承諾政費之是否可以許可此各立憲國預算案提出議定之常規也是故惟政府得編製預算案實政府固有之特權政府必須編製預算案又爲政府不能辭之責任而編製預算案之所以其難其愼非大政治家莫克勝任者則

正以此調合收支之手段非通籌全局確立計畫者不能爲功而全國人欲觀政府施政方針者皆於預算案焉覘之胥是道也

今既儼然稱爲預算案而收支差額七千萬兩 此可謂之決算案耳 不能謂之豫算案 此可謂之歲費概算書耳 各國當每年編製預算案之前各部大臣將本部所需經費之額開列清單牒諸度支部名曰歲費概算書 不能謂之豫算案 此可謂之財政報告書耳 美國度支部無編製豫算之權度支部大臣每年將財政情形報告於議院供議院編製預算之資料名曰財政報告書 不能謂之豫算案今政府所提出者果何物耶以云決算案耶則決算只有審查無待議決且又安有以宣統二年而提出宣統三年決算之理以云歲費概算書或財政報告書耶則此二者凡以供編製預算之資料耳 政府得毋欲將編製預算之權讓與資政院耶此惟民主國體之美國行之而君主國皆不爾政府此舉得毋欲破壞我神聖之國體耶 如其不然則胡爲不以豫算案提出於資政院而僅

以編製預算案之資料提出於資政院也

要之我 皇上所命於資政院者命其對於預算案而決議耳不命其於決議以外更有所事命其決議豫算案耳不命其決議彼不成爲預算案者今政府所提出者乃決算或概算書報告書也**非豫算案也** 資政院所討論者乃編製預算案也 **非決議也**今欲使政府與資政院各保其權各率其職乎**則第一義當識預算之爲何物第二義當識編製與決議之作何解釋**

嗚呼日日言立憲而不知預算之爲何物不知編製與決議之作何解釋吾安得不爲之痛哭流涕長太息也

嗚呼今次之預算案已矣而國會開設之期即在目前使我政府我國民之常識而長此憒憒也則財政之整理何日可期政治之監督何日得舉耶吾今蓋有所感**則須定會計法實爲我國實行憲政之第一要著**不先務此則他法雖如雨下悉成殭石耳

(附言)今茲資政院對於政府所提出之預算案。從節省政費一面。頗加討論。此誠爲議決預算案者所當有事。特惜所提出者。並非預算案。無討論之價値耳。若在他國而有此等四不像之預算案出現於議場。則必以政府之無方針無常識生出責任問題。而斷不肯無益費精神以爲之討議。但現政府既以不負責任昌言於衆。資政院彈劾亦無效力。則議員之勉强討論。或亦有所不得已。然其所謂節省政費之提議。又似舉其細而遺其大。就令本案有決議之價値。而院中所執決議之手段。似亦有未盡得宜者。吾當別著論陳其所見。

宣統二年十月十九日　　著者識

時評

學易而好難
行易而力難
恥易而知難

王船山語

六

著譯

兌換券發行權與銀行業之關係

明水

吾既述銀行之性質、功用、職務。今請進論兌換券發行權。

近世商業銀行。以存款、放款、折息三者爲最重職務。前既陳其崖畧矣。然則銀行捨是三事外無可以爲職務者乎。曰、是又不然。夫所謂存款、放款、折息三事。爲近今銀行之根本。而其餘悉屬枝葉者。此在生計社會漸趨發達金融機關畧皆整備。夫然後可語於是也。若其未能。則正有先決問題在。先決問題維何。即兌換券發行權是已。故欲銀行業之勃興。必先予以發行兌換券權。不此之務。而蘄銀行發達。是絕根而欲木之暢茂。塞源而欲流之不竭。寧可得耶。

今之談銀行者。動引東西各國現制。偏重中央銀行。（中央銀行者銀行之銀行也其最與國民銀行不同之點在總攬發行兌換券權英德法日等諸國皆行中央銀行制而我之大清銀行亦是也）而於國民銀行制度。（國民銀行制凡國中無論公私銀行但能遵守銀行條例者皆有發行兌換券權美國今猶行此制）不少措意此最謬誤者也凡社會事物其進化也必有階級獵級而進者未或有成而銀行亦其一例矣彼東西各國所以盡趨中央銀行之制而行之亦大有裨於國民生計者實緣前此諸國無不經國民銀行一階級遞嬗遞變乃臻今日之美備也而吾則何有焉如此而欲妄取師資所謂東家傚西子之顰豈惟失其本眞適以自增醜惡耳謂予不信請得以歷史證明其理

世界諸國銀行職務中之最盛者莫如折息盡人而知之矣然銀行所以有如許資本供折息之用者其故安在亦由於存款之盛耳使存款之業未能發達而徒恃銀行之資本以爲周轉則其力能有幾何（參觀本報前出論銀行兩篇）**故存款不盛則銀行業不能勃興此一定之理也**然果操何術而可使銀行信用廣被衆人凡有款者皆欲存諸銀行乎則**捨兌換券外不能得之者也**普夫法國生計學大家盧累波留之言曰凡兌換券之發行實使公衆知利用銀行一最有力之事也蓋人既時時流通其兌換券則信用銀行之念自生於不知不覺之間其卒也必事事託

諸銀行而能利用之此徵諸吾人所經驗而絲毫無所容其疑竇者也故兌換劵之流通實發達存款之一階級存款既多則銀行獲利必厚而此業之盛有不期然而然者矣

試觀英美兩國其銀行存款業之發達爲諸國冠然夷考其實則皆盛於此數十年中耳如蘇格蘭人者最知利用銀行者也而其先皆恃發行兌換劵直至西歷一七九二年始漸有存款至今日乃達於極盛又如英倫地方銀行史所載亦同出一轍蓋在一八三〇年以前英國銀行所得之利專在發行兌換劵若存款一事則細微已甚故當時之論銀行者無不以發行兌換劵爲銀行惟一之職務也而美國銀行存款事務先於發行兌換劵事務亦與英同故美國銀行學大家丹巴有言十九世紀上半期美國銀行兌換劵較存款爲尤要當時人口比較尚屬稀少又利用銀行之習慣尚未廣被此存款之業所以不盛即最發達之州立銀行據其報告則兌換劵發行額亦遠在存款額之上至一八五五年以後此種現象始一變云此最彰著之證據矣

故欲教一國之人使知利用銀行而養成其習慣則莫如以兌換劵誘之矣而辦銀行

著譯 四

者亦以此事爲最有利何也蓋發行兌換劵之權操諸銀行故其勢爲自動的彼既發兌換劵矣則放款折息諸事皆可不用見金是無異銀行以無息無期之條件而借得衆人之款也存款則不然其存入與否權操諸人故其勢爲受動的且一銀行中而欲吸收多數之存欵非得多數人之湊集不易得之而兌換劵之流通則決不如此蓋日常因交易而得有兌換劵者不向銀行易取見金亦可通行也又存款非待一國之人信用銀行之念漸深自然輻輳則銀行無論如何不能强之使來也若是乎兌換劵爲發達存款一要素亦即爲發達銀行業一要素豈待多辨哉

由此觀之吾國而欲銀行業之勃興則所以處之者亦有道矣若謂必當採中央銀行之制使發行兌換劵權全歸之大淸銀行他皆不與則吾敢斷吾國之銀行永無發達之期而工商諸業之間接受其窒礙者自無待言矣彼日本維新之始即法美國國民銀行制凡設銀行者能依政府銀行條例即與以發行兌換劵權故銀行踵起惟恐不及至全國金融機關既皆大備然後取英德法之制收回此權以畀諸日本銀行誠可謂知緩急先後之宜矣吾願有度支之責者於此事加之意也

兌換劵之功用

明水

兌換劵之發行。非銀行最要之職務。故銀行之功用。不能因不發行兌換劵而消滅。前旣屢明其義矣。雖然若銀行而兼有發行兌換劵之權。則其功用愈益偉大。而在信用未發達不知利用銀行之國。所關更非細故也。

兌換劵之性質與存款同。故其功用亦與存款無異。蓋如有發行兌換劵權之銀行。其對於存款者而負債務。亦卽對於持兌換劵者而負債務也。質而言之。則持有某行之兌換劵者。卽無異對於某行而有存款者也。如某甲持有滙豐銀行所發兌換劵十張。每張十元。則某甲對於滙豐爲債權者。同時滙豐對於某甲而爲債務者。無異某甲有百元之款。存於滙豐也。且銀行無論其對於存款者與對於持兌換劵者。皆須有相當之準備金。聽人隨時支取。故兌換劵與存款。形式雖殊。而其實質一也。雖然爲其形式畧有不同之故。其間亦不能無差異之點。故兌換劵之功用與存款之功用。不能混而爲一。述其大要。約有三事。

一曰節省實幣　旣有兌換劵。則金銀諸幣。皆可省節。此理之至易見者也。雖然難者

著譯 二

或曰。銀行發行兌換券。亦須若干之準備金。則此準備所用者。豈非藏諸篋底。而何節省之足云乎。應之曰。不然。今先進諸國。其兌換券制度。雖不從同。然其非全部準備則一也。既非全部準備。則發十萬圓之兌換券者。總可節省三四萬圓。發百萬圓之兌換券者。總可節省三四十萬圓。等而上之。其數實鉅。而其節省所得之三四成。即非賴有兌換券不足致之矣。縱令全部準備兌換券。猶有供給輕便交易媒介物之功。以省專用實幣之勞費。夫用金銀諸幣。其所需之費。以一二人計之甚微。而以全社會計之。則甚巨。在最富之國。然且不堪。而況於貧瘠之國耶。故兌換券為節資本勞力。使一國生產事業。愈益康阜。其關係於生計者非細故也。昔者斯密亞丹曾設譬曰。金銀貨幣猶道路也。道路雖萬不可無。然緣是而不能耕牧。則所失亦鉅矣。今銀行若發行兌換券以代金銀諸幣之用。則無異架一車路於空中。而使道路悉化為良田。以歲歲增進其生產額也。此言可謂博深切明矣。

聞者猶疑吾言乎。則請更引例以證明之。英國生計學大家遮文士。曾細算用兌換券與不用兌換券之得失。據所調查。則一八六七年英國金銀銅諸幣之流通額。為九千五百萬鎊。每年保存費。須二百九十二萬七千鎊。就中二百八十五萬鎊。即以年息三分而計利息之所得也。又一八九八年歐洲諸銀行兌換券平均額。總計百四十六萬六千八百萬佛郎。除準備金八十萬八千二百萬佛郎外。尚餘六十五萬萬佛郎。若以年息三分計之。使無兌換券。則所損者約當我七千餘萬圓。寧非可驚之事耶。

不寧惟是。若用兌換券。則金銀諸幣磨損喪失之患。皆可得而免也。嘗考由一八九三年三月至一八九七年九月末此四年半中。英倫銀行所收回之貨幣（英倫銀行者英國之中央銀行也）經磨損而不及法定重量者。實爲十三萬四千二百九十五安士。若以造幣價格計之。則五十二萬二千九百十鎊之貨幣。銷蝕於無形中矣。是每年所失。輙當我百餘萬圓也。使用兌換券。則但須少許之紙張印刷費。而此百餘萬圓之消耗。無自而生矣。

右所陳者。僅就保存貨幣費及磨損所失而言之耳。至於交易之際。授受之煩。搬運之苦。尚未細算。則兌換券之大有造於生計社會也。豈待智者而後明之哉。此兌換券節省實幣之功一也。

二曰疏通金融　兌換券實即存欵。其性質上彼此無絲毫之別。故疏通金融。爲存款最要之功用亦卽兌換劵最要之功用也何以言之銀行果能發行兌換劵則一國中得此廉價之交易媒介物使資本移轉圓活此卽最有利於生計社會之一事也豈惟信用未能發達之國有明效大驗而已哉其所及之範圍至廣且遠無論如何之時代如何之地方皆可以補存款之不及也請得申明其理

在存款事業尙屬幼稚之時代銀行資力自不能十分充裕凡遇折息放款諸事惟以所集得之資本金應之此雖欲使金融疏通而勢有所不許也然如發行兌換劵則銀行發出之額卽爲無利息而向公衆借得之額折息放款之力緣是增加矣折息放欵之力既增則金融斷不虞其澁滯此又相因而至者也故曰發行兌換劵何時何地皆宜而於信用未發達之國爲尤要也

不寗惟是徵之於史兌換劵爲存款發達之楷梯亦卽爲信用進步之引線今日東西先進諸國存款所以如是之盛者不可謂非兌換劵之力也存款既盛則商工業家皆知利用銀行如是滙劃之制興而支票之用起展轉相生效用百倍何憂國之不富哉此兌換劵疏通金融之功二也

三曰應社會之緩急　兌換券最大之利益。能使貨幣分量適應社會之需要。而調和其緩急也。蓋一國之中。無論貧富何如。其所需之貨幣。必有定額。爲彼國中所萬不可少者。然如專用金銀而無一枚之兌換券。則當輸入超過之際。國中實幣漸次流出。本國中物值日賤。幣值日貴。則緣是而致恐慌者。亦意計中事矣。若行兌換券乎。則塡補有術。市場絕不因此而受影響。其裨益大局。豈淺尠哉。

此猶言夫國際貿易之關係也。即在國內。而兌換券之伸縮。亦能應商業之盛衰。何以明之。設有一國於此。其交易所需純爲期票。折息與夫銀行兌換券。而並無存欵一事。則當商業繁盛之會。持期票以求折息於銀行者必多。而銀行即可臨時多發兌換券以應其求。反之商况萎縮。所需通貨之度日減（通貨者指實幣紙幣而言也）折息必稀。而利率爲之下落。於是昔之負債於銀行者。今皆還之銀行矣。所還之額。即爲通貨減少之額。故一收一放之間。皆與商場相應。而適劑其平也。

不甯惟是。即以期票兌換券外。復有存欵論。其效亦復如是。蓋如通貨分量超過社會需要之時。則由折息劃數所生之存欵。至期票到期之日。額必大減。即令以兌換券或實幣交入銀行然因一國通貨過多故自然輸出外國其結果存款及流通兌換券之額必大減少反之商業活潑所需通貨愈多則折息者頻至而利率日騰實幣由外國流入兌換券可益發行而存款亦增殖也

由是觀之兌換券能應社會之需要而伸縮自如者其效彰彰矣要之其發行也起於商業之活潑其償却也由於商業之萎靡商業活潑需貨幣者自多商業萎靡需貨幣者自少而兌換券皆能應其需要以爲流通故其伸縮純隨於商業之消長也此兌換券能應社會緩急之功三也

上所述者不過舉其犖犖大端者而言之耳而其功用既已彰彰若是故一國實業之盛衰資本之貧富雖原因甚多而其總因實純在兌換券之有無也吾國銀行之利未興所有紙幣錢票或由官發或由商發信用既薄流弊日滋不急改絃更張豈惟不能食兌換券之利抑且將蒙其害然觀度支部所頒銀行兌換券條例則欲將發行權盡畀大清銀行姑無論大清銀行之不能普及全國也即令普及以大清銀行之信用以大清銀行之辦法其能舉上陳三利而躋一國於富裕之域乎余不能無疑故吾堅持

國。民。銀。行。主。義。而力。排。中。央。銀。行。非。好。反。對。政。府。之。事。也。蓋以。理。論。實。際。兩。方。面。言。中國。今。日。生。計。之。凌。夷。必非。中。央。銀。行。能。挽。救。於。萬。一。尤。非。如。大。清。銀。行。之。中。央。銀。行。所能。挽。救。於。萬。一。也。其說甚長。他日本報當別著銀行政策。貢其所懷。以質國人。至此文詞蕪意晦。恐讀者惟恐思臥。此記者不文之罪。而亦以事關專門。雖欲力求淺顯。而亦時有捍格。讀者能深思其理。藉得常識之助。則記者之榮幸。無以加焉。

閑時能不閑　忙時能不忙

方是不爲境所轉　王龍谿

法令

籌辦海軍處會奏擬訂海軍部暫行官制大綱列表呈覽摺附表

奏為擬訂海軍部暫行官制大綱列表恭呈　御覽請　旨遵行恭摺仰祈
聖鑒事竊海軍部官制業經籌辦海軍事務處擬請早日釐訂奏蒙　俞允在案伏查海軍部為全國海軍軍政總匯之區其長官之責任既重事權即宜專一擬請設大臣一員以總其成并設副大臣一員以助之所有籌辦海軍事務處原設海軍大臣二員參贊一員即應一併裁撤其餘各司科亦應酌量變通重加釐訂茲謹列表恭呈
御覽如蒙　俞允擬請將海軍部大臣及副大臣員缺迅賜　簡授并懇明降
諭旨責令該大臣等籌畫一切海軍事宜以規進步而保海權至各司科應設科員以次各員額暨一切詳細章程應由新授大臣等會商憲政編查館隨時另案奏明請　旨辦理又查日本官制於陸軍省之外另設陸軍參謀本部於海軍省之外另

設海軍軍令部此兩部皆掌管關於國防用兵事務同隸於其天皇之下不相統屬惟海軍軍令部之設歐美各國除德國畧與相同外其餘各國皆無此制現在我國海軍方始萌芽應行籌辦之事雖多而規模尚待推廣所有海軍軍令部事宜應否從緩另設專署管理抑由海軍部暫行兼辦以節靡費而昭簡捷之處伏候 聖裁所有擬訂海軍部暫行官制大綱奏請 欽定緣由謹恭摺會陳伏乞 皇上聖鑒訓示

再此摺係籌辦海軍事務處主稿會同憲政編查館辦理合併陳明謹 奏

謹擬海軍部暫行官制大綱表

大臣一員 副大臣一員		
參謀官若干員 參事官若干員 秘書官若干員		
軍制司	司長一員 司副一員	制度科 考核科 器械科 駕駛科 輪機科 設科長五員科員若干員錄事若干員
軍政司	司長一員 司副一員	製造科 建築科 設科長二員科員若干員藝師藝士若干員錄事若干員

司	司長司副	分科	屬員
軍學司	司長一員 司副一員	教育科 訓練科 謀畧科 調查科 編譯科	設科長五員科員若干員錄事若干員
軍儲司	司長一員 司副一員	收支科 儲備科 庶務科	設科長三員科員若干員錄事若干員
軍法司	司長一員 司副一員		設司法官若干員錄事若干員
軍樞司	司長一員 司副一員	奏咨科 典章科 承發科	設科長三員科員若干員錄事若干員
軍防司	司長一員 司副一員	偵測科 銓衡科	設科長二員科員若干員錄事若干員
軍醫司	司長一員 司副一員	醫務科 衛生科	設科長二員科員若干員錄事若干員

主計處	
計長一員 副計長一員	
會計科 統計科	設科長二員科員若干員錄事若干員

附記

一軍制司所辦襲廕事宜應劃歸內閣其未劃歸以前仍暫由該司辦理
一舊設之憲政籌備處仍應暫設
一舊設之統計局改爲統計科歸入新設之主計處辦理
一軍法司仍不分科

憲政編查館軍諮處陸軍部會奏釐訂陸軍部暫行官制大綱列表呈進摺 附表

奏爲釐訂陸軍部暫行官制大綱列表呈 進請 旨遵行恭摺仰祈 聖鑒事竊臣處核覆陸軍籌備事宜內開陸軍部新官制應併於宣統二年釐訂又臣部片奏劃分接管事宜辦法聲明將部中用人行政各事酌量變通均經奏蒙 俞允在案伏查陸軍部爲軍事行政總匯之區必事權有所專屬員司各協其宜乃能挈領提綱收畫一整齊之效方今實行憲政已奉 詔旨縮短時期臣等忝參軍畫屢經集議籌商竊謂凡陸軍籌備事宜均應提前辦理而尤以組織中央軍政機關爲入手惟一

辦法現經參照各立憲國中央行政機關編制釐訂陸軍部暫行官制大綱期與將來各部新官制體例不相背馳而於軍事性質似亦脗合其名稱地位等如有與各部官制通則歧異之處統俟釐訂新官制時再行酌歸一律謹繕列簡明清表 進呈伏候
欽定此次臣等所擬係採取各國軍署編制務使階級較少事類相從一洗從前牽掣推諉之習陸軍部長官總持軍政責任宜專擬即設陸軍大臣一員陸軍副大臣一員統轄全國陸軍行政事務所有原設之尚書左右侍郎左右丞參均擬一併裁撤並將舊設之兩廳十司各處職掌事宜酌核歸併另設承政等八司審計一處其軍學院未經專設以前並擬暫設軍學處掌管陸軍教育事宜遴派司長等員分任經理如此變通釐訂實於軍事行政大有裨益如蒙 俞允擬請將陸軍大臣及陸軍副大臣員缺 迅賜簡授並懇 明降諭旨責令該大臣等共矢公忠力膺艱鉅以規進步而暢 國威至裁缺人員應如何 另行簡用之處伏候 聖裁其各司處科員以次員額暨一切詳細章程應由新授之大臣等會同軍諮處妥慎籌商另行奏明請 旨辦理所有釐訂陸軍部暫行官制大綱奏請 欽定緣由謹會同繕摺

法令 六

具陳伏乞 皇上聖鑒訓示遵行謹 奏

酌擬陸軍部暫行官制提綱表

陸軍大臣一員

陸軍副大臣一員

參事官若干員

檢察官若干員

駐紮各省調查官若干員

承政司

司長一員 司事官一員

祕書科

典章科

庶務科

收支科

設科長四員一二三等科員若干員譯員若干員錄事若干員

軍制司

司長一員 司事官一員

蒐簡科

步兵科

馬兵科

砲兵科

工兵科

輜重兵科

台壘科

設科長七員一二三等科員若干員繪圖員藝師藝士各若干員錄事若干員

軍衡司

司長一員　司事官一員

考績科　任官科　賞賚科　旗務科

設科長四員一二三等科員若干員錄事若干員

軍需司

司長一員　司事官一員

統計科　糧服科　建築科

設科長三員一二三等科員若干員錄事若干員

軍實司

司長一員　司事官一員

製造科　保儲科

設科長二員一二三等科員若干員繪圖員藝師藝士各若干員錄事若干員

軍牧司

司長一員　司事官一員

均調科　蕃殖科

設科長二員一二三等科員若干員錄事若干員

軍醫司	軍法司	審計處
司長一員　司事官一員	司長一員　司事官一員	計長一員　司事官一員
衛生科 醫務科		綜察科 核銷科
設科長二員一二三等科員若干員錄事若干員	設一二三等司法官若干員錄事若干員	設科長二員一二三等科員若干員錄事若干員

備考

一軍學處官制另案擬訂

一舊設之財政統計兩處裁撤各該處一切事宜歸入新設之審計處辦理

一舊設軍乘司裁撤該司一切事宜歸入新設之軍制司辦理

一舊設之軍乘軍實軍需三司核銷事宜歸入新設之審計處辦理

一舊設之軍衡司所屬之襲廕科事宜應劃歸內閣其尚未劃歸之前仍暫歸新設之軍衡司辦理

一舊設軍醫司所屬之馬醫科應劃歸軍牧司辦理是以此次所擬軍醫司內未經列入

一舊設之憲政籌備處應仍暫設

一表內人員除大臣司長計長科長司事官外其餘員額另案奏明辦理

憲政編查館奏考核巡警道屬官任用章程摺

奏為考核巡警道屬官任用章程繕具清單恭摺仰祈

聖鑒事宣統二年四月十

四日民政部奏酌擬巡警道屬官任用章程請　飭下憲政編查館覆核一摺奉
旨依議欽此由該部鈔錄原奏並清單前來伏查警察爲治安之本使辦理不得其
人則保民者適以擾民是以任用之初宜求審慎臣等檢閱原奏清單十三條與直省
官制通則及巡警道官制所載各節均相脗合惟第九條第二欵派充巡長在任一年
以上者得應區官考試一節查區官管轄全區責任頗重即由巡長考取其資望恐尙
不足擬請改爲現任巡官似於限制較嚴其餘各條均尙周妥便於施行惟字句之間
稍加修正謹另繕清單恭呈　御覽如蒙　命允卽由臣館咨行欽遵辦理所有
考核巡警道屬官任用章程緣由是否有當伏乞　皇上聖鑒訓示謹　奏
謹將酌擬巡警道屬官任用章程繕具清單恭呈　御覽　第一條　本章程所稱
巡警道屬官指左列各員而言　一本道警務公所科長副科長及科員　二各廳州
縣警務長及各分區區官　第二條　巡警道屬官以考試合格者分別奏咨補用
第三條　巡警道屬官考試分爲二種如左　一高等考試　二區官考試　第四條
有左列資格之一者得應高等考試　一在高等巡警或法政法律學堂三年以上

畢業得有文憑者　二曾辦警務三年以上著有成績者　其在京師法科大學法政學堂正科或在外國法政大學或法政專門學堂畢業得有文憑經學部考試給予出身者得免其考試視與高等考試合格者同　第五條　高等考試應行試驗科目如左　一憲法綱要　二大清違警律　三法學通論　四警察學　五奏定各種警察章程　六地方自治章程及選舉章程　七各國戶籍法大意　八統計學　前項第一至第四款為主要科目應全行試驗第五至第八款為揀擇科目得由應試者任擇其一二先期報明　主要科目分數有不及格者餘科分數雖多不得錄取　第六條

高等考試由巡警道主試詳請督撫派員監試並遴派深通中外法學者數員為襄校　第七條應高等考試合格者由巡警道按照成績及原有官階出身詳請督撫分別派署科長副科長科員或廳州縣警務長俟一年期滿再由巡警道出具切實考語詳請督撫奏補並將履歷咨行民政部存案若合格人員逾定額時由巡警道按照前項規定詳請督撫俟有缺出再行派署　第八條　科長副科長科員及警務長奏補後仍留原官原銜每屆三年由巡警道查驗該員辦事成績出具切實考語詳請督撫

奏請分別升黜並咨行民政部存案其有辦事實在不能得力者由巡警道隨時詳請督撫撤換另補分別奏咨辦理　第九條　有左列資格之一者得應區官考試　一高在等巡警學堂附設簡易科或中學堂以上畢業得有文憑者　二現任巡官者

第十條　區官考試應行試驗科目如左　一本國法制大意　二大清違警律　三警察要旨　第十一條　區官考試由巡警道率同各科長或派員會同警務長舉行之　第十二條　區官考試合格者得由巡警道按照考試成績及原有官階出身分別派署區官滿一年後果係稱職再行補實均由巡警道詳請督撫辦理並將履歷咨送民政部存案　若合格人員逾定額時應以區官記名俟缺出候傳　區官補缺後仍留原官原銜每屆三年甄別一次其辦事實在不能得力者由巡警道隨時詳請督撫撤換　第十三條　本章程以奏定頒行文到之日爲施行之期嗣後如有應行變通之處隨時酌量增改具奏其施行細則由巡警道酌訂詳請督撫核定咨部辦理

史遷七十傳
獨服李將軍
桃李不言者
名聲天下聞

文牘

度支部試辦宣統三年各省各衙門豫算總說明書

奉天　謹按奉省預算原冊。宣統三年。共歲入銀一千六百一十八萬三千三百一十一兩有奇。共歲出銀一千五百五十二萬一千九百二十七兩。出入相抵。計盈銀六十六萬一千三百八十兩有奇。預備金六十萬兩在內。總歲入之數。以正雜各稅正雜各捐爲大宗。當全省入數之半。部款協欵鹽務官業雜收入次之。田賦最少。歲出之數。以軍餉民政爲大宗。行政財政教育次之。司法實業等又次之。典禮最少。本部詳覈各冊。該省歲出有應增鉅款者。若部撥練餉二四鹽釐並北洋協餉銀一百四十一萬兩。照奏案飭令該省自籌。則不敷當在一百數十萬以上。歲入如稅捐局票照罰款雜費各項。皆應議增。歲出如巡警審判各項。宜覈實撙節者。亦復不少。該省爲留都重地屏障全國。其經營邊務。保衞根本者。皆未可議從減削。而土脉雄厚。號稱天府。林礦美富。百產豐盈。軌路旁通。航業遠達。如能開擴實業。整頓徵收。則未始不足自給也。又該省咨報歲入門內。官吏自籌新政經收之款。約餘六十六萬六千餘兩。應仍歸地方辦理新政。未便移充國家行政經費。惟國家稅地方稅現未劃分。該省地方行政。凡警務學務等。已備列開支。通權出入。同爲民財。同歸國用。自未容置諸預算以外。蹈向日自收自支舊習。再原冊有旗署預算總表。以有自爲收支之款。不在奉省總數之內。今附於後備覈。此覆覈奉省預算之大略也。

吉林　謹案吉省宣統三年預算。統經常臨時。歲入共銀八百四十八萬八千六百兩有奇。歲出共銀九百三十四萬二千七百兩有奇。出入相抵。不敷銀八十五萬四千一百兩有奇。總歲入之數。以此正雜各稅鹽課釐稅爲大宗。幾當全數三分之二。部欵次之。官業田賦雜收入等又次之。歲出以軍政民政財政爲大宗。當全數之半。工程行政等費次之。敎育實業等又次之。典禮最少。本部詳覈各冊。歲入擬增者有五十一萬七千餘兩。歲出擬減者。有四十七萬餘兩。以限期已迫。不及電商。均暫仍原數開列。該省地處邊陲。向爲受協省分。礦林各產。蘊藏莫洩。入款本少。近年內籌、新政。外謀邊衞。需財日急。剔除中飽。整頓徵收之政。備舉入款日益、而用款亦因之日繁、如工程等類。亦不免開支過鉅。田礦森林之利。已闢者尚不及未開者之多、百產豐盈、迥殊磽瘠、果能覈實支用。開拓本利。以庚子以前該省所收。例今之所取。則該省財力之擴充。正未可限量也。所有議增議減各款。均另行咨明覈辦、如該省全數允認。尚可減去不敷銀八十五萬餘兩。盈餘銀一十三萬餘兩、此外尚有應行增減各款。須俟商准、方能確定數目。至該省此次造送預算表冊總散各數。多不相符。若經電詢。期限已迫。祇得先將誤列各數。另於分表內注明。統俟咨查更正。此覆覈吉林預算之大略也。

順天　謹案順天府預算宣統三年。歲入共銀二十五萬四千七百十四兩九分六釐。本部覆覈之數。並無增減。其上年餘存金五萬一千一百七十兩在外。歲出共銀三十一萬七千二百零八兩五錢二分六釐。本部覆覈之數。查照奏咨各案、覈減銀一萬四千七百十九兩三錢二分八釐。共應歲出銀三十萬二千四百八十九兩一錢九分八釐。出入相抵。尚不敷銀四萬七千七百七十五兩一錢二釐。如以原有上年餘存金全數抵補。亦僅贏餘銀三千三百九十四兩八錢九分八釐。且歲入預算數內。自行經收之款。僅二萬八千六百九十六兩五錢二分四釐。不足當歲出全數十分之一。蓋順天府歲入向以部欵協款爲大宗也。至歲出預算原冊。並未將國家行政經費地方行政經費劃分爲二。統覈各類。計應屬國家行政經費者。爲行政典禮司法三類。共銀六萬四千九百二十兩七錢六分四釐。應屬地方行政經費者。爲民政教育二類。共銀二十三萬七千五百六十八兩四錢三分四釐。查地方行政經費。自應由各該地方擔任。不應仰給於部款協款。此則應由地方官吏於劃分國家稅地方稅之先。預爲切實籌備者也。

直隸　謹案直隸預算。宣統三年。歲入共銀二千五百十五萬六千五百五十六兩七錢二分五釐。本部覆覈之數。查照各省關豫算冊。及直隸第一次送到勘誤冊。分別覈增銀二十二萬八千五百六十四兩九錢一分。覈減銀四萬九千九百五十一兩二分四釐。共應歲入銀二千五百三十三萬五千一百七十兩六錢一分一釐。其該省原有上年餘存金三百五十萬兩在外。歲出共銀二千二百十四萬七千七百五十五兩一錢七分一釐。本部覆覈之數。査照奏咨各案暨直隸總督覆電。並兩次送到勘誤冊。分別覈減銀二十二萬八千三百五十八兩八錢五分五釐。覈增銀五萬九千二百八十五兩七錢五分一釐。共應歲出銀二千一百九十七萬八千六百八十二兩六分八釐。其該省原有預備金三百萬兩在外。計歲入歲出相抵。尚盈餘銀三百三十五萬六千四百八十八兩五錢四分三釐。惟該省歲入預算數內。有續借公債銀三百二十二萬兩。係特別入款。如除去此數。盈餘固已無多。況軍餉大宗。賞資協款。本省財力不足供支。則此項盈餘之數。能否積存。有未能懸斷者。至歲入各類。以受協各款爲最鉅。鹽茶課稅公債田賦正雜各稅次之。部款釐捐官業收入又次之。雜收入及捐輸各款爲最少。歲出各類以軍政費爲最鉅。解款次之。協款行政交涉民政財政典禮教育司法實業工程官業公債雜支等費又次之。交通費爲最少。直隸內屏畿輔。外控海疆。國防一端。最爲注重。故歲需餉項計七百一十萬有奇。幾占國家行政經費之半。非賴各省關源源協濟。則儲胥立有匱乏之憂。財政盈虛。當以此爲關鍵矣。

黑龍江　謹案黑龍江預算。宣統三年歲入共銀五百四十萬一百六十九兩有奇。歲出共銀五百五十一萬三千四百二十一兩有奇。除出款外。附列預備金三十萬兩。出入相抵。計不敷銀一十一萬三千二百五十二兩有奇。總歲入之數。以官業雜捐正雜各捐爲大宗。部款協欵雜收入等次之。田賦爲少。歲出之數。以軍政官業支出行政等費爲大宗。財政民政司法等次之。邊務等又次之。典禮爲少。本部詳覈各冊。電商該省。歲入可增者。如酒稅糧稅鹽務等。有三十餘萬。歲出可省者。移民費由鄂官紳認籌之二十萬。收支尚可勉合。尚未准該省電覆。止列說明。出入仍姑列原冊數目。該省著名邊瘠。殖民因國經營方始。出欵多係必需。而入款宜求整頓。是以前此電商注意經收之項。總之該省幅員寬廣。未墾之荒。尚居大半。林漁礦產。所在藴藏。果能設法振興。歲入必不止此。其他各項實業。如工藝局電話局庫河金廠火磨蠶業等公司。均宜亟圖進步。以闢利源。至該省咨報官業餘利。內有十九萬。應劃歸地方。不能提入民政司。彌補虧欠。當以民政司不敷各項。均係軍國要需。未便延誤。現在國家稅地方稅未分。所取無非民財。所辦無非官治。未容將此欵置諸預算之外。亦電商加入。以重要需。此江省預算出入之大略也。

山東　謹案山東預算。宣統三年。歲入九百三十四萬九千兩有奇。歲出九百八十九萬九千兩有奇。歲入中以田賦為大宗。鹽課稅正雜各稅次之。官業又次之。歲出中以解欵軍政等費為大宗。行政工程財政民政實業等費次之。司法官業教育等費又次之。典禮費最少。出入相抵。不敷銀五十五萬二百兩有奇。而各府廳州縣出入款項尚不在本案預算之內。此該省初次報部預算之大概情形也。本部詳核各冊。電商該省。議增歲入一百五十餘萬兩。裁減歲出八十餘萬兩。而該省僅允增歲入四十一萬五千餘兩。允減歲出十四萬三千餘兩。增減併計共銀五十五萬九千餘兩。除抵初次報部預算不敷外。尚可盈餘銀九千餘兩。惟內有六分減平銀八千六百餘兩。未經扣除。此該省第二次改正預算之大概情形也。自表面觀之。該省似可收支適合。然各府廳州縣之公費未定。審判廳建築之經費未籌。入款有限。出款無涯。蓋不敷仍有甚鉅者矣。若能遵照本部詳核之法。將歲入中田賦鹽課田房稅契烟酒稅釐金等盡力整頓。歲出中軍政工程民政司法等認真釐剔。約可盈餘銀一百四五十萬兩。以之勻定公費。籌辦司法。蓋亦綽有餘裕矣。若更能整理湖田局。改良百貨釐金。切實辦理沿海石俚兩島出口鹽釐。改定東海關各子口章程。試辦沂水金礦創辦威海稅釐。及官紙印刷等類。尤爲殖利之大源。理財之至計。是亦視該省之善自爲謀矣。

山西　謹案山西省預算原冊宣統三年。歲入共銀八百一十八萬八千五百六十一兩有奇。歲出共銀八百九十三萬八千九百四十八兩有奇。計不敷銀七十五萬三百八十六兩有奇。總歲入之數。以田賦爲大宗。鹽課雜收入次之。釐捐正雜各稅又次之。歲出之數。以解款軍政協款爲大宗。行政民政次之。教育交通財政等又次之。交涉最少。本部詳覈各冊。咨商該省裁減出款。覆據認裁節者有行政等類銀一十四萬五千五百七十八兩有奇。應補列歲入田賦雜收入等類銀三萬二千三百二十三兩有奇。歲出解款協款等類銀二十六萬六千四百五十八兩有奇。實不敷銀八十三萬八千九百四十三兩有奇。其宣統三年應辦之事。應需之款。皆列於內。該省尙擬將新軍展緩成鎭。是不敷之數。尙可減銀三十餘萬。該省礦產最富。皮毛林木。遺利亦多。祇以商智未優。莫能利用。風俗勤儉。生計易給。工業既未發達。商品亦鮮輸入。釐稅收數。遠不能匹東南各省。加以土藥之禁。入款銳減。遂至協解各欵。帶欠日增。本省行政。幾難自給。斷非於礦路森林工藝各項。加意振興。發所蘊藏。廣圖輸出。將有不能支持之勢。是在任事者熟慮通權。殫力爲之而已。歲出尚有照額應暫解未列入統計銀七十五萬餘兩。部擬應減。據覆應俟另案詳報等款二十二萬餘兩。又原列公債銀六十萬。以經部刪除。又預備金四萬兩。以款尙無著。均未列入總數之內。再該省預算河東運庫出入各款。另編專冊。致與省冊藩庫有重收重支之款。未易劃分。且歲出第四類。另立裁留解款支款名目。與各省辦法。均不一律。應令另開運庫出入各款清單。即將與省冊藩庫重收重支之款。聲注剔除。以憑覈對。嗣後再造預算冊。應將藩庫運庫各款剔去重複。一併列入省冊。以免歧異。此覈山西預算之大概也。

河南　謹案河南預算。宣統三年歲入共九百七十四萬一千兩有奇。歲出共一千三十四萬四百兩有奇。另預備金二百三十餘萬兩。歲入以田賦爲大宗。正雜各捐鹽課次之。雜收入官業又次之。歲出以解款軍政行政爲大宗。財政工程司法次之。實業教育又次之。官業典禮支出最少。出入相抵。除預備金不計外。不敷銀五十九萬九千四百兩有奇。此該省初次報部預算之大概情形也。本部詳覈各冊。電商該省。議增入二十四萬九千兩有奇。議減歲出一百五萬九千兩有奇。而該省僅允增歲入十五萬兩有奇。允減歲出五十萬兩有奇。除抵初次報部預算不敷外。僅盈餘銀五萬九千七百兩有奇。此該省後次改正預算之大概情形也。若能遵照本部詳覈之法。將釐捐煙酒稅兩項入款、及各釐局經費驛站用款廳州縣征收丁漕書差飯食等項、盡力整頓。切實濟釐。該省當可盈餘銀七十八萬七千兩有奇。卽可以此籌備宣統三年各項新政。惟覈定預算期限嚴迫。若再往返電商、恐有貽誤。且外省或實有爲難之處。未免執定格以相繩。茲姑就認定增減數目。分別列入表中。將來應如何整頓歲入釐正歲出。則俟改良收支。劃分稅則以後。辦理自易著手。卽以此次試辦預算。爲整理財政之基礎可也。

陝西　謹案陝西預算。原冊宣統三年。歲入共四百二十一萬三千五百一十一兩有奇。歲出共六百三十萬四千二百八十七兩有奇。計不敷銀二百九萬零七十五兩有奇。總歲入之數。以地丁爲大宗。釐捐鹽茶雜收入次之。官業正雜各稅又次之。歲出之數。以解款協款軍政爲大宗。行政財政次之。民政教育等次之。典禮最少。本部詳覈各册。電商該省據覆認於歲入議增者。則有財政類釐金改辦統捐銀十萬兩，歲出裁節者。則有行政等類銀七十七萬三千八百九十五兩有奇。又由部覈出應補列歲入雜收入類各廳州縣起解烟舖坐賈繳照牌照等項銀四萬餘兩。刪除歲出實業類工藝局複列銀三千餘兩計不敷銀一百十七萬一千八百三十五兩有奇內除各屬自行籌備銀六十八萬一千四百十八兩三錢九分三釐外實不敷銀四十九萬七百八十六兩六錢八分。其宣統三年應辦之事。應需之款。皆列於內。該省物產本少水運鮮通商業又未發達。是以釐稅不若地丁之多。然就該省財政論之。稅契中飽素多從未整飭。雜捐內如房舖牲畜等項。皆聽地方官徵收支用並不解省。烟酒兩項皆係消費品例以鄰省所權。均宜加收。如能梳剔隱漏。切實舉辦。未始不可籌增支出各項即該省認減之外。亦尚有可裁減。已另行該省籌議。此陝省預算之大概也。

甘肅　謹案甘肅省宣統三年預算。歲入共銀三百八十萬五千九百五十六兩有奇。歲出共銀四百三十萬八千八百七十九兩有奇。比較出入不敷銀五十萬二千九百二十三兩有奇。預備金十萬兩在外。歲入各類以協餉爲最鉅。統捐次之。田賦鹽茶釐課等稅又次之。官業收入正雜各稅爲最少。歲出各類以軍政費爲最鉅。行政費次之。民政財政實業等費又次之。交涉交通等費爲最少。其宣統三年應辦事宜各經費。該省聲明另案辦理。尚不在內。本部現就原冊詳細覆覈。該省歲入之款以協餉爲大宗。原冊所列銀一百五十一萬九千六十六兩有奇。係額撥之數。不盡足恃。應由該省籌增入款。以資補救。歲出各款。除本部增列應解軍諮處經費銀九千兩。業經電商該省允增外。其餘支款共擬覈減銀六十萬四千二十餘兩。估計該省預算應盈餘銀九萬二千九十餘兩。除三年應辦事宜各經費。擬俟該省另造冊表到部再行覆覈外。所有該省應行籌增之入款。以及本部覈減之出款。均經電商。尚未據覆。是以暫不增減。此覆覈甘省預算出入各數之大概情形也。查該省歲入協餉。近年各省關多未如數協撥。自應別謀興利之方。如羊毛麩灰銅礦金沙皆爲土產。茶票鹽引又爲釐稅大宗。果能提倡土貨。整頓稅務。不必另籌巨款。而利源自能日增。若僅仰給於協餉。終非經常持久之道也。

新疆　謹案新疆省宣統三年預算。歲入共銀三百五十六萬七千三百八十五兩有奇。歲出共銀三百四十七萬三千七百七十二兩有奇。比較盈餘銀九萬三千六百一十三兩有奇。歲入各類。以協餉爲最。鉅田賦次之。稅課釐捐又次之。官業捐助雜收爲最少。歲出各類。以軍政費爲最。鉅行政費次之。教育民政財政司法等費又次之。交涉官業實業等費爲最少。本部就原冊詳細覆覈。酌加增減。入款增銀一萬二千六百四十餘兩。出款減銀三十四萬三千六百十九兩有奇。循此估計。該省預算應盈餘銀四十四萬九千八百七十餘兩。惟該省冊到較遲。本部覆覈之後。不及電商。應俟專案咨行該省查照辦理。至冊列盈餘一項。本視協餉爲轉移。三十四年所收協餉尚一百三十六萬。宣統元年則僅收一百二十一萬餘。以此爲衡。非特盈餘難恃。且有鉅虧。該省地處極邊。建設行省以來。取民之政。務從寬大。田牧鹽礦。遺利尚多。圜法茶務。諸待整飭。而一切徵收賦稅。官吏之侵漁綜覈之疏略。實不能免。以原冊田賦說明書及監理官報告證之。如淸釐改折徵糧一案。兩年爲民省三百萬。釐捐各項。向歸包徵。亦有不實不盡。是該省尚非無可籌畫。斷不宜專倚協餉。待哺於人。衆之開闢殖民。皆爲急務。應用諸款。尤難撥籌。是在任事者振興本業。大闢荒萊。整頓徵收。剔除欺隱。自可漸圖規存之策。否則將有坐困之勢。擬併另行該省覈辦。又該省俄貨無稅。與通商各關辦法歧異。現當修約之年。如能一律設關收稅。亦可增大宗收款。前據監理官報告。業咨明外務部商辦。此覆覈新疆預算之大畧也。

伊犂　謹按伊犂宣統三年預算。歲入共銀九十萬四千三百三十五兩六錢六分二釐。歲出共銀一百零二萬三千九百三十六兩二錢八分六釐。比較出入不敷十一萬九千六百兩六錢二分四釐。歲入各款。以協餉爲大宗。茶課稅釐次之。官業收入又次之。雜收爲最少。歲出各款。以軍政費爲最鉅。教育費次之。交涉民政邊政等費爲最少。本部就原冊詳細覆覈。以該處地處邊遠。與內地情形稍有不同。且據該將軍咨明比較不敷銀兩。應督同經手人員於雜支活支各款。力求撙節。就現有之款。辦應辦之事。是以本部於該處預算歲入歲出暫不增減。此覆覈伊犂預算出入各數之大概情形也。惟是伊犂屏蔽全疆。爲西北極邊重鎮。近年因添練新軍。復經伊犂將軍奏准於額撥協餉外。動撥四分減平及關外封存兩款。旋以協餉解不足數。又奏請將茶務公司改歸商辦。徵收課釐。爲邊疆規久遠之計。第邊地荒遠。生發維艱。衡以目前歲出之數。

實有不能不仰給於協餉者矣。

江蘇甯屬　謹案江甯預算宣統三年。歲入共銀二千五百七十四萬一千九百三十七兩有奇。上年餘存各欵在外。歲出共銀二千五百八十四萬一千六百二十六兩有奇。預備金在外。出入相抵。不敷銀九萬九千六百八十八兩有奇。歲入以鹽課爲大宗。當全數之半。受協各欵釐捐官業田賦及雜收入次之。正雜各稅捐輸公債等又次之。歲出以解款協欵爲最鉅。軍政費次之。財政官業民政行政教育工程司法交涉等費。又次之。實業典禮諸費均居少數。本部詳覈出入各册表。抉其隱漏。汰其冗複。歲入擬增者二十餘萬兩。歲出擬減者一百五十餘萬兩。按欵列數電商該省。據覆歲出減定者七十二萬有奇。歲入擬增者尚未定案。計盈餘銀五十九萬八千一百十兩有奇。查江甯本係財賦之區。入欵之豐甲於東南。近年新政推行。該省每率先提倡。而冗員冗費亦因之日增。財政幾有不支之勢。本部酌爲釐定收支。已可有盈。嗣後任事者但能汰冗節浮。務從覈實。不作無益以害有用。卽不必侈言開源。而已可期財用之足。新政之行矣。再原册另立三年籌備各欵。州縣鹽場雜欵及沿江巡防隊出入各款計爲附表者三。均不在歲出入總數之內。茲仍一併附列。以備稽考。此覆覈江寧預算之大略也。

江蘇蘇屬　謹案蘇屬預算。宣統三年。歲入共九百八十三萬四千七百五十一兩有奇。上年餘存各款在外。歲出共一千九十一萬七千四百五十三兩有奇。出入比較。不敷銀一百零八萬二千七百二兩有奇。總歲入各類。以田賦釐捐爲大宗。受協次之。雜收入正雜各稅官業等又次之。歲出各類。以解款協款爲大宗。當全數三分之二。軍政財政。爲數亦鉅。行政民政教育等次之。典禮最少。本部復詳覈各冊。電商該省。於歲入之田賦正雜各稅諸門。例以光緒三十四年收數。議增者五十八萬有奇。歲出之行政財政司法軍政諸費。刪其重複。去其牴牾。議節者六十八萬有奇。尋電復歲出力籌裁併。視原冊可節者五十萬兩有奇。於歲入議增者。則以未能如部電置之。另由部覈增歲出應補列京餉四萬兩。軍諮處經費一千五百兩。增減相抵。仍不敷六十一萬兩有奇。其該省續報宣統三年應辦之事。若巡警司法軍政。約需三百三十萬有奇。及本年應辦之商埠各審判廳。開辦建築費。巡警開辦費。約需三十餘萬。以有出無入。編置爲難。不列於冊。則不敷者又當增三百六十餘萬。該省以四府一州之地。自關稅外。歲入已至千萬。而用項浩繁。尚苦不給。自非於鹽漕釐稅等。梳別積弊。設法改良。於薪費建築雜支各項。力求覈實。無以爲開源節流之計、已另行該省覈辦。此覆覈蘇省預算之大略也。

江蘇江北　謹案江北預算。宣統三年。歲入共銀一百五十萬七千兩有奇。歲出共銀一百五十六萬五千兩有奇、出入比較。不敷銀五萬有奇。歲入各類、以協餉爲最鉅、當全數十分之八。釐金次之。田賦及雜收入又次之。官業爲最少。歲出各類。以軍政費爲最鉅。當全十分之七。工程費次之。行政總費及財政費又次之。至民政司法典禮實業交通等費。均居少數。蓋江北本兩江總督轄地。提督所管事務。僅以軍政河工爲大宗、故歲計出入。止有此數。據該提督咨稱。若無災賑之事。軍政之需。則臨時一費。或可從省。便能出入相抵等語、本部詳加覆覈。其入款之足資整頓者。曰清葦蕩。釐漕捐。查灘租。擴鹽業。其出款之亟宜清釐者。曰簡軍伍。覈工需。汰冗費。通盤籌畫。當可歲贏數十萬金。前經臚舉辦法七條。咨行該提督酌覈。現據覆稱。或遽難照辦。或正在籌商。茲特摘敘理由。分別各類說明書中。以備考覈。又收支糧餉兩局。及豐濟倉。均令照財政統一辦法。歸併河庫電光照辦。雖撙節之數尚未確定。爲數當亦不少。是江北財政果能認眞整理。於彌補不敷之外。仍可望其盈餘。初不僅收支適合已也。

安徽　謹案安徽省預算歲入共四百九十九萬七千八百餘兩。歲出共六百七十五萬三千餘兩、出入相抵不敷一百七十五萬五千一百餘兩、預備金二十三萬三千四百餘兩在外。又三年應辦之事、約估經費十六萬九千二百餘兩。尙無的款。則亦爲不敷之數矣。考其歲入。凡九類。以田賦爲大宗。釐捐次之、占額三百三十四萬有奇。歲出凡十六類。解欵協款已居三百二十三萬之數。是入款可供本省之用者。僅一百七十六萬而已。宜其不敷之鉅。本部權衡出入。量擬可增可減之欵。各得三十餘萬。電商皖撫認增者十九萬數千兩、認減者五萬七千餘兩。共得二十五萬有奇。其餘尙未覈議定案。出入猶復相懸。惟光緒三十四年年報實在項下。尙有結存銀一百五十三萬餘兩。縱逐年消耗。或當不至過半。若將預算歲出臨時門內公債及預備金兩款。暫以存項抵補。即可緩籌銀六十四萬六千七百餘兩。則不敷之數實爲一百十五萬兩、而三年應辦之事不與焉。竊綜安徽全局而論。富庶雖不逮寧蘇。以方甘新黔桂。則架而上之。襟江帶淮。夙稱形勝之地。乃謂開源節流之無其術。守土者誠不得辭其責已

江西　謹案江西預算宣統三年。歲入共銀六百九十二萬六千三百四十兩有奇。歲出共銀九百四十七萬四千八百一十五兩有奇。預備金在外。出入比較。凡不敷銀二百五十四萬八千四百九十五兩有奇。總歲入各類、以田賦釐捐爲最鉅。當全數三分之二。鹽茶課稅及正雜各稅次之。雜收入官業收入及捐輸各欵等又次之。歲出以解款協款爲大宗。當歲出十分之五五。當歲入十分之七六。軍政費爲數亦鉅。公債協款次之。行政財政民政司法教育實業官業等費又次之。工程費最少。本部詳覈各冊。電商該省。於歲入之田賦鹽茶課稅正雜各稅釐捐正雜各捐雜收入等類、例以元年實收之數。不足者補之。漏列者加之。計擬增者一百四十萬有奇。於歲出之財政司法民政教育軍政公債諸費。汰其冗複。區其緩急。擬減者九十一萬有奇。據覆歲入勉爲攤允。視原冊增加者二十三萬兩有奇。內有九江關稅九萬兩。劃歸關冊列增。實增銀十三萬七千兩。歲出力爲裁併。視原冊可節者一百三萬六千兩有奇。（內遵部電指款

減裁者八十六萬三千九百餘兩又令該省自行減裁者十七萬二千餘兩）另由部補列軍諮處經費四萬兩。增減相抵。實節銀九十九萬六千餘兩。又稱統稅改定洋碼。年增四五十萬兩。並請免解協餉。四十餘萬兩，以補不足。查協餉關係全局。未便輕議減免。至統稅改洋碼一層。如能辦到。並盈以業經認定增入減出之一百六十七萬數千兩。計共約二百十餘萬之譜，尚不敷五六十萬兩。而三年籌備所需各款。尚不與焉。擬仍令查照本部擬增之數。切實覈辦。該省控引江湖。交通稱便。物產豐阜。遺利尚多。果能力濬財源。嚴杜欺隱。當無不給之慮。再原冊另列預算宣統三年籌備事宜經費分表。不在歲出入總數之內。玆仍一併附列。以備稽考。此覆覈江西預算之大畧也。

湖北　謹案湖北省預算。宣統三年。出入各欵除常洋各關款目另案辦理外，計該省歲入一千三百五十四萬五千一百四十七兩零。歲出一千五百七十八萬五千三百十二兩零。新增籌備三百七十九萬六千三百三十一兩零。出入相抵。計尚有不敷二百二十四萬零一百六十餘兩。新增無著三百七十九萬六千三百三十餘兩。民政應增之費。尚未覈計在內。當經本部以鄂款不敷過鉅。電商湖廣總督。飭司量爲覈減。准覆稱宣統三年以前。籌備新政各款。雖屬認派。並未籌定。擬一併提歸新增。另案辦理等語。覈其擬裁擬減各款。如交涉民政財政司法軍政教育官業實業各費共減銀一百三十三萬八千九百五十三兩零。內除減認艦艇經費無著銀六萬四千三百一兩零。應由該省與海軍處自行商酌。外其餘擬減各款。與本部意見相同。應由該省分別辦理。又如解款類內倉場步軍統領學部大學堂軍諮處海軍處東北邊防順天府備荒等經費。及白蠟例價。分別擬停擬減。及擬歸新案另籌共銀三十一萬三千三百五十六兩零。雖各標舉理由。確有爲難情形。惟或係原派之款。或係新認之款。內外同一爲難。本部未便率准。又如調查局。諮議局。自治籌辦處。法政學堂。審判廳。審判員養成所。新募警察隊。各經費。共銀三十一萬九千零四十三兩零。擬歸新增另議辦理等語。查籌備自治。不應動支行政經費。又如調查局之設。原爲財政民政無所統系起見。現度支公所巡警道均已設立。能否分別歸併。並其餘各項若何量爲覈減。均應俟該省議定後。報部查覈。總計舊有不敷各款。除去上項裁減銀數。並歲入款內應減銀一萬八百九十五兩零。約仍不敷九十七萬餘兩。查鄂省息借商款公債已積至五百數十萬。江漢宜沙各關。亦均入不敷出。無可挹注。若任令遞年短絀。將有岌岌不可終日之勢。本部就歲出各款。詳加審覈。計行政民政財政軍政實業官業工程各費。分別停減。約得銀七十六萬三千一百六十三兩零。此外歲入各款。如丁漕鹽課後湖屯糧衛田照稅火車捐並雜收之無定各項。力加整理。當不止增二十二萬餘兩。已由本部開單分列項目。標舉理由。咨行該督飭司詳細酌覈。依此辦法。該省擔負既輕。收支亦可期適合。自新增籌備銀三百七十九萬六千餘兩。款雖無著。亦應酌分緩急。預為籌議。應請歸入御史趙炳麟奏請確定行政經費一摺。由湖廣總督將籌備單內所開各條。某事需欵若干。從何籌定。迅即遵旨詳議具奏。以重憲政。抑本部更有請者。鄂省因公挪支絀。動向官錢局借撥款項。查官錢局係營業性質。須保信用。歲入餘利。作何動用。應由藩司覈定。餘利之外。不得動用分毫。庶於清理稍有成效。此覆覈湖北省預算之大畧也。

浙江　謹案浙江宣統三年預算。歲入共銀一千四百二十八萬九千四百五十二兩。歲出共銀一千四百五十萬七百八十八兩。出入比較。尚可餘十三萬八千六百六十四兩、歲入各類、以釐捐爲最鉅。田賦次之。鹽茶課稅及正雜各款雜收入又次之。官業爲最少、歲出各類、以解款及軍政費爲最鉅。行政經費及財政費民政費次之。教育司法工程交通實業官業等費。並協濟鄰省各款又次之。典禮費爲最少。經本部覆覈後。畧有增損。計歲入總數。增至一千四百三十四萬三千二百十四兩。歲出總數減至一千四百八萬三百五十二兩。以入抵出。尚可餘二十六萬二千八百六十二兩。而應增應減各款、尚待商定者不預焉。惟查覈原冊所列歲入各款、有不能指爲確定者、如上年餘存二百四十九萬二千七百二十六兩。原冊業經聲稱係假定之款、屆時能否存至此數。尚不可知。自難列入。則該省實在歲入。祇有一千一百七十九萬六千七百二十六兩。又於原冊所列歲出各款中。剔除預備金八十萬兩、減爲一千三百三十五萬七百八十八兩。其出入相抵。實不敷銀一百五十五萬四千六百十二兩、即就本部覆覈之數。從實計算。亦不敷銀一百四十二萬九千八百六十四兩、此覆覈浙江省預算總冊出入盈虧之大概情形也。且軍政費二百六十七萬三千一百九十兩、係按照總冊之數編列。其不敷已如此之鉅、若照陸軍財政局所送軍政分冊。尚應增六十餘萬、則不敷約計二百餘萬。蓋浙省出欵。除解部各款外。以軍政爲大宗。財政盈虛。關鍵卽在於此。其餘民政司法各款、亦所增甚鉅、凡此諸端。胥關要政、旣不得輕議停減、又難爲無米之炊、自非實力統籌、別作計畫、恐來年局面萬難支撑、此又不獨浙省爲然也。

湖南　謹案湖南預算。宣統三年。歲入共銀七百六十六萬一千五百五十三兩有奇。歲出共銀八百九十九萬二千七百三兩有奇、預備金二十四萬兩在外。歲入以鹽茶課稅爲大宗。釐捐田賦次之。官業雜收稅款協款又次之。歲出以解款軍政爲大宗、交通行政官業協款次之。財政民政息款教育實業司法典禮又次之。以入抵出。已不敷銀一百五十七萬一千一百五十三兩有奇、其另冊各府廳州縣地方行政經費、歲入銀七十九萬九千九百二十五兩有奇。歲出銀一百五十五萬一千二百二十七兩有奇、出入相抵、不敷七十五萬一千三百兩有奇。又新增籌備銀二十八萬六千三百五十五兩有奇。尚未彙算在內。本部詳加覆覈。該省歲入如鹽茶課稅。正雜各稅。釐捐官業。雜收各類。或以上年收數爲比較。或據湘省附冊。擬籌款目。及監理官報告、約可增銀八十二萬五千八百七十七兩有奇、內有印花稅收數。以及各州縣稅捐平餘並丁糧解費串票櫃貨等項、亦可籌增。尚未指定確數。應由該省清查酌定報部覈辦、該省歲出如解款及行政民政財政教育司法軍政實業交通官業各費、分別裁汰。約可減銀八十一萬八千七十八兩有奇。惟查該省本年賠款息借大清銀行銀一百二十萬兩。宣統三年應還本息銀四十九萬六千兩、該省原表未經編入。自應照增。按原冊歲出數目。除去預備金。加以應還賠款本息、計共不敷銀一百八十一萬七千一百四十九兩有奇、就本部擬增擬減各款作抵。仍不敷銀十八萬三千一百九十四兩有奇。湘省歲入。祇有此數。解款軍費已去其十之七。鐵路經費又去其十之一。僅此一二百萬。以為國家地方行政之需。新政迭興。百事待舉。要非量入為出不可。本部議增議減各款。該省如能遵照辦理、再於未經指定之增款。極力整頓。常有收支適合之期、於湘省財政前途。不無裨益、至另冊所列府廳州縣地方行政各款、出入相抵、亦不敷七十五萬一千三百一兩有奇、此項預算本應歸入地方行政彙總辦理、惟該省既編另冊。已寓分別之意。即湘撫奏陳財政表冊辦理完竣摺內、歲出入總數。亦未將此項數目列入。本部細覈其中各款。實在興辦新政。入不敷出者十之一二。款未籌定事未舉辦、於表內虛擬一支數者十之八九。即欲量爲裁減。亦屬無從著手。應由湖南巡撫轉飭所屬地方官。籌增入款。酌減出款。以符收支適合之旨。又新增籌備銀二十八萬六千三百五十五兩有奇。據稱款皆無著。亦應另籌辦理。故此兩項總表內俱未列入此覆覈湖南省預算之大畧也。

福建　謹案福建宣統三年預算。歲入共銀五百六萬一千一百六十三兩有奇。歲出共銀六百二十一萬二千八百八十九兩有奇。出入比較。不敷銀一百十五萬一千七百二十五兩有奇。歲入各類。以釐捐爲最鉅。田賦次之。鹽茶課稅及協款雜收入又次之。正雜各稅爲最少。歲出各類。以解款及軍政費爲最鉅。行政總費次之。財政司法民政教育交涉實業交通等費又次之。工程費爲最少。本部就原冊詳細覆覈。酌加增減。共計歲入增銀七十六萬一千三百三十九兩有奇。歲出減銀七十一萬三千二百九十六兩有奇。尚有應解京餉洋款。原冊少列四十六萬六千兩。亦爲增入。計歲出中實減銀二十四萬七千二百九十六兩有奇。又預算歲入原數內有上年餘存銀十萬兩。應剔除另算。循此估計。該省預算不敷之數。祇二十四萬三千八百八十九兩有奇。乃一再電商閩督。僅據覆稱。歲入增銀四十五萬六千二百三十二兩有奇。歲出減銀十一萬三千一百十四兩有奇。少列之京餉洋款。則概允照加。計出入相抵。實仍不敷銀一百十四萬八千三百七十八兩有奇。此覆敘閩省預算出入各數之大概情形也。至該省原冊尚有漏列之款。已令速訂追加豫算報部。現據閩督電告總數。計出入相抵。尚須多虧銀四十餘萬兩。擬俟該冊到日。仍當切實覆覈。倘本預算冊有重複舛錯之處。經追加預算改訂者。亦當查照來冊。酌量更正。以歸至當。惟閩本瘠區。而歲虧乃至一百數十萬之歲。出欵既難驟減。入欵又未易增。籌蓄財政艱窘情形。在東南諸省爲尤甚矣。

四川　謹案四川省預算。歲入銀二千三百六十九萬六千一百餘兩。以鹽茶課稅爲大宗。正雜各稅與捐輸各欵次之。歲出銀三千一百四十四萬二千一百餘兩。以解款軍政費爲大宗。協款教育費次之。出入相抵。不敷七百七十四萬六千二十餘兩。預備金三百十萬。在外。本部按冊查覈。參照監理官報告。電致該省自行刪減。嗣據該省電覆。於歲出各類。覈減五百六萬五千九百餘兩。又稱前冊內歲入門。有誤列收款。應減銀一百萬九千五百餘兩。歲出門少列解款。應增銀三萬七千餘兩。出入相抵。尚不敷銀三百七十二萬六千五百餘兩。預備金在外。續據監理官電稱。按已經覈減歲出二千六百餘兩之數。除解京協各餉文武廉俸。兵勇額餉、及各局所學堂火食一切要需。仍照舊外。姑以一半計之。其餘出款一千三百萬減作八成支給。卽可減得二百六十餘萬兩。至內容孰緩孰急、應由該省自行裁量勻配、此外尚不敷一百餘萬兩。責成本省認籌等語、當經本部按照監理官所陳。電商川督。並將該省歲入尚有可增之款、約三十餘萬兩。一併電令覈增、則僅不敷七十餘萬兩、未據該督電覆。暫不列增。綜計四川省初送原冊。計不敷銀七百七十餘萬兩、專案覈減後。尚不敷銀三百七十餘萬兩。就冊考覈、大都以新增籌備者爲多。舊有各款、僅不敷三十二萬餘兩。川督並有另行籌備之電。倘能於已辦應辦各事、撙節估計。收支尚可有餘。於邊防餉需、似亦不難兼顧矣。

廣東　謹案廣東預算宣統三年歲入。共二千三百二十萬一千九百五十七兩有奇。歲出共二千二十六萬二千二百七十三兩有奇。出入相抵。計尚盈二百九十三萬九千六百八十四兩有奇。此外預估歷年餘存各款二百一十八萬餘兩。抵作預備金約需一百八十四萬餘兩。又可盈三十三萬餘兩。顧各項出款須歸追加預算案辦理者尙多。計已估報數目。列入清單。報部備案者。共三百六十三萬有奇。查該清單。有應辦之事。估定數目者。有應分別裁減正在籌議者。亦有應辦之事。尙未開列估報者。本部業經電令就三百二十七萬餘兩之數。以備追加預算之款。統查該省歲入之數。以雜收入及鹽金爲大宗。鹽茶課稅田賦官業收入正雜各稅次之。受撥部撥各款又次之。歲支出之數。以軍政及解款爲大宗。行政財政次之。官業支出司法教育協款民政交通典禮等又次之。交涉費最少。本部詳覈册報。電商該省。擬減銀二十四萬八千一百三十二兩有奇。令其自行酌減。未定數目。尙不在內。現均未據該省聲覆。如能允行照減。尙可望其盈餘。惟該省另有積年所欠商款一百七十餘萬。正應及早籌還。庶以後政務擴張。不致竭蹶。粵省交通最早。商賈輻輳。歲入之巨。僅江南直隸足與比肩。而入款之中。若鹽課捐稅。以及士敏土廠增源紙廠等官營業。苟能加以整頓。剔除中飽。則收入之數。尙可增加。至賭捐一項。多至四百四十餘萬。爲雜收入內一大宗。本屬權宜之計。現在方籌抵補。本部已於會奏變通該省鹽務章程案內。行知粵督照辦。全在該省於開源節流之道。統籌之而已。若各款細數。皆列於表。此覆覈廣東預算之大略也。

廣西　謹案廣西預算宣統三年。歲入共四百四十七萬兩有奇。歲出共五百八十四萬兩有奇。計不敷銀一百三十七萬兩上下。總歲入之數。以釐捐爲大宗。田賦鹽務及雜款協款次之。雜捐雜稅官業等又次之。歲出之數。以軍政爲大宗。財政民政行政解款次之。教育司法實業等又次之。典禮最少。本部詳覈各冊。電商該省。電覆歲出允減者。如行政等費。七萬二千八百兩有奇。又歲出應增者。原冊漏列軍諮處經費銀一萬兩。而本部議增之歲入。如鹽課契稅等。三十餘萬。皆未允增列。其附冊所造宣統三年應辦之事。則有如國家地方行政經費。共八十六萬有奇。統計歲出六百六十四萬兩有奇。不敷之數。除業經覈減外。實不敷銀二百一十七萬兩有奇。桂省地處邊瘠。苗蠻雜處。物產儉薄。較之廣東歲入什不及三。加以礦產未盡出。交通未盡利。入款既難以驟增。而防邊靖內。惟兵是恃。歲出之多。又難議減。惟查閱所報收數。有比照宣統二年所入。不免少列者。此外農林礦務交通。以及統捐印花稅。如能注意興舉。亦未始非殖財之大源。籌款之至計。總之以一省數千里之廣。民土郡邑。幾近百城。而謂無可籌措。恐無是理。是在該省於生財足財之道。盡力爲之而已。若各款細數。皆列於表。此覆奏廣西預算之大概也。

雲南　謹案滇省預算。歲入五百四十六萬一千七百餘兩。上年餘存金一萬八千六百六十二兩零在外。除協餉一百餘萬兩外。本省歲入以鹽課田賦官業爲大宗。釐金等類次之。預算歲出七百四十六萬五千五百餘兩。以軍政民政敎育費爲大宗。他費次之。歲入歲出兩抵。不敷銀一百九十三萬二千九百餘兩。預備金六十四萬五千四百四十五兩零在外。本部按册查覈。歲入內造幣廠收入改歸部管。應減銀八萬五千兩。歲出內解欵。應增銀六千三百八兩八錢。又據監理官來電。歲入內應增受協款十二萬兩。鹽務入欵四萬六十一兩零。歲出內軍政費應增銀五千三百五兩六錢。應減銀七千五百兩。業經照數增減。本部復參據監理官報告暨該省送到說明書。將該省入欵估數較短及出款重複之處。挈類舉要。一再電致滇督自行加估覈減。嗣經滇督於電奏內聲明該省不敷之欵。除預備金外。約不敷銀二百萬兩。瀝陳困絀情形。宣統

文牘　三十一

三年請增撥七十四萬。仍不敷一百三十餘萬兩。由滇竭力認籌另造估覈減冊送部等因。當由本部議覆明年用款。仍令該省極力圖維。應俟續送各冊到日歸入追加案內辦理。電知在案。是該省預算歲入歲出兩抵亦祇不敷銀七十餘萬兩。頃據滇督來電。加估覈減各冊已照詳出咨等語。其數目是否相符。尚難懸斷。仍就前送預算原數詳敘理由。分列於表。以備考覈。

貴州　謹案貴州省宣統三年預算。歲入銀一百七十三萬四千六十餘兩。以四川協餉及代徵之鹽課稅釐爲大宗。田賦次之。釐捐各款又次之。其雜收入因近年提解歸公之款甚多。亦幾與鹽茶課稅收數相埒。歲出銀二百七十八萬八千二百九十餘兩。以軍政費爲大宗。行政費次之。解款司法等費又次之。出入相抵不敷一百五萬四千二百二十餘兩。預備金四萬九千九百餘兩在外。本部按冊查覈。於該省歲入協款類。查照九江關及四川省冊。應增銀一十萬九千七百五十餘兩。又參照監理官報告。將可增可減之款。分別電商該省。旋據黔撫電覆。於應增之款認爲試辦。於應減之款已承認者計三萬八千七百一十餘兩。實在尚不敷銀九十萬五千七百五十餘兩。其綠營屯衛電允照裁。應俟該省奏准後咨部立案。至添練新軍一項估銀四十餘萬。查照該省奏案此項尚待另籌。已電令該省自行酌辦。未據電覆。其餘尚有允爲裁減。一時未能定數者。則出入權衡。不至不敷過鉅。前據黔撫咨送該藩司條陳各辦法。亦以縮減爲言。自是節流之義。但欲停解賠欵。於全局未免有碍。實難遽准。其所擬由黔撫自權川鹽。已咨行川督酌覈。或可稍資挹注也。一切理由。詳於分表。茲不復贅。

熱河　謹案熱河預算宣統三年歲入共銀一百零七萬八千八百五十九兩六錢二分二釐。本部覆覈之數。據熱河都統電。允由地方籌補銀十六萬二千二百七十二兩六錢四分。共應銀一百二十四萬一千一百三十二兩二錢六分二厘。歲出共銀一百五十二萬三千二百九十六兩九錢八分。本部覆覈之數。據熱河都統電允覈減銀三萬七千五百七十一兩七錢二分七釐。共應銀一百四十八萬五千七百二十五兩二錢五分三釐。歲入歲出相抵。尚不敷銀二十四萬四千五百九十二兩九錢九分一釐。原冊並未將國家行政費地方行政費劃分爲二。應即由該處補行劃分。以符定章。至歲入各類。以正雜稅爲最鉅。部欵協欵及雜收入次之。田賦鹽課鹽捐雜捐又次之。官業收入爲最少。歲出各類。以軍政費爲最鉅。民政行政財政教育司法等費次之。解款協款典禮實業官業等費又次之。交涉費爲最少。熱河軍政歲需七十九萬有奇。已占歲入全數三分之二。僅以所餘三分之一。充各項要政之需。出入不敷。抑有由矣。

察哈爾　謹案察哈爾預算三年歲入共銀五十六萬九千三百七十一兩五錢三分八釐。其歷年餘存金一萬四千六百十四兩八錢六分七釐在外。歲出共銀六十五萬四千九百零七兩五錢七分五釐。其預備金四萬五千兩在外。計歲入歲出相抵。共不敷銀八萬五千五百三十六兩三分七釐。如以原有餘存金全數抵補。仍不敷銀七萬九百二十一兩一錢七分。當經本部電商察哈爾都統。以歲出各類。除解欵及預備金外。尚列支銀六十三萬有奇。但能酌減二成。即可有贏無絀。請即通盤籌畫。切實覈減。嗣據電復覈減及追加數目。備文咨覆。等因。應俟咨覆到日。歸於另案辦理。此次預算。歲入各類。以部撥各欵爲最鉅。鹽茶課稅及協款次之。田賦釐捐正雜各稅及雜收入又次之。官業收入爲最少。歲出各類。以軍政費爲最鉅。民政財政工程等費及解款次之。教育實業官業支出交涉典禮司法等費又次之。行政費爲最少。察哈爾地處蒙邊。

故軍政費一項歲需至四十七萬有奇。歲入之款。除供支軍費外。所餘不及十萬。財用支絀。非無故矣。

歸化城　謹案歸化城。宣統三年預算。歲入銀四萬七千二百二兩有奇。上年餘存各款在外。歲出銀四萬三千七百六十六兩有奇。預備金在外。計盈餘銀三千四百三十六兩有奇。歲入以雜收爲大宗。釐捐撥款次之。田賦正雜各稅又次之。歲出以軍政爲大宗。教育民政次之。財政典禮又次之。該處管土默特旗。即山西歸化五廳地。居河套東北。古爲防邊重地。今爲往來通衢。貿遷日盛。如能提倡實業。宏開民智。則富庶之規。方興未艾。將爲西北一大都會。此覆覈歸化城預算之大概也。

綏遠城　謹案綏遠城。宣統三年預算。歲入銀一萬二千五百二十七兩有奇。歲出銀一萬一千八百一兩有奇。盈餘銀七百二十六兩。歲入以雜收爲大宗。租課次之。歲出以軍政爲大宗。教育民政次之。該處駐防暨留防餉項。均編入山西預算。此表所列。僅旗庫款項之出入。故爲數甚少。該處將軍現兼充墾務大臣。前經本部催造預算。據稱端緒較繁。容俟提綱造送等語。應俟送到。另行核辦。此覆核綏遠城預算之大概也。

庫倫　謹按庫倫預算。宣統三年。歲入共銀一十三萬七千九百五十四兩。歲出共銀一十六萬八千二百五十兩有奇。預備金在外。計不敷銀三萬二百九十六兩有奇。歲入以生息雜貨出口捐金砂稅爲大宗。恰克圖化私爲公雜收等次之。歲出以解款及行政費爲大宗。各局經費蒙古津貼等次之。本部詳覈歲入應增四千八百九十三兩。歲出應增二千五百八十六兩有奇。應減一萬六千二百二兩。實不敷一萬一千七百八十七兩有奇。該處管轄圖車馬盟沙畢三部。皆係游牧。並無郡邑。近年辦捐開礦。漸有收入。行政巡警。粗立始基。部減以外。不敷極少。自籌當不甚難。惟該處外接强鄰。內衞熱察。與黑龍定邊。實爲唇輔。田牧林漁。多有遺利。殖民闢國。方識經營。富庶之規。必有可期之後日者。此覆覈庫倫預算之大概也。

烏里雅蘇臺　謹案烏里雅蘇臺。宣統三年預算。歲入銀五萬三千四百六十三兩有奇。歲出銀五萬一千九百八十四兩有奇。計盈餘銀一千四百七十九兩有奇。歲入專恃協款。其雜收及租課各款。均居少數。歲出以軍政爲大宗。行政次之。該處爲蒙古西北之中樞。於軍備上最爲扼要。地饒水利。土壤肥沃。適於農牧。如能擴充屯墾。利便交通。則於固圉殖邊。甚有裨益。此覆覈烏里雅蘇臺預算之大概也。

科布多　謹案科布多宣統三年預算歲入銀五萬八千二百二十三兩有奇。上年餘存各款在外。歲出銀五萬五千一百八兩有奇。計盈餘銀三千一百十四兩有奇。歲入專在撥款。本城徵收及覈扣各款均居少數。歲出以軍政爲大宗。民政交涉等次之。該處管杜爾伯特各部。向無賦稅收入。兵餉惟恃協款。近年推行新政。巡警教育漸有開支。出入尚能勉合。惟地勢東接定邊。西接阿爾泰山。實新疆之屏障。北徼之咽喉。川河瀠繞。地多饒沃。如能擴充屯墾。振興本業。則收入或尚有可籌。未始非固護邊衛之計。是在任事者逐漸經營。以謀富庶。此覆覈科布多預算之大概也。

阿爾泰　謹案阿爾泰山宣統三年預算歲入銀一十五萬四千二百七十八兩有奇。歲出銀一十五萬四千二百七十八兩有奇。入數則以部款爲最鉅。出數則以軍政爲最鉅。行政等次之。該處管烏梁海土爾扈特和碩特哈薩克各部。本隸科布多。近年以收回哈族。始分三部十旗之地。專置大臣。固圉綏邊。不惜重費。是以趨重軍用。此外行政諸端。均在綿蕞。故支款亦少。惟地勢接畛強鄰。內衛新省。實與科塔相爲唇輔。河渠交貫。田沃礦豐。民屯商廛、亦有基礎、振興而恢廓之。亦所以保安北陲、充實內力。而不致虛擲庫帑於石田。此覆覈阿爾泰山預算之大概也。

西甯青海　謹案西甯青海。宣統三年預算。歲入共銀一萬五千二百二十九兩有奇。係由甘肅藩庫統捐局及西寧府分別撥解、歲出以廉俸米折爲多。次則外藩賞需。又次則津貼工食口食紙紅等費、其總數與歲入相衡。蓋以歲出各款。皆有定額。按年照額撥領。故出入相抵。數相符合。本部就原册覆覈以收支兩類均有額數。故均照原數填列。暫不增減。此覆覈西甯青海預算出入各數之大概情形也。

川滇邊務　謹案川滇邊務。預算歲入經常共五十七萬三千二百餘兩。大半由川撥解。歲出經常五十七萬二千八百七十餘兩、歲出臨時三百八十九萬一千二百餘兩、出入相抵。不敷三百八十九萬八百三十餘兩。本部按册查覈。並參照川省報册。該處歲出經常欵數。與歲入款數、收支畧合。其臨時一門。所估軍政工程各類、自爲籌邊起見。本屬虛估草案。暫照來册編列。以資考覈、

海關常關　謹案海關收入。歲逾三千萬以上。爲國家入欵大宗、江海收數最鉅。粵海

次之。江漢津海又次之。其餘或百數十萬。或數十萬至數萬不等。歲出則洋款賠款已占三分之一。其次則解京各款八百四十餘萬。本省撥款六百六十餘萬、協款四百九十餘萬。本關及稅務司經費五百七十餘萬、近年以來、或因稅司短絀、或因撥款過鉅。往往入不敷出。此次試辦預算。贏者十之二三。虧者十之七八。統計贏餘之數一百三十六萬九千六百六十餘兩、不敷之數三百五十五萬六百六十餘兩、又各關歲出門短列之欵、經本部覆覈應增者。尚有一百七萬二千五百兩、應減者二十八萬六千四百八十餘兩、以此兩數併計之。則贏者一百六十五萬六千一百四十餘兩、虧者四百六十二萬三千一百六十餘兩。贏餘之欵。仍留存該關以備要需、不敷者須另行籌補。此各海關出入之大概情形也。各關出入性質與各省又有不同。各省預算數。歲入有可以酌增者。歲出有可以覈減者。關稅則收入向無定額。各關虛擬估列。或即以元年數列入。或以兩年不均數列入。既不能指爲確數。自無從爲之增加。至歲出則除本關及稅務司經費外。均非直接支欵。如解京解滬及協撥各欵。大抵皆有定額。各關因徵不敷解。短列者層見迭出。故覆覈之數。增者多而減者少。又因各關原造冊表分類既殊。辦法亦異。紛紜錯雜。莫能統一。以致覈辦甚形困難。如大連關則僅據稅務司送一出入數目。凡應解應撥各款。概未列入。思茅關則亦因冊表未到。僅據電覆列表。粵海閩海則常洋混合。無從分晰。電詢數目。殊難確當。津海膠海東海。則有冊而無表。膠東二關。且僅列大數而無奇零。並未遵照部頒冊表式造送。以上各關或電催速送。或電令更正補造。迄今俱無到部者。時日忽促。不能延誤。茲姑就各冊表原列各數覆覈增減彙總列入。至其中有無舛錯疏漏。實不能臆斷也。其各關出入總數。則列爲贏虧比較。間有列餘存金及預備金者。均提出另計。不在歲入歲出之內。統計已列者共餘存金一百一十五萬三千三百四十六兩零。預備金七十一萬三百二十二兩。應俟查明覈定後另行辦理。此覆覈各關出入大概情形也。

中國紀事

●預算股員審查後之報告 自度支部交出預算案後。資政院派出分科股員審查。今將其所報告者錄如下。 第四科報告各省學務公所歲費項定大省三萬二千兩。中省二萬八千兩。小省二萬四千兩。郵傳部細冊原未交出時。裁減一千五百萬左右。交出後裁減六百餘萬。大概初減數照原冊核減五成。續減數照原冊統減八成。又裁去海清建築路費一千餘萬。議此項應由該部另籌經特派員聲明原開額數理由。遂即通過。 第三科報告吏部明年不敷十二萬。置之不議。民政部本衙門並無裁減。至各省巡警道核定歲費五千兩。警務公所三萬兩。法部烏布太多。議裁減大理院省歲費四萬餘兩。每年定九萬餘兩。各省提法司。歲費六千兩。各科辦公費二萬四千兩。司法警察及各省籌辦審判廳公所。議裁去。 第二科報告理藩部核減一萬六千餘兩。外務部行政總費核減二百八十六萬餘兩。各省洋務局擬歸併交涉司。減二十餘萬兩。陸軍部綠營防營。核減九百餘萬。現因新官制發表。又減一百零七萬。軍塘驛站議裁。

可減一百五十三萬兩。兵差減八萬五千餘兩。新軍局所。減一百十五萬兩。軍餉器械減二百七十二萬兩。臨時費減五百七十二兩。軍事教育減冗員浮費共三百四十萬兩。軍諮處核減四十六萬餘兩。內有購買軍艦費四百萬兩。本擬核減。據特派員報告。係已定合同。必須支出之款。衆亦贊成。　至第一科所報告。則謂前日所定。與政府特派員協商。如折漕裁旗營防營等事。今擬取消。另由本股提出變通旗制案再定云。

剪髮案之通過　近日京內外人士。羣以剪辮為除舊布新之必要。而以軍界學界實行為最力。商界次之。軍界如京師禁衛軍。陸尚蔭大臣。提督薩軍門。皆先後剪去。學界如京師法政學堂。財政學堂。閩學堂。湘學堂。亦均剪去大半。惟聞學部堂官仍有札文。戒飭學生。謂剪髮當以違制論者。則眞可怪之事也。商界則自香港商人發起剪髮會後。聞風而起者甚夥。資政院議員。日前有提議剪髮案者。曾經交特任股員審查。至十四日由特任股員報告。略謂剪辮風潮日急。每日剪去者甚多。法律既不便強為干預。與其默認。不如明許。當時議場中仍有反對者。後卒得多數之贊成。此議案遂通過。至服制一層。現尚未核定。因於經濟界大有影響。此事尚費躊躇也。

贛省諮議局提議鐵路公債之大風潮 江西南潯鐵路公司。開辦數年。工程尚未及半。而存款業已告罄。郵部因其無款。有擬收回部辦之說。贛省人士。聞之異常恐慌。日前該省諮議局。有議增加全省鹽價之說。以充路股者。惟此項增價。緩不濟急。適有京官函致諮議局建議。請其試辦本省地方公債。俾促成南潯鐵路工程。該局遂於十一月初八日。開臨時會。由議長宣佈京官建議試辦公債之原由。並聲明鐵路董事七人。亦已簽名。一同請議。時議員賀贊元反對此案甚力。並謂公債定是洋債。王仁照繼之。後由票決。主張認作議案者三十八人。中立者九人。否決者十五人。遂將此案交股員審查。然自此案成立後。各議員之反對公債者。紛紛提出意見書。一面電控京中各部。一面組織團體。舉定代表。赴京力爭者。似此紛擾原因。有謂南潯鐵路公司腐敗已招人物議。其主張公債者。袒護公司者也。其反對公債者。掊擊公司者也。然歟否歟。然自外國人觀之。則又添一支那人無能力。鐵證之一資料矣。

鹽商破除引岸之大恐慌 前張季直殿撰。擬改良鹽法。就場徵稅。破除引岸。因上書於資政院。作建議案。資政院已採擇提議。浙省各鹽商聞悉。恐慌萬狀。即由杭紹嘉松四所場商領銜擬電達資政院。請其顧存引岸。勿改舊制。嗣聞該院力主改制。已經過第一讀會。多數贊成。決付審查。各商益驚惶失措。函電交馳、紛擾異常。驚魂未定。旋又接長蘆商同業、飛電告急。謂此案已由該院審查員將破除引岸議決。亟應設法維持。並謂蘆商已在天津創設維持會。請舉代表赴議。浙商聞之。業已舉定代表赴津。籌擬抵制之策。然恐大勢所趨。區區數十百之鹽商。終無如吾四萬萬代表之資政院議員何也。

閩督擬募公債二百萬　閩督松制軍。現擬募集公債二百萬元。以爲儲蓄之資。交由大清銀行承辦、仿照各省公債章程、而變通其作用。月息六釐。限期五年。不必分期劃額、償還本息、而即以五年爲行息之期。五年之外。皆爲償本之日。其或期滿之票。願儲蓄者、照常行息。並酌擬儲蓄公債簡章十三條。於十一月初一日。劄交諮議局提議。准該章程第一條。標明此項公債本爲閩省疏通貨財。廣勸儲蓄起見。故名之曰福建儲蓄公債、當經副議長劉崇佑。當場質問制台代表鹿粹齋臬台。請說明理由。鹿臬台答詞含混。不甚明瞭。又質問所募公債作何支用。償還之日。以何款支還。鹿臬台答俟回明制台後另定細則送來云云。

直隸募集公債之爭執　直督奏辦公債。未交順直諮議局決議。該局認為違章侵權。力爭交議。并質問此款之用途。及籌還抵款方法。後接直督交議劄文內載公債用途。為創辦商埠省城高級審判廳。各屬創立初級師範學堂。改良軍政、及一切新政。至籌還抵款。為藩庫中飽三十萬。運庫三十五萬。永平七屬鹽務餘利十五萬。嗣經該局會議。有謂劄文內。僅有查照字樣。並非交議。且非生利事件。何得擅借公債者。有謂本省之無衙署局所。浮費冗員。應裁應汰者頗多。大可挹彼注此。者有主張上書資政院彈劾者。有主張請直督將關於此款之實銷開一清單者。終未能解決云。

四川路款之控案　四川鐵路股本。前出施守典章存放於上海錢莊。後因錢莊倒閉。該款遂無著。川人憤之。謂川路總理喬樹枏所用非人。各股東遂舉代表楊重岳等進京。赴攝政王前跪訴。後由步軍統領咨送大理院訊辦。大理院批駁不理。其大意謂喬係行政官吏資格。兼辦路事。應控之於郵傳部。或都察院。若控告施典章倒欵。則應控之於下級裁判所。不應越訴。代表等憤其強詞奪理。面謁該院堂官。謂此案關係倒閉商欵。既由監國發下。即係特交之件。不能與控訴案一例批駁。況所控係以商辦公司總理之資格起訴。與學部左丞之官吏資格無涉。純爲民事訴訟。而商公司關於監守自盜國有常刑。又實爲刑事訴訟。不得藉行政官吏一例以自推卸。該堂官聞之始若有悟。若該代表趕速補遞呈詞。然此案前既經代表將川路積弊繕成說帖呈請資政院核議。資政院議員劉緯堂亦經具質問書質問郵傳部。惟郵部答覆。謂此案經杜德輿具呈都察院代奏。咨行郵部飭查。又陸續具呈本部兩次。當經咨行四川總督就近查覆。俟查明後方能核奏。觀此則四川人之四面控訴。喬雖有大力運動。恐亦難爲之斡旋矣。

●文官考試章程預聞●

文官考試一節。由憲政編查館業已將考試章程大概擬定。不日卽須頒布。今探誌其章程大概如下。（一）高等文官考試及普通文官考試。分塲考試。（一）高等考試。每年九月在京舉行。普通在各省舉行。考期由各省長官酌定。（二）高等考試費洋十元。普通洋四元。（二）應考之資格如左。（甲）曾在高等專門以上學堂畢業得有獎勵者。（乙）舉人出身者。（丙）七品以上者。（一）高等考試分頭二兩塲頭塲試經義策論文牘各一篇。（一）二塲應試科目如左。（甲）大清憲法。（乙）大清民法。（丙）大清刑法。（丁）大清行政法。（戊）經濟學。（己）國際法。以上六科爲主要。必須考試者。（子）大清會典。（丑）大清商法。（寅）財政學。（卯）各國憲法比較。以上四科。自擇一科應試。（二）肄在東西洋及在本國高等法政學堂畢業得有奬勵者。免去頭塲考試。（一）應普通考試之資格如左。（甲）中學堂畢業。（乙）五貢出身者。（丙）九品以上。（二）普通文官考試之科目。由各該省長官酌定。

烟台出口貨衰落之原因　烟台出口貨。向分六大宗。草辮絲綢油餅水果猪鬃粉乾是也。自青島開埠後。草辮猪鬃二宗全被該埠所攫。以製造草辮者。純係青萊之民。沙河鎭乃該貨叢集之地。由該鎭運往青島。較至烟台。每包可省運費五角。故皆折而入青埠。猪鬃一項。以濰縣爲出產之中心地。從前滬商至烟台定其價值。由濰人四出收買。現以運輸不便。各滬商亦皆旅居青島。坐收該貨。無再至烟台者。水果粉乾二項。亦被青島佔去大半。如膠州之棗。即墨之梨。萊州之葡萄。從前由烟台出口者。每年不下百萬元。武定之粉乾。每年售價。亦不下百萬元。現由烟台出口者。水果則僅恃福山一邑。其黃縣出產者。皆由龍口出口。不至烟台。粉乾則僅有寧海一邑。其文榮出產者。皆由威海出口。亦不至烟台。至油餅一項。其原料全仰給於東三省。今滿洲大豆。爲各國所競爭。而日本又在大連設立機器油坊多所。各原料全被攫去。烟台商業。遂一蹶不振。現所恃者惟𣑽絲綢一宗。近年大見發達。由數家擴充至四十餘家。查該絲每年銷售於俄美英三國者。居十之八九。餘則銷於日本。然外商皆知絲坊無大資本。今春遂大結團體。五月以內。不購𣑽絲。而絲業遂一落千丈矣。外此各貨之銷路。東不過寧海。卽爲威海所堵截。西不過黃縣。卽爲龍口所攘奪。南不過萊萊。卽爲青島所阻阨。時會遷變。今昔異勢。倘不設法維持。不數年後。烟台將成爲荒漠之場矣。

世界紀事

英皇幸印 英皇及英后。定於明年十一月十五日。在爹里市舉行加冕典禮後。即同巡幸印度。

墺國內閣辭職 墺大利內閣，因內政問題。爲波蘭黨所反對。不能制議院之多數。總辭職，澳國今日之政黨。實分三派。一曰直爾門。一曰息孜布。一曰波蘭，其黨派之性質與他國之政黨迥異。蓋非以政見主義相結合。而專以民族異同相結合。故謂之政黨。無寧稱爲民族黨之較爲名實相符。現在俾湼爾特內閣。實直爾門黨與波蘭黨之聯合內閣也。波蘭黨員列爲閣臣者二人。波蘭黨之勢力極大。內閣之運命，實視該黨之向背如何。其在議院之地位。與英國之愛蘭黨同。而勢力則遠過之。頃其黨人提議於該黨根據地之卡利西亞州興大水道。閣議以其不利於國。不從其請。波蘭黨遂與現內閣分離。現內閣遂至瓦解。但後任內閣尚未成立。故俾湼爾特及諸部大臣。仍暫留任視事。

世界紀事　二

法造兵廠災　法國普列士造兵廠。忽被火災。各工場悉被焚毀。幸風忽易東向。故貴重物料得免於火。

德國議會　德國議會。定以明年一月十日休會。

俄國財政　俄國大藏大臣哥谷阿夫。在議院報告。俄國財政甚爲整理。頃有餘金。償還國債四千五百萬羅布。

俄國議會　俄國議院之委員會。經已可決與芬蘭以均等俄人之權利。

土耳其之內閣　青年土耳其黨之議員。於議院力攻內閣大臣旋出議院爲內閣信任之投票。內閣信任。卒得通過。

土勃國境之齟齬　勃牙利人。襲燒土國回回教徒之一村落。與土國赴援之軍隊相衝突。現土勃國境之間。勃人與土國軍隊。日有鬭鬥之事。

土國土蕃之暴動　亞細亞土耳其之特爾烏士土族。常抗土耳其而倡獨立。頃忽襲擊加列治。殺土兵及亞刺比亞族之耶教徒百餘人。亞剌比亞族之辟特堅人。起而應之。亦戕殺官吏及耶教徒多人。加多拉之車站。已被破毀。

希臘總選舉 希臘改正憲法。重行總選舉。政府黨得占多數。

美國人口之增加 美國國勢調查局之報告。美國人口九千一百四十萬二千一百五十一人。加以非獵賓夏威夷諸屬及巴拿馬地帶。總人口一億一百萬餘人。較之一千九百年之人口七千六百三十餘萬。則人口增加之率。十分之二强。溯一千八百八十年時。人口五千零一十餘萬。以今較之。三十年間。人口實增一倍。

南美兩國之調和 秘魯與波里比亞。以國境問題。大起紛爭。旋請亞爾然丁國大統領爲之公判。該大統領於去年七月。旣爲公斷。波里比亞不服。遂與亞爾然丁絕交。至今歲十一月十三日。兩國重結條約。國交如初。

伯國亂事 南美伯剌西爾之海軍謀亂。於查涅羅灣據有哥白拉小島而守之。伯國政府以陸軍圍攻。逾日卽已鎭定。其政府於十二日內布戒嚴令於查涅羅市。慮謀叛之退伍水兵。以監禁之刑。

日本豫算 日本明年度（明治四十四年）歲入豫算。共五萬一千九百萬元。其中經常歲入四萬九千二百萬。臨時歲入二千七百萬。歲出則五萬四千一百萬元。不足額二千二百萬元。將以四十三年度之剩餘金。補此不足云。

日本擴張海軍費　日本決議擴張海軍。自明治四十四年至四十九年。六年間之海軍擴張費共八千二百二十二萬三千一百七十元。四十四年。則一千四百八十六萬餘元、四十五年。則一千六百四十二萬餘元。四十六年。則二千零三十三萬餘元。四十七年。則二千一百零三萬餘元。四十八年。則八百三十三萬餘元。四十九年。則一百四十七萬餘元。

日本鐵道之收入　日本鐵道歸國有者已數年。今年冬季總收入共二百五十三萬四千七百五十八元。較之去年冬季實增二十七萬九千六百六十一元。一日平均。計有二萬七千九百六十六元之增收。

叢錄

江介雋談錄

野民

蕭道安夫人遺箸

國朝才媛工詩詞者爲多。而工文者罕見。近世則有侯官蕭君珮夫人。夫人名道管。一字道安。陳石遺學部衍德配也。善書畫。工文辭。采秀雋雅。有唐人矩矱。又善考据學。著有說文重文管見。列女傳集解。道安室雜文及詩詞。卒年五十三。學部刊其遺箸。以一冊貽予。茲錄其游京口三山記一篇云。嘗讀吾鄉鄭荔鄉先生詩云。金山如麗人。明妝炫華屋。焦山如靜女。翠袖倚修竹。夢想久之。及石遺游湘歸。有江中回望金焦二山七言古篇中亦暗用荔鄉先生詩意。但稍有抑揚於二者之間。而實未登二山也。後數年寓家上海。石遺屢往來於江上。乃有曉起登北固山放舟至金山江天禪寺二詩。亦尚未登焦山。又數年移家武昌。余乃得見荔鄉先生所謂如麗人如靜女者。其言誠不我歟。由是往來江上。舟過金焦北固下者八度。乃得登三山而均造其絕頂。事有至近而若遠。至易而甚難者。往往然也。北固多樓觀。少林壑之美。自下望之。與湖口石鐘山酷相似。金山雖環以梵宇。結構莊嚴。而山椒拔出寺表。有亭有塔。高淩天風。有碣書江天一覽四字。蓋北固焦山俱在眼底。與江流相映帶。彌覺秀麗。北固有宋吳琚題牓六字云。天下江山第一。似當移置於此也。焦山歸然中流。兼林壑樓觀之勝。最高處吸江一亭。似金山江天一覽處。惜在望者乃一濯濯之象山。而金山之供人眺覽。僅等於登金山之眺北固。不若其眺焦山之蒼翠在眼也。至於寺院樓閣。皆依山枕江。實兼幽曠二致矣。故游乎山之中。則焦山勝。觀乎山之外。則金山勝也。焦山歸然中流。故自外觀之尤勝。若金山亦在中流。一如昔日。則外觀之美。豈必焦山勝耶。余游北固金山在丙午二月三日。是日大風捲雲。春寒僵人。上江天一覽處。與風相抗。幾仆者屢。次日放舟至焦山。風日晴美。盤旋石磴。不覺登頓之勞。在金山觀東坡玉帶。焦山觀楊文襄留帶。及瘞鶴銘殘刻。午飯枕江閣。日斜刺船歸。同游者石遺及大兒聲暨夫人。又有平安室雜記一卷。茲錄一則云。戊寅冬移居西門街屋三楹。有小池。繚以碧欄。環以假山。上爲小露臺旁爲花塢。花木則有木芙蓉石榴千葉桃水楊柳之屬。入春多雨。池水遂盈。繞池青草莓苔。如絨如罽。重以綠陰壓檐。幾榻衣袂無不蒼潤欲滴。殘花墜葉浮水面。久則池水不潔。余戲縛小竹網。竹竿爲柄。倚欄持向水上撈之。池小不久已淨盡。少澄則晶瑩見底。秋來木芙蓉盛開。日百十朵。曉起新開者。朵朵白如霜。近午漸轉紅。隔夜者紅似錦。君（謂石遺）詩所云芙蓉紅白天初曉者也。芙蓉盛開而君有杭州之游。余與君別始此。又云甲申秋。馬江之役。全家移居建溪之房村口。所居背山臨流。正室三楹有樓。別院有桃有梅。此地去建郡一日程。君偶往游。歸舟病瘧。不食十日。委頓甚。余遂携家護君還省。時十月也。君臥病三閱月。愈。臘底携一僕復往。旬當未了事。除夕前二日與余書畧云。際此風物淒緊。百感呼嘆。日將西入。天色黝黑。荒村人少。遠聞鵾雞聲。空山伐木聲。與落葉淒厲聲。庭中苔草漸有青色。門前老梅作花已滿樹。糝白地上厚寸許。僕人折來數插瓶。謝絕之。謂無此佳興。種種酸臆。不知若何之。一往而深。一路來時灘聲潺湲。倚枕不寐。向晚凍雲四合。作欲雪天色。增人悽惻。今夜一燈熒然。擁衾入夢。不知夢能還家否。蓋石遺先生素篤于伉儷。終身不置妾媵。故能爲此情至語。語曰。文生於情不其然歟。

諸貞長詩

山陰諸貞長太守近作。七律如六月廿四日同曉齋益公約堂出游還飲約堂齋中至二更始渡江還武昌適得吷菴嵐山道中寄詩誦而詠之亦成此篇云。雲隙時時有電明。遠波低巘與雲平。過江餘醉含湖氣。是日游漢上琴臺滑月湖 送客高樓有笛聲。共笑虁天人作鮓。欲驅汗雨洒爲兵。吷菴詩到懷吳郡。亦歎葑田不可耕。是歲吳楚均苦熱 暑甚以人造冰置几感賦云。坐想天寒澤腹堅。今看人力可迴天。縱無霜雪同爲潔。能使蠅蚋不得前。朝汲井華資靜供。午餘長簟可高眠。老天別有閒情緒。鼎枕釵横思悄然。同李陳昆季游抱冰堂云。李生爲導還迷徑。周閣長廊帶一山。俯視川原作方罫。更披草樹躡孱顏。此堂足攬全城勢。我輩宜看落日還。麈土功名况祠祭。老兵守戶影龕閒。五律闕題云。人意趁蕭寂。端知秋所爲。微雲閣廊日。急雨上庭枝。鳴鶴音何遠。屠龍技不奇。逃虛吾有託。轉姚被人知。簡逸隋勁直。登范伯子之堂。

(正誤)上期冒鈍宧誤作宧舍即更正

文苑

題耆壽民侍郎見山樓藏書圖

尊瓠

偶齋枕書眠。沈飲遺世事。意園抱書老。憤嘅託文字。二公皆偉奇。西山恒游憩。清風惜已邈。來涉京華地。峨峨見山樓。披圖卓天際。晴靄絢幽窗。有人恣大睨。斯人乃爲誰。鶴公嘗作記。（冒鶴公有見山樓藏書記）富擁包山儲。雅篤任昉耆。屛居事長吟。人外寄遐致。予生無他嗜。歡笑得氣類。題詩今且去。待策游山轡。他時假異書。一瓻幸予畀。

楊芰青丈約同游海王邨購得蔡君謨墨蹟一冊歸賦七古一章以贈之

前人

莆田學士來荒裔。蘇黃老米實儕輩。螭頭染翰對春風。宋家制誥生殊致。鸞翔鵠峙意氣閒。每於深厚露姿媚。會心要眇得自然。戲書老子明其義。萬物一視役則能。惟精惟專造斯詣。遺墨至今七百年。宋元內府嘗珍祕。悽惶劫火落人間。子京倒印徵堪異。石渠天祿不復收。明珠有纇翻爲瑞。思翁䃾石咸弆藏。渥丹小篆私相識。（予聞鈐有宣和內府章柯九思鑒其

文苑　二

昌鍰 鐔石 諸印 及項子京倒印　飄零京國又何年襲書（紙尾署襲書二字）誰某無人記泗州楊丈能好古文者昌歎屈者芟鋤來沆瀣海王邨搜奇集異夸能事尊彝書畫萃一堂古色古香時睥睨一翻市得君讀書大笑仰天闕筵笥賤子從觀亦歎嗟物聚所好眞成例文敬尙書昔愛才網羅俊乂輕財幣山頹木壞惜無人家風異日公應繼

鶴柴自滬來蒼自津至京主北山樓夜飲三人聯字成詩古有此例偶躍爲之聊破岑寂云爾宣統庚戌九月廿日

殘夜凝寒酒一巵鐙前重與說相思可堪薄醉微吟後已是沈沈漏盡時

予驟游海王邨曾見唐人寫經卷驚爲瓌寶今燉煌發壁所出甚多同人各得一卷以相夸眎庚戌秋晚重遇若海於京師出金光明經大吉祥天女品卷徵題因感而賦此　北山

遺經發壁出羌渾天女拈花調世尊惜往傷今忽惆悵廿年彳亍海王邨

夜半過黃河鐵橋汽車甚疾　倉石

鐵虹百丈跨黃河水自天來夜不波身已御風馳廣漠心如寒雨對滹沱山長莽帶胭

脂色。野曠悽聞勅勒歌。畢竟成仙無我分。邯鄲先已夢中過。

金陵訪陳效功　昀谷

過江車騎正縱橫。秋到荒園徹骨清。身歷悲歡餘夢在。天教閒散以詩鳴。時危問佛無長策。日莫看山有舊盟。脫帽歸來拚一醉。黃花終不負淵明。

題弱父所藏唐人寫天女散花經卷　前人

天女散花參佛座。花前常涌吉祥雲。如今佛亦無言說。只合關門斷見聞。

送俞恪士學使之官甘肅　寄禪

異域豈云樂。君恩有此行。黃花秋漸老。白髮病微生。荒戍落寒葉。遙笳飛遠聲。郵籤隨雁遞。關吏候雞迎。問水知涇渭。看雲憶弟兄。憐君持使節。萬里到長城。

江南重晤李梅菴學使二首幷約九日掃葉樓登高　前人

秋風吹桂棹。重到石頭城。坐對黃花晚。微看白髮生。幽情閒自遣。官味薄彌清。喜近重陽節。高樓掃葉迎。

相交二十載。結契亦云深。自適孤雲意。聊存出世心。債多惟典帖。靜極不鳴琴。應愛枯

文苑 四

禪至清言愜素襟

出都留別瘿公 邵雲

江東獨步羅昭諫一卷讒書手自攜塵裏看人牛馬走愁邊惜我鳳皇飢尊前翠袖供陶寫海上紅桑倘歲時後夜京華望南極好憑江雁寄離思

（正誤）

第二十九期憶岱遊圖序乃楊叔嶠京卿銳遺稿本報題爲袁昶遺稿實係錯誤合即更正

耳。忽念銳利之聲可以驚寐。乃蹙口作聲。對穴隙吹之。而無如不慣。爲此其聲不揚。久之。乃彷彿聞房內有聲。潛穴再窺。而臥者曾未一欠伸。念房中當必更有人潛藏。彼既設此陷阱、欲殺此婦、自必常來窺伺之。俟此婦就床臥。乃發動其機括。使穹蓋下壓之。惟此婦平日未嘗卽枕。故彼無所施其術。今此婦以連夜困倦。且當愁悶之時。故一偃息在床。卽沈沈睡去。彼遂得乘機而竊發也。憶羅甸婦曾言。來貸居之男子、已持其管鑰去、則其人自能開戶而入。此廂之臨街門戶。又無閽人監守。出入不慮識察。彼又何憚常來窺探乎。且此臥房旁更有空室數間、皆彼所租定。則更易於藏匿而不虞人見也。念及此、乃愈益震恐。幾欲引吭而號。又復自止。然終不能坐視人之就死而不一爲援手。如至必不得已時。則排闥赴救。亦當爲之。然又念此兇人必在旁監視。己一干預。必且爲其所殺、縱奮不顧身。其如愛女之伶仃孤苦何。則又不能無所顧慮。乃復一窺穴。則見此重大之穹蓋、已及臥者之身。勢若泰山壓卵。姌娜此際魂魄頓喪。不覺驚呼。然聲氣已不能振。喉間若哽。心忙意亂。更不暇顧。惟知救人爲急。遂匆匆覓其門戶。先向左方摸索。不可得。乃轉向右方覓之。頃之。觸其管鑰。乃急轉之。鑰啓而闔扇之嚴扃如故。又頃之。始知其門尙有鍵、復急去鍵。扉乃啓。而久處黑暗之人。乍覩光明。兩目復睆睆如無所見。乃復及閾而止。稍停。乃急奔赴。遙見前方有門戶。簾幔低垂。似稍有動搖之狀。亦不暇審視。直奔向牀前、則穹蓋早已籠罩臥者全身。此中之人。儼如生葬矣。婀娜奔走急忽。推倒其漆架。兩燭皆墜地上。一已熄滅。一尙烘烘吐燄於氈毯之間。故仍能見房中諸物、婀娜慌急間無可爲計、惟有俯身力扛穹蓋。然殊不少動。乃知此蓋不惟極重。且有機括制之、非人力所能移動者、受壓之人。直不及呼號掙扎。而身命已喪於俄頃、掀此機阱者。其險毒可謂極矣。婀娜用力久之。知無益於事。正欲起去。方舉首。未及轉面時。突有人從後執之。以一手持其項。復以一手緊掩其雙目。婀娜大驚。力與撐拒、而其人殊孔武有力。手持項際、如鉗不能掙脫。其人驅之行。悄語之曰。倘復撐拒呼號者。汝立就死矣。婀娜無奈、聽其驅策。覺兩目雖掩。尙漏有一隙之明。因偸睨己身所之。則見經此低垂之簾幔。直入於別室。則黑暗一無所見。其人驅婀娜至此。乃使其轉身面壁立。而低聲問曰。汝今可爲我言。何由入此臥室。婀娜驚魂未定。倉猝未及答。彼推之曰。速語。不然吾扼殺汝矣。婀娜惶懼應曰。吾來訪羅甸娘子者。曰。汝來訪此室之主人耶。然則汝其倡家女耶。姍娜此時神魂稍定。念當自認爲倡女或可幸免。乃應曰。然。其人勢愈兇惡悍然問曰。汝在鄰室奚爲者。得非預匿其中以窺吾之行事耶。姍娜曰。否。吾別有事故。曰此言誕也。汝被吾機密。罪有應得。倘能實說。尚可冀一綫之生機。若但工於掩飾者。吾誓必殺汝矣。姍娜自料難免。念此人之罪惡。惟己身實親見之。彼何難殺之以滅口。念及此不禁心志灰冷。嗒然若喪。更不暇捏造巧言。乃直告曰。予在此殺人。豈吾所及料者。吾更何自起窺伺之心。吾今夕來此。不過欲有所詢問於羅伺娘子。娘子接見吾於一密室中。其地爲吾所未嘗至者。坐談未久。爲其賓客呼去。蓋諸人皆在樓下層共博。以事召之也。娘子囑吾稍待。謂轉瞬復來。待之久不至。吾方欲行。瞥見鄰室壁間有燈光透入。故一窺之耳。曰。汝須仔細着愼毋相欺。吾將往察其信否也。曰。任汝察之。其人釋手言曰。休得移動寸步。吾再來時。倘見汝稍易地位。將摧折汝脰。更不輕恕也。姍娜聞此語。覺微有生望。只得恪遵號令。默念此兇徒苟欲殺己以滅口。則當徑殺之。果爾則己之被殺固已多時。更何待多方窮詰。今乃遷延如許時刻。則其非必欲殺己。已自可知。蓋彼非憚於多造一重惡業。實恐多增一具屍體。此事大雖撒脫耳。乃面壁呆立。絕不少動。室中黑如漆。雖掉頭亦不見物、故亦更不旁視。惟傾耳竊聽之。知此人已至竊測所察勘。聞其拔管鑰聲、插管鑰聲、轉捩聲。則知其人已取彼方之鑰匙、轉插於此方、且鍵其戶也。事畢。尚未見其返。度彼殆收拾地毯上之燭。恐或召焚如也。爲時雖只數分鐘之久。而姌娜已如經年之待命者然、已而其人復至。撫姌娜之肩。復低語之曰。汝言果信也、壁間果有孔穴。此必羅甸婦之設置、將以便其浮浪賓客窺伺鄰室者、汝之知此孔穴、亦必由彼告汝、汝盡自承。姌娜曰、然。吾自承如是。曰。然則汝欲窺人耶。曰。羅甸婦語我。謂彼曾伺察此中之夫人行。每訝其常時獨處。既而羅甸婦去。吾獨坐無俚。性復還事。乃就壁間孔穴一窺之。曰、然則汝殆見穹蓋下覆此婦。乃蹙口作嘯聲以驚起之歟。及見其終未覺寤。乃闖入此室以援救之乎。曰。此皆實情。如是。吾安得不自承認。子不憶子執吾時。吾尚俯身於牀側乎。吾心無他。祇一時惻隱欲救此婦人。而未料子之在此。苟能料之。吾亦不若是之疎矣。曰。子將何如。曰。吾當走覓羅甸婦。而以吾之所見具告之也。此言殊勇往無前。實足關係於一身之存亡。姌娜語此時可云膽識兼優矣。則見此人默然良久。其情狀殊可怖。姌娜自念此時已到生死關頭。彼之默默思維。殆熟權其事之利害。預計倫貸己之生命。能否爲害於彼身也。久之其人乃曰。汝誠膽周於身矣。乃竟敢爲此言。曰吾言苟不如是。子將不予信也。吾因不忍坐視吾同類之人如是慘死。倫不一圖援救。吾將無以自解。是則不惟世間男子賤視我輩。我亦賤視我同類也。其人哂曰。汝言慘酷耶。不知非也。彼之死法。本不苦楚。汝來圖救。實爲大錯。汝之此舉。其所失蓋已甚多。殊不值也。何苦橫來干預。得毋與此婦既曾相識者耶。曰。否。吾從未與之識面。然吾自具有天賦惻隱之良。不必識面而後救之也。曰。汝毋爲作此散漫語。準備相從此婦於地下。吾苟貰汝。汝將首告吾矣。妠娜甚有急智。乃怡然順受曰。汝欲殺我乎。可也。任汝爲之。明朝羅甸家中諸僕婦。將見吾尸骸臥於此。則地方有司。必窮究其事。而來此賃居之男子。將無可逃。不久便可捕獲也。妠娜語此時。覺肩上兩手微微顫動。知其人懼甚。良久。其人復低問曰。然則賃居之事。羅甸娘子已具告汝耶。曰。然。娘子苟逆知有此下文則必不肯貸居與子。子之在此造此惡業。誠非娘子所及料者也。曰。惡業雖已造成。彼終無由知之。妠娜無語。默念屍身具在。穹蓋覆壓於其上。謀殺之跡。豈非顯然。何以謂羅甸諸人終無由知之耶。則見其人復以手推動㛓娜、且謂之曰、汝疑吾言乎、來吾將有以示汝。汝見之。當可釋然無疑也。乃自後伸兩手、並蔽㛓娜雙目。驅使轉面挾之前行、㛓娜此際更無所見。惟覺簾幔拂面。心知復入臥室去。但未知其用意所在。心旌搖搖不甯。然尙能强自鎭定。不作張皇態。覺其人指掌着膚處甚屬柔滑。左手小指。挾一巨大之約指。而且怒性雖勃發、而語言有擇。絕不粗鄙、知非獷悍傀野之人。行甫十數步便住足。忽啓其十指、而兩掌仍挾㛓娜之首。使之正視。㛓娜一開目。不禁駭極。卻步如罪囚之臨刑者。其人若挾持之。使之審視。則見己身直臨此死婦之牀、牀柱仍巍然屹立、一如其舊而穹蓋則已復升至頂、依然上抵承塵。穹蓋下覆而牀上之婦人則偃臥衾間、形貌毫無改變、儼若睡熟者。乃知其人適間之所作、不但收拾殘燭、且已升舉穹蓋。使之復舊。此必別有機括、一經發動、則穹蓋自然上升。然後乃知彼驅己來視。正爲此爾。旋聞其人小語曰。汝觀其狀。豈嘗受一毫苦楚者耶。其身絕未掙動。即衣裳亦無輾轉折縐痕。明朝諸侍女入室。見死者在牀。必奔告主人。召醫生來驗。見屍體絕無一絲意外痕跡。將定其爲急病而死者。不曰中風。則曰氣脫已爾。孰能知此婦之閉息絕命於穹蓋之中者耶。雖至精明之偵探。亦當無所致疑也。創此機械之人。則固吾之心腹。斷不肯敗露吾事。能發吾覆者。惟汝一人。若謂汝亦能爲我秘密之。此則爲可信。吾行且爲子所賣矣。故汝必須就死。吾乃可無慮。姌娜聞此言。稍形戰栗。然噤不一語。自忖兇人必不願殺己。己之生路尚有可望。惟靜以待之。有頃。其人復曰。雖然吾觀汝之狀。似不甚畏怖者。如是亦殊難能。吾謂汝雖娼妓。不重信義。然或者口宣重誓。尚足取信。汝能指屍爲誓。自明其不漏一言耶。姌娜雖外貌若臨難無懼者。然中心實非視死如歸。一念及其孤女伶仃無依。便刻刻以生還爲幸。雖使發若何之重誓以求生。亦所弗恤。然猶自忖此事不宜太露窘急相。仍强自鎭定。貌示安閒而應之曰。吾言子既不見信。更設誓何裨。其人曰。吾雖不敢堅信汝。然吾視汝無辜。頗生憐憫心。故欲設法爲汝覓一綫生路。汝能據誠設誓。使吾得有可以貸汝一命之理由。吾亦不爲已甚。亦可姑信汝之誓詞而試觀汝異日之果能踐誓詞否也。雖然。汝愼毋謂吾憚於殺汝。汝之誓詞苟信口而發。不足取信於吾。吾將立刻殺汝。一如此婦之死法。此牀中尚多餘地。儘能容納汝身。吾能使此穹蓋再行下覆。殺汝於俄頃也。蓋吾已下鄰室之鑰。掩蔽周密。更無人能窺見我之行事矣。姌娜辯曰。吾何能首告子。吾並不知子爲何人。又未窺見子之面貌。縱他日相逢衢路。亦不能認識子爲誰。子何必以吾之首告爲慮。曰。斯固然矣。此後吾與汝亦更不復相值。然吾意則殊未愜。吾實欲人人皆以此婦爲死於正命者、誠不欲諸報紙於紀載之外、復從而爲之辭。究其終始。騰播人口。然汝苟有一語疏漏。即足以滋人疑竇。吾其危乎、姌娜曰。子謂我此番來訪羅甸娘子。顧肯爲他人具告者耶。曰。否、惟汝終不免再到此間。此吾所深慮者。曰、吾此後更不再來。吾無所需於羅甸娘子矣。曰。然則汝生計已優裕耶。曰。無論如何。總而言之、吾更不倚靠羅甸娘子而已、吾今且將去巴黎、遷居於他州、尙安能再來此。子復奚疑耶。曰。吾將察汝斯言之信否、不久便見分曉、汝今後將有人隨汝偵伺、俾汝無從遁飾。此時亦不復問汝之姓氏里居、一至明朝。則汝之爲人、汝之生計、便有人具爲我告。汝之一言一動。吾將悉知之、苟一洩漏我事。則懲罰必立加也。曰、事苟敗露。子將毋終殺我耶。曰。是何待言、然吾非但殺汝一身而遂足、汝非孑然一身、生於斯世者、必更有父母子女。及其所鍾情之人。汝苟洩露風聲、勿論有心無心、苟足以危吾。則吾能殺汝所愛戀之人。猝罹不意之凶患。或竟至於戕

影宋本花間集

詞㝡盛於兩宋而實導源於唐季五代詞之有唐季五代猶文之有周秦諸子詩之有漢魏樂府也詞選之古莫古於花間唐季五代之菁英咸萃於此陳振孫書錄解題稱爲倚聲之祖久爲詞林寶貴無庸贅述顧世少刻本購求極艱此爲四印齋影宋精刻本今以泰西石印法用最上等連史紙精印與原本無豪釐之別海內倚聲家當必先覩爲快

每部定價一元

寄售處上海四馬路廣智書局

漱玉詞斷腸詞合刻

詞至宋而極盛而李易安朱淑眞尤爲閨閣雋才易安能詩文尤工於詞其議論前輩之詞皆能洞中窾竅所自爲詞天才超逸清麗芊綿朱文公謂有宋一代婦人能文者首推易安其推重可想淑眞才力足與易安抗行惟漱玉斷腸二集世少傳本臨桂王半塘侍御曾輯補精校刋入四印齋詞中半塘歸道山後其板庋藏不復印布今將其初印本重付石印合爲一書俾成雙璧世欲讀才媛之詞者幸勿交臂失之每部大洋五角

寄售處上海四馬路廣智書局

中國六大政治家

第一編　管子

第二編　商君

吾國大政治家首推管子商君二賢生於二千年前其所措施已與今日歐美諸國現行之法制暗相符合後世耳食之士鬨然詆爲雜霸遂使偉人之政略湮沒而不彰良可歎息梁麥二君條取其書之政畧比附以今日之法理學說疏通而證明之其法治之精神經國之偉畧皆足爲今日之模範匪但爲前賢訟直也至其文章之美海內久有定評崇拜英雄者當必先覩爲快　第一二編合冊定價大洋七角布面精裝一元

上海四馬路廣智書局發行

玻璃版印 **王石谷臨安山色圖卷**

此卷題曰丙子秋七月倣巨然筆爲石谷六十五歲所作正在造詣深純精力彌滿之時用筆渾厚布局深遠煙雲變幻草木華滋人物屋宇牛羊點綴皆有神逸之趣眞石谷生平絕作也此卷向爲廷氏雍所藏庚子之亂失去去年見之廠肆售至千八百金姜穎生君留得影片一套本社得以印行照原卷大小分作十八段絲毫不改動仍可接裱成卷每冊價洋一元八角外埠加郵費八分

精印 **吳梅邨文集**

梅村詩哀感頑豔流連故國一唱三歎無愧詩史久已家置一編惟文集罕覯世所通行者僅吳詩集覽梅村詩注二種讀其詩者每以不得見其文爲憾本社覓得初印文集原本共二十卷其文章綺麗穠郁悲凉哀怨不減其詩而故國之戚身世之感時時流露其于勝朝遺逸及朝章國故風俗盛衰尤紀載之不遺餘力眞有關一代文獻之著作非同浮文逸響也陳言夏稱子美工詩退之工文惟先生兩兼之其爲當時推重如此全部共四厚冊用中國連史紙精印價洋二元八角

上海四馬路老巡捕房東面惠福里神州國光社北京玻璃廠土地祠分社同啓

商務印書館發行

東方雜誌

第七年 第十期

目錄

月出一冊 每冊三角
預定半年 一元六角
全年三元 郵費外加

本雜誌創辦以來業已六閱寒暑戊己之間一再改良特裁循臻完備銷數日見增加自本年起復聘深通法政洞明時局諸君分任論說記載兩類編譯事宜議論必求公正記述務極精詳其餘各類亦復小有增減茲將第十期目錄開列如左

論旨（庚戌九月）

此外文件調查附錄各類子目繁多不及備載卷首冠以圖畫數帙精美悅目末附職官表及金銀時價表尤便檢查

偵探小說 一百十三案出版

（全書二冊定價一元）

法國嘉寶耳著新會陳鴻璧譯○敘一銀行驟失巨款疑及會計繼爲著名偵探劉谷蝎數月精力始獲破案其手腕之敏妙布局之嚴密爲福爾摩斯所不及且揭銀行主之夫人十餘年前所演秘史情節離奇雲翻波譎是書固爲偵探小說之鉅製然寫情處復悱惻旖旎可泣可歌洵說部空前之作也

寄售處上海廣智書局

影宋本陶淵明集 六角

草窗詞 五角

夢窗詞 六角

彊村詞 四角

彊村詞前別集 三角

藝蘅館詞選 二元五角

松陰文鈔 二角

飲冰室文集 四號大字中國版式每部八册 四元

上海廣智書局發售

二十世紀大著作名家童君愛樓實驗自來血保証書

明州童君愛樓著作等身生平擅長詩文書畫小說戲曲等一切撰作大江南北久噪文名歷在本埠各譯局各報館秉筆多年海內文學界中莫不知有此君其爲文莊諧並作獨闢町畦實爲近今二十世紀著作家中有數人物因其朝夜著作操勞過甚以致心血大衰精神困憊時患喘咳百藥無功今讀其來書知其服本藥房自來血後其病如失精神倍增仍能深宵著述不知勞倦深讚本藥房自來血有起衰扶弱之功今特將其惠書照登於下藉見自來血大有功於人之以思慮致疾云云○五洲大藥房主人雅鑒今啓者鄙人向以筆墨餬口歷在廣學會山西大學堂譯書院萬國商業月報館字林滬報娛閒日報文娛報鶴鳴報等中諸處辦事多年自愧不文著書至數百萬言一人精神有限終日埋頭窗下竟成了肺喘之症近更書寫稍久神志易昏不能如稍時深宵著述莫知苦辛鄙人亦稍諳醫理念小恙之來多由心血暗耗致陽氣飛越成神衰咳喘痰多內熱之症服多方均不見效後自去秋八月間服貴藥房自來血後不覺喘平痰少仍得耐勞蓋由補血而得能若此也心感之餘爲作此書聊伸謝悃并告學界諸君之抱有同病者卽頌財安

寓本埠大馬路德仁里六弄志強學堂內童隱頓

海內諸公如蒙惠購請認明全球商標每瓶內加附五彩認眞券一張値洋一角方不致誤

小瓶一元二角　每打十二元
大瓶式元　每打二十元

託局函購原班回件

總發行所上海四馬路老巡捕房對面五洲大葯房抄登

人造自來血乃人身之活寶

人生百體所賴以生長者血也如血多則百體强壯血少則百體衰弱設遇血虧則百體自枯是故凡人不能無血**血者誠乃人身之活寶也**然吾人欲究身壯力健之術者必以多血爲適宜若近今之衛生家雖常服各種補品而未得十分健壯者何也其故因我國理化未精藥物一道素鮮研究故自古迄今絕未發明不知以多血爲要義噫**此即吾身不强之由來也邇者神州睡獅抖擻初醒努力鼓盪我同胞之熱血奮振我同胞之精神**無庸疑義速請嘗試**能壯民力强國勢之人造自來血已經及時出現**故再行謹告同胞凡有心虧血虛破金吐血面黃肌瘦頭暈眼花耳聾腎虧陽萎精枯四肢無力手足酸軟身虛脚腫胃弱脾薄以及婦女經水不調白帶赤帶頭痛腰酸五勞七傷諸虛百損之症者服之自然**壯心經多血液**請將下列服法試驗之自能奇功立見幸勿輕視蓋其中實有絕大之能力也我同胞凡購服自來血**須先試驗究有功效若何**可用小針刺破皮膚出血一滴滲在白紙上待服過七日之後再用前法將前者滴血之紙與七日後滴血之紙兩相比較後者之色必紅於前此則**最易最明之確証也**倘能多服**則血愈紅而人之體力愈健**又如腎虧耳鳴眼花者連服數日眼目自覺淸爽耳鳴耳聾自可並除此即顯明有補腎之功效又如年老血衰或壯年勞傷過度體質虛弱面無血色者自必畏寒驟遇冷風即發寒噤者服之半月之後**血氣漸充體質自固**雖遇箭風**亦不覺寒冷矣**又有明見之確証如久患爛瘡而不易收口者自服自來血之後則瘡內之**肉刺日漸增紅**如能常服收口亦易如婦女之經淡白者服到一月經水當即增紅**如患冷經痛經亦能並除**凡患破金吐血者服之補血則可以之止血則不可然患吐血之人血愈虧少若不培補則體質愈弱病勢日重尤宜常服以補之當時雖無止血之功然久服之心經壯**而吐血之患可以除根也**如脚氣水腫者步履艱滯亦血虛不充之故須連服旬日則腫自消而步自健矣又**如患瘧疾者**服之旬日**立可除根**不發以上一切功效皆最易試驗者也

●小瓶一元二角大瓶二元**每打**小瓶十二元大瓶二十元託局函購原班回件海內諸公如蒙惠購請認明全球商標爲記內附五彩認眞券一張値洋一角方不致悞

●**總發行所上海四馬路老巡捕房對門靑花石三層大洋房五洲大藥房幷南北兩京以及各埠大藥房均有經售**

積勞成疾

廣東仕宦曾患腦筋衰弱百藥罔效後服天下馳名大英補血補腦之聖藥韋廉士大醫生紅色補丸而得永除病源

廣東清潔總局委員易召棠君世琦爲著名維新中人也數年前因操勞過度以致腦筋衰弱自得韋廉士大醫生紅色補丸治愈之後不第能盡其職且亦能兼理財政局事宜茲將其自述如何服天下馳名韋廉士大醫生紅色補丸十分全愈之情形錄左易君云○數年前余辦公苦無精力不克稱心每作一事煩惱異常由是日復一日精神委頓愁苦莫名心志疲懶頭痛欲裂而且常覺背痛腰痛恆使夜睡不得安甯受此困苦興趣索然體甚軟弱病日深重目睛內陷皮膚熱黑除服諸多有名補藥外兼請名醫商酌調治竟無一藥可愈我疾後聞廣東建威大藥房所售韋廉士大醫生紅色補丸有治各疾之奇功爰購而試服之甫罄一瓶頭痛頓止人殊爽適由是接連服此韋廉士大醫生紅色補丸身日強壯背痛各疾漸減直至作事大有興致余但服此妙藥竟得身體復原氣力倍增茲將實情登諸報牘以表感激韋廉士大醫生紅色補丸之功使我速作再造之新人也●此係易君二年前所贈保證書也今敝局代表人造訪之見其氣體充盈精神康健仍感激韋廉士大醫生紅色補丸之功不置云觀易君召棠一症可確證韋廉士大醫生紅色補丸有醫治病源永不復發之明效也蓋是丸運行血中能使全體活潑使血潔淨有力每服一丸必得一丸之力有生稠紅康健新血之奇功故其治疾也神妙異常爲療一切血薄氣衰 諸虛百損 少年斲喪 陽萎不舉 背骨疼痛 肝胃失調 風溼骨痛 臀尻痠痛 左癱右瘓 脚氣衝心 跳舞瘋病 乾溼癬癩 皮膚諸症 山林瘴氣 發熱病後 紅白痢疾 感冒風寒 以及婦科各症 月信不調 氣鬱不舒之良方 男子操勞過度或吸鴉片以及他故損傷身體者 一服是丸莫不立轉康強

廣東易召棠君患腦筋衰弱服韋廉士大醫生紅色補丸得愈

仔細認明 護防假冒

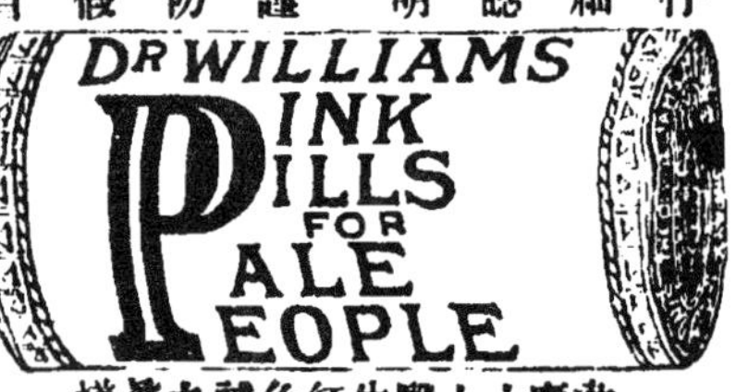

韋廉士大醫生紅色補丸眞樣

韋廉士大醫生紅色補丸中國各處藥局商店凡經售西藥者均有出售如內地無從購買可直向上海四川路八十四號韋廉士醫生藥局中國總發行函購或向重慶白象街分行函購亦可 價銀每一瓶大洋一元五角每六瓶大洋八元遠近郵費一律在內

國風報

大清郵政局特准掛號認為新聞紙類
日本明治四十三年二月十三日第三種郵便物認可

每月三期逢壹日發行

宣統二年十一月念一日

第壹年第参拾弍期

愛理士紅衣補丸

治愈咳嗽時發精神困惓承烏君雨亭惠來証書照登

余自幼身體虛弱以致咳嗽時發精神困惓夢寐不寧雖經時常調理無奈實無見効茲蒙　家嚴寄來　貴廠之愛理士紅衣補丸兩瓶服後果然精神煥發咳嗽全消足見此丸之功効非淺除另函求　家嚴再寄外就近泐此數行以表謝意並附小影以爲是丸之佐証幸祈列登報章以告病者耶

中國電報滬局雨亭謹識

外埠各大藥房均有發售倘內地無從購買處請函至上海四川路一百十七號總批發所購買即班回件郵費不加

本埠西北城鄉由南翔張永吉號代理

震寰藥廠啟

各埠代理處

北京椆梓胡同廣智書局　保定萃英山房　官書局　天津原創第一家派報處　公順
京報局　李茂林　羣益書局　奉天振泰報局　圖書館　盛京振泰報局　吉林
文盛報房　濟南維新書局　開封茹古山房　文會山房　大河書局　教育品社
總派報處　彰德茹古山房　武涉永亨利　西安公益書局　萃新報社　太原
文元書局　書業昌記　貴州崇學書局　雲南天元京貨店　安慶萬卷書樓　廬
州神州日報分館陳福堂　閱報館於炳章　漢口昌明公司　蕪湖科學圖書社
成都正誼書局　輸文新社　華洋冬報總派處　安定書屋　長沙羣益圖書公司
常德申報館　南京啓新書局　莊嚴閣　崇藝書社　圖南書社　神州日報分
館　南昌開智書局　廣益派報社　廣信益智書局　福州教科新書館　廈門新
民書社　溫州日新協記書莊　廣明書社　揚州經理各報分銷處　蘇州瑪瑙經
房　常熟朱乾榮君　海虞圖書館　廣州國事報　廣智分局　廣生印務局　日
本中國書林　星架坡南洋總匯報　澳洲東華報　金山世界日報　紐約中國維
新報　溫哥華日新報　香港致生號　商報

宣統二年十一月念一日出版

編輯兼發行者 何國楨

發行所 上海福州路 國風報館

印刷所 上海福州路 廣智書局

定價表		
項目	報費	
全年三十五冊	六元五角	
上半年十七冊	三元五角	
下半年十八冊	三元五角	
費須先惠逢閏照加		

零售每冊	二角五分
本國郵費	每冊四分
歐美郵費	每冊七分
日本郵費	每冊一分

廣告價目表	
一面	十元
半面	六元

國風報第一年第三十二號目錄

泰山经石峪

諭旨

十一月二十日　上諭農工商部奏京師商務總會稟稱京師各行商會暨各省商衆以喧傳剪髮易服力陳商業危迫懇予維護等語國家制服等秩分明習用已久從未輕易更張除軍服警服因時制宜係前經各該衙門奏定遵行外所有政界學界以及各色人等均應恪遵定制不得輕聽浮言致滋誤會特此明白宣示俾京外周知以靖人心而安生業欽此　上諭順天府奏農濟堂致養局人數倍增請加撥米石一摺加恩着照所請每月加撥倉米六十石由順天府具領發交該局妥爲經理以資接濟而廣恩施該衙門知道欽此監國攝政王鈐章軍機大臣署名

二十一日　上諭本日召見之四品卿銜翰林院編修繆荃孫著以學部參議候補欽此　上諭法部奏請簡各直省高等審判廳廳丞高等檢察廳檢察長員缺各摺片除奉天高等審判廳廳丞檢察廳檢察長吉林高等檢察廳檢察長業經簡補湖南暫緩開庭外吉林高等審判廳廳丞著錢宗昌試署黑龍江高等審判廳廳丞著趙儼葳試署高等檢察廳檢察長著周貞亮試署直隸高等審判廳廳丞著俞紀琦試署高等檢

察廳檢察長著劉思鑑試署江蘇高等審判廳廳丞著鄭言試署高等檢察廳檢察長著陸懋勳試署安徽高等審判廳廳丞著沈金鑑試署高等檢察廳檢察長著郭振鏞試署山東高等審判廳廳丞著龔積炳試署高等檢察廳檢察長著陳業試署山西高等審判廳廳丞著謝桓武試署高等檢察廳檢察長著王祖仁試署河南高等審判廳廳丞著怡齡試署高等檢察廳檢察長著李瀚昌試署陝西高等審判廳廳丞著徐德修試署高等檢察廳檢察長著趙乃普試署甘肅高等審判廳廳丞著何奏篪試署高等檢察廳檢察長著王國鏞試署新疆高等審判廳廳丞著郭鵬試署高等檢察廳檢察長著張培愷試署福建高等審判廳廳丞著梁冠澄試署高等檢察廳檢察長著李鍾駿試署浙江高等審判廳廳丞著章樾試署高等檢察廳檢察長著辛漢試署江西高等審判廳廳丞著江峯青試署高等檢察廳檢察長著袁勵忠試署湖北高等審判廳廳丞著梅光羲試署高等檢察廳檢察長著黃慶瀾試署四川高等審判廳廳丞著武瀛試署高等檢察廳檢察長著陶思曾試署廣東高等審判廳廳丞著史緒任試署高等檢察廳檢察長著文霈試署廣西高等審判廳廳丞著俞樹棠試署高等檢察廳

檢察長著朱文劭試署雲南高等審判廳廳丞著王翼試署高等檢察廳檢察長著張一鵬試署貴州高等審判廳廳丞著朱興汾試署高等檢察廳檢察長著賀廷桂試署餘依議欽此監國攝政王鈐章軍機大臣署名

二十二日　上諭副都統吳祿貞著充陸軍第六鎮統制官欽此　上諭四川雅州府知府員缺著特蘇愼補授欽此監國攝政王鈐章軍機大臣署名

二十三日　上諭前據錫良代奏奉天紳民呈請明年即開國會當經批示縮改開設議院年限前經廷議詳酌已降旨明白宣示不應再奏嗣據陳夔龍電奏順直諮議局議長等又以速開國會爲請復經電飭剴切宣示不准再行聯名要求瀆奏並嚴飭開導彈壓如不服勸諭糾衆違抗卽行查拿嚴辦茲又據軍機大臣據情面奏亦屬不合開設議院縮改於宣統五年乃係廷臣協議請旨定奪並申明一經宣示萬不能再議更張誠以事繁期迫一切均須提前籌備已不免種種爲難各省督撫陳奏亦多見及於此乃無識之徒不察此意仍肆要求往往聚集多人挾制官長今又有以東三省代表名詞來京遞呈一再瀆擾實屬不成事體著民政部步軍統領衙門立卽派員將此

項人等迅速送回原籍各安生業不准在京逗遛朝廷於無知愚民因迫於時艱妄行陳說已屢從寬宥然豈有國民而不循理法者深恐奸人暗中鼓動藉詞煽惑希圖擾害治安若不及早防維認眞彈壓懲辦久必至於釀亂此後倘有續行來京藉端滋擾定惟民政部步軍統領衙門是問各省如再有聚衆滋鬧情事卽非安分良民該督撫等均有地方之責著卽懍遵十月初三日諭旨查拿嚴辦毋稍縱容以安民生而防隱患欽此監國攝政王鈐章軍機大臣署名

二十四日　上諭前經降旨飭令憲政編查館修正籌備淸單著卽迅速擬訂並將內閣官制一律詳愼纂擬具奏候朕披覽詳酌欽此　上諭副都統吳祿貞等奏已故大學士官鄂最久功德在民懇恩准建專祠一摺已故大學士張之洞前任湖廣總督先後二十餘年政績最著遺愛尤深著准其於湖北省城捐建專祠由地方官春秋致祭以順輿情欽此　旨吳祿貞現在出差廂紅旗蒙古副都統著李經邁署理欽此監國攝政王鈐章軍機大臣署名

二十五日　上諭慶親王奕劻奏懇恩開去軍機大臣及總理外務部事務要差一摺

現在時會艱危全賴親賢輔弼慶親王奕劻老成謀國爲先朝倚任歷數十年勳勤懋著中外周知庚子之役維持大局轉危爲安厥功尤偉戊申十月連遭 德宗景皇帝孝欽顯皇后大事四海震動決疑定計卒致寰宇乂安是該親王兩朝開濟備歷艱辛藎畫宏謀洵屬有功宗社現雖年逾七旬仍復精神矍鑠擘畫要政夙夜兢兢職任一無曠誤當此提前辦理憲政籌設內閣庶務繁賾力求進行之時該親王分屬懿親允宜任勞任怨始終將事豈忍遽行引退稍卸仔肩所請開去要差之處著毋庸議該親王務當仰體顧命勉濟時艱毋再固辭用慰朕殷殷眷念之至意欽此　上諭本日侍衛處奏三旗侍衛懸缺擬定推陞等第恭請欽定引見日期一摺著於十二月初十日十一日帶領引見欽此監國攝政王鈐章軍機大臣署名

二十六日　上諭前據沈家本奏進候補五品京堂劉錦藻恭纂書籍經南書房閱看將譌舛之處逐卷加籤當即諭令劉錦藻更正妥協再行呈進嗣經更正恭進復交南書房重加校閱茲據奏稱劉錦藻所纂皇朝續文獻通考一書搜採甚富持論明通現均改正無譌等語劉錦藻著加恩賞給內閣侍讀學士銜以示嘉獎欽此監國攝政王

諭旨　　大

鈐章軍機大臣署名

論說壹

論中央地方之權限及省議會之必要與其性質

長輿

此文爲鄙人數年前所著。曾一登於某報。某報甫出旋停。海內見者頗少。今外官制問題。方喧於國中。同人謂此有足資參考者。慫慂再布之。因稍加訂改、以入本報。此與前號所登滄江君外官制私議一文。雖大恉畧同。而條理不無小異。各抒所見。以資立法者之采擇而已。此文當數年前刋行時。諮議局初次章程方發布。故於其與鄙見相左者。多加辨難。其後第二次改正局章。采用鄙言者頗多。當是立法者能以虛受、或所見偶同也。今局章久定。故將前此辨難之文悉刪去。但吾之所謂省議會者、與現今諮議局之精神絕相異。故今仍用前此所擬之名。冀讀者視聽無惑耳。

著者識

欲一國政治現象之良、則其必要之政治機關。不可以不備。語其大者。則總攬機關執政機關監督機關是也。總攬機關。屬諸元首。執政機關。屬諸政府。監督機關。屬諸議會。政府與議會對峙。而元首超然於其上以綜其成。則國家之體制備焉。其地方團體。則立於政府積極的監督之下。而處理國家一部域之政務。此列國之通義也。

英法日本及德意志聯邦內諸國。大率分地方團體爲三級或四級。以次受監督於中央政府。如日本之制。最低級之地方團體。爲市町村。其次爲郡。最高者爲府縣。而府縣直接受內務大臣監督焉。其他各國。大率例是。按彼諸國其幅員大者不過當我兩省小者或不及我一省。是以行此制度。而臂指之勢綽綽有餘。若夫幅員遼闊之國若美國若英帝國（併歐洲以外英領土之全體言之）若俄國。則於中央政府與地方自治團體之外。恆有一重要之機關。介乎其間。而此機關之組織及權限。各沿其歷史上地理上之關係。而各有異同。是殆勢之不得不然也。

我中國。今後而誠能爲立憲國。則可謂全世界最大之立憲國也。其幅員過於美。而幾埒於俄與全英。以視歐洲中原諸國及日本。則猶楹之與莛矣。昔者盧梭論政。頗致疑於過大之國不能施自由之治。及美國建而羣疑始解。顧美國雖大。然實由聯邦而成。其各邦之幅員。亦不過與歐洲之小國埒。故稱美國爲大立憲國。猶得半之論而已。今以碩大無朋之中國而行憲政。其結果之善良與否。即大立憲國能成立與否之試金石也。寰球過去之哲。並世之英。皆將跂踵拭目以觀我國政治家之經綸若何設施若何。**於是中央與地方權限之一問題。遂爲我國憲政前途之最大問題。**使此問題不能圓滿解決。則憲政之實將不克舉。使此問題而能圓滿解決。則將來世界大立憲國模範之名。譽惟我尸之。此實吾黨所日夕兢兢業業而所欲與國中賢士大夫共討論者也。

凡政治論必當建其基礎於事實之上。否則理想雖高。空言而已。**我國於中央政府與普通地方團體之間。而有各省督撫之一階級存。**此即目前不可剗除之一大事實。而爲政治家所萬不可忽視者也。以國家統一之法理論之。則必當置督撫於民政部監督之下。以民政部爲其上級官廳。然後可以

論說 四

收臂指相使之效雖然以事勢揆之此制度果能現於實乎現在督撫之位置其根據於歷史者蓋深且遠推原其朔直可謂由古代封建之舊嬗進而成至今三千年而蛻殼猶未脫落蓋自先漢之時郡國錯置其守相秩二千石位儕九列去丞相御史大夫一階耳逮於後漢而州牧之權益尊三國六朝壞地褊小其疆吏領域雖不大而往往以皇子領刺史行臺州軍體制極崇唐代節度使權力尤偉則至河北汝蔡尾大不掉唐卒分裂以成五季就中爲宋代力懲前失將財權兵權悉集中央然猶以親王節相更迭典郡位望之崇不減其舊降及元代起漠北主中夏領域太大幾奄全亞地廣而不知所以爲治乃置中書行省十有一立於各路監司之上賈生所謂指大如踵股大如腰平居不可屈伸者元制有之矣而有明沿之遂逮本朝本朝自康雍乾嘉以來督撫威重既已不讓前代然軍旅時興督師經畧皆出特簡故積重之形猶未甚著逮洪楊難作曾胡左李咸藉一省以樹殊勳中央政府受成而已自是督撫之權日重一日數十年來外侮內訌蠭起並作政府巽葸欲逃責任動則息肩於督撫而督撫之地位乃愈高庚子之役至能相率以不奉詔非一朝一夕之故所從來遠矣以今日現象論

之各省與中央財政之關係等於貢獻與廢藩置縣前之日本費城政府時代之美國殆無所擇日本明治初元。承德川氏封建之舊。羣侯各擁疆土。食其租稅。明治政府。無直隸之尺土。純恃各藩貢獻以維持政費。美國初獨立時。華盛頓政府未建。惟有一聯邦議會。在費爾特費。其政費由十三州各自量力捐助彼兩國者。皆以中央政府新建置。未孚於民。無怪其然。今者我國能府。外觀則有赫赫之威。而其財政無論何事。皆攤派於各省。資各省之貢獻以自給。中央政府。無一焉政直接取之於民。實一怪現象也。各省亦彼疆我界不相聞問欲有挹注殆如乞糴觀曾胡書牘。當時以餉糈不繼。告貸鄰省。其詞哀切。殆與封建時代乞糴鄰國無異。軍事為一國之軍事。中央政府不能贍其軍費。而聽其自謀。復不能檄令鄰省相助。而使之自哀乞。以歐美日本人之眼視之。能無駭絕。胡文忠當時以一省而供數省之軍費。既已傳為美談。比之齊桓。今則更未聞有甲省急乙省之急者矣。貨幣國寶省自為制各省自鑄硬貨。自製鈔幣。越境則不通行。或須補水。殆如異國然。軍事則有各省之兵無國家之兵保境自重無復統制甲午之役。始終以直隸一省之兵力戰一日本。其時廣東艦隊□艦。在劉公島同時被捕者。其艦長以非北洋艦隊為詞。陳情日帥乞其放還。日人瞠目。不解所謂。庚子之役。國家與外人宣戰。而國內之地方團體。乃布告局外中立。創國際公法上空前絕後之奇例。此皆其最顯著者。近雖設練兵處。擴張陸軍部之權力。然其實際不能行權於各省。夫人而知之矣。甚至經濟教育罔不由督撫各私其治而中央政府無從過問如粵漢鐵路。本貫三省以成一線路。而中分粵路公司湘路公司等名。督撫各顧其疆內。未從而溝通之。政府亦未從而統一之。又如川漢公司。到鄂招股。而鄂之大吏乃拒之。若抵制外國然。此經濟現象之一斑矣。外國留學生。各省自派。其經費及其將來所要求之義務。皆明畫鴻溝。此教育現象之一斑也。凡此之類更僕難數坐是之故全國之大殆同痲木脉絡不通指揮不靈古今萬國殆未曾聞有此政體以此立於競爭世界其必在劣敗淘汰之林也若燭照數計矣然則此制度之必須更革尚何待言雖然理論自理論而事實自事實也此種積重之勢推其所以釀成之者其近因自數十年以來（咸同以降）其遠因自千年以來（元設行省）其最遠因自數千年以來（古代封建餘習）一旦欲拂拭而新之談何容易今試采日本之制效其以內務大臣監督府縣者而以民政部監督督撫苟驟建此議則稍達事勢者其有不聞而卻走乎夫當去年改革官制時中央集權之論亦嘗曇花一現若甚有力焉矣而結果無一能如所期固由倡此議者非其人不足以饜衆志抑亦事勢所不許雖易人以謀之而其不折則缺固可豫斷也況乎今日夸毗闒冗之中央政府僅挾其現在所能及之權力而其誤國殃民也則既若此吾民所一線希冀者幸而得一二良二千石猶可以救此一方民今若削方鎮之權而悉集以畀之是無異傅之翼而使擇人肉國更不豸而吾民更無噍類矣是舉現在督撫**而置諸中央政府監督之下其說萬不可行也**

於是而有析疆之說康南海官制議所謂以今之一道爲最高級之地方團體每道設一巡撫而以之隸於中央是也（原著析疆增吏篇）中國今日以一省百數十州縣爲一行政區域實失之太廣漠其制本襲元代之陋求諸現今泰西各國無其比例求諸我國唐宋

以前亦無其比例更張而縮小之實不刋之論也雖然吾固言之矣理論自理論而事實自事實也今中國此事實雖極不衷於理論而其有歷史之根據者亦垂千年驟欲撼之豈其易乎以赫赫之項城而驟變爲天津道能乎以堂堂之南皮而驟變爲漢黃德道能乎以洸洸之西林而驟變爲廣肇道能乎今彼三人者雖已去其位而繼之者亦猶是也況乎以今者不負責任之中央政府集權愈重則肆毒愈宏如前所陳則析疆愈將以病國藉曰吾儕今方肆力於改造政府中央政府苟經改造斯無妨假以事權而當今日交通未開擁爾許厖大之版圖雖鞭長而不及馬腹即萃管葛於中央而責以能舉監督全國地方行政之實恐亦敬謝不敏也**故析疆之議吾以爲他日治理粗定後必當行之雖行之然應否受中央之監督尙爲別問題若今日而改作焉吾未見其可也**

準此以談此不衷理論之督撫制度因之旣不可革之又不能然則我國之政治家其殆窮於處置乎吾且博徵萬國之事實與此制度稍相類似者悉心參考以試解決此

問題。

其一　美國聯邦之諸州　美國世界之大立憲國也。在現今諸立憲國中。未見其比。分國為四十五州。其州之大者。幾可比吾小省。故就外形觀之。彼與我最相類。今按其制。（美國諸州之制。決非一律。今略舉其從同者。）各州皆置總督一人。（其中或有兼設副總督一人者）由人民公舉。定其任期。置州務長官一人。度支司一人。檢事長一人。其提學司農務司礦務司會計檢查院等官。則各州或置或不置。以上各職。或由人民公舉。或由總督任命。各州皆自有憲法。自有立法部。即州會是也。其州會皆以上下兩院組織而成。與總督對抗並時。不相統攝。各州立法權極為廣漠。凡不規定於聯邦憲法中之事項。其留保權皆屬於各州州會。

其二　英帝國之諸殖民地　以歐洲之英王國論。則一小立憲國耳。以世界之英帝國論。則可謂一大立憲國。故其殖民地之制度。及其與母國政府之關繫。宜若有可以供我參考之價值。考英國之殖民地。可大別為二種。一曰自治殖民地。如加拿大、澳洲、南非洲等是也。二曰直隸殖民地。如印度、新加波、香港等是也。自治殖民地。自有憲法。自有政府。自有議會。殆爲一獨立國之形。所異者。則有英皇所命總督一人。代表英皇以臨其地。而此總督之地位。恰如英皇之在英國。全不負政治上之責任。總督之下。別有所謂責任政府者。有總理大臣。有各部大臣。凡以議會之多數黨組織之。其議會由該殖民地之住民選舉而成。其對於該地之政府。恰如英京議會之對於英政府。直隸殖民地則大異。是設總督一人。由英皇任命。總攬行政立法之大權。其下雖亦常有所謂議會者。然不過爲總督之補助機關。其議員大率一部分由任命。一部分由選舉。印度總督之所屬。有行政會立法會之兩機關。其行政會以總督爲議長。合以英皇所任命之六議員。組織而成。總督代表外務。其他六議員。分掌內務、財務、軍務、作業、收入、農務。實則一內閣耳。其立法會。由總督任命十名以上十六名以下之議員組織成之。但總督所任命者。其中限六名。得由官吏中選擇。其他則由各團體選舉而後總督任命之。故其議員可謂一部分由選舉也。但選舉權。惟旅居印度之英國人有之。而印度人決無有。不可不知。其餘直隸殖民地之議會。亦大率類此。但總督決不對於該議會而負責任。惟對於英皇而負責任耳。

其三　俄國之各省　俄國之立憲。不過兩年。其憲政之結果。不見良好。本無足道者。但其幅員之廣漠。深與我類。而其地方團體之自治。則亦行之已久。故亦有可供參考者。俄國各省置總督。而其下有省會。以爲立法機關。省會以貴族農民及各市鄉之代表者組織而成。其議員以複選舉法選出。其法律上所賦與省會之權限甚廣。不徒立法事業而已。卽行政司法。亦其力之所及。舉西歐諸國地方議會之權力。未有能比之者。若能實行此權。則總督不過爲其傀儡。然俄民不知善用之。常爲總督所操縱。事實上不過總督之一補助機關而已。

其四 日本之臺灣 日本之治臺灣。與其治內地之制度全異。而與我國今日之治各省。頗有相類者。故並參考之。日本之臺灣總督。其職權較之內地之上級地方官廳。遙爲廣大。總督受承內務大臣之監督。雖與府縣知事同。但可以發布與法律同効力之命令。可以於委任之範圍內。統率海陸軍。應于便宜而用兵力。總督府中有評議會之一機關。以總督爲議長。其議員則民政長官、陸軍幕僚參謀長、海軍參謀長、參事官長、覆審法院長、覆審法院檢察官長、警視總長、局長及參事官二人、事務官三人、組織而成。純然爲補助機關。與各府縣之府縣會性質絕異。

其五 與國之諸大州 與國雖非大國。然其國中以有特別之情形。故其間諸大州機關之組織。與歐洲自餘諸國之地方團體頗異。而大足供我國之采擇。故特舉之。

考奧國之諸大州。皆有所謂立法議會者。其權限極爲廣大。其議長由皇帝勅選。其召集開會閉會停會解散。皆皇帝司之。凡州內之法律。必經其承諾而始有効。此議會對於總督。有上奏彈劾權。總督雖由皇帝所命。然對於州會。絕對的負責任。

今請綜以上各國之制度而論其孰者適於我之采擇。孰者不適於我之采擇。如彼美國總督純由人民選舉。中央政府毫不得而干涉之。其立法權廣漠無垠。除割出若干事項畀諸中央政府外。自餘悉留保之。此惟民主國可以行。而君主國決不可望。亦惟聯邦國能有此。而單一國決不相宜。彼蓋根據於歷史上之理由。我與彼旣異歷史。則自無采之之道。此不待論也。英國之自治殖民地。有君主所派之總督。與吾國體不相悖。而政權掌自住民。必能謀地方之公益。此殆非如美國制之絕對不可采擇者。雖然其總督徒有名義上之尊崇。而絕無政治上之關係。以吾國承千年積威之督撫。豈能令其若此。且總督旣不與政權。則其下必須別有政府。其政府必以議會之多數黨尸之。我中國政黨未發達。政治上之良習慣尚未養成。一旦若此。是取亂之道也。是其不可采。亦與美制同也。惟其議會之制。則深有取焉。英國之直隸殖民地。凡以治野蠻未開之土民其法純用專制與現在我國督撫之權畧相類今方言立憲則其絕對的不可采用自無待言惟印度之行政會以總督爲議長以分任各部之長官爲議員若移植此制度於我各省之行政機關必能收整齊嚴肅之效此其當節取者也俄國之各省其省會有莫大之權能雖以民權極發達之國視之猶將起敬焉然正惟以權能太大之故束縛行政官太甚事實上不免生出障礙逼行政官以不能不趨避蹂躪之故俄民之不能實行其權非徒以其程度不足抑亦立法本未善也夫既未能如英之自治殖民地行政官進退之權係於議會而欲以一年中召集數十日之議會全支配行政官之舉措其何以克致故吾於俄制深無取焉日本臺灣總督畧仿英國直隸殖民地之制但彼尚有立法會而此並無之我國對於蒙古新疆西藏此制度或可適用若腹地則非所願聞矣惟奧國諸大州之制有議會其議會之權可以對抗總督而總督復有負責任而自行其政見之餘地實能斟酌各國之中而於我國各省之位置最相宜詩曰他山之石可以攻玉奧大利眞吾石哉眞吾石哉

今得舉吾對於中央地方權限之一問題示其所主張之綱要如下曰、

各省置總督或巡撫爲行政機關於國法所委任之範圍內有處理一省政務之全權惟對於省議會而負責任

各省置議會爲立法及監督機關於不背觸國法之範圍內得議決其一省適用之法律且對於督撫而有上奏彈劾權

此其綱要也若其條目及其所以主張之理由請以次說明之

吾本論之精神在擴充省議會之權限使在各國地方議會之上其所以必如此主張者則以我各省督撫之權限本在各國地方長官之上**監督機關權限之大小應與執行機關權力之大小成比例** 此學理之至淺明而至正當者也今欲說明其理由則有二前提先當推究者一曰官治行政與自治行政

之性質。二曰。中央集權與地方分權之程度。

今世文明國行政之組織。率分爲二大系統。一曰官治行政。即國家直接設官廳以爲行政之機關者是也。二曰自治行政。即一定之團體。以自主自存之目的。而凡關於其團體之行政。當委於其團體之參與者是也。定義據日本市村光惠行政法原理 今我國各省之行政。當屬於自治乎。抑屬於官治乎。且將自治與官治相輔爲用乎。若相輔爲用。則兩者當孰畸輕而孰畸重乎。此不可不先審也。考各國通制。大率以地方團體。兼爲國家行政區劃。

雖然。亦有僅爲國家行政區劃。而不認爲地方團體。不賦與以公法人之資格者。如普魯士之縣。日本施行郡制前之郡。是也。今中國之省道府廳州縣。皆國家行政區劃。而非公法人。非地方團體也。自今以往。府縣等必當以法律認爲地方團體。自無待言。惟省當認爲地方團體乎。抑僅作爲行政區劃而已足乎。此亦一問題。容當別論之。

故其團體所設置之各機關一方面爲圖本團體之幸福。一方面爲執行國家之政務。此二者固不可偏廢。然有畸重於前者焉。有畸重於後者焉。其畸重於前者。可謂以地方團體之資格。兼行政區劃。如日本之市町村是也。其畸重於後者。可謂以行政區劃之資格。兼地方團體。如日本之府縣郡是也。日本之市町村行政。完全之自治行政也。其郡行政則官治與自治畧中分者也。其府縣行政則官治十之八九。而自治十之一二者也。此何以故。蓋地方自治之目的原爲凡一地方必有其特別之共同利害特別者與他地方異者也共同者本地方所共同也惟本地方人知之最熟而慮之最忠故國家毋寧委之使自爲謀無取乎代大匠斲也然此特別之共同利害在愈小之區域則愈顯著在較大之區域則以次漸微如合甲乙丙丁戊己庚辛壬癸之十村以爲一郡（以下皆借日本制度立論。因吾國未有定制故也。）其間或繕治道路爲甲乙丙丁四村之共同利益而其他則否或修築堤防爲戊己庚辛四村共同之利益而其他則否或增置學校爲己庚辛壬癸五村當務之急而他五村則可緩諸如此類往往而有必合一郡十村之團體以謀之或反緣猜忌而事不克舉至合十郡以爲一府縣則其共同利害之關係愈少而其合而謀之也亦愈難故自治制之爲物在最下級之地方團體其必要之程度最強進而至上級地方團體則其必要之程度以次遞弱日本府縣制官治權十居七八而自治權十僅一二非有所靳也勢使然也（歐洲大陸各國。大率同此制。今舉隅於日本耳。）今我國省之領域殆十倍於日本之府縣則其官治之範圍必當視彼加廣而自治之範圍亦必當視彼加狹此非惟歷史上之事實不能驟移抑衡諸法理亦應如是也

故論吾國省之位置而欲求其比例

於各國之地方自治團體此必不可得之數也何也凡地方團體之愈大者其自治權愈減殺若據各國普通法例以相繩則我國省之自治權非減殺至於無而不止也夫自治權之發動必以人民選舉之議會爲其機關日本之市町村會其權限非常廣大凡市町村之政殆悉自茲出其執行機關之市參事會及町村長不過奉令承敎而已若府縣會之權限則大反是其議決權之重要者限於財務方面且不能自有發案權其議決非經府縣知事之認可則不生効力就法理上言之其權限非能監督府縣知事而常受府縣知事之監督質言之則府縣知事之一補助機關而已夫以彼官吏方面之權如彼其重人民方面之權如彼其輕然猶能行之而久無弊者何也則以彼之府縣知事尙非最高官廳而更有立乎其上以監督之者存也夫政治之不能無監督而自卽於良天下之通義矣日本之府縣知事其直接受監督於人民者雖甚微然其職

權之大部分內務大臣監督之其他則各部主任大臣監督之而大臣者則受監督於國會者也然則府縣知事既已間接受監督於人民選舉之國會其不必更受嚴重之監督於府縣會也亦宜況彼日本者幅員甚狹府縣之領域甚小其所轄之政務不繁雖偶失當而影響於國家者不甚重則用此種間接監督法已足善其事而有餘若吾國之省乃大異是就一方面觀之既爲最高地方團體與市町村等不可同年而語勢不能不將行政權限之大部分委諸官治就他方面觀之彼又爲國家之最高官廳其長官之位置恰與國務大臣同等國務大臣之官爲尚書侍郎而彼亦尚書侍郎也國務大臣由君主特簡而彼亦君主特簡也彼惟對於君主有命令服從之關係而對於國務大臣無命令服從之關係故對於國務大臣不負責任惟對於君主而負責任惟其然也則國務大臣對於彼之功罪不能負連帶責任又事勢之相因者也而其所轄區域之遼廓其固有職權之廣大一舉一措小之關全省人民之榮瘁大之且影響於國家之安危其所處之位置既已若茲而上之既無長官之監督下之復無人民之監督其間能監督之者惟恃一君主夫使君主而適於爲政治上之監督機關也則國會

其可以不設而憲政其可以不施矣君主既不適於監督而此最重要之行政機關遂全立於無監督之地位天下之險象孰有過此也 **故吾黨所主張之省議會將以之爲督撫之監督機關而非以之爲補助機關其性質視各國之國會爲近而視各國之地方議會爲遠** 此無他故焉蓋以吾國現在之督撫其性質實去各國國務大臣爲近而去各國地方長官爲遠也故有欲模範各國之地方制度以建設吾國省治之各機關者吾知其無一而可也有欲迻譯日本之府縣制而草定吾國之省制者尤吾黨所絕對排斥也

(附言)日本現行地方制度其大端取法於普魯士歐洲大陸諸國亦大畧從同實可稱至良之制吾國將來必當採之不過於中央政府與地方團體之間當添出省之一階級爲彼所無耳日本現行地方制度可分甲乙兩種其甲種凡三級而達於中央最低級爲町村其上爲郡其上爲府縣乙種則兩級而達於中央最低級爲市

其上爲府縣。府縣之上。則國務大臣也。今郡制廢止之議。將實行。則全國畫一。皆兩級矣。吾國現制。省爲一級。道爲一級。府及直隸州廳爲一級。州廳縣爲一級。凡四級。皆國家行政區劃也。而法律上地方團體之資格。全國未嘗有之。將來頒行地方自治制。則當於州廳縣之下。設市鎭鄉之三種團體。以當日本之市町村。爲第一級。小縣謂之縣。大縣或直隸州廳謂之府。以當日本之府縣。爲第二級。其現在道府之兩級廢止之。（或廢府存道亦可。但止以爲行政區劃。不認爲有法人資格之地方團體。如普魯士之縣然。）其府縣制市鎭鄉制。卽用日本之府縣制市町村制爲藍本。亦無大過。但彼府縣之上。卽爲中央政府。我則於兩者中間。尤有省之一級耳。觀此則省之地位。可以大明。蓋其性質。實介乎中央與地方之間。而於中央爲尤近。故其所有機關之性質。亦當近於中央的也。若如普通之俗說。欲移植日本之府縣制。以爲吾省制。則試問將來之府縣制。又當若何。將以日本之郡制當之耶。彼方以郡爲贅疣。瞬息廢止。何必拾其棄唾。將仍彷彼之府縣制耶。則與省制爲重規疊矩。何以推行。今我國之州縣。恰與日本之府縣。領域大小相近。則以此當彼。可爲比例之定點。無復疑義。惟府縣以上之一級。我有而彼無。我自問能將此一級竟行廢止耶則一切模範日本或庶其可今既不能則必當於日本現制之外另圖一美備之制以善此級之作用故吾黨所主張省議會之性質非好立異也勢使然也抑吾嘗讀日本上杉學士所著行政法原論既主張廢止郡制同時復主張於府縣之上置更大之行政區劃分全國爲數區云此大區劃之各機關若何組織彼未嘗言明但如彼所主張則其位置恰與吾之省相當矣雖然吾於府縣之上不能不置省者一根於歷史上之理由一根於地理上之理由坐此二者乃予吾輩以極難解決之問題不得不創擬此萬國所無之法制若日本則何取乎此適見其爲學者好奇之論而已

問者曰與其創此奇異之制度以駭人聽聞何如仍謀所以減殺督撫之權限使與日本之府縣知事畧相等則省會之權限亦可使與日本之府縣會畧相等爲道不較順乎此其說太反於中國歷史傳來之習慣爲事實上所萬難遽行前既言之矣抑衡以政治學理亦未見其果有當也美國葛特那教授之言曰『以治國論則權在地方誠不如權在中央之善良以行政論則權在中央反不如權在地方之周備雖以法蘭西

號稱中央集權之祖國而今固不能不承認此原則蓋有由矣故夫政務爲鄉市所能任者則宜委諸鄉市其不能任者乃提進於府縣以治之又爲府縣所不能任者乃提進於中央以治之』此雖出於英美學者之說不能不稍有所偏毗然絕對的中央集權之萬不可行則固萬國學者所同認矣夫天下無能行絕對的集權之國亦無能行絕對的分權之國集權分權云者不過比較的程度之等差耳而其程度或畸於此或毗於彼則其適否當視國法以爲衡强甲以例乙是丹而非素未足以云知言也大抵畸於分權者宜以勿妨害國家之統一爲界畸於集權者宜以勿犧牲局部之利益爲界爲不越此界者則其政皆可云善良而在幅員狹交通便之國則以稍畸於集權爲宜在幅員大交通艱之國則以稍畸於分權爲適此其大較也今日本之制比較的畸於集權者也日本以百六十萬英方里之面積而其鐵路有七千餘英里其他道路之交通稱是故以一中央政府直轄四十六府縣以四十六府縣分管五十八市六百餘郡以六百餘郡分管千百餘町萬二千餘村如身使臂臂使指恢恢乎游刃而有餘今且廢郡而以町村直隸府縣矣我國面積十倍於日本而彼交通之便利又十倍於我

而未有已今如欲采日本制於市鎭鄉之上僅經一級而即達中央政府也則其爲道只有兩途一曰盡廢現今之省道府直隸州直隸廳等區劃而以今之州廳縣爲最高之地方官廳以直隸於中央政府二曰盡廢現今之道府州廳縣等區劃而以省擬日本之府縣以直轄市鎭鄉由前之說則現在二十二行省其爲州廳縣者一千五百十有二而蒙藏靑海尙不在此數日本以一中央政府領四十餘府縣者而我所領乃五十餘倍之中央政府機關之活動力能任此乎由後之說則我國中地廣人稠之省其地方團體與日本之市相當者殆以百計與其町相當者以千計與其村相當者以萬計其小省亦半之日本最大之府縣不過領市一二領町七十領村六百其小者領町不滿十領村不滿百今我省所領之市鎭鄉又將數十倍百倍之省機關之活動力又能任此乎由此觀之此兩說皆萬不可行則夫中央政府之下與夫兩級普通地方團體之上不能不別有一大行政區劃以爲之媒介抑章章矣（若今制。則省之下。尙有道及府或直隸廳州之兩級。乃逮州縣。則又嫌其太多。將來若頒行市鎭鄉制。則市鎭鄉須歷四級乃逮中央。而最低級之地方團體。乃至受五重監督。此則頭上安頭。殊非治體。其當更革。自無待言。世多知者。故不具論。）而此大行政區劃之位置求諸日本固無其比例即求諸世界各國亦無適相類似者故對於此區劃之編制法勢不容不自我作古也此區劃者若衡以正當理論尚當縮小其領域範圍畧以今之道當之則今之二十餘省者可析為五六十道而每道之下可析為三四十縣以一中央政府領五六十道以一道領三四十縣其比例與日本之以中央政府領四十餘府縣者皆相近此將來變遷之勢所必至也特現當過渡時代未足以語於此則因仍省之名稱與其區域良非得已顧**無論為現在之省為將來之道要之其性質皆近於中央的而不能與普通之地方團體同視故不可無強有力之監督機關以與執行機關相對峙**　夫吾固言之矣監督機關權限之大小應與執行機關權力之大小成比例其在行集權制之國則監督權亦集於中央而已足其在行分權制之國則監督權亦不可不分於地方我國以歷史上之關係地理上之關係現在既不得不暫畸於分權**若不隨其分權之所至而在在有以監督之則我國民雖獲監督權於中央而為效亦僅矣**　若他日者交

通之便大開漸能由分權以趨歸集權則此監督權亦將隨而轉移雖分於今仍可集於後此則時勢一至不期然而自然無取乎今日之預爲刻舟也

抑以上所言我國暫畸於分權之必要僅就自然界之現象而言謂地理遼遠鞭長莫及雖欲集權於中而有所不能斯固然矣若更就政治之現象論之**竊謂我國而欲行畸於集權之政匪惟有所不能抑亦有所不可**

我國幅員之廣過於全歐洲及美國歐洲名國凡二十其國內聯邦及藐小之獨立國尙不在此數美國雖號稱一國實合四十餘聯邦以成我以四千餘萬方里之地能宰制於一中央政府之下誠足以自豪然政治之弛而不張疎而不備國民特長之不能發揮幸福之不能增進弊亦未始不坐是記有之凡居民材必因天地寒煖燥溼廣谷大川異制民生其間者異俗剛柔輕重遲速異齊夫以吾國兼寒溫熱三帶之氣候山谷平原濱海三界之地勢其風俗習慣各受諸數千年來之遺傳性而所至逕庭民利民患其所欲惡與夫緩急參錯紛歧甚者或乃相反自今以往政治家宜亟謀所以整齊而畫一之斯固然矣雖然就立法方面言之凡法制固當根於學理而慣習尤所尊

重其慣習無損於公共秩序與善良風俗者則與其過而廢之寧過而存之何也從民之所信而法乃不至爲具文也我國各省之慣習東西南北各各不同但使同爲無害公安無損良俗則殊不能加以軒輊強此就彼故吾黨所主張謂將來編纂民法其條文當力主簡單多容各地方慣習法以存立適用之餘地（法學家常言商法之不適用於他國者非良商法也民法之能適用於他國者非良民法也識者以爲名言夫民法曷爲以不能適用於他國爲貴徒以民法之大部分皆建其基礎於慣習之上耳我國之大殆可當數十國苟欲編一條文繁密之民法而使之適用於全國則其爲非良民法可知吾黨所以力主簡單者蓋以此耳他日當別論之）即地方制度亦因各省人口之稠稀交通之便塞生計之慘舒而當各異其經制（即日本亦有町村制未施行地與一級町村制二級町村制諸區別）諸如此類尚難枚舉**此立法權所以不能盡集於中央之理由也**就行政方面言之各省利病緩急往往殊科如燕晉之間多旱暵則以興水利爲最急淮黃之間多水溢則以修堤堰爲最急西北二邊多曠土則以務墾殖爲最急東南瀕海多盜賊疫癘則以增加警察費衞生費爲最急諸如此類更僕難盡雖有善良之中央政府勢難望其一一注意而適如其民之所欲即使注意及之矣然以一國之大應興應廢之事件不知幾何將來國會既開

一切當付諸討議。恐每次開會期間。能提列於議事日程者。不及什之一。且凡舉一事。必需經費。其事既僅關係於一地方之利害。而其經費强全國人民以負擔。非特國費增重。非國庫所克堪。且恐各省之人。各欲先其省而後他省。議案之能通過者。什不得一。而徒惹起地方嫉妒之惡感情。凡此諸弊。皆可以先事而億中者也。況中央政府之作用。其所頒法律命令。大率須適用於全國。勢難事事區分每地方而異同其程。而其蔽也。往往誤以一二地方爲標準。謂爲可行。不知同一事也。甲地方蒙其利者。乙地方或卽緣此而受其害。試舉最近一事以明其例。如去年以來。政府將留學日本之速成科盡行停撤。其普通科亦示限制。將以强制青年學生。使求高尚之學問。且促內地自立學校之發達。意非不善也。然其影響所及。則何如。他且勿論。卽以速成師範一科言之。在沿江沿海諸省。五年以前卒業歸去者。略已有人。今或可以無需乎此。其果無需否尚容評騭至如陝西甘肅雲南諸邊省。當數年前速成學界最盛時代。或尚無一人負笈於東海。及今風氣漸開。方思追他省之躅。而此塗已封。政府日責之以興學。從何處得教員。然則政府此舉。其能有益於多數之省與否。尚未可知。藉曰有益。而少數之省。已不勝其害矣此不過舉其最確切之例耳其他類此者實難枚舉雖曰今之政府冥行躑躅末由責備然即使他日國會既開善良之政府成立而類此之舉措誠難保其必無即大事不至失宜而小節亦必多差謬此無他故焉國土太大各地方之程度及其所需要相去太遠欲以一中央發號施令而使全國無論何地方之人民皆各得所欲以去雖以管葛復生而在勢固有所不逮也**此又行政權所以不能盡集於中央之理由也**夫在各國之地方行政不過遵從法律及上級官廳之命令奉而行之而已其事與國利民福有若何之影響固非所問而責任自在中央政府爲地方長官者但不違反於官吏之普通義務即可以告無罪此有司之事也我國既以如上所論種種理由不能援彼以爲例**則我國號稱省之一區劃其所經營設施者實涉於政治之全體不僅爲行政之一分機關云爾**惟其然也故關於其省之政治雖以國務大臣有不容掣其肘者何也國務大臣謀一國之政治雖或甚優而謀一省之政治時而甚絀地位使然也而

為一省長官之督撫以一人而肩此重任柄此大權既無上級官廳以為之稟承而國會之監察指揮又勢不足以普及**使別無一強有力之機關以承其乏則恐專制餘燼雖戢於中央而益張於地方也**吾黨所以力主張省議會者蓋以此耳

問者曰如吾子所主張不幾於聯邦制乎吾國與德國美國異歷史效顰日本固不可效顰德美亦安見其可且分權太盛將危及國家之統一則奈之何應之曰吾黨所主張之省制雖若與聯邦制度有近似之點而其實質乃大異蓋任免督撫之權掌諸君主而督撫與省議會之衝突有中央之國會以裁判之此其所以為單一國家之機關而非聯合國家之機關而吾所謂將來可以為大立憲國之模範者正在此也此其條理當於下方別詳之至慮其危及國家之統一亦殊不然凡政務之種類有可委諸地方分營者有必集諸中央自營者就立法方面論各省雖可自制適用於其省之法然必以不背觸國法為其範圍如美國為不成典法系之國。聯邦各州。各從其慣習先例。以制定許多之單行法。除憲法以外。絲毫不受共和國政府之羈束力。此於國家之統一。極有妨害者。若德國則雖為聯邦。已無此弊矣。彼日本之臺灣亦有發布律令之權其效力等於法律曷嘗以此為病乎。就行政方面論。則如海陸軍行政權。外交行政權。關稅行政權。郵便行政權。貨幣行政權。與夫關於國家之財務行政權。皆掌諸中央。此則雖以聯邦之德美。其權限之分配。固已若是。教育行政權。美國則全委諸聯邦。德國則中央立於監督之地位。至近來鐵路為國家一大政。德國採國有政策。殆已盡集於中央。美國則以前此制定憲法時。未有此物。法文中未明定其當何屬。中央因蠶食此權而干涉之。我國於前此所舉諸種行政權。其必應在中央者。如海陸軍外交關稅郵傳貨幣國家財務。皆絲毫勿俾旁落。可無論矣。尙有司法行政權。亦應宰制之於中央。若教育行政權。則宜仿德國成例。而不能若美國之純取放任。鐵路雖萬不能採國有政策。而所以布畫而獎厲之者。則中央亦不能卸其責焉。此外如有大工程大事業。其利害及於全國或數省者。如濬大河也。行內地殖民也。專賣鴉片以行禁戒也。諸如此類。亦適中央尸之。夫如是則中央所有之權。亦至偉大。足以控馭各省而有餘。而何破統一之為慮乎。問者曰。如子所言。則犖犖數大政。皆掌自中央。各省之權。並不甚大。為長官者。與日本之府縣知事。亦相去無幾。而何必斤斤於監督也。若是應之曰。惡。是何言。凡一國之政務。則內務行政占一大部分焉工程也警察也教育也農商務也即此數端而所包職務已不知若干我國任舉一省可以當他人之一國而得以法簡視之乎政務既繁則政費自浩於是一省之財務行政其繁劇視小國之大藏省或將過之而其影響於人民之負擔者亦緣茲而鉅非各省自爲監督則利病誰能審之況在普通之國其府縣以下之地方團體皆直隸於中央政府其內務大臣以指導監督爲重要職權之一今我國旣萬不能採此制則此權當由督撫行之而間接以仰於內務大臣者蓋寡其權限甯復小耶又況各省又有其有特別情形者如甘肅雲南等省化導回族之政策廣西貴州等省開通苗族之政策有通商口岸諸省輯和內外之政策有時不能盡仰中央政府之指揮而須各省長官自由處置者是甯得與日本之府縣同年而語乎 **蓋吾國立憲以後其中央政權之偉大固萬國所無其地方政權之偉大亦萬國所無何以故以吾國家之偉大本萬國所無故而我國人民所行使之政治上監督權不徒**

在中央而當兼在地方其理蓋若燭照數計矣

今請以次述吾黨所主張之條件並說明其理由而於常人易懷疑之點更設爲主客以譬解之

一曰各省督撫法律上之地位當如國務大臣對於所治之省代君主而負責任

謂督撫當與國務大臣同地位實最駭人聽聞之一種提議也雖然亦何駭之與有督撫與國務大臣同地位者非吾黨將來之理想而實中國現在之事實也我國現在固無所謂國務大臣者若憲政實施以後則此機關勢必發生其時尸此機關者維何則今之各部尚書是也而今之以尚書名其官者非僅中央之各部而更有各省之總督焉巡撫雖不以尚書名然地位等於總督則亦等於尚書也是督撫與尚書本立於同等之地位此人人所能知者今之尚書及督撫其法律上之地位皆不過君主之僕對於國務絕無責任其有責任亦隱於君主責任之下而以君主爲護

符者也若憲政實施之後則今之尚書其法律上之地位必當一變此稍知法理者皆能言之其時之督撫則何如使能易置其地位使對於尚書而生長官屬吏之關係則此問題無復奇異之興味可供研究者然如吾以上所述之諸理由就歷史上觀之就地理上觀之就政治學理上觀之既種種不可行然則將來之督撫亦一如今日之督撫非徒名義上與尚書立於同等之地位即事實上亦始終與尚書立於同等之地位而其時爲尚書者法律上之地位既已一變則爲督撫者其法律上之地位又寧可以不變乎吾故曰此似可駭而實無容駭也

德國瑪耶博士曰地方長官者國務大臣所派出於各地方之代理人也此在普通之國以最高級地方長官直隸中央者斯固然矣若吾國之督撫乃大異是督撫者非國務大臣之代理人而君主之代理人也於現在事實上之地位有然於將來法律上之地位亦當有然君主本宜負政治上之責任者也而立憲政體以君主無責任爲原則故置國務大臣以代負之國務大臣本君主之代理人也而我國之督撫則應與國務大臣同其性質者也夫督撫必不可認爲國務大臣之代理人者何也

使其僅爲國務大臣之代理人則亦如普通官吏惟有執行職務之義務與忠實而服從長官之義務而吾儕國民所要求於督撫者實不能即此而已足其所最重者則政治上之責任也而督撫者又於事實上法律上皆無長官之可服從者也故曰爲君主之代理人其對於一省之政治代君主而負責任一如國務大臣對於一國之政治代君主而負責任也

抑吾所謂爲君主之代理人者與英國自治殖民地督撫之爲君主代理人則又有異彼則爲名義上之代理人其不負責任與君主同而別由本地方人組織政府以代之負責任我則督撫直接代君主而負責任者也故英國自治殖民地之督撫其法律上之性質與君主爲同物我之督撫其法律上之性質當與國務大臣爲同物日本有賀博士嘗論吾國將來之法制謂當以督撫列入於國務大臣此其說與吾黨所主張者若相同而有毫釐千里之差焉夫國務大臣者當負連帶責任者也既以督撫列入之則亦不可不加入此連帶責任中且非徒督撫與國務大臣相連帶而已即甲省督撫與乙丙丁省督撫亦咸相連帶焉如此則每遇一次政府更迭而

各省督撫必且隨之而盡行更迭且以二十餘省之多其督撫施政不饜人心者往往而有隨在可以釀出波瀾爲倒政府之口實而一髮略牽全身皆動政府之更迭無已時政策之繼續不可見是何異治絲而棼之也夫國務大臣所以能負連帶責任者其理由安在蓋立憲國之政府常開所謂閣議者一政策也必合大臣之全體以謀之意見相同然後提出以見諸施行故甲部之失政乙部不能置身事外宜也今各省之督撫相去互數千里能常與國務大臣及他省之督撫聚一堂而謀之乎各省權限內之事國務大臣本不干涉也有失政而責備及焉中央之事各省督撫本無自容喙也有失政而責備及焉甲省之事與乙省督撫更如風馬牛也有失政而責備及焉如是爲政豈得曰平如有賀言則必國務大臣事事干涉督撫而督撫惟以服從國務大臣爲義務然後可如是則督撫之地位亦正與日本府縣知事等耳而又列諸國務大臣胡爲者吾誠不解以有賀氏之博學通識而乃爲此不論理之詭說而無以自完也故吾黨所主張者不曰以督撫爲國務大臣惟曰與國務大臣有法律上同等之地位非有連帶責任惟對於一省之政治單獨而代君主負責

任也。

問者曰，國務大臣之責任。督撫不連帶以負之。甲省督撫之責任。乙省督撫不連帶以負之。皆無間然矣。獨至督撫之施政。而國務大臣毫不負責任。衡以法理。果可通乎。夫督撫之地位。非由君主任命而始發生乎。君主任命之詔勅。非經大臣副署而始有效乎。督撫失政。而大臣不負責任。然則仍諉責任於君主乎。是亦破立憲政治之原則而已。應之曰，此誠最得間而最有力之問難也。吾將於下方解答之。

二曰能糺問督撫之責任者。惟省議會。省議會對於省之政治。其所得行之權限。與國會對於國政同。且對於督撫。而有上奏彈劾權。

督撫之權限。不徒在普通行政。而涉及於政治之全體。前既屢言之矣。然則以省例國。幾於具體而徵。雖謂之半獨立之國家焉可也。故省議會之權限。凡皆當以國會爲模範。如法律之發案權也。議決權也。豫算之議決權也。決算之審查權也。受理人民請願之權也對於執政之質問權也乃至院內之自治權也議員之言論自由權也身體不可侵權也凡國會所享有者皆當享有之蓋非是則無以盡其用也而其最重要者莫如對於督撫有上奏彈劾權蓋督撫之地位既與國務大臣相等更無能立乎其上以爲監督者而以一人總攬一省之大權其所據者爲單獨制之官廳比諸內閣之爲合議制者其濫用職權爲更易加以遠在外治非如中央政府在輦轂之下爲十目十手所指視其兢兢於責任之心自不能如國務大臣之重然一省之休戚榮悴實懸於其手其積極的濫用職權也則吾民固不堪命其消極的放棄責任也而百舉亦將具廢非有嚴重之監督機關其機關非至强有力則一省政治之趨於善良決無可望監督之嚴重而强有力者維何亦曰訴諸君主而已故國會之彈劾權其必不可缺與否尚有可容議論之餘地若省議會則非有此而不能爲功可斷言也

夫然故省議會不可不假之以威重使之得圓滿以行其權其議長副議長既經選定後必重之以欽命其召集也解散也開會也閉會也必以詔勅行之惟停會則以

相距遼遠督撫得便宜行事耳此奧大利州議會之成規而與我國之情實最相應者也

三曰督撫與省議會意見衝突窮於調和之時則移以爲國會問題

與彈劾權相對而爲用者則解散權也督撫而受議會之反對也或撤回其所主張者而屈從於議會或浩然辭職而去則無他種困難之問題發生固已或督撫自信力甚強不肯妄徇輿論則議會可訴於君主而彈劾督撫者督撫亦可得請於君主而解散議會君主而徇議會之意也則此後亦無復問題君主而徇督撫之意也則可以一再解散使更無大力以盾其後則終局之監督將不可見矣於彼時也則有最後之一救濟法焉曰、移之以爲國會問題是已其移之之手續則當由省議會呈請願書於國會而國會有必登諸議案之義務夫督撫與省議會之衝突非謂議會所主張者必是而督撫所主張者必非也省議會之人才必下於國會一等其間或以常識不足或以意氣用事而所判斷失其正確者往往而有矣國會之對於省議會其性質之比較恰如國會中上院之對於下院下院或失諸正鵠上院時或矯而正之至於上院與下院一致則雖不中不遠矣故當省議會請願書之提出於國會也苟國會多數之議決而左袒督撫則凡督撫所提之原議案及決算案等雖未嘗通過於該省之議會而亦爲有效何也彼雖不能通過於省議會而固能通過於國會國會之意思可以屈省會而省會之意思不可以屈國會法理應然也若國會而袒省會議也丁此之時其督撫或免官焉或乞休焉則亦無復他問題而不然者則國會乘此得起而糺問國務大臣之責任蓋督撫之任免咸經國務大臣之副署國務大臣之在平時固無與督撫負連帶責任之必要獨至一任一免則彼以副署而代君主負責者固不能自諉也自茲以往則可以延爲政府更迭問題是國會之所有事而非復省議會所有事矣

夫如是也則國會與省議會之連鎖由此而生焉國務大臣與督撫之連鎖由此而生焉中央地方之間其關係至爲稠密雖彼此非有命令服從之關繫而國家之支

機關其最後之命脈仍懸於國家之總機關國民一部分之意思其最後之効力仍援繫於國民全體之意思**既無犧牲局部利益之患復無破壞全體統一之虞進則不謬於法理退則不迂於事實**竊謂為我國立憲前途計雖合全球之大政法家以謀之當無以易此若夫謀國會與省議會之連絡則每年省議會之開會必當在國會會期前其閉會之期約與國會開會之期相銜接而省議會每當被解散之時必當假以一日之猶豫使得有決議提出請願書於國會之餘地此又事理之相因而至毋俟喋喋者矣

四曰行政之全權委諸督撫其重要之僚屬必得督撫之同意然後任免之

夫督撫之負責任也既如此其重其受監督也既如此其嚴則必無或掣其肘焉使其志願所能及者即其能力之所能及夫然後可責以效而盡其才明矣國務大臣以有連帶責任之故故必由總理大臣組織閣員然後君主乃任命之在合議制之

內閣猶且有然況乎督撫者千鈞之重荷於一身凡僚屬之責任皆其責任也使如現今之制布政提學等司使由中旨直簡不問其與督撫能同舟共濟與否而強而合之則彼督撫者良非能以一身悉躬百務也而必分委諸其僚其僚或才不勝任或意見不同施政之結果不能爲督撫之所欲行而督撫坐此代人受過此不公之甚者也故非得其同意然後任免焉不可也

問者曰督撫之僚屬則一普通官吏耳普通官吏自有一定之服務規則以爲之程其必須守之義務則執行職務也服從長官也夫如是則豈憂其與督撫或持異同且將來高等官之登庸試驗必有成規其學問程度不及格者固萬不足以膺斯選膺選後而歷階以晉於督撫之丞貳則其閱歷於政務必已甚熟而又何才不勝任之爲患然則此一條之所主張毋乃贅疣乎應之曰不然吾國之一省可當人之一國其督撫可比總理大臣其丞貳之司使等官實可比各部大臣也語其性質則非事務官而政務官也以吾黨之理想的制度苟必求其完善則當使各省之政府皆爲合議制一如中央然以督撫組織各司如總理大臣之組織各部督撫與各司立

於平等之地位而彼此負連帶責任此其最善者也但此理想必不可行於今日故無取言之以駭俗雖然於獨裁制之中仍當稍參以合議制之精神焉彼日本之臺灣總督獨裁制也然其府中有評議會合若干之高等官組織而成總督爲之議長英國之印度總督亦獨裁制也而府中有行政會以六名之議員組織而成總督爲之議長此其前事可師也故我國各省亦當有行政會之設置以爲補助機關其組織之者爲督撫及諸使司而督撫長之然則諸使司之人物必其具有政治之才能者乃爲適任非徒取勤於職務而已故不可與普通之官吏相提並論也

但諸使司既立於僚屬之地位則惟對於長官而負責任其對於省議會不負責任雖督撫更迭而諸使司不必實行更迭其事甚明

異哉我國近今之制度也驟聞中央集權之說而歆羨之乃不揣其本而齊其末束塗西抹伸其冥頑不靈之指爪於四方於是學部則有提學司之設焉民政部則將有巡警司之設焉農工商部則有勸業道之設焉甚至而陸軍部則有軍政司之設焉外務部則有交涉司之設焉其意皆欲以此爲我部之出張所也殊不思彼司道

者既爲督撫之屬吏則自惟以服從督撫爲義務豈能超此一級之勢力範圍而直接以自達於部以此而謀集權其去集權之道不亦遠乎若果由此道而能集權則是紊一省行政之統一益治絲而棼之也夫欲集權則固有道矣將一國之政務辨其性質明其系統孰爲可以委諸地方者孰爲必須握諸中央者劃而分之毋使雜厠其委諸地方者任此之官則爲督撫屬吏受其指揮監督其攬諸中央者任此之官則非督撫屬吏不受其指揮監督夫所謂不受督撫監督者非謂其若小欽差然與督撫對抗也蓋別有所屬而不相聞問也且如日本各地方有郵便局長稅務官馬政官等多屬至微末之員而顧不在府縣知事指揮監督之下夫彼固別有長之者也我國現制則不然督撫之私有其省也絕對的排斥他力之侵入若不許有治外法權存在之餘地然雖以前此曾左之賢勞荷爾許之重任然其以客軍駐於人省也猶仰開府之鼻息以自活他更何論矣雖然就一方面觀之督撫之權力固大至不可思議中央政府欲置一人於其治下之地而不受其權力所統攝者良不可得就他方面觀之則其權力之不完全又復不可思議上自三司下逮巡檢典史皆

由廷簡部銓非掛彈章不能擅易權之宜狹者而廣宜廣者而狹予非所予靳非所靳坐是病腫又苦跛鼈此無他焉政務之系統不分明權限之思想不存在是以及此今請畧爲區分之則各省現有之按察使司擬改爲提法司者各省皆宜有之直隸法部軍政司者或設或不設或設而不用此名要之直隸於陸軍部交涉司者有通商口岸之省設之或一或二以上直隸外部其職如今關道郵傳道者各省皆設之直隸郵傳部鹽運使司者今有之省仍之其鹽場盛而未置專官之省增置之直隸度支部稅務司有海關之地置之直隸度支部其餘中央各部特別之職司須分建於各地方者如陸軍部之砲兵工廠海軍部之船塢度支部之造幣局郵傳部之國有鐵道學部之直轄大學及師範學校氣象臺等擇地建置司以專官而各直隸於其部其他新發生之特別事項如鴉片專賣等類亦然凡此之類名爲中央行政系統之官吏其散在於地方者爲長爲屬當以萬計然對於異系統之地方長官雖位階在其上者無服從之之義務又對於異系統之地方小吏雖位階出其下者無命令之之權利若夫屬於地方行政系統之官吏舉其最高等者則今之布政使司

擬改爲財務使司者各省皆宜設司一省之財政調製豫算決算其屬吏則有租稅官國稅之大部分並委託其徵收焉提學使司各省皆宜設司一省之教育巡警使司各省皆宜設司一省之警政工程使司各省皆宜設司一省之土木道路勸業道各省皆宜設司一省之農商務其蒙苗回種民雜居之省則添置宣慰使司其曠土太多之省則添置墾拓使司或墾拓道其礦業或林業特盛之省則添置礦業道或林業道此其大較也凡此皆屬於地方統系之官上之承督撫之指揮命令下之指揮命令府縣長官以逮市鎭鄉團體而督撫對於凡屬此統系之官其率職與否一切自負其責任夫如是則中央與地方無侵軼之患無諉卸之憂而百廢於以畢舉矣

中央系統之官吏忠實於國務大臣全權之下而國務大臣則有國會以監督之地方系統之官吏忠實於督撫全權之下而督撫則有省議會以監督之所謂治大國若烹小鮮者於是乎在矣吾黨所夢想爲世界大立憲國之模範者此也

問者曰吾子之說於國家政權之均配及其相維繫之點盛水不漏良無以爲難然有

一意外之惡結果。不可不慮焉。我國近年省界之謬見。深入人心。識者方竊竊焉憂之。而謀所以破之。今吾子之論治制。復以省爲立脚點。是得毋揚其燄乎。倘緣此孕出所謂地方黨派者。則國家統一之破壞。其機將不在政治上而在社會上矣。應之曰。謂吾之此制度。無消滅省界之效力。誠哉然也。謂省界將緣此制度而益顯著。則未見其然也。省界非因此制而始萌芽。則自不能因此制而加發達。蓋此制與省界實截然爲二物。毫無關係者也。不然。彼美之與德。其分權之程度。校此逾大。而安見破壞統一之爲患乎。若夫黨派之分裂。於地方與否。則與集權分權更不相屬。法國最集權之國也。而其黨派之分裂特甚。美國最分權之國也。而百年來惟有兩大黨對峙。而小黨曾不見發生。其在中央政府競政權者。此兩黨也。其在地方政府競政權者。亦此兩黨也。夫政黨不發生則已。既發生則莫不欲其有力。而地方黨派之永不能占優勢於國中。稍有識者所能見也。吾以爲但使我國黨派思想能日發達。則省界將不期而自銷沈。斷斷慮此者。其未免杞人之憂耳。若夫欲以人爲的摧滅省界。則縮小行政區劃。去省而存道。實爲不二法門。今病未能。可勿論矣。

（完）

清輝竹外度殘螢
池面風生約綠萍
獨立閒階忘夜久
一天露氣養空庭

論說弍

外債平議（續念八號）

滄江

（九）債權者之選擇及募集條件

（原目爲債權國之選擇今改正而兼論及募集條件併爲一節）

若國會誠開責任內閣誠建則外債洵爲今後救時之一良策於是關於外債政策之種種問題可得而論次矣其最要者則債權者之選擇及募集條件是也

就選擇債權者之一事言之則吾所最希望者**對於外國之箇人而負債勿對於外國之國家而負債是已**今我國前此所有外債其債券皆散布於外國市場成爲一種流通動產謂之非對於個人而負債焉不可也雖然

一切外債契約皆由我政府與他國政府商訂故實際上已變爲對於國家之負債

夫以一國而對於他國之國家有債務則借債之一事不僅爲生計上之關係而兼含有政治上之關係此不可逃避之數也夫既有政治上之關係則國際捭闔之問題出焉某國宜結此關係某國不宜結此關係此政策上所首當決定也夫既與他國結政治上之關係則宜擇政治上野心較少之國此近日外債問題與外交問題所爲相緣而生也雖然人之自愛其國誰不如我欲求政治上無野心之國實際殆不可得故與他國結政治上之關係夫固不免於危險之數者也即置此勿論**而據我國現在形勢實已失自擇債權國之自由**何也各國爲機會均等一主義所束縛苟一國欲與我結特別之關係焉而恐不得也故選擇債權國雖極要著而在今日殆不能成爲問題

今我國若欲求外債政策上一大成功乎其必由大清

銀行與外國資本家直接交涉而不勞外國政府爲之居間則庶幾矣其最上者能發普通之國債券而運動外人購買不立內債外債之別則有百利而無一弊此盡人所同知矣此在他日財政基礎確立以後信用孚於中外使外交得人此固非絕對的不能辦到之事然此顧安可望諸今日者不得已而思其次則立特別的外債條件而由歐美各大市場之大清銀行支店直接發行（此事必以大清銀行能設支店於各大市場爲先決問題實則此事久應辦也）則收效亦可以甚博然此非今日所能辦到又無俟論再思其次**則能以我國各銀行與歐美之資本家共結一仙治潔特**（仙治潔特者一種公司之名也前此之福公司銀公司合興公司等皆仙治潔特今次承辦一萬萬圓新外債者亦英美法德四國聯合之仙治潔特也）將我所擬募之公債全數承受而分布轉募於各國市場稍得其人立可辦到更思其次則由大清銀行委託諸他國之仙治潔特**而債權國之政府雖或仰彼執斡旋之勞然總不以兩國政府結契約之形式行之**則政治上之葛藤必可以較殺此今日言

外債者所最宜注意也。

今日我國人言外債者，常目視美國。蓋有二故，其一，謂美國人無野心也，其二，謂美國人富也。夫美國有野心與否，姑勿具論。以云美國人富，則誠然矣。然謂其以富之故，即能供給我以巨債，此又知其一，不知其二也。蓋公債之爲物，在各種投資方法中，號最安全，而利却較薄。今全世界中，惟法國人最喜趨之，次則英國之貴族，若美國人，則最富於冒險企業之性質，且其國業場尚廣，有可以容資本活動之餘地，不如歐洲之地力久盡，故美國人不甚好買公債，有自來也。今我而欲得數千萬圓之公債於美國，吾固信其非難，若欲得數萬萬圓以上，則美國力必不任，藉曰任之，其必要求極優之條件，此可以推揣而得者也。故欲以有利於我之條件而得巨債，與其求諸美，不如求諸英法也。

以募集條件言之，則吾黨所主張者，爲平價發行法，**而謂不宜采折扣發行法也。**（平價發行法者，一百圓之債劵，即收足百圓也；折扣發行法者，僅收九十餘圓，所謂九幾扣是也。我國前此所有外債，皆用折扣發行法者也。）夫平價發行，本爲募債之正軌，而各國往往好用折扣發行者，其利有三。其一，則購劵之人冀早償還，而得折扣之餘利借債者迎合此心理以冀應募之衆也其二則凡折扣發行之法懸一扣頭以爲限而競賣之結果其價或漲至扣頭以上則政府獲其利也（例如用九五扣。發行一萬萬圓。而應募總額乃至二三萬萬圓。則其券由出價高者先得。故政府常可以九六九七扣或竟至無折扣而售出債券。則利在政府也。）其三則政府如欲償還則可於該公債市價低下之時將債券收買而摧燒之而無須爲扣頭以上之償還利亦在政府也（例如九五扣之百圓債券。政府本應於借時收入九十五圓而於還時支出百圓。但借時以競賣之結果。出價高者得。則政府或可以收至九十七八圓矣。然此種九五扣之債券。其在市場上之價値。罕能漲至百圓。有時且落至九十二三圓。政府若於其價落時用收買償還法。則或竟不必還九十五圓矣。故政府兩受其利也）今我國借債既與他國之仙治潔特結契約苟募集不足額惟該仙治潔特是問則無取乎以折扣迎合應募者之心理甚明而競賣價格雖騰原定扣頭以上亦惟該承辦之仙治潔特所得我政府絲豪不能沾其利若收買償還法雖未嘗不可行然遠在外國行之滋不便且現政府更安能語於此然則折扣發行之三利我無一焉所贏得者惟借債時收入少額還債時支出多額而已且既有折扣經手官吏即得從中舞弊愈以導官紀之墮落而國家益受其敝故毋甯采平

價發行法雖出若干之勞金以酬經手之仙治潔特爲計尤得也

復次今之言外債者以永息公債爲最有利我國卽未能辦到亦當採据置年限有期償還法而萬不可蹈前此之覆轍用定期定額償還法蓋束縛過甚他日債務愈多財政之運用愈難也此義本報旣屢言之今不復贅

復次以歐美現在市場息率言之各國公債其息殆無過四釐而大勢且日趨減殺故自英意兩國行息率遞減借換法各國紛紛效之今外人旣日日運動我借債我苟操縱得宜則以平價發行息率四釐之條件與之交涉未始不能辦到若更進一步則仿英意之例訂明經若干年後息率遞減若干亦未始不可期成今以九五扣息率五釐之條件得債吾黨所不能滿足也

（十）新債與舊債

借新債以償舊債亦我國外債政策之一種也蓋爲一國財政條理起見公債之種類最不宜於紛歧雜糅故各國財政家常以整理舊債爲一大業整理云者將未及償還

之舊債歸併其種類而畫一其條件也而整理法又往往與借換法並行借換者借廉息之新債以換重息之舊債也我國舊債除鐵路債外純爲國家所負擔者尙七萬萬兩有奇而種類不下十數內中庚子賠款並未嘗收入現金固不必計其餘大率扣頭太大息率太重（其扣頭有至九十者有至八十八者其息率有至六釐者七釐者）若政府誠有計畫有手段**得平價發行息率四釐之新債約計每年可節省舊債本息三千萬圓以上**而將舊債整齊畫一之行政上亦益加便利此眞中國今日所當有事也而惜乎現政府決不足以語於此也

（十二）國債與地方債公司債

我國外債實濫觴於左文襄之西征其性質雖爲國債然實由地方官主持之自茲以往莫敢輕舉自張文襄督粵鄂屢次借債以彌補本省行政費之不足實爲有地方外債之嚆矢近則江督粵督閩督紛紛效尤茲事殆數見不鮮矣而國中一部分人士且

有主張由督撫大借外債之議者夫以今日財政漫無統一中央惟仰給於各省而各省財政竭蹶之狀中央視同胡越為督撫者殆如巧婦不能作無米之炊其不得已而出於舉債局外固能諒其苦且以現今人物論之督撫之程度實比較的優於中央政府苟得賢督撫舉債以興所轄地方之實利猶足以救此一方民而不至如中央浪費之甚則主張督撫借債者亦非無見雖然為國家統一起見義固不可聽各省之人自為戰夫各省舉債其債額小者則以該省之稅源為擔保其債額大者則恒由中央政府代負責任各省省稅既未定則一省之稅源實即國家之稅源而已以國家稅源而擔保一地方之債為事已不合理論況現在無論何省其稅源皆涸竭已盡決無以為他日償還本息之資耶**是將使某省借某國之債而該省即變為該債權國之勢力範圍也**且以督撫借債無論中央政府與債權者有無交涉安能不代負責任其負擔終必分賦於全國民此不可避之數也夫既全國民共其負擔而用途專在一省豈得謂平抑論者之主張督撫借債謂督撫為賢也吾亦信今督撫中之多賢然不肖者豈曰無人此風一開效尤者何以待之況以今日之

政治現象賢督撫斷不能久於其任萬一債甫借成所經營之事業尚未就緒一旦去位而繼之者盡反其所爲舉所借者悉擲虛牝則貽禍於一方以及全國其害豈可勝言吾黨固非謂地方債絕對的不可借**然必俟地方稅確定地方財政完全獨立之後經地方議會嚴重監督然後地方債之利害乃得成問題**若如今日曖昧雜亂而督撫以國家官吏之資格借債以補行政費之不足則吾期期以爲不可也

此外則由民間各公司向外國資本家借債亦爲輸入外資之一最妙法門美國前此之仰債於歐洲大率以此形式行之也而現在我國中之鐵路公司礦務公司亦有已行之者此事之利餘於弊自無待言然得之固非易易苟債額稍巨則不藉政府居間殆難圖成然此且勿具論若謂此事能辦到則純屬有利無害吾究未之敢承蓋債無論公私要以能履行償還義務爲第一義而公司債之能履行此義務與否則視公司事業之成敗何如以吾國人現在之道德及企業能力言之吾深懼多一債即增一累

耳。夫不得謂公司債之性質。全然與政治交涉無與也。觀於彼國際法上所謂特拉峨主義。發生之由。此中消息。可窺一斑耳。

（說明）特拉峨者。阿根廷國前外務大臣之名也。自一八九八年來。南美之委內瑞拉國。內亂連年。歐人投資本於該國者。大蒙損害。緣損害賠償問題而生衝突。一九〇二年冬。光緒二十八年英德意各國。各派艦隊封鎖港灣。爲示威運動。以强迫債務之履行。時則特拉峨氏出而抗議。謂此等舉動。其利害關係不獨在委內瑞拉而已。而一切弱國。皆將緣此而不復能自存。於是聯合中美南美諸國。求海牙居間裁判所之裁斷。此特拉峨主義之名所由起也。一九〇七年光緒三十三年開第二次萬國保和會。決議一案云。『凡甲國臣民。對於乙國而負債務。甲乙兩國政府。因償還義務而生紛議之時。應付居間裁判所之裁斷。不得濫用兵力。但債務國若不應居間裁判。或置不回答。或不服居間裁判所之宣告。則債權國爲强制償還起見。得用兵力』此卽有名之特拉峨主義也。

此主義之要點。非指一國國家之債務而言。乃指一國臣民之債務而言。此不可不察也。蓋雖一國中之私人。苟對於他國人負債而不能履行償還義務之時。債權國動則以兵力干涉之。特拉峨主義。欲抵抗此强暴而據保和會所決議。則所受保障。亦至有限耳。此最近三四年間之事。我國人亦知之否耶。善夫須摩拉（德國人現今生計學泰斗）之言曰。「現今各强國以資本過溢之故。不得不投資於他國。而彼歡迎外資之國。必其爲生計上之後進國也。而生計上之後進國。又强半爲政治上未完全之國也。夫投資於政治不完全之國。則將來收還本息。難免危險。而投資債權之價格（即指所投公債券或股票之價格）恒緣此危險之大小而生高下。故資本家常百方設法。務減少此危險之程度。以圖自利。人之情也。故一遇債務不履行。輒藉爲口實。以攘其政權。於是生計上之隸屬國。遂一變爲政治上之隸屬國。今世之帝國主義。其動機皆緣而發。其手段皆遵此而行也」此其言可謂博深切明。**觀於此而外國人所以日日運動我借債之故。與現在大借外債**

之有無危險皆可以得之於言外矣

今我國舊債已重而歡迎外債論乃復驟昌於國中又不徒國家公債爲然耳　即國民生計亦惟恃外債以暫救目前之破產

兩年以來天津上海皆藉外債以維持市面此其朕兆之初見端者也自今以往此等惡現象安知其所終極　政治不改良則全國各市場之恐慌日甚一日　舊虧空未塡而復假外債以彌補新虧空展轉數次益如作繭自縛而無術解脫　即此一事已足以亡國而有餘　況乎以財政紊亂之故將來並國債之本息終必有不能償還之一日乎　要之舉債不足病舉債不能償還斯足病此實至淺之理而我國政治現象苟一如今日則一二年後無論公債私債必同陷於不能償還之

窮境明矣夫不能償還之債苟爲數不鉅則補救容或有術數愈增則其補救必愈難吾願愛國君子審前顧後愼勿隨聲附和贊成現政府之借債政策以速國家之亡也

（十二）外債與不換紙幣

是故吾既爲歡迎外債論者之一人同時亦爲反對外債論者之一人而歡迎與反對要以政治組織能否改革爲斷以現政府而舉外債吾所認爲有百害而無一利者也卽使政治組織誠能改革而當財政基礎未定人民企業能力未充之時則巨額之外債吾猶不敢漫然遽贊若爲救目前危急起見則吾以爲與其借外債毋寧發行不換紙幣之爲禍較淺也夫不換紙幣爲道誠險然苟善利用之往往足以濟國家之急徵諸各國不乏前例不換紙幣之弊惟於濫發過度時始見耳使供給不逾需要之額則固可以常保名價而健全以代實幣之用且爲兌換制度之過渡亦至有力我國全國所需通貨總數應若干雖不能確知然平均每人三圓決當有多無少此三圓中其一

圓以實幣充之其二圓可以兌換券充之則我國所需兌換券最少亦當在八萬萬圓以外當兌換制度未確立以前先發三四萬萬圓之不換紙幣其價格決不至於低落將來一變之以爲兌換券直轉移閒耳何也此求過於供之兌換券必無人持之以向銀行兌換故法律上雖定兌換之義務而事實上仍與不換同功也此爲發行不換紙幣謹愼得宜者言之也然不換紙幣常與濫發相緣一經濫發其危險亦不可思議**然等是危險也以視濫借外債則程度固有閒**　何則外債非徒須還本也且須納息若收回溢額之不換紙幣則不須息遞年之負擔較輕此其一也不換紙幣有流弊時欲整理之僅收溢額之一部分而已足其他部分仍可改爲兌換券外債則必須償全額此其二也不換紙幣即至無力收回之時仍可以法律强制改爲內債若外債無力償還則救濟之法惟有更借新外債債愈重則危險之程度愈甚此其三也不換紙幣無力收回其極不過買人民之怨謗外債不能償還其極必至召外國之干涉兩者雖皆足以亡國而挽救之難易終有間矣此其四也故吾以爲等是冒險則借外債猶不如發行不換紙幣之爲尤愈也

或者曰。吾以患貧之故而思借債。冀吸入他國之金錢以蘇吾困耳。今發行不換紙幣。於我國原有金錢之量無所增。是豈吾所望哉。應之曰。不然。不換紙幣者有價證券之一種也。而凡有價證券。其性質皆能增加資本之效用者也。夫金錢之所以可貴。亦在其效用而已。量不增而效用增。則固與增量無異也。抑論者得毋謂一借外債而外人必輦金錢盈舟航海以致諸我國乎。亦不過以一紙匯劃而已。蓋一國中所有金錢之總量。其增減終不能劇變。所變者債權債務之關係云爾。稍治生計學者當明此義。今不勞喋喋也。

雖然。吾非主張現政府之發行不換紙幣也。特謂於萬不得已之餘。此著之弊。猶不如外債之甚耳。實則發行不換紙幣。爲政治上非常手段。譬諸毒藥。雖能治病。然豈庸醫所宜妄用哉。

（十三）外債與內債

吾之主張利用外債。其最注重者。原在國民生計上之利益。若政治組織改良以後。此政策必當實行。既屢言之矣。然非謂僅恃外債而已足也。內債尤萬不可缺。所謂內債不可缺者。非就國家財政上言之也。就國民生計上言之也。蓋外債之債券。僅流通於外國市場。而在本國金融界。不生效用。而當今之世。無論何國。苟非有公債券以為投資之目的物。則一國金融。未有能活潑者也。故吾常謂外國人之視公債。如布帛菽粟之不可一日離。（參觀第十四號公債政策之先決問題篇所論公債利用之四綱二十三目）然則為國民生計起見。則內債政策。視外債政策為尤亟明矣。以吾平昔所研究。**謂政府有人。則一二萬萬圓之內債。可一舉而集。**安有以此區區小數。而伺他人之嚬笑。惟恐不得者哉。若其辦法。則吾將更端論之。

（附言）吾此文公布方半。遂有政府議借新債一萬萬圓之事。今成否尚未決定。而海軍債五千萬圓之議又起。而全國言論界。皆噤若寒蟬。絕不視為一重大問題。以研究其利害得失。此吾所大惑不解也。**嗚呼我國民所為傾涙泣血以請願國會者。豈非欲得監督財**

政機關耶豈非以現在財政紊亂之現象必至陷國家於破產耶而試問以現政府而借外債足以救財政之紊亂耶抑反以益財政之紊亂耶外債有種種奇效現政府能運之以收其成耶外債有種種危機現政府能謹之以免其患耶此皆可以一言而決者今國人凡百皆知現政府之不可恃而獨於此事一若以現政府爲大可恃其蔽亦甚矣西人有不出代議士不納租稅之諺今愛國之士亦常以此挂諸齒頰雖然茲事實行談何容易吾以爲我國民今日所當主張者則非經國會之議決不能借一文之公債此實全世界立憲國所共守之天經地義而我國民所當性命爭之者也嗚呼我國民其亦熟思審慮而

思所以解決此問題也哉。

近者上海有某某等報館。以吾之反對借美債也。而相搯擊不遺餘力。乃至加以種種汚衊之詞。更考其故。則以日本人反對此次借債。而我亦反對之。因呼我爲賣國賊。謂我受日本人莫大之賄賂而爲之游說也。夫人當敵愾心勃發而不可制之時。則凡與其所敵偶有及疑似牽涉者。則嫌惡之念相聯而起。此人之常情。本無足怪。是故吾對於謗我者。未嘗不諒其愛國之誠。雖然。不可不有以解其蔽也。日本人之反對此次借債。固有日本人所持之理由。我國民之應反對此次借債。又別有吾國民所對之理由。反對雖同而所以反對者不同也。日本人以自私其國之故。謂此事不利於日本也。而反對之固也。**顧不能謂事之不利於日本者。必其利於我者也。**日本人以猜忌美國之故。謂此事之有利於美也。而反對之固也。**顧又不能謂事之有利於美者。必其利於我者。**

也。如謂日本人所言者我必當一一取而反之也然則日本人謂人當食粟我亦將以彼言之而廢粟不食乎日本人謂人勿飲鴆我亦將以彼言之而惟鴆是甘乎日本人謂我中國宜講求衛生我亦將必反其所言而謂衛生決不可講乎日本人笑我官吏受賄我亦將必反其所言而謂賄賂乃爲美德乎若徒騖於感情而不細辨事理則欲立言之得正鵠難矣善夫吾友明水氏之言也曰

今者我國外債可否問題非客觀的問題而主觀的問題也（參觀前號時評）是故且勿問所借者爲何國之債而先問我國今日是否應借債又勿問今日是否應借債而先問今日是否已有可以借債之機關

此固可一言而決耳吾願愛國君子稍抑制其感情而取吾言平心讀之或有以諒吾意之所在耶

凡言論公諸天下者與天下共其是非者也無論若何俊偉絕特之人豈敢自謂其言之必曲盡事理而無可以攻難之餘地故攻難者立言之人所最歡迎也雖古之哲人猶且有然況淺學寡識如鄙人者其言之迂遠紕繆更當何限顧不自揣而猶常有言者亦惟述其所見以質海內君子一以助他人之研究一以爲自己受教之地耳先覺之士不以爲不可教而是正其謬誤俾得擇善而從鄙人之榮幸何以加諸今乃於所持論不一賜糾正而惟日日肆口嫚罵則吾雖欲受教不知何自耳

若夫吾生平立身行己咎愆滋多凡有責善謹拜藥石至於莫須有之事臚列滿紙天下明眼人自能辨之吾無所用其嘵嘵也顧吾有最痛心者一事焉凡我國人對於學派政見之與己異者往往不從學派政見上堂堂辯論也而惟事攻擊人身謠諑以蔑其私德此種卑劣惡習自昔有之而今且更甚國中健全輿論之發達果何日乎吾誠非有所悁忿於謗我之人亦非求自解於旁觀者我生受謗非自今始但能內省不疚固亦無惡於志顧吾望

海內君子之聽吾言者。將鄙人之人格與鄙人之言論分爲二事。就令鄙人行同盜跖也。一言之善。猶當擇之。就令鄙人行若夷由。苟言不中理。亦何取焉。夫鄙人固今之多言人也。愚者千慮。時有一得。平昔所持論。未嘗不爲當時舉國所集矢。而事過境遷以後。感情既去。眞理漸明。因共思其前言有一節可取。而追悔其不見用者。蓋往往而有。而已壞之事。則已不可收拾矣。

吾惟願今日主張現政府可借外債之人。毋至一二年後而有味乎吾言。則國家之福也。

（完）

羣花無力鬭春寒
遲暮園林怯晚看
行到苔階重回首
他時曾惜一分殘

舊譯

英國海軍之危機

繫匏

此英國某報之文也英國海軍雄視天下者數百年比年以來德國皇皇然擴張海軍思與英人爭海上之霸權而奪其席數年而後勢足與英相頡頏兩雄不俱棲英之與德遂有不能並立之勢覘國者咸謂德勢方張英人恐非其敵而英國人士之憂深慮遠者則尤囂然論議謂不亟增軍艦國將不國痛心切齒日詬其政府之荒廢國防觀此論文足見英人憂危之情態矣雖然德誠强矣然數年之後其海軍乃僅足與英均力非必其果操勝算也英國今日海軍猶不失二國標準主義其政府增置軍艦雖稍遲緩第不如德之猛進耳荒廢國防貽誤大計尙不至如論者所云云也然英人奔走呼號一若滅亡之禍進於眉睫而痛責當事者以帝國之安危付之不可知之數我國今日强敵之迫奚啻十德事變之急百

偕於英而當事者厝帝國於至危又非僅不可知之數則吾人今日所當憂患而救亡者宜視英人爲何如耶　譯者識

英國屬地遍於五洲實恃海軍立國故海軍之力恒以能敵二國爲標準用能握海權而雄視全球然四五年來隣國之海軍日增英國海軍之勢力遂相形而日以減殺謀深慮遠之士囂然論議謂英國國防之危險自有史以來未有若今日之甚者也然而一千九百零六年德國方以極大之海軍豫算及建造新艦之案提出議會而英國之海軍豫算及新艦之費反大減削當局者且目笑德國之擴張海軍不過紙上空談謂德人日議製造特力脫那式新艦實無足容此巨艦之船渠且新艦未成德國之財政已窘輕敵而不亟設備英國海軍勢力之所以日衰也故綜英國海軍勢力退減之故實有三大原因第一則一千九百零六年以來德國注其全力以大擴海軍之規模汲汲於製造特力脫那式新艦縮促其竣工之期而歐洲中德國同盟諸國亦皆皇皇焉製造巨艦今日擴張海軍之狂熱已延被於世界之間而德國海軍之計畫尤必欲駕英國而上之一千九百零九年英國議特力脫那艦十二艘德國則更增至十三艘以

上鄰國之力日增則其勢自必日逼此其一也第二英國財政之政策多失輕重緩急之宜日皇皇於改良社會濫縻巨費於無用之途而海軍之費反不能應國防之急需此其二也第三邇來製造戰艦之工學日新月異特力脫那之新式既興舊式之戰艦遂浸失其能力英國之海軍固皆舊式軍艦也夫最新式之特力脫那其砲力之銳悍速力之快捷固非前特力脫那式艦之比其裝甲之精強噸數之多寡亦且二倍於前彼以舊式戰艦組織之英國艦隊其數雖倍於他人其力反不及其半且功用日減恐四年前費重之遺產更閱數年其價值且等諸頑鐵此其三也

英人之有遠慮者固已深知危懼矣瑪彭提督海軍之專門家也固已著爲論說登之報章痛陳英國地中海艦隊之微弱而國防之不可以已大聲疾呼冀國民之一悟而柏力士科提督亦上條陳於首相阿士葵士謂一千九百十三四年而後英國海軍力將不支欲張吾軍不可不速造七艘之特力脫那式艦然造特力脫那艦三艘實費三年有奇之日力以七年之病求三年之艾少遲緩之勢將不及恐數百年來雄視天下之海軍四年而後將被破壞涕泣而道其言至爲危苦然反對者猶謂今日海軍爲可

恃、嘵爲聳聽之危詞、且謂財政困難。力固不足任此。夫擴張海軍。鞏固國防。則以財政困難相謝矣。何以無用之社會改良。則費此巨款。而獨不慮財政之艱耶。昔一千八百七十年。法人大敗於普。割地行成。銜恥至今。然喪師辱國。實非獨拿破侖三世之咎。蓋德國當日輿論。咸自恃軍備足以敵普。量敵不審。設防不預。遂以致此大敗也。今英人苟安忘備。甘蹈法人之覆轍。他日禍機一發。悔何及哉。

今且卽柏氏條議之事實而論之。海上權力之漲縮。實視戰艦之強弱以爲差。此證之歷史而不誣者也。而戰艦中之最有力者。則首爲特力脫那式艦。然最近式之特力脫那艦。其武力亦迥非往日之比。以昔日舊式之戰艦不足抗今日堅強之新艦。無智愚皆知之矣。然觀柏力士科提督之計算。自一九一三至一九一四年英德意墺之特力脫那式艦。其比例如左。

英國		二十五艘
德國	二十一艘	二十九艘
意國	四艘	
墺國	四艘	

由此觀之。英國較之三國同盟之德意墺。其艦數實減四艘。或以此數爲未可盡信。然觀首相阿士葵士及海相麥堅拿七月間之演說。比例英德二國特力脫那艦之增加。則信而有徵矣。請述比較之表以證之。

年度	英國	德國
一九一一年末	十六艘	十一艘
一九一二年四月	二十艘	十三艘
一九一二年末	二十艘	十七艘
一九一三年末	二十五艘	十七艘
一九一四年	二十五艘	二十一艘

一千九百十二三年之間。英艦之優於德者。三艘乃至八艘。然德人以救火追亡之勢。縮促造艦期限。以亟爭英人之海權。且英國艦隊。强半以舊式戰艦而成。數年而後。舊艦日漸老朽。英國海軍之實力。自必日衰。今但舉特力脫那艦之總噸數爲百分比例。以與德國比較。

著譯　六

年度	英國	德國	英國優勢分數
一九〇六年	一〇〇	二五	七五
一九一〇年	一〇〇	四五	五五
一九一一年	一〇〇	六六	三四
一九一二年	一〇〇	八五	一五
一九一三年	一〇〇	八四	一六

自千九百六年至千九百十年。四年之間。德艦實力。對英之比例。已有一倍之增加。僅至千九百十二年。僅二年耳。又增一倍。英國苟不亟增相當之防備。則自千九百十二年至千九百十三年。其對於德國之優勢。不過增一分而已。

英艦之優於德艦。既若是其幾矣。設數年之間。德人潛於他國。購買二三艘方在建造之戰艦。則其勢可立與英國均。不然則嗾其同盟之國。於地中海中。牽制英國艦隊之一部。則北海之英德戰艦。其勢亦均。柏力士科之懍懍憂危。恐英國海軍之不能保其優勢。此有識之士所共竊嘆。而不能謂之過慮者也。且戰事至危。彼驅逐艦潛航艇之攻擊機械水雷之轟爆兩軍交綏則一日之間損失數艦實意中事彼日俄之役日本以機械水雷之轟害喪其六艦其明驗矣況一旦有事英國不能不分一特力脫那艦以巡防極東之殖民地而德國可舉全艦隊而萃之北海是英艦之多於德僅三艘耳然德艦雖少於英而其艦式之新砲力之利則實在英艦之上是英國艦數雖占優勢而實力不啻平均二國之兵力相當而將校之才畧士卒之訓練亦頡頏而不相上下一旦有事其勝敗固在不可知之數嗚呼今日之英國政府乃忍以全帝國之安危付之不可知之數耶

且即令德艦不能敵英德國之海軍果敗矣然其陸軍之強盛固足以自固吾圉表裏山河勢必無害英國海軍未易乘勝而搗其國都況宣戰之後倫敦之食品用材無一非從他國輸入中途之攻擊運船之被擄固在意計之中轉運稍艱則食品用材其價必將騰踊英國雖勝又不能爲長期之戰爭持久以屈伏德國可斷言也是故英雖敗德不能縣德邂逅不如意英艦稍有蹉跌德人將萃其強盛之陸軍長驅而直躪三島英國今日陸上之防備實弱於曩者拿破侖戰爭之時英所恃者海防耳海防撤矣則

將束手以受德人之蹂躪故北海之海戰不能萬全則必蹈拿破侖師丹之覆轍此外國旁觀豫揣之言而英人亦不能自諱者也夫英國陸防之薄弱殆不足以應敵苟海軍之勢力稍減則德人必乘瑕抵隙挑釁而求啓戰端何也戰事一開德人之損失有限而英人則不能不賭全國之安危以應之也

德國當事者深知英國海軍之優勢之不過如是也四年之中必將竭其全力速增數艦以與英國方駕而爭衡乃者德國政府以五十萬之代價售其白蘭丁普爾之舊式戰艦二艘於土耳其矣必將更造最新式特力脫那艦以補舊艦之缺且既有舊艦售價之補充則今年度定製特力脫那四艦之外明春而後必有第五特力脫那艦之起工其海軍之計畫將有變更則曩者英首相所謂一九一三年德艦二十一艘者更增而爲二十三艘較之英艦止減其二以百分比例較之則英之一百分者德亦九十英之優勢僅十分之一則其所以制勝者固亦僅矣

且伊大利墺地利固德國之同盟也一旦有事彼三國同盟之互相援助其條約所規定雖未知何如然意國外相謂意非有強大之海陸軍則未易脫三國同盟之羈絆是

意實恃德以爲重。則德亦必得意之後援。曩者阿斯葵士演說。謂四年之後。意國海軍。已有特力脫那艦四艘。英國海軍。當視之而爲相當之備。是固明言意爲德援矣。彼四艦之中。唐提一艦。既於今夏進水。其他三艦。亦豫期三年竣工。往者意國製造戰艦一艘。非五六年不能蕆事。今兼程并力。縮期限以應急需。則其意固可知耳。至於墺國之海軍。既於今年六月。擬造特力脫那艦二。年即可竣工。旋於九月復造第二艦。期以三年竣工。更定明年增造二艦。皆期以千九百十四年三月告竣。昔墺國千九百零七年。製一巨艦。千九百十年。即已告成。其製艦工程之速。實有明驗。則四艦之如期集事。殆可斷言。以此計之。四年而後。地中海之意墺二國聯合艦隊。必有特力脫那艦八艘。苟非解散三國之同盟。則其艦隊必當戒備。柏列士科提督謂數年之後。英國當分特力脫那艦八艘。以增地中海之防備。豈虛言哉。地中海防艦已增其八。則內海戰艦僅十七艘。以當德國之二十一艘。已弱其四。英德相遇於北海。其優劣之勢。寧待蓍龜。非亟增特力脫那艦七艘。而欲保英國海軍之優勢。是誠必不可得之數也。

是故柏列士科主張英國海軍。當求與足三國同盟相敵。誠老成謀國之言。不能謂之高論然反對者輒謂其捨英國向來之二國標準主義而妄倡三國標準主義此則不衷事實之誣詞也夫所謂二國標準者固謂英國海軍比之次於英國之二大海軍國之艦隊更增十分之一然後可占優勢也今日海軍次於英者曰德曰美德之特力脫那艦其數二十有一美艦之數十以云二國標準則必比德美之三十一艦更增三艦爲三十四艦而後可今即如柏列士科之議更造七艦合之嚮有之二十五艦亦僅三十二艦耳衡以二國標準尙有不逮況有地中海之分防極東之遠戍以分其兵力所餘之戰艦其力僅足與德相敵耶然則柏氏之所主張謂其失之過小則可謂爲三國標準失之過大是亦不諳事勢之甚者也當千九百零五年自由院初代統一黨而組織內閣其時英國之主力艦隊舉當時所有及方在製造計畫之中者而總計之英艦八十德美則六十六耳英艦優於二國者十四艘誠可稱二國標準至三國同盟之艦數則止五十有二其不逮英國乃至二十七艘二者軍力之優劣其相去固自甚遠乃五年之間優者退而劣者進誰秉國成失計至此蓋觀數年來英國造艦之延緩計畫之淩亂而知自由黨內閣荒廢國防之咎實無詞以自解也

然而反對者曰。吾新艦誠不足矣。然合之舊艦。則力尚有餘。此外相谷歷所公言。而其黨人所附和者也。夫今日海戰專視新艦之優劣以爲勝負。十年以前之艦則直可謂之無用。其十年來之舊。特力脫那艦則尚足供戰事之用。試取英國未及十年舊艦以與諸國比。英國二十七艘。德國十四艘。合之意墺則二十九艘。夫舊式之艦。其力不及新艦三分之一。英之舊艦納爾遜有五千三百磅之舷側備砲。所稱爲巨艦者矣。今之新艦科蘭則有一萬三千磅。德之新艦且有二萬磅之舷側備砲。其力之相去懸絕。故舊艦雖多。以三數新艦禦之已足制其死命。況舊艦之數不能遠過他人耶。夫最新之艦既不足以制人。次新之艦又止與人同等。而徒恃十年以前無用之最舊戰艦以自豪。吾不知其何所恃以爲制勝之具也。然則以舊艦爲藉口者。要不過掩國民一時之耳目。以自釋荒廢國防之罪而已。

或謂英與法俄聯盟。則可敵三國同盟之兵力。是固然矣。然同盟云者。固欲互相援助也。英國常備軍僅區區六師團耳。豈能馳騁於歐陸。至殖民地之軍隊。雖經徵調。非數月不能赴援。故法人輿論。常謂英國苟欲與法聯盟。必先張拓其陸軍。其言信不虛也。

著譯　十二

且即令果與法俄聯盟。則一旦有事。必俄禦德墺。而法當德意之陸軍。然法軍較之於德。僅如三與四之比例。加以意師。法必不敵。至於俄國。則尤地域遼阻。兵制窳敗。非俟千九百十五年釐整兵備。而後力必不足以援英。昔者拿破侖三世嘗與墺意爲攻守同盟矣。然墺人方改定軍制。期以千八百七十一年告成。俾士麥及其軍備之未完。遽於千八百七十年與法挑戰。墺意錯愕失措。卒守中立。法師遂以敗績。苟德人師其故智。及俄人兵制之未備。先與攻英之師。則俄雖與英同盟。亦將束手坐視。而英國必蹈師丹之覆轍。觀於德人之汲汲擴張海軍。其用意寧復待問哉。而英人之急進黨。尚日議減削常備軍之兵數。抑何其慮患之不深也。

或又謂今日潛航之艇。擊遠之砲。新式之艦。月異而歲不同。今日方製一艦。明日已嫌其舊。不如俟艦制完善之後。然後徐議擴張。嗚呼。此眞童騃之言也。無論工事日新。進而益上。艦制必無足稱完善之日。今有戰事。自仍恃此未臻完善之艦。以與敵國爭雄。弛現在急迫之國防。而徐待他日艦制之完善。謀國之拙。寧有過此者乎。飛機飛船之初發明。英國之主軍政者。卽持此主義。謂當俟飛機完備之後。然後採用其制。英國之

飛行事業遂至遠後於他國而釀成國防上之一大危機一誤豈可再誤及今不圖悔何及矣

英國大藏大臣佐治嘗語某報記者曰海上權力之消長英國國家之生死問題也雖他人竭力爭勝吾人必當增造軍艦以保此海上之霸權卽糜費巨款實所不惜蓋吾人因有未動之財源可以募集海軍公債也雖然佐治所發之空論者他人已見之實事英人苟欲以維持海權之決心襮示於他國固非一二大言所能爲力也爲今之計莫如取法於德置海軍問題於政爭之外堅持二國標準主義他海軍國增一艦則必比例而增造二艦務保從來海軍之優勢以宣揚國威增徵租稅不足以集事則用佐治所謂未動之財源事勢所逼雖耗國力烏可以已不然强鄰壓境思奪席而代興而反自弛其防亡其所以立國之具英帝國滅亡之禍恐不能俟之十年而後也師丹之前車可鑒英人其念之哉

善用兵者　屈人之兵
而非戰也　孫子語

文牘

資政院奏參軍機大臣責任不明難資輔弼摺

奏為大臣責任不明。難資輔弼。謹據實瀝陳恭摺仰祈
聖鑒事。竊維立憲國家。有協贊立法之議會。同時必有擔負行政責任之政府。一司議決。一司執行。互相提携。互相維繫。各盡厥職。政是以修。比者朝廷預備立憲。以臣院為上下議院之基礎。荷蒙聖恩。責以代表輿論。議決法律預算之事。臣等膺茲重寄。夙夜焦思。誠欲竭盡知能。仰稱明詔。以臣院職權。惟在議決。至於執行之責。仍恃政府。必彼此同心。僇力。相見以誠。乃能上副朝廷改良政體實事求是之至意。現在官制未改。內閣未立。而軍機大臣。既有贊治機務之明文。又有副署詔旨之定制。目為政府。理固宜然。臣院開院。伊始。竊意軍機大臣。必當開誠布公。於大政方針。有所宣示。乃遲遲又久。寂無所聞。臣等恐懼憂疑。不知所措。是用遵照院章。提出說帖。質問軍機大臣。對於內外行政。是否完全負責。旋據

咨稱。此種問題。俟內閣成立以後。方可解決。現在難以答復等語。隱然以不負責任之意曉示臣院。似此模稜推諉。尸位曠官。上負天恩。下辜民望。實出臣等擬議言思之外。用敢不避嫌怨。謹將軍機大臣奉職無狀之咎。為 聖明痛切陳之。君主國家以君主神聖不可侵犯。為立國之大本。是以人臣之義。善則歸君。過則歸己。而近世東西各國。且以大臣代負責任之指。明定之於憲法。使國民可有糾繩政府之途。而不可有責難朝廷之意。凡以鞏固國家之基礎。保持元首之尊嚴。用意至深。立法至善。今朝廷既明定國是。採用立憲政體。為大臣者宜如何仰體 聖謨。引國事為己任。乃於臣院創立之始。即以不負責任之言明白相告。受祿則惟恐其或後。受責則惟恐其獨先。不特立憲國大臣不應出此。揆諸古人致身之義。亦有未安。其咎一也。立憲國國務大臣之作用。在能定行政之方針。謀各部之統一。故必統籌全國之政務。審其緩急輕重之宜。循序進行。有條不紊。今朝廷設立內閣會議政務處。而以軍機大臣為其領袖。是其地位實隱與各國內閣總理大臣相當。自應於各部行政從容審議。就時勢之所宜。以定方針之何在。乃會議政務。僅等具文。披閱章奏。幾成故事。平時以泄沓為風氣。臨事以脫卸為法門言教育則與學部不相謀言實業則與農工商部不相謀言交通則與郵傳部不相謀言財政則與度支部不相謀乃至言外交言民政言藩務言海陸軍政言司法行政無不如是每有設施動多隔膜以致前後矛盾內外參差紛紜散漫不可究詰徒有參謀國務之名毫無輔弼行政之實其咎二也夫以今日危急存亡之際內憂外患相迫而來民窮財盡不可終日軍機大臣受國家莫大之恩居人臣最高之位自宜悚懼惕勵殫竭忠誠共濟艱難稍圖報稱乃以不負責任則如彼不知行政又如此旅進旅退虛與委蛇上無效忠皇室之思下鮮顧畏民嵒之意持祿保位背公營私視國計之安危民生之休戚若秦人視越人之肥瘠漠然無動於其心坐令我監國攝政王憂勞慨嘆於上四萬萬人民憔悴困苦於下雖復迭奉諭旨責以警覺沉迷勉以掃除積習而諸臣蹈常襲故置若罔聞前後相師如出一轍我 皇上以天高地厚之恩優加倚任而諸臣以陽奉陰違之習坐致危亡臣等實不勝憤懣憂忿之至輒以多數議決披瀝上聞謹由議長臣溥倫副議長臣沈家本遵照臣院議事細則第一百零六條據情具奏伏願 聖明獨斷重申初三日上諭迅即組織內閣並於內閣未經成立以前

明降　諭旨將軍機大臣必應擔負責任之處宣示天下俾無委卸以清政體而聳羣僚實於憲政前途不無裨益是否有當謹恭摺具陳伏乞　皇上聖鑒訓示謹　奏

資政院議員陳寶琛等提議奏請宣布楊慶昶所繳　景廟手詔並昭雪戊戌冤獄案

竊比年以來朝野上下汲汲於籌備憲政促開國會固由時會所趨而變法圖强之宗旨則我　德宗景皇帝十數年前實造其端乃事勢牽阻使吾仁孝英斷之　聖主不能伸其志而永其年此天下臣民所同爲慟慕者也戊戌八月之事不知者非以爲先帝求治之太急即以爲新進諸臣獻謀之不臧甚至以風影之談妄測　宮廷積成疑議幸而楊銳奉有　先帝手詔於　孝欽顯皇后顧念人心愼重變法之至意與先帝承志不違委曲求全之苦心皆已昭然若揭此　詔去年秋間由楊銳之子楊慶昶呈由都察院恭繳外間多能傳誦並聞當時楊銳等覆奏亦復仰贊　孝治謂變法宜有次第是　先帝所以任用諸臣與諸臣所以恪承　詔旨者皆在於妥籌變法之

良策而必以不拂　慈意爲指歸於素所規畫者且不免躊躇審顧蘄出萬全豈有感激知遇而反悖逆自甘爲危害　兩宮之舉者其爲取嫉貴近致遭誣陷情迹顯然一二小人又故作張皇巧行搆陷獄詞未具遽予駢誅在小臣邂逅蒙冤亦史冊所常見所可痛者是非失實不但有累　先帝用人之明且使我　兩宮至孝至慈皆無由大白於天下此則　在天之靈長留隱憾而尤爲天下臣民所不可忘者也竊以爲非明降諭旨將楊慶昶所繳　詔書宣布無以彰　先帝仁孝之眞非援據　先帝手詔以昭雪被罪諸臣之冤無以服人心而作士氣應請交議候公决後照章具奏請　旨施行

編制局校訂新刑律意見書

謹呈爲校閱刑律草案敬陳管見事宣統元年十二月二十三日准軍機大臣片交本日欽奉　諭旨修訂法律大臣會同法部具奏修正刑律草案告成繕單呈覽一摺著憲政編查館查覈覆奏欽此旋據法律館將修正草案排印成書咨交到館職等詳加校閱大致備引京外各衙門簽註逐條辯答凡關於倫紀名教均較原定草案加重一

等。維持於新陳遞遭之交。用意深遠。而徵諸輿論。於本案之實行。仍不能無疑議者。試就左列以解決之。一曰。禮敎。尙書大禹謨云。明於五刑。以弼五敎。註、弼輔也。此爲刑敎並論之始。旣云弼敎。則禮爲先。而刑爲輔。其義顯然。昔孔子析禮與刑。異同之辨。一見之於論語。卽有恥且格之說。是再見之尙書大傳。推原古今刑律省繁之理。所謂有禮然後有刑也。三見於孔叢子仲弓之問。其詞旨與大傳同。草案於姦罪一章。末列無夫姦罪名。頗爲議者所指摘。甚至有訾爲昧人禽之判者。查舊律和姦無夫之婦。罪止杖八十。卽例文加重。不過滿杖。在五刑爲最輕之刑。保全名譽。人之恒情。自原告之一面言。因帷薄不修。而自陳訴於訟庭。則已損之名譽。不可復。自被告之一面言。名譽一損。洗濯無由。從茲甘蹈刑。懲。必有大於犯姦者。夫刑法之用。譬諸藥石。藥石之投。純視乎疾之重輕。若其疾並非藥石所能爲功。自不能不別籌療濟之方。犯姦之行爲。全恃乎居之敎育。固非刑罰可獲效也。議者謂禮敎爲民之秉彝。吾國數千年一國之大本。非各國所能企及。不知禮敎乃天生斯民不可須臾離之物。小之爲飲食敎誨。大之爲朝廷制作。是六合之廣。幽獨之微。無不賴禮敎彌綸貫注於其間。非一國所得而私。特彼此相沿之風俗不同耳。禮教之程日高。則刑罰之用日省。斯無背刑平國用中典之旨。如欲執刑罰之轡策。迫禮教之進行。試問自居何等。豈我夙秉禮教者所宜出此也。此禮教問題可解決也。一曰人權。歷觀各國進化之理。均由家族主義而至於國家主義。國家主義者。卽保護人權是也。誠以人生於世。與國家有直接之關係。故亦稱曰國民。對於國家有應盡之義務。國家對於國民。有應予之權利。然人權之說。並非始自泰西。按康誥稱於父不能字厥子。乃疾厥子。在刑茲無赦之列。白虎通亦云。父殺其子當誅。何以爲天地之性人爲貴。人皆天所生也。託父母之氣而生耳。王者以養長而教之。故父不得專也。凡此均天賦人權之權。與特後之人。罔知誦言。遂令古義湮晦耳。極國家主義之利。國步縱底於艱危。而羣策羣力。可漸圖恢復。不致受滅亡之實禍。充家族主義之弊。急公奉上。不敵其自私自利之心。且有執撫我則后。虐我則讐之說。視易服改朔。爲故常。民氣消阻。振起無由。未始非宋元以來。空談名教之流。有以中之也。今草案除對於尊親有犯特別規定外。凡舊律故殺子孫。干名犯義。違犯教令。及親屬相毆等條。概從刪節。其隱寓保護人權之意。維持家屬主義。而使漸進於國家主義者。用心良苦。夫保護人權。乃立憲之始基。議者不察。痛事詆諆。其反對刑律乎。抑藉反對刑律以反對立憲乎。 德宗景皇帝諄諄以立憲誥誡中外。薄海同欽。逮我 皇上入承大統。疊次 儆戒廷臣。克成 先志。凡與憲政有關繫者。在廷百僚。應如何兢兢業業。集合衆志。俾底於成。乃堅持舊說。以爲排擊之資。試問何以慰 先帝在天之靈也。此人權問題可解決也。一曰條約。在獨立之時。謀內部安寧易。當分立之時。對外部競爭難。此理之顯而易見者也。泰西自十九紀以來。爲各國角逐權勢之時代。而均一權勢。舍兵力法律二者之外。別無良策。以故近今各國。於軍政之經營。法律之編制。孜孜不怠。幾有日趨於大同之勢。此尤實例之信而有徵者也。中國株守故轍。因循至今。外交失敗。不勝縷舉。推原其故。未始不因兵力之不完。法律之不一。有以致之。庚子而後。創鉅痛深。猶幸英美日葡各國商約。均允於刑律改同一律之後。各國棄其領事裁判權。爲吾國謀者。正宜藉此蘇息。極力綢繆。以爲亡羊補牢之計。乃議者以爲收回領事裁判權決非刑律一端。夫條約非他。藏之盟府。誓若河山。所以堅彼此之信守者也。未列條約。則已。既列條約。則不能不力求實踐。未議修改。則已。既議修改。則不能不力求合轍。今於危急存亡之秋而猶爲此自暴自棄之說是誠何心豈欲以二千年相沿未適用之成規爲統制羣雄之良法耶歃血未乾盟言自食萬一各國從而生心則領事裁判猶爲未足一變而爲渾合裁判如上海之會審公堂者然是幸而爲埃及不幸且爲朝鮮之續矣此條約問題可解決也以上三種問題解決則本草案之必應如此修訂可斷言者職等疊次公商意見相同用敢合詞披瀝上陳其餘各條之應行修正者一併簽出又原案附則第一條因刑之範圍較寬擬另輯判決例以資援引尚屬可行應由本館另行擬稿呈請具奏　頒行至單行法之辦法似非統一法制之意如居新刑律實行之時教育及警察等項尚未周備臨時酌量情形另輯暫行章程以貲補助本無不可現在無須逆臆預定所有第二條聲明另輯單行法之處應毋庸置議是否有當伏候鈞裁謹呈

憲政編查館奏派員考察憲政事竣回京謹將各省籌備情形據實臚陳摺

奏為派員考察憲政事竣回京謹將各省籌備情形據實臚陳仰祈　聖鑒事、竊臣館於本年四月二十日奏派館員候補四品京堂陸宗輿、候補四品京堂林炳章、掌安徽道監察御史黃瑞麒、翰林院祕書郎劉福姚分赴各省考察籌備憲政事宜。當經奉　旨依議欽此。該員等遵即束裝起程。分赴東三省、直隸、山東、山西、河南、湖北、江西、安徽、江蘇、浙江、福建、廣東等省。察視一切。凡省會商埠暨經過繁盛城鎮。一一調查案卷。博采輿論。彙錄成冊。茲據該員等先後查竣回京。將各省實在情形。呈報到館。臣館詳加覆核。按照各省所報成績。證以該員等所列事實。大致尚屬相符。惟財力有豐絀之殊。斯進行有遲速之異。而程度優劣。尤視用人之當否以為衡。故有形式無殊。而按之無甚實效者。亦有規模雖小。而辦事尚有精神者。謹就考察各省實情。為　皇上縷晰陳之。一、諮議局。查各省諮議局上年一律成立。所具議案。於民生休戚。地方利弊。頗能詳晰無遺。各省督撫。於議案或准或否。亦尚能和衷相商。不致徒爭意氣。間有兩相爭執。不能解決之案。隨時由臣館照章解釋。總期官紳兩面。力祛隔閡。以謀行政之便利。據此次調查。山東、河南、江蘇等省。官紳意見。尚不免參差。其餘尚稱浹洽。現在局會均由公家撥款建築。江蘇、浙江、湖北、廣東。均已落成。餘省正在建築。明年春間當可一律竣工。一籌辦地方自治。照章先辦城鎮鄉。再推及於廳州縣。直隸創辦最早。天津於光緒三十二年已設有自治局。各州縣陸續開辦。實具有廳州縣自治規模。現計自治預備會設有八十一處。自治研究所設有一百二十八處。學員三千四百餘名。浙江亦取同時並進。籌備處擬定清單。限宣統三年三月全省廳州縣城鎮鄉議事會一律成立。江蘇蘇屬開通最先。辦理亦極迅速。現計四府一州城議事會董事會均已一律成立。山東、江西、安徽、福建、廣東城議事會。均限本年內成立。鄉鎮限明年成立。此外東三省、山西、河南、湖北。亦經擬定期限。提前辦理。所有劃分區域。調查選民。籌集經費。均由官紳合衷商辦。一推廣巡警。查直隸巡警開辦最先。天津保定兩處巡士程度尚高。東三省屢經整頓組織。亦頗完善。遼陽、錦州、鐵嶺、長春等處。均已開辦。江西力求進步。辦理亦有精神。廣東經費雄富。籌畫周詳。凡屬巡警應有之機關。頗稱完備。惟城內旗界復有滿巡警。局騈拇枝指。難收整齊劃一之效。浙江則水巡暨巡警學堂。另派專員。不歸警道管理。亦蹈紛歧之弊。湖北江蘇警務廢敗已久。尚須大加改革。江蘇省城巡警教練所。至今並未開辦。河南則略有規模。亟待擴張。擬請　飭下各該督撫斟酌改併。切實整頓。以收實效而專責成。其餘各省循序佈置。亦尙可觀。惟各省辦理警政。已歷年所。現惟省會商埠。規模尙有可觀。至外州縣呈報。大率因陋就簡。名不副實。皆以經費無着之故。推至荒僻之鄉村。畸零之住戶。尤難遍設。應由民政部咨行各省。准其參酌情况。隨地變通。庶經費較省。而程功亦易。一。調查戶口。凡百新政。皆以調查戶口爲始基。各省辦理此項。有專用巡警者。有兼任士紳者。東三省淸查戶籍。尙屬認眞。奉天尤稱詳密。其餘各省戶數。大致均已查竣。現正接續辦理查口。惟江蘇向分蘇寗兩屬。巡警道轄地僅及蘇屬。責任不專。現在祇有省會已經查竣。較各省辦理稍遲。而通州一屬。戶數口數。早經查齊。極爲精密。則士紳之力居多。惟各地因調查滋事。時有所聞。廣東之大埔新安兩處。則其肇釁尤甚者。固由委任之非人。亦由民智之不進。現在各省自治籌辦處。或撰擬白話告示、白話公報、自治淺說。以期開通愚氓。辦法甚爲得宜。一。籌辦各級審判廳。按照籌備淸單。各省會及商埠審判廳。今年應一律成立。除東三省業已次第開辦外。直隸則天津早經成立。保定正在籌設。山西則本年四月業經開庭試辦湖北福建暫就地方官署附設各級審判廳。殊非司法獨立本意現正另行組織改良辦法而福建因財政困難。關於法庭建築。司法經費。不能不因陋就簡此則該省特別之情形也。司法研究館。廣東課程最爲美善。浙江亦在刻意籌備。力求完全。江蘇則不免敷衍矣。其餘各省依次進行。尚可不誤期限。至各級審判廳。除奉天、吉林、山西、業經建築完竣外。直隸、山東、河南、湖北、浙江、廣東、約計年內均可一律竣工。江蘇福建正在趕辦。不免稍後時日。一調查歲出入總數及試辦預算各省財政紛亂無紀。自設監理官後。爬梳整理。漸有眉目。各省清查上兩年出入總數。均已告竣。惟河南於此較總數。尚未算結。核計各省財賦盈絀相差過鉅。江蘇蘇屬甯屬歲入各二千萬。廣東至二千六百萬。調查所籌畫各捐款如酒捐膏捐尚未列入預算。逆計他日決算當可企及三千萬。湖北亦在一千八九百萬。江西安徽山西福建等省。率不過六百餘萬。以故舉辦新政。恒以財力之豐嗇爲差。現各省預算册均經達部。用款名目。各分門類。收支弊混。逐漸清釐。將來統一財政。酌劑盈虛。自不難以此爲基礎。一創設簡易識字學塾。上年由學部編定課本。頒發各省。責成提學使依限設立。查此項學塾以直隸河南爲最優。直隸已設立一千零九十七處。河南已設立一千八百二十六處。此外湖北設立八百一十五處。山東設立六百五十處。山西設立三百四十一處。所授課程。學童尚能領悟。浙江則據所規畫進行之度。且能超過清單。其餘各省多寡不同。尚在次第推廣。惟江西以奉到課本甚遲。僅於省城設立十處。外州縣尚未開辦。惟此項學塾。專爲造就貧寒子弟。及年長失學之人。課程簡單。無取完備。察閱各省塾中學童往往有已入初等小學一二學期者。愚民爲惜費起見。當事以多收爲功。於教育前途。不無妨礙。應由學部通飭各提學使。隨時察看分別辦理。以上數端。各省遵章籌辦。均已畧具規模。惟程度未能齊一。瑕瑜不免互見。其主管各員。或有實心任事者。亦有奉行具文者。精神既殊。成效亦異。故爲政首重得人。而循名必先核實。臣館職司考核。查各省人員。如奉天民政使張元奇。提法使吳鈁。遼陽州知州史紀常。鐵嶺縣知縣徐麟瑞。直隸提學使傅增湘。河南提學使孔祥霖。廣東布政使陳夔麟。山東巡警道潘延祖。山西太原府知府周勃。吉林府知府李澍恩。農安縣知縣壽鵬飛。署黑龍江龍江府知府黃維翰。均能實事求是。不尚粉飾。成績昭著。江蘇候補道夏敬觀。辦理地方自治條理秩如。江西候補知府黃立權。襄辦警務。勤奮異常。浙江候補知縣梁建章。襄辦地方自治。措置得宜。浙江候補知縣谷鍾秀。籌辦審判事宜具有規畫。相應請 旨獎勵。以勸賢能。福建興泉永道郭道直。辦事竭蹶。精神不及。於巡警禁煙各要政。率多有名無實。直隸天津縣知縣胡商彝。諸事廢弛。歛錢肥己。每年所收陋規。爲數頗鉅。於調查戶口。復欲向民間苛歛。以致民怨沸騰。相應請 旨將福建興泉永道郭道直即行開缺。直隸天津縣知縣胡商彝。即行革職。以示懲儆。河南巡警道蔣楙熙。辦理警務。未能擴張整頓。相應請 旨開缺另補。至各省督撫奉行尙無玩愒情事。擬請 飭令隨時督促推行。更求實際。以期日起有功。無誤憲政。除陝西、四川、湖南、廣西、等省。已由臣等奏請續派妥員前往。俟回京另案考核奏明辦理外。所有派員考察奉天等處十四省籌備憲政實在情形。並舉劾各員。請 旨分別勸懲緣由。謹恭摺臚陳。伏乞

皇上聖鑒。謹 奏。

月照山窗露浸林
淒涼蟲語畫秋音
一從漢上鐘期去
萬里寒光寄此心

中國紀事

重興海軍之大計劃　海軍部大臣洵邸。昨與海軍提督薩軍門會商整頓軍艦事宜。擬將各省軍艦。如北洋之海圻海容海籌海琛通濟飛鷹南洋之鏡清南琛保民建安。閩江之琛航。粤東之伏波。共十二艘。及南洋之辰宿列張軍鄂鵬燕水魚雷艇八隻。廣東水魚雷艇八隻。北洋泰安鎮海。南洋登瀛洲楚材。皆須修理。尙堪適用。又北洋之飛雲。南洋之測海靖清策電鈞和飛虎金甌。福建之元凱越武靖海。廣東之蓬洲廣海廣金廣玉廣庚廣戊。共二十艘。可供艦隊內海防之調遣。餘如江元楚泰楚謙楚同楚有楚觀安放七艘。均不能入海軍防隊之用。核計支配北洋巡洋艦五艘。砲艦二艘。水雷砲艦一艘。福建報知艦三艘。砲艦一艘。南洋巡洋艦三艘。砲艦九艘。水雷砲艦二艘。水雷艇九艘。廣東報知艦一艘。水雷艇十艘。砲艦八艘。惟各該艦均須一律修補齊整。並添造砲艦若干。巡洋艦若干。重要軍艦若干。俟議妥後。一併奏明辦理。又以各省巡防艦隊。自甲午裁撤後。迄已有年。舊日宿將大半凋零。雖有一二。亦不易於招集。必須從新訓練。惟此項經費甚鉅。應預爲籌備。以資開辦。

江督擅借外債之參案 江蘇諮議局。日前因江督張人駿。於本年六月。上海正元等三錢莊倒閉時、偏信已革上海道蔡乃煌。已革上海商會總理周晉鑣稟之詞。專電奏准官借外債三百五十萬兩。代商人償還虧欠洋行各款。顯背中國與各國所訂條約。華人倒欠洋款。官吏祇能代追。不能代償一條。謂爲召外交無窮之害。又九月時。張督親往上海、與各國銀行。借債三百六十萬。六年爲期。由甯省設法勻還。此項借款。明係本省公債。及增加負擔事件。又未交局核議。該局以張督侵權違法。一誤再誤。故意蔑視局章、因提出議案。呈請資政院核辦。資政院自經審查員報告後。確認爲侵權違法。並謂第一次借款。破壞條約。爲禍尤烈。第二次借款。並未聲明何用。而以償還本利。責之蘇省。且在常會期內。竟不交議。尤爲可駭。因具摺奏參。而張督自經諮議局糾舉後。亦曾自請議處。近云。

贛省改征丁漕銀元之變相 贛省各屬州縣。征收地丁漕銀。搭收銅元。勒征銀洋。各自爲政。本年經諮議局調查。各屬違法征收。呈請查辦。此事遂爲官民爭執之要點、現經清理財政官孫普二京卿。以本省財政歲虧百萬以外。屢經裁減。已近消極主義。上年已借債五十萬。現在經常費用支絀達於極點勢必又出於借債之一途而擔負此債務者。非百姓而誰。擬即改良征收。整頓丁漕。勻定公費。以免州縣藉口虧空。攤款不解。更無征收違法之弊。業已擬具整頓丁漕草案說帖。呈由撫院。發交諮議局會議。其整頓丁漕之方法。係援昔日之章程。合現行之習慣。改征銀元。計每地丁一兩折收銀元二元三角五分三釐。每漕米一石。折收銀元二元八角五分。其漕糧腳耗加價屯糧餘租之屬。準當時一千八百文之錢價。折合庫平規合銀元。定爲現行稅率。其已收未收銀元。各屬一律照此定率。實徵實解。並勻定公費。雙方進行。共計地丁每歲收銀一百九十二萬七千餘兩。漕米九十萬零七千餘兩。准本案所規定。約計地丁可收銀元三百四十六萬四千餘元漕米可收銀元一百七十一萬餘元合計可贏銀元九十餘萬元。其加價腳耗及屯餘兵所增之數。又學務串捐。自治畝捐。尚不在內。裨益庫款。誠非淺鮮。人民增加負擔於無形。與統稅改征洋碼。如出一轍。是則幣制不定。官吏得以上下其手之一班也。特未知議員如何對付之而已。

中國紀事　四

資政院審查禁烟案之結果　資政院法典股股員會。審查禁烟一案。經已竣事。由該股長潤貝勒報告。其大意謂禁烟暫行章程。所議條文。因各省情形不同。恐難統一。不如將本章程細則。概從删去。由各該管衙門。以命令定之。至修改禁烟條例。謂該條例與新刑律所規定鴉片烟罪各條。間有參差。惟查該條例附則有云。以宣統四年正月初一日。爲實施之期。屆時新刑律亦必頒行。應按照新刑律辦理。所請修改禁烟條例一節。應無庸另訂云。

附禁烟章程修正案　第一條　全國禁烟事務。除禁烟大臣該管事宜外。應由民政部。會同各該主管衙門。督率辦理。　第二條　各省栽種罌粟。不問已未奏報禁絕。自本章程奏定電文到日起。一律禁止。嗣後不得栽種。　第三條　販運土藥。限至宣統三年六月底。一律禁止。其各省土藥統税。限至宣統三年六月底。一律停止徵收。所有税局。同時一律裁撤。　第四條　烟館有未封禁者。自本章程奏定電文到日起。限十五日一律封禁。土店膏店。限宣統三年六月内。一律封禁。　第五條　吸煙者不問何人。統限於宣統三年十二月底止。一律斷盡。　第六條　本章程所定各種限期如各省業經公布限期。在本章程限期以前者。應照該省原定限期辦理。 第七條 違反本章程者。依禁煙條例嚴行懲辦、 第八條 本章程施行細則。由各該管衙門以命令定之。

●胡侍御奏定資政院權限● 胡侍御思敬奏資政院權限未清。易起衝突。各國立憲政體、政府與議院立於對待地位。政府辦事。或有不合。議院得而彈劾之。而議院陳奏事件。仍由君主裁奪。蓋所以鞏固大權也。今中國預備立憲。內閣尚未設立。國會尚未召集。僅設有資政院。以爲上下議院基礎。實即爲改革政體之關鍵。若權限不清。致起衝突。徒擾國是。而貽外人訕笑。應請飭該院會同政府。速定權限云云。奉旨留中。

●閩督電京借款● 閩省松督日前有電奏到京。畧稱閩省財政本極困難。今秋又受源豐潤影響。市面異常窘迫。懇飭度支部酌籌撥濟一百萬。由閩分年籌還。伏乞曲諒。准如所請。以資接濟而保危局云云。聞已飭下度支部議覆。大約又須駁阻也。

●天津學界請願國會之風潮● 天津全體學界自東三省學界請願國會代表到津後。卽聯合一氣。開會演說。舉定代表預備進京。迨讀十七日 硃諭。卽於十八日一律停課。互商急進辦法。十九晨集合全體。及東三省學界代表。共數千人。齊赴督署。要請直督即日電奏。請於明年速開國會。陳督見來勢激烈。恐釀變端。當即允准代奏。乃晚間奉到　上諭不准。後陳督即出示宣布　諭旨。並謂倘再聚衆請求。則是藉國會爲名。意存擾亂。惟有凜遵十月初三日　上諭嚴辦之說。復一面飭提學使暨各學堂監督。轉飭各學生。一律上課。詎各學生不從。念一晨復各舉代表。齊集自治研究所。會議進行方法。各學堂監督。嚇勸俱窮。乃紛紛稟請辭職。直督大怒。立傳各司道府縣赴院會議。時各司道多主張和平解散者。惟天津張懷芝則請嚴行拿辦。陳督從張鎮說。立派張鎮調練軍二百名。巡警道撥警兵百名。又派督轅衛隊管帶。帶衛隊百名。會同前往。趕速解散。各司道等退出。即齊集警道署內會議辦法。先派委員前往勸解。如仍不散。再以兵力解散不遲。張鎮獨不謂然。意主嚴辦。遂悻悻辭去。蓋欲回衙調派軍隊也。警恐變生不測。乃飛派委員五人。馳往解散。然後風潮始平。

世界紀事

英國之總選舉　英國之總選舉已告終局。計統一黨得二百七十二人。自由黨二百七十一人。勞働黨四十三人。愛爾蘭國民黨七十四人。愛爾蘭獨立國民黨十人。至各黨所贏得之新議席。則統一黨十八人。自由黨二十三人。勞働黨五人。愛爾蘭國民黨二人。

海軍擴張費　英國之新豫算案。其中海軍擴張費。總額一千萬鎊。

愛爾蘭自治問題　愛爾蘭住民對愛爾蘭自治法案。極力運動以抵禦反對者。至蘇格蘭及英倫各處。大倡維持愛爾蘭聯邦之必要。正爲示威運之準備。

炭坑爆裂　英國波頓炭坑爆裂。死者約三百六十餘人。爆發時炭層下壓。故無從拯救。至演此慘劇。此實五十年來所未覩云。

德國改正國籍法案　德國聯邦會議、已可決國籍改正法案。將從前領事館國籍簿登錄之法。即行廢止。此後居留外國之德國臣民。若非出自己意。則不至喪失國籍。

德國之仲裁　德國政府從意大利政府之希望。關於意大利與土耳其兩國之沿里波紛爭事件。允爲之仲裁。

墺國之製艦計畫　墺國海軍。近亦日事擴張。現在建造中之德列腦式戰艦二艘。可於陽歷千九百十三年秋間竣工。此外同式之戰艦二艘。亦九百十四年可以蕆事。又快速力巡洋艦三艘。水雷艇十二艘。潛航艇四艘。則十五年可以竣成。其總費額約千四百萬鎊。

法領中央非洲之經營　法國殖民大臣欲於法領中央亞非利加洲沙德地方。將千六百名之法國駐防軍。增至二千四百名。求代議院之協贊。且令新任司令官雲蔑前進內地。極力改進現狀。以謀發展。

承認新政府　各國現已認葡萄牙之新共和政府。已恢復國內之秩序。足以統率國民。美德瑞典播威則以陽歷十二月二十二日。英法西班牙意大利則以二十三日。各命駐劄該國之公使。承認共和政府。

葡國新憲法　葡萄牙之新憲法。現已宣布。定政府爲議會的組織。立法部及行政部

之權限兩相平等至大統領之任期以五年爲限議院則取一院之制每三年改選議員一次

葡國前皇漫游　葡萄牙前皇定明年往游惡士佛大學且漫游世界巡歷英領各殖民地以考察其行政事務

限制舊教案之可決　西班牙下院以對二十之百零八票得大多數之贊成可決舊教限制案

亞洲人排斥案　美國加鋍寬尼州之州議會以提出土地所有權禁止法案爲亞細亞人排斥案之主腦此議已於亞洲人排斥會決議決爲强硬主張以期通過議會

墨國革命軍之勢力　墨西哥之革命軍頃已包圍拿威諾又困政府之聯合軍於支輔亞聲勢異常洶湧政府軍雖極力奮鬭未能解圍且援軍不至殆瀕危促若非投降則終於餓死云

波斯外相辭職　波斯外相現已辭職其辭職之理由則以英國政府於波斯南方梗其商業上之要路則此後益用其威嚇手段禍難勝窮云

中印鐵道計畫　英國商人爲敷設中國印度鐵道。募集資本金。已協議數次。該鐵道乃自印度直達西藏線路經已測量。

日本收入豫算　日本明治四十四年度之收入豫算。經常臨時合計五億四千九十三萬四千九百七十三圓。比之本年。增加九百四十二萬八千九百五十九圓。

日本議會開院　日本第二十七議會之開院禮。以陽歷十二月二十三日於貴族院舉行。開院後宣讀勅詔。大意謂朕爲保東洋之平和。特與俄國協約。且併合韓國。卿等其統籌全局。以謀國運之伸張。可提出明治四十四年度之豫算案及法律其他各案於議會。和衷商酌。以盡協贊之任云。

巨艦之建造　日本擬明年於橫須賀工廠。建造一新戰艦。載重約四萬墩。竣工後當爲日本空前之巨艦。

文苑

車遙遙　七人與昀谷話別也

車遙遙兮出燕關。欲行不行心已酸。堯 黃粱一枕踰邯鄲。石 明朝君到黃河干。黃河已。
北天正寒。愁君日暮衣裳單。堯 酒悲突起太行山。人生墮地行路難。腸中車輪轉萬千。
大江日夜流潺湲。孁 金焦兩點大如拳。請君展向船頭看。弱 酒中綠動僊人囊。僑 武昌
城下須泊船。堯 將無黃鶴騎翩翩。覺 還攜愛子登晴川。堯 匡盧秀立江之邊。道逢五老
歸何年。或歸讀書或種田。孁 峨眉之山玉人妍。梁州月子眉彎彎。期君來跨青城鸞。一
筇一舸尋江源。如何夢落黃木灣。堯 白雲三十六峰顛。峯峯照人青娟娟。春風花開紅
木棉。使君生有尋山緣。僑 羅浮四百立僊官。醉騎胡蝶梅花烟。轂 知君詩在梅花間。梅
花下有黃野仙。覺 試招海雪彈鵾絃。孁 折梅將詩寄長安。堯 長安故人皆眼前。却愁瀧
吏多語言。弱 歲寒況少楓葉丹。覺 江亭得雪杯再乾。孁 迦音命酒留征鞍。堯 側身南望
愁千端。昀 哀鴻滿地眞可憐。弱 刮毛龜背難成氈。滚女在室杞憂天。何爲行腳芒鞵穿。

文苑 二

昀我獨愁君囊無錢堯海山一路勤加餐君有切雲之高冠不然拂袖歸林巒覺巖扉松徑入散原孺人稚子茅三間堯今我不得山中眠人云仙翮在籠樊瘦幸有秀野相往還堯吾亦掉頭求釣竿珊瑚樹樹生紫瀾石噫乎健者推老鰥堯思爲陳遵與陳蕃投轄下榻來蕭閑石鑪邊候喜昌黎韓敎軒聲在壁同軒轅石石鼎詩成更已闌僑今夕何夕聚七賢趙陳溫向羅黃潘一一斷句青琅玕百憂如醉詩中寬昀起看北斗橫屋椽北風吹人衣翻翻天應作雪將君攀瘦石遺且坐吾歸焉秉燭無生話團圞堯出門月黑天漫漫昀勸君仍駐車班班堯石遺宅即顧俠君秀野草堂迦音閣瘦公室人所居也

十二日正陽門外送昀老

堯生

雞聲速客聚清晨作別今朝事已眞此地爲君成灞水離心四角長車輪雪中痛飲消長夜月下攜圖訪故人萬事長安如一夢臨歧款款話天津

車前紀卅

前人

寸步是天涯當前漢口車命窮輕旅食日落夢京華出郭山隨客逢君菊尚花一官如燕子江海不成家

別後歸途口占　前人

送君去者自厓返。殘雪疉庵落葉多。垂老倍知官味苦。閉門歸奈歲寒何。客中對酒誰親故。山色催人辦笠簑。愁絕北風吹袂冷。故人今夜渡黃河。

十六夜憶無竟　前人

思君何日到羅浮。屈指看山下鄂州。戀別嬌兒增涕淚。苦吟寒夜愼衣裘。愁來中酒看明月。江上生潮趁白鷗。可憶潘安留斷句。金焦兩點在船頭。

十八夜月中有懷　前人

計程今夜江聲裏。日落愁心滿客船。遠道眠餐應好在。故人哀樂各中年。五更殘夢燕山外。一枕聽潮歇浦前。南北相望天萬里。老逢歲暮計蒼然。

若海寄懷無竟詩紀和　前人

楊雲應臥春申浦。風水相將夢客舟。老去高吟驚楚些。雪中被酒看吳鈎。幾時嶺外尋紅蕚。一夢宣南定白頭。遙夜獨憐潘岳苦。半庵殘葉不勝愁。

次均醻堯公見贈　昀谷

來往人間未是歸長安漸次故交稀酒邊此意供長嘯夢外何天遂退飛相對無絲論得失所憂寧獨爲寒飢羅浮一例峨眉好老辦荒龕舊草衣

贈香宋漱唐兩侍御　前人

用意微殊救世同柏臺交舊古人風愁來食蘗心常苦事到移山力已窮自笑一官應棄外頗聞十疏半留中尊前料得天方醉早報寒江釣雪翁

月夜訪香宋　前人

半街寒月訪臺卿僮僕開門一笑迎燈影幢幢宜晚菊爐香細細話深更料量隱計何年遂悵念前途百感幷後夜聽雞還作別天涯忍憶此時情

題堯生侍御香宋圖　前人

一官山色夢嘉州羨汝南榮松菊秋綠綺親傳蜀僧語清池猶省宋時留閉門高臥疑安石當代論詩數倚樓暫別家園知復悔渺然人海泛虛舟

酒邊一卷當還鄉笑我南游髩欲霜八載燕臺共春夢三間茅屋付行裝恩仇併世悲牛李文字西行重馬楊老去願充園圃役畫中鋤月醉花香

和弱盦見贈元韻　　前人

最銷魂事酒醒時。吟向巴山惜別離。一霎夢迴移五嶺。百年歌苦似三垂。平生歧路天難定。來日生涯我豈知。去後潘安仍作健。稍憐竹葉不同持。

十一月十日弱海仙儔瓔公送余南下望汽車不及東折送弱海赴津歸訪堯老　　前人

回車轉送潘安去。歸訪臺卿起稍遲。惜別昨宵疑中酒。打門驚夢更催詩。明朝終隔靑山外。入蜀還商白髮期。意外因循成小聚。此情先報嶺梅知。

贈溫毅夫侍御　　前人

諫院如君眞鷙鸞。古人憂世注豺狼。山河月底重看影。風雨秋來各斷腸。見說補天留片石。自甄朱邑老桐鄉。乾坤一劍無人識。獨立羅浮望八荒。

歸瓔葊題話別圖後　　前人

貧賤驕人一卷詩。白頭相守歲寒姿。夢中去國難爲別。意外迴車坐失時。萬事固非君所料。他年應悔路多歧。徘徊桑下浮屠迹。留與空山證導師。

醉後作

前人

因循轉喜得詩多臨別窮交日日過隨意清談成掌故一鐙紅䃾醉書窠瘦公所居半塘故宅有半塘歟書窠二字人情苦說羅浮好別路其如雪月何時展新圖溫夢影此生何苦厭奔波

昀谷太守自漢入都將之廣州賦呈一首

弱海

去來江海不移時蹤迹無端合又離鬢底浮塵吹冉冉眼中之子老垂垂平生憂患何人共我輩飢寒四海知空有一官能送老齏鹽萬里費將持

次堯生侍御韻送昀谷太守之粵

瘦公

秋老還隨朔鴈歸鐙前溫酒話依稀苦吟客子黃花瘦別路江亭白雪飛萬事妨人談簪迹一官無計避寒飢鄉心夜繞羅浮月勸爾靈山借衲衣

其生也。婥娜聞此。不禁大驚失色。斯言隱中其要害。不覺中餒戰栗言曰。吾決當如誓減默不敢洩漏于人。曰如此汝可撫屍而設誓、曰是惡可哉。吾句子稍事假借毋逼人太甚。曰汝必須爲之。吁汝毋畏。彼已長眠不醒。斷不能復起以責汝之不來援手矣。唉子何驚惶如是。戰慄如是耶。子既知畏。則亦大佳。既誓之後、當謹守汝誓詞、不然汝將見彼於夢寐之間也。今可速設誓。吾不能久待汝、羅甸婦不久將復來矣。婥娜雖畏縮不前。但料終難寬免。幸此婦繡衾覆頷。不見其貌。乃逡巡行近屍側。斜立探手、僅以指尖微觸死者鬢髮間。顫聲而誓曰。吾今自矢、凡在此間所見之事。永不洩於人。其人曰。若斯可矣。汝須牢記。自今以後。汝身隸于吾管轄之下。無論何往。皆有人伺察汝。苟有一言一動之失。吾將立申吾法。不輕恕也。汝今可去。汝適從何處入室者耶。曰由左廂入者。曰、如此仍從左廂出去。汝既離却此臥室。須取管鑰、仍從彼方反扃之。庶使他人無從知此門之曾經啓閉者。其管鑰吾已取得在此。今還以畀汝。汝須記取步履毋更濡滯。當直趨赴街衢。吾今亦將出矣。然汝之出至街衢。須較吾略先乃佳。吾今限汝以五分鐘出離此宅。倘踰限期。則吾知汝必向此宅人有所告語。懲創將立至。汝今可即去。姌娜覺其人釋手、方欲轉身。其人遽吹燭滅之。室中黝暗無所見。然後乃執姌娜手。授以窺測所之管鑰。導之及於戶闥、彼雖處黑暗之中。往來自如。並不撼觸几案。若甚稔悉其方位者。及將別。附耳語曰。緘汝口。不然死矣。至是始釋手。姌娜聞命。不禁悚然、出至窺測所。急反手掩扉、仍插管籥於戶間、捩而扃之。乘下其鍵、既畢、乃趨左廂、已不復見適間之侍女。徑自下樓。開戶出。反掩其關。瞬息已行至街衢、念此人必為才能出衆之猾賊。智技靈巧。斷不肯殺人於衢路者。乃徑向前行。不復畏怯。復念此賊。計慮週密如是。乃肯貰吾一命。是必有術以操縱吾身、其所謂常有人伺察吾之舉動者、當非大言恫喝。自顧已陷身荊棘叢中。觸處罣礙。思之彌以為憂。復思及愛女倘被偵得。無難加害。吾此後寧謹守秘密。毋召禍殃。沈思既決。循途急趨。直向毘離衢路而來。復念此賊得毋緊相後隨。若使彼知己身之居宅。將更有後憂。乃頻頻回房四顧。亦無甚蹤影。般提衢路本非甚繁鬧處。且是時適有微雨。且夜已深。諸店肆均已閉門。姌娜終不忘戒懼。惟就黑暗處趲行。已達毘離衢路。猶反顧一週。覺無可疑之人窺伺。然後登車。御人待之已久。急升車攬轡。策馬遂行。不數分時。已歸至翳柳巷。返於家中。自念此賊當難跟蹤而來矣。以己頻頻回顧。毫無可疑處也。

第三回　入屍場欲告惕危言　共耕車避嫌贈肖像

越翌日。報紙喧傳。某家出有一曖昧死亡事件。悠悠萬口。到處傳播。或謂此婦出身貴族。衣飾奢華。或謂此婦猶在盛年。姿容豔冶。以故地方上之停屍場。人如蟻聚。擁擠出入。此停屍場乃屬新行建築者。氣象堂皇。陟階多級而上。乃登其大廳。廳事極宏敞。光線照徹四隅。壁間懸諸牓告。謂認領遺屍者。不須有所耗費。有記室一員。常川住於此間。主司其事。凡一切事。可逕白之。每遇觀者擁擠之日。則有警吏多人。到場照料。今茲即其時也。則見萬衆紛紜。貴賤雜遝。皆循例從右門入。排列成行。魚貫而進。經過停屍之所。然後取道向左方迴廊而出。衆方擾攘之際。忽來一素服之婦人。有玄色羃羅障面。衣飾咸朴素。距停屍場未遠。至禮拜堂外隙地。彼獨徘徊其中不進。其人爲誰。蓋即「姍娜」也。彼雖改寒儉妝飾。障面微行。然猶慮諸浮華子弟及諸姊妹相遇有認識之者。故未敢驟入。然私念彼夕所見之死婦。究未審面貌何如。今須一察之。故亦不肯空歸。其後諸人漸次散盡。彼乃雜於諸匠役及龍鍾老嫗之間。逡巡而入。既至陳屍所。遙見玻璃障隔內彷彿陳屍多具。而壁上復懸有死者隨身遺物。暫覩一女帽識爲彼死婦之遺物。陡憶前夕事。不敢更視。又欲退出。然爲後來人所阻塞。且有警吏監督不能進退自由。乃挨次前進。經過一亘牖下。向內而望。便見雲石牀平列。上停有屍。初見一溺死男子。形容腐壞。不堪入目。次乃見前夕之婦人。其停屍處相距畧遠。人謂此爲貴族特別之待法。則見死婦衣飾。一如前夜之狀。惟面貌不復遮蓋。髻髮梳理。其覆額者亦悉拖向腦後。本來面目。至是乃畢呈露。此婦雖遭非命而死。容顏仍未覺其慘變。有似睡去者。姌娜諦視。不禁失色。蓋此果爲意中想念之人。多年訪求而未得者也。視壁間牓告。謂果有人認識死者。可以入白記室。便思入告。繼復念前夕誓詞之重大。此兇徒監督恫喝之可畏。則又不禁索然氣餒。既復轉念死者爲己最關切之人。倫無人認識。此後不免亂葬於叢塜中。與衆爲伍。使其貴族遺骸。一旦賤辱至是。意良不忍。且其人生死不明。又恐尚有平生未了事件。抱憾九原。自計但述其姓氏。不言其他。或亦無甚開罪於彼兇人之處。不如入告記室爲是。斯時一行人衆。依次魚貫而進。道經事務處。知記室卽在其中。此時但須向右方繞出。讓衆人前行。己身便可趨向記室之門前。振其呼鈴。方欲行之。陡聞耳畔彷彿人語有聲。其言甚隱約。他人不能聞。言曰。毋忘汝之孤女婀娜。大驚遽反顧。儼若此兇徒即在其身後者。心殊懔懔。方惶駭間。已過事務所。路漸寬。衆人行列紛然四散。回頭睨之。在己身後者不過四五人。餘人則皆相去較遠。此數人中。一男子。戴絲織之小帽。其情狀彷彿若妓院中之捍衛爪牙。一胖婦人面肉紅赤。此殆作小本營生者。又男子二人。衣袴悉有石灰點。此必圬人。此外則尚有一身量小巧之老兒。長鬚已斑。雙眉濃覆。數人中惟此人稍可動疑。而其人復與己相去最近。然彼方從容爇火吸烟。口銜烟捲。殆未能啓齒言者。而且既爇其烟卽行他去。更難致疑於彼身。乃轉向右方行。將及記室之門。則有多人叢立於茲。念己心不免危疑。致妄生盃弓蛇影。此兇人必不至此地。觀其深謀遠慮。必爲出衆人材。斷非此等蚩蚩細民所可妄擬。乃趦趄行近記室門。相去數武。佇立而思。既不忍坐視此婦遺骨。棄擲荒坵。又恐彼兇人或密遣其黨羽伺己。正復痴立猶豫間。而其欲進不進之情狀。已爲室中諸員役所瞥見。有一人趨而問之。謂倘欲有所白者。彼將導之入室。婀娜惕然於適間耳畔之危言。儼若監吏在旁。兢兢恐懼。乃不敢直認。但託詞自解。謂適間見溺死之屍骸狀甚可怖。驚魂未定。故儞痴立。非欲有言也。諸員役乃不復疑。㛪娜知其處不可久留。乃急從左方轉出。復至禮拜堂前隙地。就一休息椅上兀坐。冥想。念此兇人操縱之術果甚工。己之女兒德理斯向畀一心腹保姆曰倔突兒者。謹愼將護。隱居於僻地。不與己同處。從無人知之者。卽前夕遇彼兇人時。聽其語言。尙未知吾有女。今僅爲時二三日。彼便舉吾素無人知之秘事。亦偵探得之。網羅密布如此。洵可畏哉。若不秘密其事。吾女其危矣乎。猶幸羅甸婦不知其中情節。乃未將吾曾至窺測所之事。告諸他人。諒彼念及平昔交情。此後亦必始終爲吾隱秘。決不肯妄相牽累。而吾之前夕私訪之事。必無人知。大可安閒置身於事外。但當謹緘其口。以避此惡賊之兇鋒可矣。坐久之。又恐惹人猜疑。便急起去。不意行未數武。猝與羅甸婦相値。婦一見㛪娜。便高呼曰。嘻。吾竟獲見子矣。子必於報章見茲異事。更欲一覩此婦。故來此也。吾今旣與子遇。子必假我片刻之閒。蓋吾有萬千語言。欲爲子言之也。㛪娜聽其言語坦率。益知其未嘗致疑於己身前夕有所目覩。心益坦然。自安。乃漫應之。婦復曰。吾誠有無限語言。欲爲子說。幾番欲往相訪。又念今非昔比。吾不當再到子之家中。故不敢往。今須爲子暢談也。媌娜拒之曰。此處不可。婦曰。何爲不可。嘻吾知之矣。子不欲人見子之與我爲羣耳。惟然。吾不決以吾之聲聞累子。惟子且告我此中更有新異之情節否耶。其屍身有無識之者耶。媌娜囁嚅應曰。殆無有也、吾適見之。尚陳列於衆中。曰僅如是耶。足矣。今子且聽吾言。我誠欲與子作長談。擬與子同坐一有幰之車。周遊於巴黎各處、吾二人可以下簾密談。更無人見子。倘欲之。則談罷之後。吾將逆子至意多伊里通衢。彼處距子家門僅數武耳。媌娜聞此。極愜心意。方欲允之。猶慮彼兇人之黨羽或隨於後窺伺、轉面四顧。則適間立己身後之四五人。已無一在左右者。羅甸婦復促之曰。子意何爲。夷猶將毋欲更往停屍場耶。曰。寧有是理。曰。然則子何遲遲、豈有所待耶。曰無之。請前行。吾將隨子俱去。曰。子宜速行。馬甸在彼。吾已遙見之矣。小鬼頭兩目殊精靈。子雖變服障面。亦必不能逃其鑒察。吾適間倘能於瞥見之下。識其爲子。何況个妮子耶。吾人宜急避之。二人乃趲行。至於克羅依他衢路。羅甸娘子之輀車已待於路隅。媌娜先登。羅甸婦繼之。既登車。囑告御人數語。便急下其車簾。車遂發。羅甸娘子乃曰。今無人能竊聽我曹所語矣。吾二人可以罄懷互相告語。吾請子先告我以彼夕穴隙中之所見如何。婀娜愕然自忖曰。吾意中早料其有此問，惟終未準備答詞。然既到此。亦更不容遲徊。只須擇可告者告之已耳。乃應之曰。吾所見亦殊不多。蓋此婦坐處適近牆壁。而又以背向我也。婦坐未久。即起登牀而臥。吾終不獲見其面貌。倘盼其轉身。庶幾可一窺眞相。而彼竟沈沈睡去矣。曰。是誠彼婦前此未有之創舉。蓋此人從未一就此牀臥也。子斯時亦嘗多方以驚醒之乎。曰。吾不敢爲此。且吾亦不欲終夜留滯。遂逕歸。曰。子歸去時。夜如何其。曰。吾亦不知。吾之留滯彼中。大約不過數十分鐘之久。曰。惡。殆更有多是於者乎。侍女約斯甸謂未嘗見子之出。而彼固常在樓梯口中。夜以後始下樓也。然則子就此歸去。終未獲一毫聞見耶。子昨覩報上所言。必大驚異。無怪子今者之潛至停屍場審視也。子既到此。亦曾細觀察否。子且爲吾言。此婦果爲子意中所欲覓之人否耶。婀娜模棱應曰。吾以爲殆非是也。曰。何以。者子今者猶未詳細審視耶。曰。吾驟見其旁有溺死者之屍骸。其形狀殊可怖。吾不敢復逼視。遂匆匆趨過。但略一瞬。及此婦之屍身耳、然此婦必非吾所想念之人。就令果是其人。竟出吾所料之外。究亦於吾無所妨害。以吾少小失足。墮落風塵。乃復與他邦之貴婦人有所攀附。其事傳播於外。亦

偵探小說 **二百十三案出版**

（全書二冊定價一元）

法國嘉寶耳著新會陳鴻璧譯○敘一銀行驟失巨款疑及會計繼爲著名偵探劉谷竭數月精力始獲破案其手腕之敏妙布局之嚴密爲福爾摩斯所不及且揭銀行主之夫人十餘年前所演秘史情節離奇雲翻波譎是書固爲偵探小說之鉅製然寫情處復悱惻旖旎可泣可歌洵說部空前之作也

寄售處上海廣智書局

影宋本陶淵明集	六角
草窗詞	五角
夢窗詞	六角
彊村詞	四角
彊村詞前別集	三角
藝蘅館詞選	二元五角
松陰文鈔	二角
飲冰室文集（四號大字中國版式每部八冊）	四元

上海廣智書局發售

玻璃版印 **王石谷臨安山色圖卷**

此卷題曰丙子秋七月做巨然筆爲石谷六十五歲所作正在造詣深純精力彌滿之時用筆渾厚布局深遠煙雲變幻草木華滋人物屋宇牛羊點綴皆有神逸之趣眞石谷生平絕作也此卷向爲廷氏雍所藏庚子之亂失去去年見之廠肆售至千八百金姜穎生君留得影片一套本社得以印行照原卷大小分作十八段絲毫不改動仍可接裱成卷每冊價洋一元八角外埠加郵費八分

精印 **吳梅邨文集**

梅村詩哀感頑豔流連故國一唱三歎無愧詩史久已家置一編惟文集罕覯世所通行者僅吳詩集覽梅村詩注二種讀其詩者每以不得見其文爲憾本社覓得初印文集原本共二十卷其文章綺麗穠郁悲涼哀怨不減其詩而故國之戚身世之感時時流露其于勝朝遺逸及朝章國故風俗盛衰尤紀載之不遺餘力眞有關一代文獻之著作非同浮文逸響也陳言夏稱子美工詩退之工文惟先生兩秉之其爲當時推重如此全部共四厚冊用中國連史紙精印價洋二元八角

上海四馬路老巡捕房東面惠福里神州國光社北京玻璃廠土地祠分社同啓

上海外交報館今遷四馬路書錦里口

庚戌年 外交報 十年紀念 增刊兩册

本館延定留學外洋法政專家撰著國際法學論說並於正月臘月各增一册逢五發行全年三十四册自辛丑至庚戌適屆十年共三百册預訂全年本埠四元五角外埠五元二角外國六元零售每册一角六分補購辛丑壬寅癸卯甲辰百册減爲十元外埠加郵費八角陝甘雲貴四川等省郵費加倍補購壬寅全份本埠四元外埠四元五角癸卯全份本埠四元三角外埠四元八角甲辰全份本埠四元外埠四元五角乙巳全份本埠四元二角外埠四元八角丙午丁未戊申每年各全份本埠各四元五角外埠各五元己酉全份本埠四元八角外埠五元五角外國六元二角歷年零册一角六分 ◉上海外交報館 在四馬路書錦里口商務印書館內

◉第二十九號即二百九十五期十月念五日已出 要目列下 ◉論說 論我國二十四時間及其與他國規定之比較（留學日本中央大學法科大學部無錫孫觀圻撰） ◉譯論 論美國遠東政策 論巴拿馬運河軍事上性質之源流 論土匈二國在法募債 論法在摩洛哥經濟界之地位 ◉外交大事記 華工紀聞 要事彙誌 ◉世界大事記 東洋之部 日本明年度豫算案 韓國遺臣受賞 西洋之部 各國社會黨大會 俄皇將往會德皇 俄太平洋艦數與軍費之豫計 奧以海軍案布告匈國 土內閣不協 土屬小亞細亞土民叛 義使爲土人所窘 土人抵制希貨 希土爭購軍艦 希議院解散 義塞修好 塞之孤立 美之排亞 ◉德國霍亨洛親王日記節本 （續二百八十四期）

◉第三十號即二百九十六期十一月初五日已出 要目列下 ◉論說 論國際上之犯罪人引渡（留學日本中央大學法科大學部無錫孫觀圻撰） ◉譯論 論西歐產業界之同盟罷工 論移民集中滿韓 論亞洲各國對于日本觀念之真相 ◉外交大事記 要事彙誌 ◉世界大事記 西洋之部 各國海員同盟罷業事議決 英國重開協議會 英海軍大臣反對增艦 英國蘇格蘭要求自治 英國愛爾蘭要求自治 波亂近情 ◉韓國三十年史 （續二百九十三期） ◉各國對華政策

外交報館

●太倉中斌學堂監督兼歷辦普通震旦校務聞君冠塵服自來血之後精神倍增舊病全除之保證書

五洲大藥房主人執事敬謝者鄙人自東瀛游學因病歸國瞬將十年歷辦普通震旦校務並獨力担任創辦中斌公學一所學生日見發達一切校政教科鄙人均有監督之責祗以舊患痰喘逢寒必發深受其累去秋在太倉中英大藥房購服自來血四瓶功效甚速鄙人素不信醫藥自服之後精神倍增目下舊病全除面部紅光大來日漸肥胖一切校務勝任愉悅爲此敬告中外學界仝人之同病者庶得早占勿藥也專鳴謝悃即頌○○日祉

自來血價目大瓶二元小瓶一元二角每打二十元十二元託局函購原班回件凡各界諸君如蒙惠顧須認明仝球老牌商標每瓶附有值洋一角之認眞券一張五彩保證書一本方是的眞

●總發行所上海四馬路老巡捕房對門五洲大藥房

抄登

父子皆服韋廉士大醫生紅色補丸而愈疾

四川傅廣文傳廷璽玉照

成都通俗報主筆傅崇渠玉照

韋廉士大醫生紅色補丸由格致研究而得爲盡美盡善補血補腦天下有獨無偶家用之良藥也其功用能使身體復原更生新力玆有傅翁廷璽與其公子崇渠之二症而益證明之傅翁係四川簡州籍任瀘州江安縣數諭曾來函致謝云○余行年九十身體康健回憶數年前曾患足疾不良於行自服韋廉士大醫生紅色補丸之後**足疾全愈步履輕健**毫不乏力且於十年前閱書作字須戴老光眼鏡今則**雖無眼鏡**亦能觀書且**能作蠅頭小楷**韋廉士大醫生紅色補丸所賜於我之益誠非淺鮮爰作證書登諸[illegible]耄瞶如余者亦[illegible]○其公可服之**同登**[illegible]也崇渠爲成都通俗報社[illegible]來函云○余素腰痛痼疾[illegible]承北京友人贈我韋廉[illegible]色補丸數瓶服之未幾**痼疾**[illegible]廉士大[illegible]生紅色補丸爲天下**有獨無**[illegible]**一寶**也特書數語以鳴謝悃**丹**

注意能治疾者眞韋廉士大醫生紅色補丸也

DR. WILLIAMS' PINK PILLS FOR PALE PEOPLE

謹防贗戳假冒

韋廉士大醫生紅色補丸二十餘年以來已治天下文明各國無數所患之血薄氣衰　陽萎不舉　膂尻痠痛　諸虛百損　背骨疼痛　胸膈脹痛　少年斲喪　風溼骨痛　左癱右瘓　皮膚炸裂　山林瘴氣一切等症莫不立奏奇功至於醫治婦科各症更爲獨一無雙之妙品也

韋廉士大醫生紅色補丸中國各處藥局商店凡經售西藥者均有出售如內地無從購買可直向上海四川路八十四號韋廉士醫生藥局中國總發行函購或向重慶白象街分行函購亦可價銀每一瓶大洋一元五角每六瓶大洋八元遠近郵費一律在內

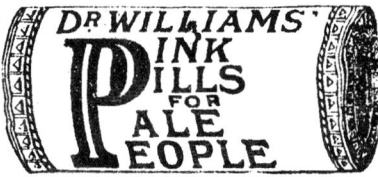

大清郵政局特准掛號認為新聞紙類
日本明治四十三年二月十三日第三種郵便物認可

每月三期逢壹日發行

宣統二年十二月初一日

第壹年第參拾參期

愛理士紅衣補丸

治愈咳嗽時發精神困倦承烏君雨亭惠來証書照登

余自幼身體虛弱以致咳嗽時發精神困倦夢寐不寧雖經時常調理無奈實無見効茲蒙 家嚴寄來 貴廠之愛理士紅衣補丸兩瓶服後果然精神煥發咳嗽全消足見此丸之功効非淺除另函求 家嚴再寄外就近泐此數行以表謝意並附小影以爲是丸之佐証幸祈列登報章以告病者耶

中國電報滬局雨亭謹識

外埠各大藥房均有發售倘內地無從購買處請函至上海四川路一百十七號總批發所購買即班回件郵費不加

本埠西北城鄉由南翔張永吉號代理

震寰藥廠啟

各埠代理處

北京楓梓胡同廣智書局　保定萃英山房　官書局　天津原創第一家派報處　公順京報局　李茂林　羣益書局　奉天振泰報局　圖書館　盛京振泰報局　吉林文盛報房　濟南維新書局　開封茹古山房　文會山房　大河書局　教育品社總派報處　彰德茹古山房　武涉永亨利　西安公益書局　萃新報社　太原文元書局　書業昌記　貴州崇學書局　雲南天元京貨店　安慶萬卷書樓　廬州神州日報分館陳福堂　閱報館於炳章　漢口昌明公司　蕪湖科學圖書社成都正誼書局　輸文新社　華洋冬報總派處　安定書屋　長沙羣益圖書公司常德申報館　南京啓新書局　莊嚴閣　崇藝書社　圖南書社　神州日報分館　南昌開智書局　廣益派報社　廣信益智書局　福州教科新書館　廈門新民書社　溫州日新協記書莊　廣明書社　揚州經理各報分銷處　蘇州瑪瑙經房　常熟朱乾榮君　海虞圖書館　廣州國事報　廣智分局　廣生印務局　日本中國書林　星架坡南洋總匯報　澳洲東華報　金山世界日報　紐約中國維新報　溫哥華日新報　香港致生號　商報

宣統二年十二月初一日出版

編輯兼發行者　何國楨

發行所　上海福州路　國風報館

印刷所　上海福州路　廣智書局

定價表（費須先惠逢閏照加）

項目	報資
全年三十五冊	六元五角
上半年十七冊	三元五角
下半年十八冊	三元五角

零售每冊　二角五分
本國郵費　每冊四分
歐美郵費　每冊七分
日本郵費　每冊一分

廣告價目表

一面	半面
十元	六元

國風報第一年第三十三號目錄

新年之國風報

本報開辦一年。頗承　海內外大雅君子許可。不脛而走。同人既以自慰。益用自勉。今全年三十五冊。已將次出完。以來春正月十一日。卽出第二年第一號。今將　新年各號要目。先布如下。

憲法問題

頃已奉　明詔。派出編纂憲法大臣。全國人民所渴望之憲法。將次出現。憲法條文之良否。實爲國家安危盛衰所由繫。今日有種種問題。亟當研究者

一　各國憲法有君權主義。民權主義。國權主義之別。我國當何擇。

二　現在制定憲法之權。與將來改正憲法之權。關繫極密。我國此權宜專由君上行之乎。抑君上與人民共行之乎。

[illegible]

十年來世界大勢之變遷

等篇其內容不及備載又今年登載未完之

中國國會制度私議

亦以新年最初數號登畢所論者爲國會之職權實本文之中堅也又別置

史譚

一門專述各國立憲前後之史傳足以爲我法戒者趣味濃深字字飛動最足起人興會其餘各門不及備述

預定全年三十四冊	六元五角	外埠加郵費一元
預定半年十七冊	三元五角	外埠加郵費五角
零售每冊二角五分	郵費三分	

上海四馬路國風報白

諭旨

十二月初一日　上諭監國攝政王面奉　隆裕皇太后懿旨明年元旦皇帝毋庸行禮停止筵宴在外公主福晉命婦亦毋庸進內行禮欽此　上諭禮部奏明年元旦禮節請旨遵行一摺着停止升殿受賀欽此監國攝政王鈐章軍機大臣署名

初三日　上諭禮部奏孝欽顯皇后服闋行釋服禮日期各摺片宣統三年正月十六日由監國攝政王恭詣奉先殿行釋服禮餘依議欽此　上諭禮部奏德宗景皇帝服闋行釋服禮日期各摺片宣統三年正月十六日由監國攝政王恭詣奉先殿行釋服禮餘依議欽此監國攝政王鈐章軍機大臣署名

初四日　上諭奉天度支使著齊福田補授欽此　上諭安徽巡警道員缺著王履康補授欽此　上諭前據錫恒電奏哈薩叨克吉瑪木爾伯克控告塔爾巴哈台參贊大臣扎拉豐阿派令章京奇蘭等管理蒙哈加添無數差使並多方婪索一案當經諭令錫恒按照所訴各節確查嗣因錫恒病故復諭令忠瑞赴塔城接查茲據查明電奏所訴各節均屬實情自應量予懲處前塔爾巴哈台參贊大臣安成扎拉豐阿先後蒙奏

冒徵扎拉豐阿復索取哈台吉銀兩馬匹魚肉邊氓實屬辜恩溺職雖經病故安成着撤銷䘏典扎拉豐阿著革職遞年經收各章京記名副都統協領奇蘭伊犂錫伯營領隊大臣花沙布後先派充邊防營務處既不能規止於前又復附和於後奇蘭總辦皮毛公吉又不免阿人所好不知遠嫌泰東陵員外郎准保知府巴達蘭佈補用協領佐領托克湍巴圖雖係奉諭徵收究屬不合均著交部分別議處縣丞單過亨身充商夥出入衙署物議沸騰著即行革職餘著照所議辦理該部知道蒙哈情形困苦嗣後務當加意撫綏約束章京等毋任苛擾以安衆心用示朝廷體恤邊氓之至意欽此監國攝政王鈐章軍機大臣署名

初六日　上諭唐紹怡奏病勢日深假期又滿懇開去署缺一摺署郵傳部尚書唐紹怡著准其開去署缺欽此　上諭郵傳部尚書著盛宣懷補授吳郁生著補授郵傳部右侍郎欽此　上諭吏部右侍郎著沈雲沛署理李經方著署理郵傳部左侍郎未到任以前著吳郁生兼署欽此監國攝政王鈐章軍機大臣署名

初七日　上諭山東鹽運使員缺著方碩輔補授欽此　上諭溥良盛桂奏察哈爾右

翼四旗被災情形懇恩撫卹一摺右翼四旗上年秋間已屬苦旱今歲春夏雨澤又復稀少亢旱成災牲畜多致餓斃困苦情形殊堪憫念加恩著賞給帑銀一萬兩由度支部給發交溥良等派令妥員前往災區查明戶口被災輕重分別妥爲散放毋任失所用副　朝廷撫卹民艱之至意欽此監國攝政王鈐章軍機大臣署名

初八日　上諭本日召見之明保翰林院編修施愚著以應升之缺開列在前欽此監國攝政王鈐章軍機大臣署名　上諭本日召見之審案平反存記道直隸保定府知府錫齡阿著在任以道員遇缺儘先補用并仍交軍機處存記欽此監國攝政王鈐章軍機大臣署名　上諭孫寶琦奏查明本年山東各屬秋禾被災情形懇恩蠲緩錢漕一摺本年山東青城等九十一州縣及歸併衛所並各鹽場夏初雨暘失時夏秋之際又復陰雨連綿山洪暴注沿河沿運一帶大汛泛濫積水不消若將被淹村莊應征錢漕照常征收民力實有未逮加恩著照所請所有成災最重之青城縣屬各村莊應征本年錢糧漕米漕倉等項全行蠲免其餘成災輕重不等之利津等州縣應征錢糧等項按照單開各村莊地畝分別蠲緩該撫即刊刻謄黃徧行曉諭務使實惠均沾毋任

吏胥舞弊用副朝廷軫念民艱之至意餘著照所議辦理該部知道單併發欽此監國攝政王鈐章軍機大臣署名　上諭前據李經羲電奏大姚縣匪徒聚衆謀亂縣城被陷收復當經諭令嚴拿首要並查起事原由茲據查明覆奏匪首陳可培與會匪鄧良臣聚衆放飄潛謀起事入城刦殺當經派令防勇鄉團等援擊陣斃生擒悍匪甚夥縣城當即收復旋復拿獲陳可培鄧良臣訊明正法署大姚縣知縣鄭兆年典史鄧龍光巡長謝蘭潤倉皇遁匿臨事畏葸均著即行革職鄭兆年尚有發餉另案著仍留滇聽候查究所有在事出力人員准其擇優酌保數員毋許冒濫該部知道欽此監國攝政王鈐章軍機大臣署名

初九日　上諭本日軍諮處陸軍部帶領引見留學日本陸軍測繪畢業學生考列優等之李兆綸黃郛德楞圖李向榮唐凱俞應麓陳陛章均着賞給舉人授為測繪副軍校考列上等之郭廷康王炳潛史燉臣興宗文蔚齋張裕文郭延井介福李偉旃章煥琪均著賞給舉人授為測繪協軍校考列中等之馮家驄著賞給舉人以測繪協軍校記名補用欽此監國攝政王鈐章軍機大臣署名　上諭陳夔龍電奏查拿著名無賴

出身微賤之溫世霖即溫子英原名溫昱曾充長隨多年聲名惡劣久爲衣冠不齒此次在津竟敢假請願國會爲名結衆歛錢已屬有害地方又復擅揑通國學界同志會名義妄稱會長遍電各省廣肆要結同時罷課意圖煽惑居心實不可問請嚴行懲儆等語溫世霖着即發往新疆交地方官嚴加管束以遏亂萌而弭隱患該部知道欽此

監國攝政王鈐章軍機大臣署名

初十日　上諭監國攝政王面奉隆裕皇太后懿旨明年正月初十日萬壽皇帝在宮內行禮王公百官毋庸行禮停止筵宴在外之公主福晉命婦毋庸進內行禮萬壽正日王公百官均著補褂挂朝珠初六初八初九十二十三十五等日均常服挂珠欽此

上諭禮部奏萬壽聖節應否照案行禮一摺明年正月初三日萬壽朕在宮恭詣隆裕皇太后前行禮王公百官均毋庸行禮十三日王公百官均著常服挂朝珠十六日十五日均蟒袍補褂欽此監國攝政王鈐章軍機大臣署名

[illegible] [illegible] 六

論說

國會開會期與會計年度開始期

滄江

自　明詔渙降。定以宣統五年召集國會。雖未足以慰薄海徯蘇之望。而宣統五年之必有國會。萬無反汗之理。斯則五尺之童所能知矣。故吾於國會開會期。欲有所商榷焉。

今資政院以每年九月初一日開會。十二月初一日閉會。其所以必采用此期限之故。立法者未嘗明言。就鄙見臆度之。大抵以正月初一日爲一年施政之始。資政院先期三月。將各事議定。一交新年。卽便施行也。此制度驟視若甚適當。然按諸實際。則將來國會開會期。應否沿用之。是不能無疑。

第一。爲議員方便起見。此時期果適當乎。人民之參與國政。固爲一種應享之權利。同時亦爲一種不可辭之義務。當議院開會時。則屏棄百事。而夙夜在公。議員之職也而國家之所責望於人民當視其力之所能任今資政院欽選議員全屬官吏其民選者亦强半在京師有職業故於生計季節關係至薄一年中無論何時皆可責以此等公務而不爲虐若將來國會成立則各省所選出之議員其屬於農工商社會者當不乏而自九月以迄歲終正農工商家事務最繁劇之時（農家則十一月後稍可休息工商家又以其時最忙也）即尋常士紳歲晚人事亦所不免勢必於會期方半紛紛告假而最重要之議案必將以草草了事甚非所以鄭重立法權也（凡重大之議案。每於會期之末始議決。此各國議院共同之現象也。此非有法律上之理由。不過鄭重其事。幾經審查宣讀乃開議耳。即如今年資政院之對於預算案。亦至會期之末乃付決議。是可證也。）故即此一事而現在會期之不適固已甚明

第二　爲與諮議局聯絡起見此時期果適當乎我國將來國會之職權有與他國絕異者一事他國國會皆禁與地方議會公文往復我國則不能援以爲例蓋我國行省制度爲各國所無督撫之地位不能與他國之地方行政長官同視諮議局之性質自不能等於他國之地方議會故既行資政院章程其第二十二條至第二十四條即規定資政院與各省諮議局之關係將來國會此規定亦萬不可缺明矣然據吾所見以謂欲謀此兩機關之聯絡則以諮議局閉會前後國會銜接開會最爲合宜（其故當別著論）

明之今避蔓衍不先及果爾則國會若九月開會者諮議局必當於六七月開會其與次年度相隔太遠其不適益不俟論而現在會期之不適亦從可知矣

然此猶細故也其最重要者則**第三爲與會計年度銜接起見此時期果適當乎** 欲答此問則又有一應先決之問題 **即會計年度開始期問題是也** 而欲解決會計年度開始期問題以次及國會開會期問題則左方所列諸原則最不可忽也

一 會計年度當以國庫收入租稅最豐時開始而國稅徵收期恒爲國中產業季節所限

二 預算之編製期與其施行期萬不可相隔太遠

三 立憲國之預算編製既竣之後仍必須經議院之議決乃能施行故爲編製期與施行期接近起見則議院閉會期宜與會計年度開始期緊相銜接

吾國前此無所謂預算自無所謂會計年度度支部及各省收支款項動則轇轕至數

年十數年。曾不得一結束。其棼亂之狀。可無論矣。今既辦預算。則會計年度。勢不得不劃清界限。自每年某月某日起。至每年某月某日止。定爲此一年預算案施行有限之期。此卽所謂會計年度也。而今者我國人語及會計年度。輒曰自元旦以迄除夕。是爲一年。豈復更有疑問之餘地。不知此大誤也。無論何國。其國庫所支銷。一年之中總以會計年度初開始之一兩月爲較多。此普通之現象也。而立憲國之公例。本年度國庫所入。必適以供本年度所支銷而止。不許多有所贏餘。苟當會計年度開始後。而國庫經數月。尚無所入。則所恃以爲挹注者。不外由度支部發短期債券之一法。(度支部短期債券日本省所謂大藏證券也)而此種短期債券所發過多。不惟國庫坐耗其息。抑易釀行政之腐敗。言治者。蓋深以爲戒焉。然則年度開始後一二月間。國庫宜卽求多有所入。此事理之順序也。而國庫所入。以租稅爲大宗。租稅所入。以直接稅爲大宗。然直接稅之爲物。常爲金融季節所左右。不能先期妄徵者也。(間接稅亦受金融季節之支配但不如直接稅之甚)例如田賦。當於禾稼登場後收之。營業稅所得稅等。當於商界結帳期後收之。反是則病民矣。是故不能強

改徵稅期以就會計年度惟有斟酌會計年度以就徵稅期故英德日本等國皆以四月初一日爲會計年度開始期美意荷墨等國皆以七月初一日爲會計年度開始期惟法國今尙以元旦迄除夕爲一會計年度而彼中政客學者攻難不已行且改正矣（上所舉者指陽曆）凡此皆斟酌於本國金融季節而劑其宜也以吾所見**則謂我國宜以六月朔至次年五月晦爲一會計年度**（若改用太陽曆則以五月初一日開始可也）若會計年度同於歷年則吾期期以爲不可也請言其理夫吾國租稅所入以田賦爲大宗徵收田賦之法以六月爲上忙以十月爲下忙故非至六月以後則國庫不能得一文之田賦此盡人所同知矣他日改正稅法則營業稅所得稅等諒須增設而此等稅之徵收宜在商界結帳期之前後我國商界慣習通以端午中秋除夕三節爲結算期此種稅亦宜隨此季節分三期徵收而亦皆在五月以後卽海關稅及國內消費稅等其旺盛之期亦率皆在四五月以後蓋國家之取於民恒取其資本所殖之贏而春季方爲投下資本之時殖贏必

待夏秋此至淺之理也今若以元旦爲會計年度之始則最初半年間國庫每月所入恒不過其所支者什之二三其餘不得不乞靈於度支部短期債券即以現在歲出之數計之（宣統三年預算歲出三萬萬四千餘萬兩）大約此項短期債券已須發至一萬萬五千萬圓內外所虧之息最少亦須三四百萬圓況將來歲出日加而此項債券又隨之俱加耶而其間接釀行政之腐敗者益無論矣故吾謂中國而欲得正確之預算必當先定會計年度而會計年度必當以現曆六月初一日或陽曆五月初一日爲開始期稍有常識者當必信吾說之不誣耳

既定會計年度開始期則國會開會期可得而繼論焉

夫國會最重要之職權非在其協贊預算耶預算經國會協贊即爲成立而有司可奉以爲施政之鵠的也雖然預算之成非獨成於協贊時也前乎協贊者有提出焉前乎提出者有編製焉前乎編製者有編製之準備焉考各國編製豫算之次第大率在國會開會前六七個月先由各部大臣編成翌年度本部歲出概算書照會度支部大臣（第一著）度支部大臣於接照會後一個月以內彙集之爲歲入歲出概算書提出內

閣會議（第二著）內閣於半個月以內將應許應裁之費分別照會各部（第三著）各部於接照會後一個月以內編製本部經費要求書照會度支部大臣（第四著）度支部大臣根據各部要求書編製總預算提出於內閣（第五著）經內閣會議決定之提出於國會（第六著）蓋於提出國會以前其所以造此預算者如彼其繁重也萬不能不假以時日故總預算決定之時（即前所舉第五第六著）與開始施行之時相距最短者猶四五個月（蓋中間必須經國會議決之一階級而國會會期大率三個月此間隔萬不能免也若非立憲國則閣議決定後即可施行爲道自捷）而前此之準備亦須兩三個月此不可避之數矣夫預算云者立夫事前以逆料事後也事前逆料雖明哲固難以悉中而距所料之事較近則其命中也尚較易距愈遠則愈難故凡言理財者恒務竭其力所能及以縮短豫算編製期與施行期之距離法國學者士緇廉曾痛歎其國編製預算與施行預算相隔之期太遠（法國率以前兩年編製後兩年之預算）謂似此制度則度支大臣雖有才識無所施雖忠誠亦爲所掩非過言也而在立憲國國會協贊之一階級既萬不能免**則惟有使預算編製告竣之期與國會開會期緊相銜**

接而國會閉會期與會計年度開始期緊相銜接斯爲最當資政院之以九月開會十二月閉會在立法者之意殆欲以元旦爲會計年度開始期則所規定誠爲適當然元旦開始事實上萬不可行既已若彼**若吾所主張六月朔日開始之說不謬則國會開會期必應在三月初間其理蓋不煩言而解矣**若如今制以九月朔日開會乎則預算之編成總須在七月以前（蓋中間必須有一月爲內閣會議決定之餘地也）距施行期十一個月矣而各部大臣之調製概算書必須在四月以前距施行期十四個月矣不特此也我國歲出歲入之大部分皆在各行省故我國將來爲編製預算之準備不獨當由各部提出概算書於度支部也而各督撫提出概算書尤爲重要而經閣議後各費之應留應減尤須分別與各督撫磋商此中更大費時日故他國之準備時期三個月而已足者我則殆當倍之（此事實爲將來極難解決之一問題其中障礙甚多不止此一端也吾將別爲專篇論之）則距施行期且十七個月矣夫十七個月間人事變遷安可紀極欲得正確之預算雖管桑殆無術能致其究也必至陸續提出無數

之補加預算或別設多額之預備金而已然此皆足以釀行政之紊亂損立憲之精神故可已則吾欲已也由此言之則我國國會必當以二三月之交爲開會期殆無疑義矣

（附言）現資政院開會期定以三個月盖採日本議會之制然日本議會會期比較歐美各國號稱最短彼中學者多有違言我國土地人民十倍日本政務自不得不視彼爲繁况我國會尙有與諮議局之關係乎今玆資政院會期屆滿而重要議案十未了一雖其他種種原因尙多而會期失諸太短亦其一也然則將來國會會期似不可不加長果爾則開會之期又當加早

要之閉會期與會計年度開始期緊相銜接實爲不易之原則若會期定爲三個月則當以三月初開會定爲五個月則當以正月初開會他可類推

由是而各省諮議局可以每年正月或二月爲開會期與國會會期畧相銜接則不相

妨而能相濟矣各議員則於新年歡聚以後辭鄉井朝京師溽暑將臨則休暇歸省此所謂事理兩順公私咸洽者也

吾說若可采則宣統五年春即爲國會遵旨成立之期而宣統四年春即當有事於選舉何也我國幅員寥廓必須總選舉完竣後四五個月開會然後邊遠省分議員乃能應召故選舉完竣最遲必當在宣統四年八九月間而諮議局現用複選制度將來國會諒亦從同初選約當在複選前五個月舉行故宣統四年三四月間初選必當開始也

然則選舉法議院法殆皆不可不以宣統三年上半年頒行而此等重要法典例須經資政院議決今資政院閉會在即爲之奈何曰資政院之開臨時會蓋萬不容已矣

時評

評新官制之副大臣

滄江

責任內閣之將設立。已見 明詔。未幾而海陸軍兩部新官制發布。改尚書稱大臣。同時並設所謂副大臣者。將來各部。大約皆同此組織。殆可推知。而此制度果於立憲國之精神有合乎。吾不能無疑。

就政治上言之。則副大臣是否列為國務大臣。此一疑問也。立憲國之國務大臣。兼有兩種地位。其一。則行政上之地位也。其他則政治上之地位也。蓋一國之政治。其責任不能無所歸。而在立憲國。則以君主不負責任為原則。故大臣輔弼君主而全負其責任。然不負責任之君主。又不容躬親大臣責任以瀆神聖也。乃以此職權委諸國會。國務大臣者。與國會相對待之機關也。故國務大臣與

時評 二

普通官吏異普通官吏以服從命令爲主其有瀆職則受懲戒若國務大臣者以云服從則服從君主耳然君主之命令必以大臣副署而始有效者也以云懲戒則君主懲戒之耳然君主之懲戒又必經大臣輔弼然後行者也於是乎舍國會以外無足以檢束大臣之行爲者然則國務大臣與其他官吏其法律上之地位劃若鴻溝明矣今使副大臣而列爲國務大臣也則一國中果須爾許之國務大臣否耶使副大臣而不列爲國務大臣也則何必以冒大臣之名且副大臣將直接對於君主而負責任耶抑對於本部大臣而負責任耶吾苦無以明之

就行政上言之則大臣與副大臣是否成長屬之關係

此又一疑問也夫今之大臣副大臣與昔之尙書侍郎則異名同實耳尙書侍郎昔本六人者後乃減爲三人今復減爲二人數雖減而性質則如故也尙書侍郎則非長屬而同列也夫官署本有獨裁制與合議制之別合同列數人共長一署在理原非不可然行政官署采此制者已少若一國之最高行政官署而置權力同等者兩

人以上則未有不治絲而棼也在昔六部九卿之弊與夫督撫同城之弊既稍有識者所共見矣今使一部中兩大臣而爲平等之關係也則改制何爲若爲長屬之關係也則古人所云並都匹嫡兩都耦國名不正言不順亦已甚矣

彼立法者豈不以各立憲國各部大臣之下多有次官因爲此以擬之耶夫名爲副大臣與名爲次官雖不必斷斷計較然我國之設副大臣與人國之設次官其精神截然不同則天下所共見也人國之次官爲事而設者也我國之副大臣爲人而設者也顧亭林有言小官多者其世盛大官多者其世衰我國今日盈天下皆大官也彼車載斗量之大官明明與立憲國之行政組織異雖然犧牲國家可也犧牲大官之地位焉不可也此副大臣所由立也豈惟副大臣全部新官制之旨趣皆在是耳嗚呼吾欲無言

宣統二年十一月十六日稿

時評

四

硃諭與立憲政體

滄江

旬日以來、以資政院彈劾軍機之故。連頒　硃諭。皆不以軍機大臣副署之形式行之。此實兩年來一種新異之政治現象也。　王言如綸。吾儕小民。豈敢妄贊一詞。惟按諸中外古今之法理。以研究其性質。則亦聞政者所當有事也。

硃諭者。唐宋以來曰內勅。謂中旨特下。不由廷臣擬進者也。質言之。則出於君上單獨意思而不參以他機關之同意者也。其在專制政體之國。一切詔勅皆以君上單獨意思而成立。故內勅與普通詔書。在法理上本無區別之可言。然我國向來習慣。猶必指定一機關爲出納之府。故唐人有言。不經鳳閣鸞臺。何得爲勅。而斜封墨勅之屢頒歷代。皆引爲大戒。良以內勅者。名義上雖云出於君主單獨意思。事實上往往有他人之意思參乎其間。而此所謂他人意思者。其人大率假君主爲護符者也。故我國前古令辟。凡事之關於賞罰黜陟及邦國財用者。每不肯輕用內勅。非法理上有所限。凡以示王者無私。言一切皆與大臣共之云爾。

時評 二

若近世之立憲國則凡政治上之詔勅不經國務大臣副署者不認爲有效非削君主之權也法理之結果不得不然也英國者立憲政體之祖國也而其諺曰君主不能爲惡夫人性可以爲善可以爲不善君主亦猶是人也而曰不能爲惡也何居學者解之曰君主者以一自然人而爲國家之最高機關者也就其爲一自然人之地位言之則罔與其他之自然人同能爲善亦能爲惡者也就其爲國家最高機關之地位言之則只能爲善而不能爲惡蓋此機關實絕對的不能爲惡之機關也凡君主皆舉一國立法行政司法三大權而總攬之然皆不以自專而分使他機關參預司法權則法院以君主之名行之者也立法權則議會協贊君主以行之者也行政權則國務大臣輔弼君主以行之者也故君主之一機關曾無單獨自動之事其有動則必挾他機關以動者也夫既挾他機關而始動苟其動而惡也是亦他機關有以成之耳大臣副署制所以爲立憲政治之命脈者其精神皆在於是**故近世各立憲國苟其詔勅有不經大臣副署者祇認爲君主以自然人之資格**

而發私牘不認其爲以國家機關之資格而發公文此不必君主爲然也即以普通官吏論無論何人皆不能無私牘然體制總不能與公文相混既名曰公文則必有畫行用印等種種條件條件有一不具卽失其爲公文之用此事理之至淺者也立憲國詔勅必以大臣副署爲成立之條件其作用亦猶是耳既有此條件則責任自有所歸蓋雖有違法違憲之詔勅苟非大臣副署則不成其爲詔勅使君主違法違憲之舉得現於實者皆副署之大臣成之也所謂大臣負責任者非責任本在君主而大臣代負之也君主本無責任而責任實全存於大臣之自身也 淺識者流或以爲君主並非不能爲惡徒以其神聖不可侵犯雖有過舉而勿宜問故移而尸之於大臣如周公抗法於伯禽如魏絳戮揚干之僕此大謬也 夫大臣民之尊君親上以實不以文 故以足蹴路馬芻有誅齒路馬有誅謂其

時評 四

嫌於僞君也若明明以君爲過舉徒束於名分不敢議而議其所親暱以使之聞之則其與於不敬抑又甚矣今立憲國之精神則異是君主者常立於無過之地者也其所謂不能爲惡非理想上之不能而事實上之不能也何也苟其爲惡非副署之大臣長之逢之則無所取塗以現於實故惡惟在大臣而決不在君主也明乎此義則今世各立憲國斷不肯用不經大臣副署之內勅其故可思矣其所以以大臣副署爲詔勅成立之必要條件者凡以使君主常立於無過之地而臣民之愛戴君主得出於至誠云爾

孔子之稱舜也曰無爲而治其稱堯也曰蕩蕩乎民無能名焉孟子曰堯以不得舜爲己憂舜以不得禹皋陶爲己憂此其言君主無責任大臣負責任之理可謂博深切明

哀公問孔子曰一言而喪邦有諸孔子對曰言不可以若是其幾也人之言曰予無樂

乎爲君惟其言而莫予違也如其善而莫之違也不亦善乎如不善而莫之違也不幾乎一言而喪邦乎此以言乎君主發言之不可以易也遠循先聖之鴻訓近察各國之法理有國有家者可以知所擇矣

夫我國昔在專制時代賢君誼辟猶兢兢致謹於是況其在立憲政體久布於天下者耶夫降乘輿之尊以代一誤國殃民之人受過去高明之地而立於人民相對待之勢甚非所以保威嚴而定民志也嗚呼乃心　皇室之君子倘亦有能以此言聞諸　君父者耶

險夷原不滯胸中
何異浮雲過太空
夜靜海濤三萬里
月明飛錫下天風

著譯

日人論中國整理財政策

明水

日本生計學者中有名根岸佶者。爲同文會會員。又曾任上海同文書院院長。於吾國生計狀況研究最深。不第爲彼中學界所罕見。卽以吾國人知本國事。恐亦未能如彼之博贍也。頃見其近著支那財政整理論一篇。雖所言未必悉合。而搜討之勤。研鑽之苦。有足多者。爰譯錄之。以供我國人士之參攷。詩曰。他山之石。可以攻玉。其諸集思廣益之士所樂聞歟。 譯者識

中國百度維新。當以財政爲根本。苟財政整理不得其宜。則所謂維新者。將屬紙上空談。今之中國政府。汲汲焉以此爲務。良有以也。查光緒三十四年冬。嘗頒布改革財政諸法令。爾來雖復盡力實施。然國庫支絀。往往不能盡如所期。今者聞復有整理財政案。其詳雖不可得而聞。謹披瀝所見。摘其重要諸事。所必當整理者言之。大方君子不

沓賜教。則幸甚。

第一節　光緒以後財政狀態

欲論整理中國財政。不可不先窮其財政狀態。今畧去光緒以前。但就光緒以後之財政狀態觀之。則其變遷之期有四。一由光緒初年至甲午之役。一由甲午戰後至庚子之變。一由庚子之變至改革中央官制。一由改革中央官制至於近日是也。請得分論之。

第一　由光緒初年至甲午戰役之財政狀態

由光緒初年。以至甲午。中間二十年。號稱治平。蓋距髮捻之亂漸遠。瘡痍漸復。國內安泰。外交得宜。惟甲辰一役。與法爭越南。致啓干戈。雖失一屬國。然所結講和條約。尚不致有所大損。卽泰西各國。亦以中國地大人多。不敢過於輕慢。而中國人士。又多墨守舊規。忌談新政。故財政之膨脹額未甚鉅。加以太平日久。國民納稅之力日增。故彼時。中國財政。不僅收支足以相償而已。每歲且有羨餘。少者七八百萬。多者千三百餘萬。蓋通計四期中。財政最豐裕之時也。試據戶部所報告。自光緒十一年至光緒二十年。

十年間之歲出入額。為表於左。

年分	歲入	歲出	歲入超過
光緒十一年	七七、〇八六、四六六兩	七二、八六五、五三一兩	四、二二〇、九三五兩
光緒十二年	八一、二六九、七九九〃	七八、五五一、七七六〃	二、七一八、〇二三〃
光緒十三年	八四、二一七、三九四〃	八一、二八〇、九〇〇〃	二、九三六、四九四〃
光緒十四年	八八、三九一、〇〇五〃	八一、九六七、七三七〃	六、四二三、二六八〃
光緒十五年	八〇、七六一、九五三〃	七三、〇七九、六二七〃	七、六八二、三二六〃
光緒十六年	八六、八〇七、五六二〃	七九、四一〇、六四四〃	七、三九六、九一八〃
光緒十七年	八九、六八四、八五四〃	七九、三五五、二四一〃	一〇、三二九、六一三〃
光緒十八年	八三、三六四、四四三〃	七五、六四五、四〇八〃	七、七一九、〇三五〃
光緒十九年	八三、一一〇、〇〇八〃	七三、四三三、三二九〃	九、六七六、六七九〃
光緒二十年	八一、〇三三、五四四〃	八〇、二七五、七〇〇〃	七五七、八四四〃

戶報所報告者。則綜合各省督撫所報告而成。然多脫誤。外人多能指其不合者。今更據上海英國總領事遮密孫所報告。為外人所信為無誤者於左。惟此表據遮氏言。則

著譯　四

合甲午戰事前三年各督撫所報告而成也。

科目	金額
歲入	
地丁	二五、〇八八、〇〇〇兩
漕糧	六、五六二、〇〇〇〃
鹽課鹽釐	一三、六五九、〇〇〇〃
百貨釐金	一二、九五二、〇〇〇〃
洋關	二一、九八九、〇〇〇〃
常關	一、〇〇〇、〇〇〇〃
土藥	二、二二九、〇〇〇〃
雜稅	五、五五〇、〇〇〇〃
合計	八八、九七九、〇〇〇〃
歲	
皇室費旗兵費中央行政費	一九、七四八、〇〇〇兩
北洋艦隊費	五、〇〇〇、〇〇〇〃
南洋艦隊費	五、〇〇〇、〇〇〇〃

出	
砲臺大砲沿岸防禦費	八、〇〇〇、〇〇〇〃
滿洲防備費	一、八四八、〇〇〇〃
甘肅新疆防備費	四、八〇〇、〇〇〇〃
協餉	一、六五五、〇〇〇〃
外債費	二、五〇〇、〇〇〇〃
鐵道經費	五〇〇、〇〇〇〃
工程費	一、五〇〇、〇〇〇〃
關局經費	二、四七八、〇〇〇〃
十八省行政費	三六、二二〇、〇〇〇〃
合計	八八、九七九〇〇〇〃

第二　甲午戰後至庚子變時財政狀態

由甲午一役至庚子拳匪之變中間相隔六年前二年與日本戰海陸俱敗費軍餉鉅萬又賠欵二萬萬五千萬兩其後四年則一面爲外人窺破虛實要求路權礦權者强迫割地租地者相繼踵起一面鑒於甲午之事知非變易不足自存故設學校練洋操

著譯 六

增加鐵路電報內外多故經費驟增故財政忽告窮屈所入常不敷所出而恃以補苴罅漏者惟有乞靈於公債之一途耳然戶部並無公布每年收支狀況之明文前後六年僅發表一次又舛誤百出難於置信故此期中之財政狀態無由確知有西人巴卡盡力鉤稽略得大概今以其所報告者列表左方

歲入

科目	金額
地丁銀	二五、九六七、〇〇〇兩
漕糧	七、九六七、〇〇〇〃
常關	四、二三〇、〇〇〇〃
鹽課鹽釐	一三、〇五〇、〇〇〇〃
洋關	二二、〇五二、〇〇〇〃
百貨釐金	一二、一六〇、〇〇〇〃
土藥稅	二、八三〇、〇〇〇〃
雜稅	二、一六五、〇〇〇〃
蘆課	二一五、〇〇〇〃

租課租息	六九〇、〇〇〇〃
田房契當稅	一一〇、〇〇〇〃
捐納	二六六、〇〇〇〃
協餉	九、二八二、〇〇〇〃
內國公債及捐款	六、三三四、〇〇〇〃
茶鹽	九〇〇、〇〇〇〃
米煤諸稅	一一〇、〇〇〇〃
合計	一〇一、五六七、〇〇〇〃

歲

科目	金額
京餉	七、八四〇、〇〇〇兩
本色	四、〇八〇、〇〇〇〃
捐項	一、三四一、〇〇〇〃
漕糧費	一、七〇〇、〇〇〇〃
鎮邊經費（西北邊防費）	一、七五五、〇〇〇〃

出	
邊防經費（陝甘防禦費）	三、六六〇、〇〇〇〃
解京各衙門飯食	一、五七二、〇〇〇〃
籌備餉需	一、六一〇、〇〇〇〃
固本兵餉（京師兵費）	六六〇、〇〇〇〃
沿岸防禦費	一、四五〇、〇〇〇〃
鐵路經費	五五〇、〇〇〇〃
陸海軍費	二七、三七〇、〇〇〇〃
機器局費	三、三八五、〇〇〇〃
河工費	一、三八九、〇〇〇〃
關局經費	二、二〇四、六〇〇〃
各省行政費	三六、二二五、〇〇〇〃
協餉	四、七七五、〇〇〇〃
合計	一〇一、五六七、〇〇〇〃

自拳匪大亂至改革中央官制中間亦相隔六年此六年中國內萎靡百業銷沈獨經費益加膨脹故財政之難遠過第二期蓋皆拳匪之影響也經此亂後北方一帶淪於戎馬者兩年壯者死於刀兵財貨刦於強敵邑里蕭索十室九空加以賠款四萬萬五千萬兩由陽曆千九百零一年起至千九百四十年每歲攤還本利千九百萬最多之年則三千三百萬兩當未亂以前國計收支已不相償歲募公債六七百萬兩或賴捐款以彌縫之經此變後一方收入大減一方支出大增當財政之局者其困苦可想見矣故百計羅掘又一面節省政費以爲消極的增加收入然無論如何裁減其不足之額總在一千二三百萬兩以上時赫德有編成歲計收支概算表觀之自明今錄之

歲

科目	金額
地丁	二六、五〇〇、〇〇〇兩
地方稅（田契房契諸稅）	一、六〇〇、〇〇〇、、
雜稅	一、〇〇〇、〇〇〇、、
漕糧	三、一〇〇、〇〇〇、、

著譯

入	
鹽稅	一三、五〇〇、〇〇〇〃
釐金	一六、〇〇〇、〇〇〇〃
常關	二、七〇〇、〇〇〇〃
百貨	一七、〇〇〇、〇〇〇〃
洋藥	五、〇〇〇、〇〇〇〃
土藥	一、八〇〇、〇〇〇〃
合計	八八、二〇〇、〇〇〇〃

歲	
各省行政費	二〇、〇〇〇、〇〇〇〃
陸海軍費	三五、〇〇〇、〇〇〇〃
中央行政費	一〇、〇〇〇、〇〇〇〃
八旗兵費	一、三八〇、〇〇〇〃
皇室費	一、一〇〇、〇〇〇〃
關局經費	三、六〇〇、〇〇〇〃
公使館費	一、〇〇〇、〇〇〇〃
河工費	九四〇、〇〇〇〃

十

出	
鐵路費	八〇〇、〇〇〇、
外債費	二四、〇〇〇、〇〇〇、
豫備費	三、三〇〇、〇〇〇、
合計	一〇一、一二〇、〇〇〇、

自時厥後國家幸無大事國力漸次恢復雖然政務益日擴張故財政之艱難益甚蓋經拳匪之亂創鉅痛深久眠之獅酣夢將醒知非變法自彊不足以維持國命乃銳意取法日本大行改革興教育也開鐵路也設警察也別立練兵處以組織新軍隊也全國兵權欲集之於中央政府也百務紛更經費轉大故加鹽稅加鴉片煙稅乃至米稅糖稅酒稅烟稅茶稅綢緞稅首飾稅屠戶稅名目繁苛誅求無所不至而財用之不足依然如昨於是公然設賭大行彩票猶有不敷則清提官吏陋規以充國用亦可謂窮策也已矣雖然其支出之超過於收入且年甚一年惟其果缺若干則以中國政府向無歲計報告故無從確知雖光緒二十九年間亦有之然僅舉歲入而不及歲出無所比較今以此報告爲底本斟酌情事而爲一收支概算表如左

歲入

科目	金額
地丁	二八、一〇〇、〇〇〇兩
本色	二、八〇〇、〇〇〇〃
折色	一、五〇〇、〇〇〇〃
糧折	四六〇、〇〇〇〃
漕項	一、六〇〇、〇〇〇〃
租課	一、〇〇〇、〇〇〇〃
鹽稅	一三、五〇〇、〇〇〇〃
百貨釐金	一六、〇〇〇、〇〇〇〃
土藥	二、〇〇〇、〇〇〇〃
雜稅	三、四〇〇、〇〇〇〃
雜款	一六〇、〇〇〇〃
海關稅	三一、五〇〇、〇〇〇〃
舊關	三、九〇〇、〇〇〇〃
合計	一〇四、九二〇、〇〇〇〃

歲出

科目	金額
京餉及漕糧	一一、一〇〇、〇〇〇兩
籌備餉需	一、八二〇、〇〇〇〃
邊防經費	一、八〇〇、〇〇〇〃
固本兵餉	七六〇、〇〇〇〃
捐項	七七〇、〇〇〇〃
解京雜款	三、〇〇〇、〇〇〇〃
練兵處經費	一〇、四〇〇、〇〇〇〃
各省行政費	二〇、〇〇〇、〇〇〇〃
陸海軍費	三五、〇〇〇、〇〇〇〃
稅局經費	三、一五〇、〇〇〇〃
河工費	一、〇〇〇、〇〇〇〃
鐵路建築費	八〇〇、〇〇〇〃
支給公債本利	二四、〇〇〇、〇〇〇〃
支給賠款	二〇、〇〇〇、〇〇〇〃

著譯

在外公使館領事館費	十四	一、三三〇、〇〇〇、、
合計		一三四、九二〇、〇〇〇、、

據此表觀之。則歲入爲一萬萬四百九十二萬兩。歲出一萬萬三千四百九十二萬兩。出入比對不敷三千萬兩。使偶爾一歲如此。然且不堪。矧歲歲相仍。而其額且有加無已耶。中國有度支之責者。正不知何日始得安寢也。

第四　改革中央官制後至近日財政狀態

由改革中央官制。至於近日。相去四年。是爲中國財政狀態第四期。亦即百度維新。切實施行之日。然因舉辦各種新政。故中央地方經費。愈益膨脹。而數百年來紊亂不可收拾之中國財政。至本期始稍稍有革新之機。蓋自光緒三十二年改革中央官制後。三十四年。始下九年預備立憲之　諭。同時頒布籌備立憲案。雖未幾而　兩宮升遐。然　遺詔猛諄諄以此事爲意。爾者朝廷上下。皆能仰體　先帝在天之靈。孳孳汲汲。罔敢怠荒。而其最腐心者。則爲改革財政一事。蓋欲舉籌備憲政之實。首須鉅萬之經費。且國會若開。則全國豫算案。自應提出。兩者皆非咄嗟所能成。於是立九年財政改革之案。發布清理財政章程。派財政監理官駐劄各省。以當清理各省財政之責。從事已及二年。至今歲乃以清查光緒三十四年分歲出歲入額報之中央政府。今以所報告者。列表於左。

省名	歲入		歲出	
奉天	銀	一五、八〇七、二七三兩	銀	一五、五八七、八八九兩
吉林	同	四、八五八、七〇二〃	〃	五、三五五、六五七〃
黑龍江	同	九三三、二五六〃	〃	二、二九〇、九〇六〃
同	中錢	四、八五五、〇四〇串	中錢	二、五九六、四九五串
同	羌錢	一〇二、八〇三元	羌錢	一六、三八五元
同	金鈔	三〇六兩	銀元	五、〇〇〇元
直隸	銀	二一、六五八、五九七〃	銀	二三、五七四、一三九兩
熱河	〃	八〇六、三八五〃	〃	八四一、二六四〃
江蘇南京屬	〃	二五、四九六、八九〇〃	〃	二五、七四五、一八二〃
江蘇蘇州屬	〃	二〇、四〇三、〇二〇〃	〃	二四、八九〇、〇〇〇〃
江蘇江北	〃	一、六三九、五一二〃	〃	一、二四三、〇五八〃
同	錢	二八〇、七三九〃	錢	二八三、三一一串
安徽	銀	六、〇〇六、七二九兩	銀	六、七四一、七七九兩

著譯

山東	、、	一一、三一一、六九九、、	銀	一○、五二五、九二八、、
山西	、、	五、八七一、八○六、、	、、	六、一四○、二五二、、
河南	、、	六、八八五、一一七兩	、、	六、六○○、○九四兩
陝西	、、	三、九六三、七○二、、	、、	四、一二七、五六五、、
甘肅	、、	三、一二一、七八○、、	、、	三、二九○、七五七、、
同	錢	二五一串	錢	三九○串
新疆	銀	三、一七二、三○○兩	銀	三、三四六、五六四兩
福建	、、	六、七二一、一○五、、	、、	六、九四一、一○七、、
浙江	、、	八、一四八、五八一、、	、、	八、四七三、二○七、、
同	銀元	四、六三三、四四四元	銀元	四、四八九、八四八元
同	小銀	六五七角	小銀	二八八角
同	錢	二四、九一四串	錢	三○、一七八串
江西	銀	七、五六九、八六三兩	銀	七、八九五、一七七兩
湖北	、、	一六、五四五、二○○、、	、、	一八、五二一、四○○、、
湖南	、、	六、○二八、一○○、、	、、	六、四二四、二○○、、
同	銀元	四七六元	銀元	一六○元
同	錢	六六二、二○○串	錢	五八二、五○○串
四川	銀	一五、三二○、六五七兩	銀	一四、九六四、九二六兩
廣東	、、	七、二五九、四六三、、	、、	六、五六八、五二六、、

十六

同	洋銀 二〇、〇一八、〇三七〃	洋銀 二一、〇四一、〇七一〃
廣西	銀 四、八九〇、六四三〃	銀 四、九九二、一五七〃
雲南	〃 六、〇一一、五〇二〃	〃 六、九八三、一六六〃
貴州	〃 一、五三三、二七〇〃	〃 一、七九一、〇五大〃
合計	兩銀 二一一、九五五、〇五二〃	兩銀 二一三、八四五、九五六兩
	中銀 四、八五五、〇四〇串	中錢 二、五九六、四九五串
	羗錢 一〇二、八〇三元	羗錢 一六、三八五元
	金沙 三〇六兩	銀小元 二八八角
	小銀元 六五七角	銀元 四、四九五、〇〇八元
	銀元 四、六三三、九二〇元	洋銀 二一、〇四一、〇七一兩
	洋銀 二〇、〇一八、〇三七兩	錢 八九六、三七九串
	錢 九六八、一〇四串	
大約	兩銀 二三四、八二七、〇〇〇兩	兩銀 二三六、九六〇、〇〇〇兩

據此表則歲入爲二萬萬三千四百八十餘萬兩歲出爲二萬萬三千七百萬兩比之光緒二十九年前後歲出入約增二倍則其年年膨脹自不容疑雖然僅五年之間而加至二倍恐亦難於置信竊嘗論之以中國土地之廣人民之多歲出入斷無各爲一萬萬兩之理其前此實際之歲出入必遠在報告以上者又可想像而得之也或曰中

國每歲徵稅實額其超於報告額總在五成七成之間爲賄賂上官或入收稅者之私槖故前此歲出入爲數如此其少斯言亦可信雖然比年以來新政繁興物價翔湧其徵稅額之大部分消費於行政上者亦事勢之必然矣中國各省財政向歸督撫之手此等督撫爲便於私利計從不肯詳報其財政之眞相使人迷無所從既派財政監理官後稍加清理始得此一二分可信據之報告則此後益加整頓或不難澈底澄清公諸世人也又本表歲出入相比缺短不過三四百萬似自二十九年以來財政殊未艱窘然此亦三十四年分偶然如是耳其實每年短少二三千萬中外共見無庸置疑者也不觀比日中國新聞紙頻言宣統三年預算歲入不足將及三千萬兩乎以今日形勢推之縱令清理財政著著進行然入不敷出必年甚一年此又數之所不能免者也

法令

資政院會奏議決著作權律遵章請旨裁奪摺

奏為議決著作權律遵章會奏請　旨裁奪恭摺仰祈　聖鑒事竊查資政院章程第十五條內載前條所列第一至第四各款議案應由軍機大臣或各部行政大臣先期擬定具奏請　旨於開會時交議又第十六條內載第十四條所列事件議決後由總裁副總裁分別會同軍機大臣或各部行政大臣具奏請　旨裁奪各等語民政部擬定著作權律一案先經咨送憲政編查館覆核竣後於本年八月二十九日具奏請交資政院議決照章辦理旋由軍機處遵　旨交出民政部原奏及清單各一件資政院照章將前項著作權律一案列入議事日表開議之日初讀已畢當付法典股員會審查並經民政部派員到會發議該股員會一再討論提出修正案於再讀

之時將原案與修正之案由到會議員逐條議決復於三讀之時以再讀之議決案爲議案多數議員意見相同當場議決計原擬著作權律凡五章五十五條經修正議決其各條中意義字句互有增損仍定爲五章五十五條謹繕清單遵照院章會同具奏請 旨裁奪一俟 命下卽由民政部通行各省一體遵照辦理所有議決著作權律遵章會奏緣由謹恭摺具陳伏乞 皇上聖鑒再此摺係資政院主稿會同民政部辦理合併陳明謹 奏宣統二年十一月十七日奉 旨已錄

謹將臣院議決著作權律繕具清單恭呈 御覽 計開

第一章 通例 第一條 凡稱著作物而專有重製之利益者曰著作權 稱著作物者文藝圖畫帖本照片雕刻模型皆是 第二條 凡著作物歸民政部註冊給照

第三條 凡以著作物呈請註冊者應由著作者備樣本二分呈送民政部其在外省者則呈送該管轄衙門隨時申送民政部 第四條 著作物經註冊給照者受本律保護

第二章 權利期間 第一節 年限 第五條 著作權歸著作者終身有之又著

作者身故得由其承繼人繼續至三十年　第六條　數人共同之著作其著作權歸數人公共終身有之又死後得由各承繼人繼續至三十年　第七條　著作者身故後承繼人將其遺著發行者著作權得專有至三十年　第八條　凡以官署學堂公司局所寺院會所出名發行之著作其著作權得專有至三十年　第九條　凡不著姓名之著作其著作權得專有至三十年但當改正眞實姓名時卽適用第五條規定　第十條　照片之著作權得專有至十年但專爲文書中附屬者不在此限　第二節　計算　第十一條　凡著作權均以註册日起算年限　第十二條　編號逐次發行之著作應從註册後每號每册呈報日起算年限　第十三條　著作分數次發行者以註册後末次呈報日起算年限其呈報後經過二年尚未接續呈報卽以既發行者作爲末次呈報　第十四條　第五條規定以承繼人呈請立案批准之日起算年限　第十五條　第六條規定以數人中最後死者之承繼人呈請立案之日起算年限　第三章　呈報義務　第十六條　凡以著作物呈請註册者呈報時應用本身姓名其以不著姓名之著作呈報時亦應記出本身眞實姓名　第十七條　凡以

學堂公司局所寺院會所出名發行之著作應用該學堂等名稱附以代表者姓名呈報　其以官署名義發行者除第三十一條第一款規定外應由該官署於未發行前咨報民政部　第十八條　凡擬發行無主著作者應將緣由預先登載官報及各埠著名之報限以一年內無出而承認者准呈報發行　第十九條　編號逐次發行之著作或分數次發行之著作均應於首次呈報時預爲聲明以後每次發行仍應呈報　第二十條　第五條至第七條規定其承繼人當繼續著作權時應赴該管衙門呈報　第二十一條　將著作權轉售抵押者原主與接受之人應連名到該管衙門呈報　第二十二條　在著作權期限內將原著作重製而加以修正者應赴該管衙門呈報並送樣本二分　第二十三條　凡已呈報註冊者應將呈報及註冊兩次年月日載於該著作之末幅但兩項尚未完備而即發行者應將其已行之項載於末幅

第四章　權利限制　第一節　權限　第二十四條　數人合成之著作其中如有一人不願發行者應視所著之體裁如可分別即將所著之一部分提開聽其自主如不能分別應由餘人酬以應得之利其著作權歸餘人公有但其人不願於著作內列

名者應聽其便　第二十五條　蒐集他人著作編成一種著作者其編成部分之著作權歸編者有之但出於剽竊割裂者不在此限　第二十六條　出資聘人所成之著作其著作權歸出資者有之　第二十七條　講義及演說雖經他人筆述其著作權仍歸講演者有之但經講演人之允許者不在此限　第二十八條　從外國著作譯出華文者其著作權歸譯者有之惟不得禁止他人就原作另譯華文其譯文無甚異同者不在此限　第二十九條　就他人著作闡發新理足以視爲新著作者其著作權歸闡發新理者有之　第三十條　凡已註冊之著作權遇有侵損時准有著作權者向該管審判衙門呈訴　第三十一條　凡著作不能得著作權者如左　一　法令約章及文書案牘　二　各種善會宣講之勸誡文　三　各種報紙記載政治及時事上之論說新聞　四　公會之演說　第三十二條　凡著作視爲公共之利益者如左　一　著作權年限已滿者　二　著作者身故後別無承繼人者　三　著作久經通行者　四　願將著作任人翻印者　第二節　禁例　第三十三條　凡既經呈報註冊給照之著作他人不得翻印仿製及用各種假冒方法以侵損其著

作權　第三十四條　接受他人著作者不得就原著加以割裂改竄及變匿姓名或更換名目發行但經原主允許者不在此限　第三十五條　對於他人著作權期限已滿之著作不得加以割裂改竄及變匿姓名或更換名目發行　第三十六條　不得假託他人姓名發行己之著作但用別號者不在此限　第三十七條　不得將教科書中設問之題擅作答詞發行　第三十八條　未發行之著作非經原主允許他人不得强取抵債　第三十九條　左列各項不以假冒論但須註明原著作之出處
一　節選衆人著作成書以供普通教科書及參考之用者　二　節錄引用他人著作以供己之著作考證註釋者　三　仿他人圖畫以爲雕刻模型或仿他人雕刻模型以爲圖畫者　第三節　罰例　第四十條　凡假冒他人之著作科以四十元以上四百元以下之罰金知情代爲出售者罰與假冒同　第四十一條　因假冒而侵損他人之著作權時除照前條科罰外應將被損者所失之利益責令假冒者賠償且將印本刻板及專供假冒使用之器具沒收入官　第四十二條　違背三十四條及三十六條規定者科以二十元以上二百元以下之罰金　第四十三條　違背三

十五條三十七條之規定及三十九條第一款第二款之規定者科以十元以上一百元以下之罰金　第四十四條　凡侵損著作權之案須被侵損者之呈訴始行准理　第四十五條　數人合成之著作其著作權遇有侵損時不必俟餘人同意得以逕自呈訴及請求賠償一己所失之利益　第四十六條　侵損著作權之案不論爲民事訴訟或刑事訴訟原告呈訴時應出具切結存案承審官據原告所呈情節可先將涉於假冒之著作暫行禁止發行若審明所控不實應將禁止發行時所受損失責令原告賠償　第四十七條　侵損著作權之案如審明並非有心假冒應將被告所已得之利償還原告免其科罰　第四十八條　未經呈報註冊而著作末幅假塡呈報註冊年月日者科以三十元以上三百元以下之罰金　第四十九條　呈報不實者及重製時加以修正而不呈報立案者查明後將著作權撤銷　第五十條　凡犯本律第四十條以下各條之罪者其呈訴告發期限以二年爲斷

第五章　附則　第五十一條　本律自頒布文到日起算滿三個月施行　第五十二條　自本律施行前所有著作經地方官給示保護者應自本律施行日起算六個

月內呈報註冊逾限不報或竟不呈報者即不得受本律保護　第五十三條　本律施行前三十年內已發行之著作自本律施行後均可呈報註冊　第五十四條　本律施行前已發行之著作業經有人翻印仿製而當時并未指控爲假冒者自本律施行後并經原著作者呈請註冊其翻印仿製之件限以本律施行日起算三年內仍准發行過此即應禁止　第五十五條　註冊應納公費每件銀數如左　一　註冊費銀五元　二　呈請繼續費銀五元　三　呈請接受費銀五元　四　遺失補領執照費銀三元　五　將著作權憑據存案費銀一元　六　到該管官署查閱著作權案件費銀五角　七　到該管官署抄錄著作權案件費銀五角過百字者每百字遞加銀一角　八　將著作權憑據案件蓋印費銀五角

著作權呈請註冊呈式

具呈　姓名

爲呈請著作權註冊事竊某人有某種著作照著作權律隨送樣本呈請註冊給照一體保護伏乞

民政部查核施行須至呈者

年 月 日 籍貫住址姓名押

呈請繼續著作權呈式

具呈 姓名

為呈請繼續著作權立案事竊某人有某種著作業經於某年月日呈報註冊給照在案現在著作者某已於某年月日身故理應遵照著作權律呈請繼續著作權一[illegible]律保護伏乞

民政部查核施行須至呈者

年 月 日繼續人籍貫住址姓名押

呈請接受著作權立案呈式

具呈 姓名

為呈請接受著作權事竊某人有某種著作業於某年月日呈報註冊給照在案現在愿將著作權轉售押抵與某人接受照著作權律呈請接受著作權一體保護伏乞

民政部查核施行須至呈者

年　月　日　原註冊人　接受人　籍貫住址姓名押

文牘

資政院劾江督奏稿

（上略）本院自開院以來。各省諮議局連翩來呈。率以公債稅法。各督撫不交局議。而尤以江蘇諮議局呈文所稱關係更鉅。查該局稱兩江總督張人駿侵權違法。屢屢擅借外債。不交局議。其第一次在本年六月上海正元等三錢莊倒欠華洋商人鉅款。該督偏信已革蘇松太道蔡乃煌上海商會總理候選道周晉鑣朦禀之詞。專電奏准官借外債三百五十萬兩。代商人償還虧倒洋行之款。旋經該局質問。乃僅述蔡周兩道朦禀之詞。並將遵旨愼防流弊一層。諉過屬吏。而於善後方法。置之不議。查中國與各國所訂條約。均有華人倒欠洋款。官吏祇能代追。不能保償之語。該督身爲南洋通商大臣。不應不諳條約。朦奏朝廷。召外交無窮之患。增財政困難之憂。實較尋常違背法律。僅關內政者。情事尤重。其第二次在本年九月。該督親往上海。又與各國銀行籌商借債。經該局風聞電詢。久置不答。迨補具公文質問。乃始劄稱借三百萬。六年爲期。本利由甯省設法勻還等語。查此項借款。既聲明本利由甯籌還。是即本省公債及本省擔任義務之增加事件。即係局章第二十一條之四五兩項。在諮議局應行議決範圍以內。事在九月。値該局開會之期。該督竟不交議。徑與洋商訂約借款。實爲違背法律侵奪權限。與局章第二十七條按語相符。呈請本院核辦。經本院二次開股員會審查。僉謂該督第一次借款。代華商償還洋債。破壞條約。爲禍尤烈。中外交通數十年。商人借貸虧倒。情僞百出。負欠洋款。往往而有。如令官吏營私舞弊。任意代償。則人民可不事生產。人人私借外債。而外人亦可不求擔保抵押。處處放款。此風一開。不審異日償還之期。內而部臣。外而疆吏。需索麕至。何以應付。斯時全國恐立地破產。歷朝條約詳明。所以與各國訂立專款者。防微杜漸。不謂不至。而該督破壞決裂。至於如是。來日方長。伊於胡底。語云涓涓不塞。將成江河。誠有如該局所言。較尋常違背法律。僅關內政者。情事尤重也。至第二次所借之款。未據該督聲明何用。而以償還本利。責之本省。尤爲可駭。且在諮議局常會期內。竟不交議。是實故意侵權違法。較之尋常過誤不同。則充類至盡之義。各省諮議局均可不設。而凡百財政。仍握於督撫之手。聽其出納無度。支配無常。而無人爲之監督也。憲政前途。尚可問乎。自應遵照院章第二十四條奏請聖裁。飭下兩江總督張人駿將第一次所借外債代還洋款者。應令其如數擔償。決不能由國家與人民擔其責任。以符約章而塞禍源。至第二次所借外債。是否係本省應辦之公債。應照章交付諮議局議決辦理。(下畧)

浙撫增中丞復督辦鹽政大臣函

方今辦理新政。需用浩繁。若一切取之於民。民力幾何。其奚能濟。惟鹽權本固有之利。歲入又爲度支大宗。整齊而畫一之。取於民者有限。施諸用者無窮。朝廷特簡親賢。主持全局。綱維張弛。薄海承流。績效之隆。中外延跂。尋繹函示。頓飭各節。具徵訏謨遂密。規畫精詳。莫名欽佩。浙省鹽務。疲敝已深。增韞綜覈考察。亟圖補救。惟引地分布數省。積弊已歷多年。苟且補苴。無裨實際。必爲本原之計畫。然後有效益之可期。改革機宜。關係匪細。兼權熟計。是以未敢輕議更張。茲幸鈞座統籌鹽政。近秉宸謨。遠矚高瞻。無間遐邇。不揣愚陋。謹將整頓辦法。開具節畧。呈祈鑒核。

整頓兩浙鹽務要畧　第一定名義。　鹽務辦法。不外三種。曰一官督商銷。二曰官運官銷。三曰官運商銷。就現在情形而論。官督商銷。居全國之多數。商情既極渙散。而官督僅屬虛名。弊緣利生。莫可究詰。法久而敝。所當亟謀改良之方者也。以保持利權而論。利趨重於官運官銷。第按之時勢。揆之世情。市鎮鄉村遍設局所。姑無論事繁費巨。不能急切舉行。卽小民需要動與官接。事實上亦形其不便。且引票各商驟令失業。亦非體恤之道。各國食鹽專賣。大率注重總售。至分賣仍假手於商人。是官運官銷之未可輕言舉辦也。體察通國情形。證以四川東三省成規。參以日本專賣法。爲今之計。莫善於官運商銷。名義既定。而一切設施。皆以次規舉焉。　第二組織機關。　浙省既改辦官運。應設鹽務官運總局於省會。遴選廉明大員總司其事。凡整飭鹽務。規定章程。任用人員。承繳課釐。計岸招商。綜覈經費。及一切關於官運之事。皆屬焉。並於行鹽區域。按府擇適中之地。設一分局。凡存儲盤驗。配運等事。皆屬焉。又於產鹽區域。各設收鹽局。凡收買轉運等事。皆屬焉。所有總分局各項職員。均優定薪津。以資辦公。如有侵漁勒索等弊。皆以贓私論罪。　第三規定產鹽區域。　兩浙鹽務。向來煎曬並行。本無侵越。近年板盛灶稀。煎鹽之銷路日絀。曬鹽之產數日增。而大宗產額。反不在三十二塲所之內。現計產鹽最多者。首推餘姚。岱山。皆非設塲之地。次則松江之袁浦。青村橫浦等塲。亦係板曬之鹽。而煎鹽各塲。廢弛者多。煎鹽之灶。不及原額之半。如龍頭等塲。竟致封灶停煎。改務農業。蓋各塲因沿海漲沙日多。潮水鹹質漸淡。以致消汁不濃。甚至滴滷無出。必須購餘姚之滷以資煎製。近來滷料薪工。無不騰踊。成本既重。售價自昂。商人貪賤舍貴。往往改購曬鹽。而煎鹽之銷路日稀。灶戶因商收漸少。壓本難支。無力煎製。廢灶更多。而煎鹽之來源日絀。至曬鹽則本輕產旺。價值較廉、官私板數。散漫無稽。商收限於銷數。餘鹽悉供私販。在灶塲則產銷俱絀。在曬塲則產溢於銷。是交敝之道也。爲今之計。似宜將無滷產絀塲所。分別裁併。以全力注重曬鹽豐盛之區。認眞整頓。即足以供商銷而裕國課。前經調查餘姚官私曬板。約有二十餘萬。每板通年以產鹽四百斤均算。適符一引之數。即餘姚一處。已有二十餘萬引之多。足抵現在銷數之半。岱山產數。與餘姚相等。松江之袁浦官私曬板。約有十萬餘。每年可產十萬餘引。青村橫浦稍次。僅就以上五處而論。已有六十餘萬引。加之現煎塲灶。綜計歲出之鹽。

在八十萬引左右。儘數官收。無虞商銷缺乏。裁去無滷灶塲。固無虞來源之不足也。

第四編查板戶。　鹽之弊在私。私之源在塲。餘姚岱山松江等處產額之富。已過全綱銷數。總核商人捆運。共取給於餘岱松者。不足二十萬引。核以產額計售於商者僅十之三。其餘皆私也。從前巡緝不嚴。加以商收無多。勢難禁其銷售。若儘屬官收。自不能再藉口銷絀。應將所有板戶。切實編查。以爲限制。稽查地步。統計曬鹽之若干。某戶板若干。每板歲產鹽若干。一律格印放照註冊。所產之鹽。逐日繳入收鹽局存儲。隨時給價。似此顆粒在官。自無私鹽溢出之弊。

第五變通巡緝。　產絀之塲。既酌停輟。則鹽塲根據。悉在產豐之區。巡緝稍疏。流弊滋巨。查兩浙引地遼闊。緝巡餉糈。爲費不貲。其所以鮮效者。大率由於畸零散處。備多力分之故耳。分途巡緝。既不能杜私。自宜統籌正本清源之計。擬於產鹽地方。畫分區域。每區分若干段。區設巡官。段置鹽巡。常川駐守。厚其餉糈。嚴其責守。晝夜梭巡。隨時洞察。務使鹽戶無從售私。私販不能入境。更於水陸扼要處所。酌設巡船防隊。以資堵緝。其餘地方。除與鄰境毗連處所外。所有散留巡勇。一概裁汰。以從前散漫之勇。化爲節制之師。移內地虛耗之餉。專顧要害之防。經費不增。而巡緝較有實濟。本源至計。無過於此。　第六收鹽售鹽辦法。　鹽斤加耗。重數具有成規、商人赴塲捆運、重秤收買。相習成風。今擬照部頒衡式、制定每百斤加滷耗若干、以昭大信。既收之後。分別配運、配銷除買價外。應加入課釐加價局用巡緝及包裝運費等項。作爲成本。俟運到各分局總售時。酌定市價。發商行銷。至收鹽局暨各分局。均擇地建立倉廒。凡收納包裝儲置處所。及容積光線。與夫宣洩滷鹺之溝道。巡邏之路徑、均宜預爲規畫。總以便於出納檢查爲要。　第七籌備成本。　收鹽之成本。視產額之多寡以爲衡、以歲產八十萬引計之。儘數收買。每斤收價。約計制錢十文。計百斤制錢千文。合龍元一元。每引需龍元四元。預算收售期間、不過三月。先備收買二十萬引之資本。約需八十萬元。連運費包裝局用巡緝及開辦經費。有龍洋一百三十萬元。足敷周轉。此項運本。宜於指岸引商名下、酌收壓金。壓金者。即日本專賣法之保證金也。商人不納保證金、則人人競於充商。漫無限制、且恐日後有抬價短秤等弊、視退商爲無足重輕。若令預繳壓金。則商人營業。在我較有把握。即以壓金移作運本。尤爲一舉兩得。浙鹽引岸。不下百餘州縣。各岸銷數多寡不同。每岸平均以壓金八千兩計算約可得銀一百萬兩足敷收鹽之用。第八招集岸商。收鹽雖由官設局而售鹽仍計岸招商所與從前異者。商人不得與鹽戶直接耳。招集之始。應先儘舊日引商認充。如舊商不願營業。即另選殷實紳商。不必盡以夙有票引爲限。所有引岸以一州縣所管區域爲範圍。商人得於其段內便宜分設子店。或招雇肩販。第九培養鹽官。

政事之隆替。視乎人才有任用之地。尤貴有培養之方。鹽務政事。法簡於吏事。夙少講求。自上年設立鹽務研究所以來。肄業各員。於沿革得失。頗能舉梗要。現既改辦官運。需才孔亟。昔劉晏榷鹽。多用士人。兩浙鹽官。不乏正途人員。擬倣設鹽務養成所。凡候補鹽官。暨別項候補人員。平日留心鹽務者。一律考選入所肄業。以宏造就。而資任使。所中課程。以各國鹽專賣法、財政學、經濟學、統計學、商法大意、簿記學爲主課。以本國鹽務成案。本省調查報告書爲輔課。畢業後由官運局分別委任。此係暫時簡易辦法。嗣後仍須籌設學堂以資深造。第十安置灶戶。煎鹽產缺場所。既議分別裁併所有灶丁。自宜妥爲籌畫。俾免失所。擬於近海廢場。漲出沙田。相其土宜。授之耕種。大抵沙地無不宜棉。現當振興實業之時。正可因時利導。其不願務農者。酌量遷撥滷質濃厚地方編入板戶、一體曬鹽、或編充官運局運丁。以資生計。

劉冕執上度支部整理大清銀行條陳

爲擬請整理大清銀行以便發行新幣調和金融上裕國儲下紓民困條陳管見伏乞

鈞鑒事、竊惟今日大患首在憂貧。救貧之法。在利國而兼利民。若利其一方而遺其他方。非計之得者也。蓋扼其綱要。則披瑕導窾事易而功倍。失其綱要。則補苴罅漏民病而國疲。大清銀行乃幣制整理之機關。抑亦財政整理之樞紐也。何以言之。幣制與中央銀行相輔而行。缺一不可。例如整理銀行而不整理幣制。則銀行自相束縛。同一銀行。所出鈔票總行者不能通行於分行。分行者不能通行於總行。分行與分行間亦不能通行。通行之則銀行立被損害。此整理銀行必整理幣制之明證也。至整理幣制。尤必整理銀行。其理亦有可述。今以吾國之大流通貨幣之額之多。悉行改鑄。過速則周轉不及。過遲則新舊雜糅。欲救其幣。非整理大清銀行發行鈔票。以資周轉不可。惟大清銀行之宜整理。論者皆知之矣。其整理之方法如何。竊謂宜令大清銀行首將現貨及發出鈔票貸借出入平均數目。每週據實報告。若現存貨幣不足當發出鈔票三分之二。則設法漸收現貨。俟足額時行每週刊登官報法。必使信用日足。根本日固。（各國中央銀行、每週將平均額表布告俾衆周知、日本之日本銀行、於次週第二日將平均額表刊登官報廣告欄內、今大清銀行不遽行此法、故信用極薄、上海各國銀行不收受其鈔票、實堪浩歎、）一面將度支部大清銀行及各省藩庫現貨運廠趕造新幣。以備兌換而資周轉。發行新幣時。由大清銀行搭付鈔票。兌收生銀舊幣。信用既厚。民間感鈔票之利便。樂於使用。則吸收之現貨必多。現貨既多。大清銀行乃得據保證準備法。增加多數證劵資本。俾政府得興實業。今設例說明之。如大清銀行吸收現貨四萬萬元。用比例準備法。其證劵資本可得二萬萬元。依學理可得八萬萬元。但鄙意整理時。用比例準備法。整理後宜用伸縮制限法。故寧失於愼用伸縮制限法。多寡更無一定。今假定亦爲此數。政府則可提倡實業。興辦實業大公司二十。每公司定股本銀二千萬元。政府各承受半數。共計二萬萬元。作成證劵。向大清銀行抵押款項。大清銀行受其抵押證劵。即可如數發行鈔票。不必準備現貨。故大清銀行一加整理則國家驟增鉅款。以興實業。而實業又擇其裕稅源而使民生者爲之。富强又何難立致耶。

夫以吾國之地大物博。四萬萬元之現貨。必尚能存在。以吾國民之信仰政府。大清銀行依正當辦法。昭示大信。必能吸收多數現貨。無可疑者。所患辦理之人。於大清銀行根本性質、未能透達。致失調和全國金融之妙用。孜孜惟小利是圖。則財貨委地。而上下憂貧。甚無謂也。惟古人云。言之匪艱。行之維艱。竊謂行之尚未爲艱。眼光四注。條理明晰。切實行之者之維艱耳。茲見金融日迫。調劑者實未得宜。謹條陳整理大清銀行根本辦法。以便推行幣制。救濟市場。蘇民困而紓國難。是否有當。伏候 鈞裁。

蘇撫催設內閣電奏

伏讀本月初三日諭旨。提前趕辦事項。須於召集議院以前。一律完備。是現行籌備清單。必須重議脩改。德全竊維從前籌備事項。所以竭蹶叢脞。應付不遑者。由於立法之始。無統一籌畫機關。政務與政費、未嘗合爲計算。往往一事而各相牽持。一款而互爭挹撥。內外上下。煩擾棼雜、大可引爲殷鑒。現在預算案已咨部。地方之財。現祗此數。所有提前趕辦事項、應懍遵諭旨。通盤籌畫。一語出各衙門組合商量。分別先後緩急。妥爲規定。但求切實。不嫌簡單。總期準乎財力。協乎時幾。庶幾言之能行。行之有效。惟是提前趕辦事項、何者爲先。何者爲後、何者爲緩。何者爲急。盈庭聚議。莫衷一是。羣攄意見。則各有理由。互證條文。則各成體要、必須有人焉爲之萃衆見而加以斟酌。守定見而力爲主持。然後血脈流通。主腦泰適。一掃從前牽掣紛擾窳敗之習。應請即速欽派總理預設內閣。就一切事項、先後緩急斟酌而主持之。條列清單。綜核釐訂。以收提前趕辦之實效。至於人民擔負義務。乃立憲國民自有之天職。按之憲法原理所謂義務者。乃對於權利而言。此時國會未開。憲法未頒佈。人民焉肯不覬權利而認義務。若遽議加擔負。人民必有藉口。故量出爲入之說。祇能行之於國會既開之後。不能行之於國會未開之前。德全逆知宣統五年國會開設。彼時官民交相淬厲。合力進行。不特義務擔負。確有把握。即一切政治問題。均可迎刃而解。惟爲時脩改清單。宜單簡不宜繁密。宜通盤籌畫。不宜各出心裁。而扼要之處。則在趕速簡派內閣總理。蓋內閣一日不設。則政治統一機關一日不備。即提前趕辦之清單。一日不能規定。恐朝廷殷殷求治之意。亦因之濡滯矣。愚昧之見。是否有當。伏候聖裁。德全銑。

蘇撫第二次催設內閣之電奏

德全於前月十六日電奏請預設內閣。速簡總理。修改籌備清單。未奉明諭。時切悚惶。世變日亟。政象愈頹。國是所關。豈容姑待。提前趕辦事項、誠如明諭宜通盤籌畫。通力合作者也。就全局言之。何部分應提前。何部分應趕辦。就一部分言之。何項應提前。何項應趕辦。此中通籌規訂之責。專在內閣。今者內閣未設。總理無人。遽言提前趕辦。則此以爲應提前者。彼或推而後之。今日以爲應趕辦者。明日或從而緩之。從前不過因籌備而紛擾囂雜。他日且將因提前趕辦而多一紛擾囂雜。流弊所暨。尙忍言哉。德全受恩至重。焉忍知而不言。用是一再瀝陳。冒瀆宸聰、並非敢膠執己見。更不敢邀博時名。蓋爲國家前途計。爲憲政前途計。則速簡總理。預設內閣。未可一日緩也。德全伏念皇上聖明。非不欲速簡總理也、而審愼於難得其人。諸王大臣非不欲速設內閣也。而嫌疑於難勝其選。因是總理未獲即派。內閣未獲即設。一切提前趕辦事項。遂坐是不獲酌定而實行。德全竊謂主憂臣辱。往訓可稽、方今內憂外患。相逼而來。非皇上殷憂之時耶。諸王大臣如但知顧惜其名譽祿位。則已倘心於王室。則犧牲其名譽祿位。亦何足惜。德全非不知內閣創設。任總理者。誠難免於攻擊推翻。然繼起者前事爲師。經驗因以增進。其政象必有進步。是受攻擊推翻者。不過總理一人。而享其利者。則國家萬世也。內閣國會衝突。乃立憲國必經之階級。既無可解免。亦不必驚疑。要之磨礪既久。政府程度漸高。議員程度亦漸高。然後上下一心。交相贊助。而憲政根基。於以穩固。德全伏願皇上即速簡派總理。不宜過於審愼。受任總理者。卽速組織內閣。亦不宜過於嫌疑。庶幾提前趕辦事項。得以及時通籌規訂。見諸實行。世之論者每謂內閣責任重大。總理程度難得其人。然今日議員之有程度者。又幾人哉。蓋以程度論。上下同一不足。必須互相淬厲。程度乃有足之一日。嘗考東西各國歷史。內閣解散一次。總理攻退一次。其政象必進步一次。若慮及解散。而內閣不速成。慮及攻退。而總理不受任。則國是之遠者大者。姑不具論。即目前提前趕辦之規畫。亦無從解決也已。愚昧之見。伏候聖裁。德全微。

蘇撫致瑞莘帥改籌備清單電

佳電悉。電館商改籌備清單。甚表同情。先後緩急之說。弟胸中實無成竹。就事勢言。則無一不宜急行。就財力言。則無一不宜緩待。內閣不預設。所謂提前趕辦者。祗可敷衍門面。斷難通籌實行。質而言之。費筆墨之事業。可以提前。費錢之事業。不能提前。形式上之修改。可以趕辦。實際上之修改。不能趕辦。堅帥電舉必應籌備數端。除審判廳外。皆費筆墨之事業也。皆形式上之修改也。如此做法。雖無益處。然不至似從前之擾亂。弟亦贊成。堅帥又言。教育自治巡警。斷難刻期告成。弟對於審判廳。亦固此惟年內各處大半開廳。姑勿論經費之困難也。試問人才安在。法律安在。將來醜狀畢露。可以逆睹。何也。則以審判廳係費錢之事業。又實際上之修改故也。舉一反三。能無太息。德全更有言者。事物之理論。本各有其是非。政治之眼光。要必求諸遠大。我輩所謂後先緩急者。何嘗敢自命為是。縱云是矣。館臣據此而編為定程。　皇上據此而任之內外臣工。果有效乎。無效乎。目前內外人材。不過如此。籌備清單。改亦無效。不改亦無效。籌備事項。緩亦無效。急亦無效。是可斷言者也。政黨不立。徒法不行。故今日除催設內閣外。竟無第二語可說。催設內閣。非謂天下從此治也。但設一總理。以供人民推翻之資料而已。此仆彼興。再接再厲。閱歷漸進。繼起有人。然後政黨之機。乘此締構。內外上下。同心戮力。此時方有求治之望。弟嘗謂將欲求治。必先止亂。如修改清單。一洗從前煩雜棼亂之習是也。且非有亂不能有治。如預設內閣以備與人民衝激是也。公等藎謀偉論。聯銜電館。弟必附名。但弟意仍以催設內閣為上策。弟本月初五日又經電奏。幷閒德全文

續錄各省督撫籌商官制電

(一)　東督電

慕帥箇電。區分權責以行政各司為各部之分設機關。直接中央各部。以軍政外交為督撫完全之責任。集權分權。籌畫至當。惟按之今日情勢。似尚未協。中國幅員遼闊。交通不便。直接官治實難適用。想行政各司。類多彼此聯絡之事。設直接京部。各自為謀。畛域既分。意見互異。必有渙散雜亂之處。督撫管理軍政外交。前王大臣原奏新官制職掌有此。查行政長官兼轄軍民兩政。本為各國所無。今軍政已直隸中央。徵調訓練。督撫將不能過問。所宜陳請者。地方遇有急變。督撫應有調遣之權。外務本應屬諸中央。方能立一定方針。現今重大事件。外人動向外部交涉。亦實非督撫概能主持。此無完全責任之可言者也。竊謂今日督撫實帶有各國國務大臣之性質。各司分管職員。

不能如各國上級地方團體之行政長官仲帥三級之議最合。今日政治組織之原則。中國積弱。由於內外不負責任。若各司直接中央、則督撫只類一名譽監督。不如裁撤之爲愈矣。果可裁撤。詎不大快、否則既有督撫、即應負責。雪帥謂權責兩字必須詳細分晰。實至論也。道府職司監率。今日已成贅疣。州縣直接公署。東省行之無礙。惟僻遠地方。酌設巡道。平時分寄耳目。有事互聯指臂。因地制宜。不得不然。至合署辦公、事簡費省。法固甚善。然有利亦有弊。每日督撫司道督同科員定時聚集。稿件積疊。准駁處分取決俄頃。疏畧往往有之。東省前經陳奏。未盡照行。現司道仍各設衙署。欲實行此制。必須釐正公牘、似各國程式之簡單。而後精力不疲於肆應。又必有極大之公署房舍。足容納各署科之員書。及收藏各署科之卷牘、而後精神團結、機關簡敏。可一洗從前牽隔疲延之弊。此則實事求是。而甚有益於政務者也。敬申鄙窺、尚祈裁教。樸帥銑電。辟荐司道、恐政府疑而反對。籌慮周至。東三省官制司道中。除法學兩司多得由督撫奏保署補、係改行省時奏定特別章程、似不可爲通例。再譯發閒。又接樸帥效電。與鄙見極合。惟諸帥裁之。

(二) 黑撫電

慕帥篠電敬悉。循譯大旨。在於分明權責。用意良深。至爲傾佩。惟有尙須獻議者。中央遙制爲難。門戶各分。則交互之機關。必窒於行政。妨礙良多。愚意以爲一省之大。除司法獨立外。其餘行政官。斷不可無統一之機關、以總挈綱維。而上接於中央政府。如督撫專負外交軍政責任。則今日軍政已不全屬於督撫。外交則重要者須取部進止。中國幅幀過大、交通阻隔、本不宜於直接官治。從前行省制度。亦因形勢扞格而起、其謂之行省者。乃自內而分。非由外而立、故督撫必帶京銜。純屬部院性質。爲一省之長官。司道屬於督撫、與屬於中央同、若司道不相統轄。各自爲政。直接京師。萬里請命、則中央交涉司既設。亦可直接。是督撫竟成虛位。不妨徑裁。模不敢主張此說者。以承乏外吏。粗涉事情。確見一省無統治之區。則散漫紛歧。弊害立見。抑封疆之責。誰與任之。故於仲帥我定我法省制畧如部制之說。極表同情也。至府州縣階級。宜通爲一、民政度支宜劃爲二。其理不可易矣。事關經制。敢畧陳愚管。祈諸帥裁擇。敎正。又堅帥嘯電敬悉。其意在劃淸權限。以釋內外之爭。極佩卓見。行省制度。督撫權責。模前效電已畧陳愚管。當蒙均鑒。行省本沿元制。省卽中書省。如今內閣。督撫爲中央政府所分出。總領一省行政之事。蓋因地大。爲此特制。非各國可同。若督撫爲地方官專管內務。是爲一部之分支。非中央政府全體之分支。恐失一統之效。財政一類。現既除去內外銷名目。正雜一切報部。均以度支司領之。政費既經確定。國庫省庫。無所於爭。軍事一類。謂軍隊爲獨立對外。實爲新義。惟各省綠營將次裁盡。東三省防營部令改練新軍。如新軍不任剿匪。如皖粵兵變。山東民變。豈巡警遂可倚以平定內亂。而新軍逍遙以待未來之戰事乎。模前隨使至巴黎。適値同盟罷工。商房晝閉。經政府調兵五萬至京。三日乃定。不得謂軍隊不任營隊之事也。若督撫無調遣新軍之權。恐難負封疆之責耳。至外交重大者。請部示。尋常者歸交涉司。相習辦法如此。就地正法案歸入軍事範圍。不侵司法權。實精當不可易也。模識陋望輕。因事關經制。瑣瑣陳言。尙祈教察。

(三)　吉撫致浙撫電

杭州增固帥鑒。奉敬電。匡我不逮。至爲欽佩。惟鄙見與尊論尙覺微有異同。經制所關不嫌求備。敢援斯義。再貢所懷。尊論謂各司不必特發命令。不必特設衙門。利固然矣。

然全省政令所出。無論巨細。必由總督批行。長官疲於文牘。弊一。司爲敕任之行政官。儼如中央各部。分執各政。不發司令。似背分事負責之義。弊二。各司於主管事務自呈，自批等於幕僚，弊三。部以政分。令固宜。一省以地限。包舉各政。無司令爲之分布。責成每虞不專。弊四。此皆東省經驗所得。清帥號電云云。正相符合。邊要各處之外交軍務。鄙擬委任知府。本含有請示意義。尊論似不如由總督直接命令各屬行之。更爲圓滿。懲戒委員會。自應專設。行政大臣。係法理上解釋語。似不如仍從總督舊稱。總督權責第一條前電尙未分明。請申言之。一關於國家根本問題。內閣應令總督預議。得其承諾。列入副署。連帶負其責任。二關於全國或數省重要問題。內閣應通知總督。令其條議。不必得其承諾。亦不副署負責。三君主視爲重要事件。得特調總督列入閣議。或本省重要事件。總督亦得自請入閣會議。仍應副署負責。至尊處交通不便。未必能實行會議，則通電商榷。一二日即可徧達。又慮內閣變更。各省必受影響。此則理論固然。於事實不至出此，總之前擬辦法。實以總督一職。爲中央地方之關鍵。仲帥文電清帥號電用意皆同。惟仲帥三級之說。級字當作部分論，不作階級論。前擬係以中央爲一部。

地方爲一部。中央與地方分內外不分上下。如今制。地方則實分上下兩級。亦如今制。其與今制畧有變通者。僅爲總督權責第一條無非求內外相維。悉歸允協愚昧之見。未審尊意如何。

（四）浙撫

各省督撫鑒。慕帥篠電堅帥嘯電少帥效電均悉。慕帥主張民政度支宜劃爲二。改清理財政局爲審計局。與中央審計院相應。少帥主張督撫行省。由內而分。非由外而立。除司法獨立外。其餘行政官統屬於督撫。與屬於中央同。堅帥意首宜分中央與地方行政權限。爲改新官制之張本。暫以管理巡防隊之權委任督撫。專彈壓緝捕之責。均甚欽佩。極表同意。敝處先日接淸帥轉仲帥電。已具覆文曰。仲帥電商外官制大畧。分行政組織爲三級。力矯向來管官官多管民官少之弊。與鄙見極合。督撫如部臣。各司如部曹。府廳州縣不相統轄。稟報公牘。祇須一分。文書騐簡。胥吏可裁。官舍居宅。不相混雜。公私截然不淆。政費必然大省。向來積習。一掃而空。惟內閣統一全國。督撫管理全省。凡章程法令。內閣只定大綱。範圍宜廣。俾督撫有伸縮之權。但不得顯有抵觸。各司由督撫辟荐。本漢唐舊制。但宜預定資格。中央方不疑督撫有私。卽府廳州縣之佐治。官亦宜嚴格考選。以杜倖進。仍謹推仲帥主稿。附列敝銜以奉聞。增僴印

特別紀事

美國政變紀聞

明水

美國有兩大政黨。曰共和。曰民主。共和黨執政二十年。其勢隆隆。如日中天。又有盧斯福塔福特諸名士。爲黨之中堅。故益安若磐石。而民主黨則始盛中衰。積重之勢。幾難自拔。故論美國政治。必皆以爲共和黨將永握政權。非有大變。不易搖動也。而豈知今年總選舉。共和黨大敗。民主黨大勝。嗟乎。料事之難。有如此夫。雖然。共和黨此次所以致敗之由。天事居其半。人事亦居其半。吾將述吾所聞。一究其原因結果。並舉兩黨爭選情形。以論國中之談政治者。又以兩黨交迭。其影響於國內國外者。皆甚大。故以政變名之。

一　選舉前之情形

陽歷九月下旬。民主共和兩黨。各選定議員候補者。其選舉運動。日日加烈。幾與競爭大統領同然其時共和黨內部協議不能一致盧塔兩公開秘密會於紐希文又當大會之際自應竭其全力贊成塔氏內閣施政方針以當民主黨乃懷異志者流其對於本黨依然反目故步伐支離滅裂識者早已爲之隱憂矣反之民主黨則以爲此次不勝將永無再起之日故全黨同心同德竭死力以與共和黨爭而其黨人之氣燄則於未開票前已若操必勝之劵卽以紐約一地觀之十一月六日民主黨已運動終止泰然自若靜待開票共和黨則直至開票之日猶運動不休如初七日盧斯福晝夜演說八次觀其手忙脚亂之情已非民主黨好整以暇之敵其勝負豈待開票後始決哉至開票之日喧傳共和黨一民主黨四然其結果猶不止此則更爲共和黨領袖諸公所夢想不到者矣

二 民主黨大勝

開票之結果兩黨所得議員之數位置全變蓋民主黨所得之數卽略如共和黨昔日之數而共和黨所得之數卽畧如民主黨昔日之數也民主黨自千八百九十五年以來失敗頻仍黨勢幾不可挽忽焉得此喜可知矣今將美國右院議員過去及現在數

目。條列於下。

年分	共和黨	民主黨
一八九五年	一二六	二二〇
一八九六年	二四六	一〇六
一九〇一年	一八五	一六三
一九〇五年	二〇六	一七四
一九一〇年	二一七	一七四
一九一一年	一六六	二二四

據此表觀之。民主黨多共和黨五十八名。未選舉前共和黨在議院所占之數。不過較民主黨多四十四名。即以此數論。民主黨亦多十四名。而美國議員總額三百九十一名。又以過半數百九十六名論。民主黨亦多於過半數三十二名。吁。可謂盛矣

三　民主黨勝利之地

紐約一省。無論何時。共和黨皆占優勢。而民主黨屢次敗北之地也。此次未選舉以前。

共和黨議員二十五名民主黨十二名選舉後民主黨二十二名共和黨十五名共和黨所失之數爲十名也夫紐約美國生計之中堅亦卽政治之後勁在紐約能占優勢實爲政黨無上幸福且其勢力可延之以及於全國也民主黨能奪共和黨之根據地而有之其利益自不待言矣其次則共和黨在伊里奈士省失去五名阿哈育省失去四名紐嘉治省失去四名又向爲共和黨獨占地之迷因省與西華治尼亞省亦爲民主黨奪去五名其他共和黨失一二名之地所在多有要之此次選舉民主黨直衝敵黨之心著著制勝雖以死戰得之而其堂堂正正之師亦殊可敬也

四 左院議員與兩黨

兩黨在左院之勢力誰優誰劣無由確知然綜觀諸報而通計之民主黨四十二名共和黨五十一名故千九百十一年之左院猶在共和黨勢力範圍內也

五 各省總督之選舉

美國選舉各省總督其最爲人所注目幾與選舉大統領同一價値者則紐約總督也故競爭之烈爲美國冠而民主共和兩黨亦各出死力以相爭其應援者多爲黨中領

袖今年將選舉時已喧傳如民主黨能爭得紐約總督則他省總督亦將盡落其手果也他省總督比較的多爲民主黨而世人最注目之紐約總督亦歸民主黨其時共和黨候補者爲斯欽孫氏民主黨候補者爲迭克士氏至開票時迭氏多於斯氏之票爲六萬六千二百六十二迭氏當選蓋民主黨步伐整齊全黨盡投迭氏之票更無論候補者以分其力而共和黨則對於盧斯福感情甚惡有故意投票於敵黨者故竟招此大敗也經此次選舉後自總督副總督以下以及吏員史胥悉爲民主黨人而紐約省會之形勢亦一變今表列之

	民主黨	共和黨
左院	三十一名	二十名
右院	八十七名	六十三名

然則紐約全省之政權盡歸民主黨掌握中矣亞於紐約者爲紐嘉治省民主黨所立候補者爲前布林斯敦大學總長威爾孫博士其人名望學識皆足以壓服共和黨故竟以多二萬四千餘票之大多數當選此外共和黨根據地之馬沙周些省亦爲民主黨之科士氏以多三萬二千票當選公奈梯嘉省亦爲民主黨之波特雲氏當選而此

次總督改選。合計二十七省。其歸民主黨者十二。共和黨者十五。以數言之。則明爲共和黨勝利。雖然如紐約。紐嘉治。阿哈育。馬沙周些等。大都會。已盡爲民主黨所得。則美國政界上實際爲民主黨之權力矣。

五　共和黨大敗之原因

選舉事畢。美國人之詈盧斯福者。幾於異口同聲。竟有謂此次共和黨之大敗。純由盧氏一人致之者。雖不免太過。然亦有故焉。則凡盧氏所盡力以應援之諸省。無不爲民主黨獲勝。故憤極而有是言也。要之盧氏爲人。精力過強。有進無退。是其長也。然太自負。伸己屈人。又負盛名。以爲己之一言一動。必爲全國人所敬信。故盛極而驕。是其短也。而共和黨自塔福特爲大統領後。政見不無異同。以致黨員互相衝突。黨勢岌岌。幾欲分裂。盧斯福自非洲歸。不審何由。竟不能調和。且盧塔之間。亦生意見。加以塔氏就任以來。內政外交。頗不滿人意。有此種種原因。適今年爲總選舉之年。民主黨欲恢復黨勢。利此時會。拚全力以與之爭。故乘虛抵隙。無間不入。於是共和黨以積年根深蒂固之資。一敗塗地。至於不可收拾。此吾所謂人事之說也。雖然。民之好惡無常。又非常之原多爲庸人所畏忌美國以各省獨立地方之權重於共和政府自盧氏得政絕對主張中央集權夫爲國家統一計盧氏之論誰不謂然無如太反其國民之心理使盧氏在位猶可以收攬人心維持不弊而塔氏精神魄力遠非盧比不能神其說而明之故人多疑盧氏有野心將不利於美國憲政此小民之常情無可如何者也共和黨得政二十年豈能事事盡如人意加之盧塔皆以壓抑資本家爲目的孟子曰爲政不難不得罪於巨室今之資本家其眞可謂巨室也已矣比年物價騰貴市面蕭索幾爲全世界所同愚民何知亦以歸之執政者而共和黨適承其弊故相怨相迫以成變故此吾所謂天事之說也然民主黨既制全勝矣此後共和黨將如何自怨自艾以雪此恥想盧氏健在必不肯一刻放鬆也

或曰盧氏以梟雄之資藉大國之勢使其得位實行所謂極東政畧以其新瓜分策待我（盧氏新瓜分論曾譯登本報）則世界從此多事而我亦無噍類矣民主黨偏重內治主義和平此次代共和以興未始非我之福噫嘻是言也其亦自暴自棄之甚而又昧於世界大勢者也夫我國之存亡非人之能存之亡之其權悉操之我國民也我而不欲爲亡國之民

則發奮振興雖十美國其奈我何我而晏安自逸各便私圖雖無美國吾又能存故謂他國一黨人之交迭而即以卜己國之安危是眞無恥之尤者矣且也今世國際行動一切皆以機會均等爲準則美國雖民主黨得勢豈能置其國於此主義之外而坐以厚利讓人復墨守其門羅主義耶縱或有一二人欲之奈大勢何故謂共和黨敗而美國全局變更即對外方針亦將大異者何其不察卅務之甚也吾慮吾國人有懷此謬見者故於篇末泚筆及之讀者不以爲贅辭則幸甚

宣統二年十一月廿二日稿成

中國紀事

資政院預算明年歲出不足實數　度支部原造宣統三年預算案。京內外各項行政經費。共不敷五千四百餘萬、又追加預算經費二千四百餘萬。共計明年總出入相抵。尚虧七千八百餘萬兩。現資政院預算股審查之結果、計明年各項歲入增加四百九十四萬餘兩。又將各項歲出。減省五千八百九十二萬餘兩、兩數相加。共六千三百八十六萬餘兩、以此與度支部原算之虧數相較。尚實虧銀一千四百餘萬兩。

疆吏對於資政院核減經費之疑慮　自度支部派出清理財政官。核減各省行政經費。各疆吏已受一大打擊、至資政院開院後。度支部遵章咨送預算案、各議員以入不敷出。爲數甚鉅。擬於京外各官廳政費。再行核減、各疆吏聞之。皆忖忖疑慮。日前江督張人駿、特電致樞府署。謂資政院於各省情節。均未能瞭澈。倘不先行接洽。意存裁減。恐一旦議決奏准。外省應付支絀。則現行要政。勢必窒礙良多。東督錫良亦有電致京。分送各部。署謂資政院核減奉省經費甚鉅、萬難承認。請各部合力維持。吉撫陳昭常。

亦有電致資政院畧謂如貴院對於吉省預算。有所疑難。務請分別電詢。自當列舉實情。藉備參考。觀此則資政院對於地方政費問題。恐又起一番轇轕矣。

●京署均祿問題之會議 京中各部院。自尙侍以至司員。所有祿俸。視各衙署之收入而定。故同一堂官也。法學禮吏四部之月俸。較外度郵農等部之月俸相去殆不可以道里計。同一司道也。外度郵農等部烏布之月入。較之他部堂官月入。殆有過之。其不均也孰甚。自資政院核減京內外祿俸之議起。現今最著名之闊衙門。自堂司起。均在核減之列。聞被減各衙門。爲此事已於日前在政務處邀集各議員磋商辦法。有預算股員某君倡議。謂祿俸儘可一律。如外務等部用費較巨。事務較繁者。可於祿俸外明定公費若干。免致參差不一。各樞老甚以爲然。惟澤尙書則謂若照此辦法。不但仍與不減無異。且各衙署之月入較少者。仍須酌加。恐不能比現數減少。某議員駁以明年吏禮兩部均在被裁之列。以兩部歲需之欵。分攤法學理藩等部。必無不足。決無加增之理。雖然若據此而言。特不識官俸章程頒布後。尙有公費之名否矣。

●劉廷琛奏參資政院 大學堂監督劉廷琛。日前呈遞封奏。痛劾資政院。畧謂該院自開會以來。議員私通各日報館。不分良莠、結黨成羣。欲助長勢力、以爲推翻政府地步。其所主張之事。或藉報紙以宣布、或憑演講以感動。務使國民有反對政府思想。其目的所在。無非與政府爲難。始而藐視執政。繼而指斥乘輿、奔走權門。把持輿論、近且公倡邪說、輕更國制。贊成雖云多數。鼓噪實止數人。持正者不敢異同。無識者隨聲附和。使朝廷避專制之名。議院行專制之實。議決案件、必要求政府實行。是神聖不可侵犯。不在皇上而在議員。若不嚴懲一二。以警效尤。流弊所極。必至包藏禍心。竊窺神器。其害有非臣子所忍言者。且一資政院弊已至此、若待國會成立之後。誠恐大權一去而不可復回。民氣一張而不可復遏、履霜堅冰、由來漸矣。周王下堂迎覲。土耳其王幽閉深宮。可爲寒心。堪爲殷鑒。願我皇上此後凡於議案。可者許之。不可者拒之、荒謬者嚴懲之。則魁柄不至下移。國基可以鞏固云云。經已奉　旨交憲政編查館知道矣。

按資政院爲立法機關、惟憲法可以裁制之。非行政官可以參劾之。此風一開。無怪各省督撫之不滿意於議院者。之紛紛起而乘其後也。

溫肅奏參憲政館　溫御史肅日前呈遞封奏。請將改訂官制。宣示中外臣工。博詢詳覈。以臻完善而利推行一摺。原文畧謂。竊維立憲之要。首重立法。法立而官制定。官制定。然後行政範圍亦因之而定。今日吾國人民之所以陳請速建議院者。爲爭立法權也。而朝廷持重不允。正以國民之智識。尙在幼穉時代。恐一二有勢力者刼持輿論。故俟各項籌備妥適後。設立議院。暫以立法之權。委諸憲政編查館。此實在情形也。然憲政館諸臣。皆兼軍機大臣。差其於外國憲法。無暇研究。固人所共知。亦人所共諒。其中章程。皆三數司員爲之耳。如是即憲政之制度。如彼非憲政之制度。諸大老均不敢駁一辭。恐人譏其隔閡也。及經訂定。便成法律。後有命令。亦難變更法律。故近年事關憲政者。奉行如束溼薪。疆臣粉飾敷衍。但求脗合籌備清單。與資政院之吹毛求疵。彈疆臣。彈樞臣。以爭權限。皆章程未審故也。今改訂官制。又近是。事本正大。故出諸秘密。使局外無從置議。及至發出。則案係奏准。以箝制天下人之口。而於事勢之有無窒礙。皆所不及。此正歷來變法之惡習。奈何又蹈其故轍乎。夫法公則明。偏則姦。外人智識優。故立法權操諸議院。而行政官不與焉。中國人民向無政治智識。皆以行政官之富於經驗者定之。往者大政交內閣六部九卿會議。近設會議政務處。准各員呈遞說帖。尤重要者飭各督撫核議。安有事關數百年興革。而操諸一二人之手。各部臣督撫。均無預焉，以致舉朝皇皇。如擯逐之在即，試問成何景象乎，臣愚以爲官制應飭該館。先將草案具奏。請皇上通飭部臣疆臣。詳細簽註。限期覆奏，庶收內外交贊之效云云。經已奏　旨著憲政館政務處議奏矣。

彈劾軍機案無效之影響　自去月十七日。軍機大臣不負責任，資政院不得擅預之諭旨下後。各省諮議局紛紛電院力爭。如閩省川省鄂省晉省，皆謂此舉顯與立憲原理相反。閩局致資政院電略云。設立內閣。彈劾軍機，內外已疊有章奏。詎資政院公論所決，反不如一廷臣一疆臣。十七日上諭。其責仍在大臣。望貴院再三痛哭流涕言之。若遂緘口。無以爲議院先聲。億兆人斷不期此無實之憲政。中央如此。地方可知。本局亦視此爲進止。川局致駐京議員電云。資政院議及軍機責任。係止當權責言。法理則議院責問內閣。彈劾政府。並不爲侵越君上大權。循成法則言官皆可糾舉軍機。臣民皆可條陳政事。不應資政院轉無此權。且議院出於機關意思。非總裁等數人之言。十七上諭。草制副署者。俱失朝廷立憲眞意。尤搖動國會基礎。請力爭收回成命。以繄海內人望鄂局通電各省諮議局云。十七日諭，軍機大臣負責任與不負責任。非該院總裁等所得擅預。與立憲原則相反。請同電院爭。晉局覆鄂局電云。院失効力。宜再効。否則院局同散。請聯各局。推一省爲主。或各局同日電院。觀此則十七日之諭。其不得於人意可知。乃資政院既響滅音沈。諮議局亦無人繼起。爲之後盾者。吾民能力之薄弱。於此可見一斑。

錫督請裁直督之政見　東三省總督錫清帥。昨有摺奏到京。探係歸裁各省督撫。以各司道應辦事宜。直接中央各部。藉省文牘之繁。摺中並謂京津密邇。如先裁直隸總督。試行一年。行之無弊。然後推行於各省云云。

嚴禁學生干預國會事　學部於上月二十三日通電各省督撫。嚴禁學生請開國會至二十六日。該部唐尚書又續電各省。謂本日召見。奉監國攝政王面諭。本月二十三日諭旨。以改縮開設議院期限。經前降旨宣示。不准再行要求。如有糾衆違抗。即行查拿嚴辦。學生職在求學。尤當遵守法理。監督爲全堂表率。教習爲學生師資。自應申明禁令。嚴加防範等因。應請轉飭學司。將本月二十三日諭旨。及監國攝政王面諭。傳知各學生。一體遵守。如學生有被人誘惑，敢於干涉政事。或教員等從中鼓動等情。卽分別開除斥退。毋稍寬縱云云。

郵部整頓電政彙聞　郵傳部擬將各省官電報局。自宣統三年正月朔日起。改歸該部辦理。茲悉已於十二月初二日上奏。奉旨依議。計所有各省官電線路約有四萬里之譜。聞該部各堂商議。以驟然改章。致多紛擾。擬將各局總辦委員等。由該部加札委充。其各項章程及薪水等。均暫仍其舊。惟所有各局歸部管理以後。一切均須聽從命令。稟部核辦。將通飭各該官電局遵照矣。

又聞明年自廣州至漢口各電線。電政局擬一律更換快機。(此機名忽斯登)以免利權外溢。蓋此機更換。則不須再乞靈於各國沿海水線。收回借線費不少也。至其帮電機所設地點。則爲贛州電局云。

郵部規定吉滿聯絡線章程　郵傳部擬定吉滿聯絡線章程五則。於日昨咨由吉林公署。轉飭吉長鐵路局查照。茲照錄於下。(一)建築吉長長春車站邊界至南滿長春車站邊界。名之爲聯絡線。(二)建築吉長南滿兩車站內線路。及聯絡線路。其於耐重力。及建設定規等務。求於兩鐵道之運轉。毫無妨害。(三)依將來運轉狀況。認爲必要時。由彼此協議後。可改聯絡線爲複線。(四)於吉長路之火車站與南滿路之火車站之間。俱辦理直行乘客及貨物聯絡事件。(五)吉長在南滿長春站內。對於非聯絡之旅客及貨物。由吉長之事務員經理。南滿之在吉長長春站內。對於非聯絡之貨物。由南滿之事務員經理。

吉省寶藏之富　吉林勸業道黃司使。日前飭礦科將合屬礦產區域。已否開採各若干處。以及官辦商辦。詳具圖表。其調查如下。吉林府金砂礦六處。銀礦三處。鐵礦二處。鉛礦一處。煤礦二十一處。長春煤礦四處。伊通金礦七處。煤礦七處。五常府煤礦七處。樺甸金礦五處。煤礦三處。延吉金礦七處。銀礦一處。煤礦五處。綏化金礦八處。銀礦一處。石磐金礦五處。銅礦三處。鐵礦二處。鉛礦二處。煤礦一處。依蘭金礦十處。銀礦一處。煤礦二處。賓州金礦二處。煤礦四處。

調查俄華銀行改名之異聞　東三省總督錫清帥。以華俄道勝銀行。設立已有年所。乃上月間忽焉廢棄其舊有之名稱。改爲俄亞銀行。其用意實爲叵測。遂於日前電飭

吉林李道馳赴該銀行調查其一切內容。切實報告以備查核

京師禁煙成績之一斑 民政部查京師內外城吸烟人數在光緒三十四年冬季。共有二萬五千六百數十名。現已減至四千一百九十餘名。又自本年夏季起。所有領照吸烟之人。於每期換照前。由內外城巡警總廳。派委醫官診驗烟疾較深者。蓋用該醫官等診驗戳記。始發新照。其嗜染減少者。飭赴臣部所設戒烟局戒斷。不再給照。至戒烟局戒斷人數。計自宣統元年春季開辦起。至本年秋季止。總共戒斷三千四百四十餘名。而民間公立私立各戒烟會社。戒淨人數。亦有一萬七千數百名之多。煙館一項及兼賣之膏土各店。早經臣等飭由外城巡警總廳先後勒令閉歇改業。其專賣之膏土各店。現在內外城地面總計祇餘八十家云云。

滇督自請開缺之堅決 滇督李仲帥因請即開國會無效。頗爲灰心。日前曾專摺奏請開缺。當奉硃批著卽毋庸議。茲悉仲帥現退志甚決。昨又電致樞府。呈請代奏開缺。謂滇省籌款辦事。特別爲難情形。爲有識所共見。經義材力竭蹶。爲當道所共知。疆吏居心誠僞。朝廷自有明鑒。力苟能濟。而不勉爲其難。固難逃推諉之咎。勉强支持。而於

事無濟。則難免溺職之誅、經義重負聖恩。內疚時甚。知其無濟於事。而以身當之。其受譴責猶小。知其無濟於事。而以國事委之。其誤國則甚大。經義自夏秋以來。元氣內虧。精神頹敗。氣有能忍者。猶堅忍以赴之。力苟能勝者。猶竭力以圖之。近已忍無可忍。圖無可圖。若不及早呈明。倘有不幸。神智惛憒。上負朝廷委託之鴻恩。下遺邊陲無窮之隱患。再環顧四司中。無一可任護任代理之員。敬請速簡賢員。以資代替。滇省路途遼遠。雖奉命速來。亦須數月。是以不以冒昧爲嫌。謹披瀝上陳。請代奏。

皖撫密保陸軍幹材 皖撫朱中丞。昨日呈遞封奏一件。聞係保荐陸軍人材。畧謂國家處列强競爭之時代。非得智勇之將、不足以禦外侮而敵國愾。查有翰林院編修陸光熙。器識宏遠。志慮忠純。候補主事王賡、志趣遠大。學識宏深。曾留學日本陸軍畢業。并游歷各國。考察軍政。武備多年。該二員本屬部員。清翰之選。優游京國。隨地平遷。亦足以致身通顯。乃能不以科名自囿。捐棄故常。投身軍隊。迹其造詣之深。實屬軍界中不可多得之人。以文臣而改陸軍。下與走卒爲伍。艱苦備嘗。繭身數萬里。游學六七年、是其勵志憂時、超越尋常萬萬。合無仰懇天恩。破格擢用、以作士氣而勵將才。奉硃批著送部引見。

世界紀事

英國之貯金額　英國昨年度之貯蓄額凡三億五千萬鎊。其中海外放資額計一億六千五百萬鎊。

保守黨之內訌　英國保守黨關於關稅問題意見仍未能一致。將生內訌。

强迫置設無線電　英國新定無線電信法强迫各船裝置無線電機。該法所定。凡搭載乘客船員五十名以上之航行外洋船舶。不問內外國船。須於船內裝置百哩以上通信距離之無線電機。商務大臣關於施行本法特設規定。本法以陽曆千九百十二年實施。違者處以一千鎊之罰金。

英國之歲入　英國最近三個月之歲入總計增加六百十萬鎊。前九個月之歲入則增加四千三百五十萬鎊。

南非聯合之鞏固　英國康樂大公宣言南非洲之聯合。非獨於名義上爲然。於事實上亦甚鞏固。數十年來利益互異之兩人種。不圖今日得見同心協力以謀非洲之發達云。

德國國會延期　德國議會之會期。延期至陽歷正月三十日。

國儲游蹤　德國皇儲來遠東游歷。現已行抵印度之孟買。

德美關稅交涉　加里問題。德美兩國現開始交涉。美國已提出覺書於德國政府。德國亦已詳細答辨。此交涉雖頗困難。然尚無惹起關稅戰爭之虞。

法日協約可決　法國下院已將關於商標版權及專賣特許之日法協約可決。

墺國皇儲代理臨會　墺國皇儲腓治南大公。本年代其老帝佛蘭詩士。臨匈牙利議會之開會式。

葡國之動搖　葡萄牙之海陸軍人及勞動階級。皆謂現政府措施失當。甚懷怨望。有組織極端之共和黨。傾覆現政府之意。嚮政府雖極力防範。尚屬無效。故人心頗爲搖動。

葡政府之通牒　葡萄牙政府通牒歐洲各國。謂新政府決無利用加特力教徒私有財產之意。又謂新共和政府。雖有種種反對之運動。然其地位實極鞏固。目下內部之困難除經濟問題外實無他事云。

昨年之外交界　昨年歐洲之外交界。其最惹人注意者。一爲三國同盟之鞏固。二爲歐洲各國之政策。有日趨平和之傾向。三爲德國與各國之邦交漸相親善。各國於德國政治的狀態。皆表滿足之意。

俄國建設波斯鐵道　俄國內閣會議決議建設一貫通波斯。以接續印度鐵道之線路。不日當即從事測量。

土軍之勝利　土耳其軍與支路斯族交戰。支路斯族死傷四百五十餘人。被捕虜者六百餘人。其他則皆奔潰。土軍之死傷者約八十餘人。中有將校七名。

波斯之保安策　波斯政府關於恢復該國南方秩序之方法。答覆英國政府。謂先於腓士州任命一適任之總督。次則派遣騎兵隊及步兵隊於該處。且組織有力之憲兵隊。聘若干之外國士官。教之操練。

羅斯福之約束　美國大統領塔虎脫與羅斯福自去秋之總選舉以來。彼此意志未能疏通。頃已互相和解。羅斯福已與大統領約不再試激烈之演說。

世界紀事

四

日本之貿易額　日本昨年之外國貿易。輸出額四億五千六百五十七萬九千餘圓。輸入額四億五千四百七十四萬千餘圓。合計九億千百三十二萬餘圓。輸出超過實百八十三萬餘圓。

南滿鐵道社債　南滿鐵道會社爲擴張改良一切事業。在倫敦發行社債六千萬圓。其中二千萬圓。充償還社債之用。所餘之款。則爲改良大連灣及車輛其他工事之費。

朝鮮之鐵道費　朝鮮之鐵道建設及改良費。定明治四十四年後之支出。其總額乃三千六百十六萬餘圓。本以十一年間繼續支出。現爲從速開發朝鮮。決以明治四十八年爲工事完成期。

叢錄

春冰室野乘

春冰

吳漢槎髫年能詩

吳漢槎以丁酉科場事謫戍絕域。晚歲賜環。侘傺以終。人但悲其數奇運蹇而已。及讀秋笳集。乃知其於故國惓惓不忘。滄桑之感。觸緒紛來。始悟其得禍之繇。不隨力田赤溟輩湛身赤族者。蓋亦幸耳。余最愛誦其湘中秋感八律。以爲遠追信陽。近挹黃門。按漢槎作此詩。當甲申九月時。年才十三。髫年得此。豈非異才。亟錄於此。以諗讀者。詩云。

桂林搖落迴蒼蒼。歲莫天涯黯自傷。永夜星河翻夢澤。高秋風雨暗瀟湘。三年作客清礎斷。萬里懷人叢桂長。憑眺欲尋西澨佩。數聲漁唱起滄浪。

楚望還登王粲樓。參差吹徹木蘭舟。風清桂嶺猿初嘯。雨歇蒼梧瘴未收。帝子怨深瑤瑟夜。美人心折白蘋秋。却憐故國多芳草。幾度登臨賦遠遊。

西山陵闕鎖幽宮。辱帝神靈想像中。銀海鴈寒虛殿月玉衣香散夜臺風天高朔氣星辰動響入邊笳御宿空禋祀萬年開北極只今秋祭在江東　楚宮八月下欃槍宗子誰傳帶礪盟雲夢旌旂還去國章華臺榭更開營珠襄夜泣三湘雨玉馬秋迷六詔兵（自注、楚中諸王、避地黔粵者、半爲夷獠所掠、）聞道至尊思叔父蠻煙渺渺動皇情　齊豫諸軍盡北來淮淝山色陣雲開九江潮穩飛龍艦萬騎風高戲馬臺殊錫競推王導貴折衝空憶謝玄才先皇恩澤知無數誓衆應多縞素哀　遙傳陶侃駐江干三月兵戈血未乾甲帳紫貂多縱寇牙門青犢共登壇（自注、左侯麾下、半係降將有賜蟒玉者、）嚴城落日征烽急絕塞迎寒畫角殘共道楚軍能戰鬥卻教鄢郢路常難　千里平沙接大荒襄中風物自蒼蒼漢江莫掩孤城白戍鼓寒沈落照黃逐寇健兒驕玉馬觀軍中貴擁銀鐺可憐高纛重圍裏卻使君王策廟堂　長沙寒倚洞庭波翠嶂丹楓雁幾過虞帝祠荒鬬野哭番君臺迥散夷歌關河向晚魚龍寂亭障淒秋羽檄多寥落楚天征戰後中原極目奈愁何

劉中受禮部贈龔魏二子詩

余前紀劉中受禮部贈龔定庵魏默深詩以爲二君舉進士皆出禮部房今讀禮部遺

集。得其全詩。乃知二君是科皆荐而未售。且唯定庵卷在禮部房。默深卷則在某侍御房。某侍御得卷。猶疑不遽荐、禮部讀其文而大異之。乃促令亟荐、故默深於禮部。終身有知己之感焉。前所紀者誤也。詩云三江人文甲天下。如山明媚畫嶙峋。盎盎春溪比西子。浣花濯錦裁銀雲。神禹開山鑄九鼎。罔兩頫伏歸洪鈞、鋒車西走十一郡。奇祥異瑞羅繽紛、茲登新堂六十俊。（自注、浙卷七百餘人、余獨分得六十卷、）就中五丁神力尤輪囷、紅霞噴薄作星火、元氣翁蔚暉朝曒、骨驚心折且揮淚、練時良吉齋肅陳。經旬不寐探消息、那知鎩羽投邊塵。文字遼海沙蟲耳。司中司命何歡嗔。更有無雙國士長沙子。孕育漢魏眞精神。尤精選理躒鮑謝、暗中劍氣騰龍鱗、侍御披沙豁雙眼。手持示我咨嗟頻。（自注、湖南九四卷五策冠場、文更高妙、予決其爲魏君源、）翩然雙鳳冥空碧。會見應運翔丹宸。萍蹤絮影亦偶爾。且看明日走馬塡城闉。定庵是歲三十有五。後三年。始捷南宮。禮部卽卒於是年。默深至乙巳始登第。則禮部不及見矣。

林夫人書稿

沈文肅公夫人林氏。爲文忠公女。其乞援饒廷選以保廣信府城事。人豔稱之。而書稿則多未之覯。亟錄於此。書云。將軍漳江戰績，嘖嘖人口。里曲婦孺。莫不知有饒公矣。此將軍以援師得名於天下者也。此聞太守聞吉安失守之信。豫備城守。偕廉侍郎往河口籌餉招募。但爲時已廹。招募恐無及。縱倉卒得募。恐返驅市人而使戰。尤所難也。頃來探報。知貴溪又於昨日不守。人心皇皇。吏民商賈遷徙一空。署中童僕紛紛告去。死守之義。不足以責此輩。只得聽之。氏則倚劍與井爲命而已。太守明早歸郡。夫婦二人。荷國厚恩。不得藉手以報，徒死負咎。將軍聞之。能無心惻乎。將軍以浙軍駐玉山。固浙防也。廣信爲玉山屏障。賊得廣信。乘勝以抵玉山。孫吳不能爲謀。賁育不能爲守。衢嚴一帶。恐不可問。全廣信。即以保玉山。不待智者而後辨之。浙大吏不能以越境咎將軍也。先宮保文忠公奉詔出師。中道賫志。至今以爲深痛。今得死此爲厲殺賊。在天之靈實式憑之。鄉閭士民。不喻其心。以輿來迎。赴封禁山避賊。指劍與井示之。皆泣而去。太守明晨得餉歸後。當再專牘奉迓。得拔隊確音。當執爨以犒前部。敢對使百拜。爲七邑生靈請命。昔睢陽嬰城。許遠亦以不朽。太守忠肝鐵石。固將軍不吝與同傳者也。否則賀蘭之師。千秋同恨。惟將軍擇利而行之。刺血陳書。願聞明命。

紀馬江死事諸將

甲申馬江之敗。世皆歸罪于張幼樵學士。然諸將用命。力戰死綏。其忠藎實有不可沒者、且法人內犯。實仗孤拔一人。自孤拔斃於礮、法人已失所恃、遂不復能縱橫海上。功過亦差足相抵。較之大東溝劉公島諸役。其得失必有能辨之者。爰檢篋中舊所錄存學士爲諸將請卹疏稾。錄之於此。方今朝廷銳意規復海軍。聽鼓鼙而思將帥，其亦有奮袂而起。以追先民之風烈者乎。按是役死事最烈者。爲督帶飛雲兵輪副將銜叅將高騰雲。管帶福星輪船五品軍功陳英、原疏叙高事云。該叅將由粵來援。論事吶吶。如不出口。前月二十六日、法增一船。諸將來請援、高騰雲獨義形于色。臣心異之。夜復來見。詢以方畧。高騰雲曰。閩防之意。本以牽制。使敵不發耳。廠非戰地也。但礮注子。人枕戈者、已一月、晝夜相持、咫尺間。恐釀成戰事。知帥意急欲先發、必多牽制。不可得。南洋援必不來、卽來。怯將亦無用。徒害事耳。臣詰之曰。然則奈何。對曰。專攻孤拔。得一當以報而已。臣欲令其統率諸將。則辭以資望在李新明後。且曰。水師船各自爲戰、非若陸軍一將。能指揮十餘萬也。請不必紛更、堅守以待上命。該叅將既去。臣復囑各船、就商籌策。該叅將志定神完。誓死報國。是日手發巨礮。擊其烏波船。一一命中。以一飛雲小艦。當敵人三大艦中流堅拒不退。忽橫來一礮。該叅將骽爲之折。復一礮。遂飛入水中而沒。舟乃發火。其叙陳事云。該軍功人極瘦弱。文理甚優。方敵艦日增。臣深憂之。陳英上書請以各輪船合攻孤拔座船。而艇船等發火牽制下游。使各輪小商船水勇及捍雷船截其魚雷艦。所論均有條理。臣采其論下諸將布置畧定。無如法暗約英美先發也。陳英見英美船駛下。急起椗。誓衆曰。此吾報國日矣。吾船與砲俱小。非深入不及敵船。敵以三船環之。舟中機損人亡。不顧。但以礮向孤拔船。孤拔船受礮畧退。敵復增船來持。至一時許。陳英猝中礮於望台。學生王漣隨殉。船始焚毀。英美船觀戰者均稱歎不置。爲之深惜云云。後奉 旨。高騰雲照總兵陣亡例。從優議䘏。陳英給都司銜。照都司陣亡例。從優議䘏。王漣照五品官陣亡例議䘏。是役力戰死者。尚有千總許壽山。葉琛。五品軍功林森林三人。

甲申越南戰事雜紀

昨從友人齋頭讀鄂中吳君光耀華峰文集。中有甯副將戰事畧一首。其叙甲乙間越南戰蹟、與官中文牘及海內傳聞、有迥異者。爰摭其要而錄之於此。

甲申越南之役。兩廣總督張樹聲。前雲貴總督劉長佑。暨沿江海督撫、各徵兵出鎭南關。是爲中路之師。廣西巡撫徐延旭。屯諒山督師。樹聲遣將黃桂蘭董履高等多淮軍。延旭巽懦。不敢違總督意旨。盡用其人。而自用黨敏宣陳朝剛陳得貴等。皆廣西人。延旭倚桂蘭。俾盡統諸軍。當前敵。駐北甯。延旭自統二十餘營爲後路。桂蘭所統凡四十二營。在北甯。日夜酣酒。奪民閒妹崽。恣爲荒淫。不恤軍事。部下益相習無紀律。越南人怨之次骨。會有教民賄敏宣。請給軍裝助戰。敏宣言諸桂蘭。桂蘭已昏醉。悉聽敏宣言。教民得軍裝。遂助法攻官軍。官軍潰走。延旭逮問。朝命潘鼎新爲桂撫。而以布政使王德榜署提督。代桂蘭。且命斬敏宣及總兵陳得貴。敏宣以退縮。得貴則首失扶良礮臺者也。時敏宣猶領三千五百人屯諒山。爲桂蘭軍營務處。合所節制。尙二萬餘人。兵權甚盛。得貴所領亦千人。德榜懼其叛。秘不發。而令部將甯裕明往誘之。裕明以一騎一卒。往迎敏宣。聲言籌軍食。而一幕客廣西人者。繼之。客固敏宣鄉里。謂可通誠也。裕明見敏宣。邀與同往大營。敏宣不疑。單騎隨之行。才入關。遽就縛。搜其身。得雙響手搶二。

已上子藥矣。遂斬之。並斬得貴。得貴初猶侃侃辨。謂吾退礮臺有將令。詰以尅扣軍餉事。始俯首無語。桂蘭夜餌金死。朝剛亦當斬。亡命不知所在。敏宣曉相人術。自以法當死兵。故每戰輒退縮。至是竟死刑。

越南一役。諸將善戰者以甯裕明爲第一。裕明湖南衡陽人。初隨劉武愼軍。甲申春。淮軍既敗。廣東陸路提督楊玉科領廣武三營屯觀音橋。調裕明領右營。閏月丙午昧爽。法人由郎甲進攻觀音橋。橋南北皆山。高數十丈。北嶺尤斗絕。提督萬葉。以所部四千人屯橋南。當前敵。裕明從玉科與提督王洪順屯橋北。爲後勁。日未晡。萬葉戰敗退至橋北。倚北嶺而陣。法軍從之。入裕明急出萬葉後。登北嶺絕頂。發礮下擊。別伏兩哨於山之左右麓。橫截法軍之要。法軍悉力禦嶺上。軍不虞伏兵之驟出也。大驚潰走。諸軍悉衆追之。至郎甲。殲其銳卒數百人。於是法人始有求和之舉。洪順不知西人好爭高乃屯山下平地。幾爲敵所乘。然見前敵敗退。能督隊不少却。萬葉雖敗而部伍井井不稍亂。故卒能轉敗爲勝。二人皆淮軍良將也。萬葉後怨鼎新賞不公。辭歸。而裕明敘績以千總超擢游擊。會奉電旨。令退師。毋礙和議。我軍如約退入鎭南關。法人約退東京。乃止退北甯。裕明說玉科。謂法人詐和。必不可信。宜乘機進兵。旋奉　旨派員潛赴敵境偵探。諸帥皆謂無如裕明。裕明遂行。以六月乙酉發觀音橋。晝伏夜行。蠻煙瘴雨備嘗艱苦。七月癸卯朔歸龍州。說鼎新宜進兵。於是遂決二次大舉之議

八月庚寅。我師敗績於郎甲。郎甲南距諒山十五里。北距觀音橋八十里。東船頭。西太原。各百里。先是越南教民。送豕羊犒軍。報法人且至。方提督友叔謂之曰。我軍裝未齊。營壘未固。不能速戰。越民遂去。不二日而法兵大至矣。關外林木叢密。法人倚以自蔽。我軍竟不之覺。昧爽。忽聞礮聲。友叔猶曰。兵勇打冷礮耳。俄而開花彈落營中。炸死十餘人。始知敵至。時築壘未畢。軍士各散就空村爲食。周提督者。率二千五百人駭而奔。友叔以千人亦奔。法人萃於玉科營。圍之數十重。裕明令軍中。卽無事亦戒備如對敵。故拒戰獨整暇。乃憑墻發槍。法人更番迭進。死傷如積。營墻猝轟倒。裕明以親軍三百人。且戰且掘坑。朝至日昃。法人數萬。衝突數十次。卒不得入。左右呼裕明曰。大人不速出。死傷無孑遺矣。裕明回顧。見積尸縱橫。四面皆法兵。不見援兵一人。望玉科中軍。圍尤厚。不知存沒。乃慨然曰。戰死。槍走亦死。槍當戰死耳。左右曰。統領猶在。裕明曰。卽欲

出。亦必。殺。入時天已。昏、黑、裕明、乃、口、銜、匕首右手、縱。火彈。左手。持。馬。刀馳而、斫、左右、隨。而。馳。斫者、二、百。餘人。法兵、皆披。靡。竟入、中軍、玉科。左。右僅數。十人。尚據、內濠、力戰、裕明。於。是。衛玉。科。出。士卒死。者又五。十。人。傷四。十。餘、人。存。者止。百人。耳。玉科。既出。左右、僅三。人。由是。益親。裕明裕明。亦樂。爲玉。科。用是役。也玉。科懲。黨。敏。宣。前。事。拒。教。民。不。使。見而友。叔。不、知。教。民。皆。法。軍。間。諜。遽。納。之、入。且以。實。語。之。故。及於。敗。我。軍。死、千。餘人。法軍。死。者。亦。相。當而玉、科。裕。明。之。能。軍。乃。大。著。友叔。被。創。怨。冑。提。督。之。不。相。救。也。周。亦。懼。誅。吞金。死、

十一年正月。諒山既失守。諸軍退屯鎮南關內。獨玉科屯關外十五里之文淵。距法軍所駐五里。己酉昧爽。法軍進犯。裕明陣中嶺、身當前敵。分兵據左右二嶺。左嶺徐占魁當之。右嶺廖應昌當之。玉科駐大塘嶺上督戰。後裕明陣里許。綏甫交。占魁礮傷足。遽回營。應昌懼而奔。一軍隨之。獨裕明督所部力戰。法人分兵從右嶺入。玉科見應昌敗、慮裕明力單。遣提督劉思河率中營親兵助之。思河。持。馬。刀。來。裕明。謂。且。置。刀。亟。蹲。而發。槍。語未畢。礮彈已。洞穿思河胸。玉科亦負兩傷。一中頭太陽。一洞腹。裕明。不。知。玉。科

之傷且死也。猶遺紅旂索玉科諸營子欒嶽與我。我不收隊矣。紅旂報玉科陣亡。裕明乃痛哭曰。主帥死。我須性命何爲。弟兄不能戰者請逃。死不懼死者請隨我爲主帥復仇。衆皆哭曰。願從死。裕明衝法軍。擊殺一五畫金線者。或曰。法總統之壻也。是時礮聲如雷霆。子飛如風雨。槍連環如數萬爆竹齊發。如倒巖墻。非忘生死者。不敢斯須立也。裕明俛中彈。洞右頰而出。血流滿身。裕明猶不知。但持刀督軍士前進。士皆大哭曰。大人戴花矣。戴花者。軍中中礮之隱語也。爭扶掖入關。裕明不肯。謂死亦當在關外。左右紿之。謂玉科尚未死。乃強鑾入關。王德榜嘗拊裕明背而調之曰。人言我王老虎膽大。汝膽乃大過我耶。

二月戊寅。法人攻陷關前隘。隘北五里有三山。如品字。曰小南關。馮子材統十營。三營屯山上。七營屯山下。是日法人以奇兵趨鎭南關東嶺。出間道。襲奪小南關。裕明方養創憑祥。聞砲聲。裹創飛騎至。則馮軍已敗下山。裕明從山北衝上。馬刀斫法人。法人披靡。於是諸軍相繼登。德榜屯油隘。亦聞礮聲。遣都司陳得勝間道赴援。留旂幟油隘爲疑兵。而自率親軍施放火箭。橫殺入關。截法人輜重。法人前後受敵。乃敗走。南方卑溼。

春草方生洋人革履滑輒顛入艸中迫追兵又不得正路窘急哀呼相聞我軍戰勝氣益猛乘日光窮追斬馘法人數千級法人被殺急則投槍降去帽爲叩首狀以手捍頸軍士憤法人苦卒殺不止人遂謂中國人無禮也法人一敗不復整敗文淵敗諒山敗谷松敗威坡敗長慶敗船頭由北而南八日夜退二百餘里諸軍歡呼謂恢北圻復東京有日矣而停戰之　詔書遽下

江介雋談錄

野民

丁叔雅遺詩逸事

豐順丁叔雅部郎惠康。為詩初學玉谿。尙典雅。後學宋人。主蒼勁。沒後詩多散逸。茲從人處錄得數首。皆戊申之作。彙存于此。本事詩四首云。策策蠻靴簇簇衫。上弦新月正初三。當窗嬌鳥曾通語。臥礙烏龍隱妒顏。短翼差池勞燕燕。羈懷長是緒鰈鰈。最憐昨夜斑騅逝。小閣薰爐永夕閒。又猶自衣香染未銷。離鸞別鳳怨迢迢。空持羅帶成凝佇。難把眞珠慰寂寥。盡道過江看衛玠。那堪禁臠憶南朝。舟中悵望知何似。腸斷津沽上下橋。又來是姍姍去遂行。虛辭陳謝若為情。書空盡日相思字。生小嬌郎未有名。子夜前溪歌宛轉。秋河別院悵平明。相逢未必還相識。佇苦停辛枉此生。又似水流年去不回。工愁善病益相催。人非薄倖徒乖阻。天遣多情少別裁。墜粉啼紅何限恨。研丹擘石不成灰。蓬萊淸淺三山遠。庾信當年祗費才。意有所觸。寫睞羅癭云。因哀窈窕惜芬芳。不道先生有底忙。庾信少年殊跌宕。迦陵老去轉淸狂。用陳迦陵住水繪園故事哀頑感豔思車子。放鶴焚香祀衛郎。錦瑟如人千甚事。獨憐無那百思量。和何穆忞韻云。白髮稍侵感向晨。眉頭久分未能伸。謝公小字名爲客、江總驚心本恨人。拚取一生送杯酒。劇憐十丈染緇塵。嗟余此去城南路。寂寞題詩自餞春。石遺老人久病不見作此代簡云。苦念空齋老病夫。近來詩思定何如。斜街古屋飛花滿。蕭寺華年把琖虛。說法安心知有術。偷閒作計未全疎。憑誰細話溫存味。燈火相親讀道書。過醉酬余雨韭云。相從咀嚼恣猜狂。添酒迴燈累舉觴。不信閒愁曾撇遺。翻憐小極轉悽惶。瞢騰未覺能隨俗。酩酊從教笑作傖、忽憶詩人杜陵老。弟昆永結太淒涼。

叔雅工儷文。疾革前數日（己酉四月）有書與陳公睦。公睦稱述其書中語云。城門失火。殃逐及於池魚、畫餅充飢。計亦同於飲鴆、天之所廢。誰能興之。以此言愁。愁可知已。語殊韞藉。彌似六朝。

叔雅窮居京師積年。書法頓臻絕詣。余游京師。嘗于羅癭菴處見叔雅遺墨方山子傳。眞楷徑寸。寫于劣紙。剛勁之氣。彌類其人。一時都門善書者咸謂君堪與翁常熟並驅。或謂君能造郭筠仙侍郎塗徑。則國朝書家。君固足分一席矣。

綠綺琴 小忽雷

叔雅有琴曰綠綺。相傳爲唐武宗物。明鄺海雪得之。鄺旣殉國。琴爲金吾葉氏所得。道咸間歸馮展雲宮詹譽驥。光緒庚子都門拳匪亂後又見于琉璃廠肆。叔雅以重金得之。沒後。其子携歸粵。劉聚卿近以千金市得唐代小忽雷。又于廠肆購得唐人小忽雷譜。二者皆唐樂器。幷存其梗概于此。按南部新書謂胡琴大者曰大忽雷小者曰小忽雷

計奇菴詩

計奇菴如張明經。皖之廬江人。耽書苦吟，光緒中年卒，年五十許，無子，余嘗于其甥黃詒來秀才處見其詩，晚霽云，夕陽沈暝色。寒意在烟蘿。積雪明諸嶂。層冰裂大河。思隨芳草遠。燒入野田多。有客銜泥過。吾方閉戶歌。早春道中云。吟馱隨去緩。寒意上鞭稍。澹日下平楚。空林響暮樵。風沙沈暝晦。客路鬱迢遙。目斷孤鴻影。冥冥不可招。又斷句山行云。颭徑泉穿樹。魚磯網覆苔。郊居云。衆流爭滙澗。雜木自成村。皆淸拔可喜。

李梅菴提學詩

李梅菴提學瑞淸詩學選體。里居未仕日有感懷二首云。美人傷遲暮。抗袂淩雲翔。九

叢錄　四

州紛總總。繅馬觀遐荒。王母在瑤墟。我欲展中腸。流沙極千里。雷淵不可杭。赤螘若巨象。壺蠭正敷張。彷徉無所倚，回馭趨朔方。朔方常苦寒。趠龍赩縱衡。積冰山峨峨，飛雪浩茫茫。求仙徒虛辭，不如還故鄉。藥石駐頹齡，反恐多害傷。愚夫惑神怪。君子正厥行。勵德苟不懈。胡懼外物戕。又神龍懷奇翼。乃在靈淵藏。常恐歲月晚。百卉委風霜。曀曀結沈陰。白日翳無光。烈士獨慷慨。撫劍觀八方。四海揚洪波。天地爲低昂。憂來如繭絲。綿綿方未央，哀嘯入青雲。此曲斷人腸。歲寒知松柏。世亂須賢良。非無萬里翮。天路阻且長。我欲迴陽轡。使之復東翔。微軀焉足懷，君恩不可忘。二詩委婉綽有深意。江湖不忘魏闕。君眞其人。

耆思巽侍郎詩

長白耆思巽侍郎齡。乃誠果泉中丞彖嗣也。崇尙儒素。篤嗜風雅。有上元夜月次韻五律云。空巷燒燈夜。循階獨步人。舊歡尋墮夢。餘慨集芳春。酒貰中山醉。歌翻下里新。喧喧徧城市。多負月如輪。雋永似晚唐人。又二牐汎舟五古中一段云。喧喧鬧鵝鴨。發發集魴鯉。物性本難齊。所樂不須訾。當其喋唼時。焉知有泥滓。則慣時嫉俗。情見乎辭矣。

文苑

癭公寄贈新刻散原精舍詩彊邨詞索詩爲報賦此寄呈　簡盦

當代數文豪。二妙未識面。零縑與碎錦。寶光時一見。癭公江漢回。東南走羣彥。貽我雙琅玕。入案忽璀璨。卓哉散原詩。千淬復百鍊。字字雙井心。篇篇小雅怨。載詠彊邨詞。旨遠非近翫。七寶絢樓臺。拆碎成片段。憶從同光來。文體亦屢變。根柢蕩詞林。俗子耳目眩。譯語雜侏㒧。新名紛點竄。家法抉樊籬。宗派岔支蔓。義寧名父子。辛苦守遺研。侍郎篤師友。腹痛情繾綣。挑鐙百回讀。心維目不倦。古來工文章。端在多憂患。二公廊廟姿。目睹家國難。江湖戀魏闕。忠愛託豪翰。流傳此文字。身世已可歎。峨峨文選樓。屹屹靈光殿。裁詩報故人。愧未涉涯岸。

南昌電來聞故人黃梅伯死耗書此志哀　前人

懸榻虛廊尚待君。伊人何在死生分。九京可作應誰與。百世相知在定文。作賦江南哀庾信。寄書湓浦望劉蕡。天涯別有傷心淚。灑向松花對夕曛。

文苑

中秋夜半見月奉和新會中丞元均　敷盦

節堂賓客觴今夕高吟不許秋聲寂誰攜謝朓驚人句開府豪情今太白銜官爭傳盛屈宋江山趨走風雷役況逢佳節羅酒人瓊漿挹斗斟天碧天公不放銀蟾吐坐令高秋暗無色嫦娥嫋嫋思自獻不忍華堂負羣屐欲出未出雲半流便欲狂催煩鐵笛絕叫天閽通帝座俯諒精誠鑒心迹長空推出一輪明奧闢眞煩萬牛力尙知天聽終可回誰道天心邈難測倒挽銀河淸八垠盡豁陰霾埽熒惑元戎坐嘯安槃敦玉塞無塵靜鳴鏑冰壺朗抱洞物情照曜萬彙休逃匿眼中群材待陶甄徼外顓民恃生息不才濫許侍軍府糜粟太倉媿何極談深漸覺玉繩轉坐久不聞寒柝擊佇看雙手扶羲輪照出東方萬山白

中秋夜半見月示幕府諸君　倘盦

憶昨沈沈風雨夕預愁玉宇芳辰寂中夜孤吟聽簷溜詰朝祀事登長白曉來微見日朦朧僕馬趨蹌戒行役遙瞻嵯峨鬱佳氣萬松洗出煙鬟碧禮成緩歸日未晡新晴映帶郊原色令節飛騰寄元賞材雋翩聯集羣屐中天未覺流雲吐恨無高樓吹玉笛須

二

臾橫空縛大帝一掃纖埃盪無迹居蟾顧兎休自矜三五而盈非汝力試從前夜望今宵人世升沈庸易測太清但令無穢滓豈懼陰精遽淪惑澥心東海方揚塵彗見驚傳主鋒鏑松江照影波瀾深蛤蚌珠龜盡潛匿停觴欲問大方醉海宇狼烽幾時息安得長劍倚蒼冥指揮衆星環八極諸君不飲奈明何斫地悲歌唾壺擊五陵王氣今尙存與爾賞秋浮大白

北山侍新會中丞宴賦呈一首　　敷盦

開府才華萬口傳江山吟眺助喧妍壯懷湖海存詩酒多難文章入管絃龍起近瞻長白氣雄飛新數中興年（中丞曾以新數中興年刻章）乾坤到處堪留醉難得秋花豔欲然

北山集和敷盦韻　　簡盦

踵武陳黎二妙傳（君與令兄瓔公並有文名獨漉二樵均順德人）試將秋實比春妍旌旗在眼空留影琴瑟無心付改絃閱世山川容坐嘯傷人哀樂入中年興來亦有尋歡處木落長悲恐未然

孝先梅訪錫臣諸公各用余壽子明元均視余初度子明旋亦繼聲勉賦四律分謝四公　　前人

句繡弓衣海外傳。後先輶節記聯翩。（余與孝先出洋相隔十年）觀風應續輶軒錄。補雅欣聞潔白篇。努力匡時迴泰運。同心憂國佇豐年。仲華車下壺觴滿。治譜親承世德緜。

子建才華曠代尋。煎茶鎖院碧桐陰。記從楚國箋天問。莫對新亭歎陸沈。簜節卽今文治闢。（吉林未改行省以前學使不到）陪都猶望屬車臨。攬余幼讀靈均賦。敢忘滋蘭樹蕙心。

孝穆門庭世共傳。分明鳳翥與鸞翩。揭來漢壘秦庭外。解讀山權國準篇。猶有黃花驕晚節。何堪錦瑟悵華年。（余與錫亮同有悼亡之戚）未成一事慙官職。馬齒空增歲月緜。

嶺西燕北舊追尋。曾見甘棠蔽芾陰。紅樹白雲秋易渺。瓊樓玉宇夜方沈。登高幸接詩人躅。聽訟爭迎直指臨。歲月侵人愁短景。江湖滿地負初心。

送黃秘書與之南歸　前人

麟角牛毛共譽君。海天遙隔一相聞。獨尋孔墨迴風氣。大好江山悵暮雲。湘楚功名旋黯澹。貞元黨論尙紛紜。定知海上成雙笑。經卷爐香好共熏。

述異　前人

海宇紛紛角羣雄。箕子千年亡故封。雞林秋半忽地震。災異驚倒百歲翁。相傳臥榻容

軒睡長夜沈沈如夢寐倡處潛生他族滋振發羇非蒼昊意從來萇叔敢違天孤忠碧血自年年不知東海多深淺要取寃禽銜石塡

寄題瘦公都門寓齋　前人

四印齋中風物妍王前朱後各齊肩一生襟抱明如月幾輩詞流化作煙此室近推名士窟（務洪來自都中所述）有時同證美人禪冷官解作閒居賦莫道酸寒不值錢

簡盦中丞寄題都門寓齋務洪同學數葬家弟並在幕府各有奉和依均奉酬一首　瘦公

丈室秋花久不妍夜寒蒲褐聳雙肩空勞玉塞傳高詠慙謝西山照暮煙閱世荒龕容小住避人蓬巷當逃禪浣花終欲依嚴武憔悴曹司媿俸錢

和合肥督部監臨法官考試示士子詩元韻　秦樹聲

刀筆公卿漫齒寒幾人議律析毫完性靈春草談何易時勢秋荼說本難晉代法家推杜預漢廷循吏遲桓寬他年將將知無術媿作諸侯壁上觀

華夷一揆無溫虐風燭分明笑顧歡五鳳樓高蕭律定孤熊叢靜鄧書攤珊瑚鐵網殷

文苑　六

勤意。翡翠蘭茗子細看。桃李滿城春去也。而今只合屬秋官。

又和督部闈中感事詩元韻　前人

廣地安能廣德侔。當年萬國彊共球。江山。寥。落。生。秦。越。帷幄、荒。涼。失、鄧、留。無數公孫談白馬。不應老子負青牛。太和眞主調彝夏。尙有興亡泣魏收。

罪花深處是頽空、西爪東鱗百慮忡、炙輠有聲來稷下。揮戈無夢到禺中。樓船橫海非今日。翡翠明珠亦大風。翻恨報燕疏劍術、秦庭禍豈在圖窮。

鷺狌把臂未爲親。赤手。銀、河。要、俊。人。屛翰欲秋桑扈冷、門庭如水蓼蟲辛。將軍年鬢半房琯。宰相姓名何馬紳。今日朱雲懷抱盡。上方乞劍更無因、

樓上文饒筆未休、槐臺殘客已漦猶。但聞袞倩將明補。不信珠堪象罔求。八表夢酣蕉下。鹿。萬。言。淚、盡。棘、端。猴。因詩更讀江陵集。一世低頭是益州、

覺彼此咸有玷辱。故吾寧自屏跡。諱秘其事。向之所以訪祭之者。徒爲好奇之心所驅使耳。曰。吾幾欲告語警員。謂吾有友人。曾於劇場辨識此婦。或能爲警署有毫末之助。今聞子言。吾乃私以未告警員爲大幸也。曰。誠幸。吾實於此婦之事一無所知。將何以對警員之問乎。且以閒事牽掣。致受公廷之鞫訊。亦殊不值也。曰。吾所慮尤不止此。故吾不欲多言。子試設身爲我思之。吾之不欲牽涉及子。其勞心費思。當復幾許。此事殊非易易。吾侍兒約斯甸曾見子之來。幾將直言之。幸吾預加禁止。故未供扳及子。亦終不知死者之爲誰。諸偵探雖升天入地以求。終無能得其兆朕也。吾爲彼曹窮詰不堪。只得以當時租借房室之情形詳細告之。吾今當有一事告子。子意謂何。彼曹初疑此爲謀殺案也。姌娜聞言。憮然色幾變。乃稍迴面卻顧。若漠不經意者。而漫應曰。謀殺案耶。曰。然。彼曹固有是言。渠輩之用心。固無在不欲羅疑爲重者。此固子所夙知也。子倘不知吾因此事所受之煩惱。蓋至今猶未有已。曉乎。吾豈料此婦之來。教吾之院宇生涯。喧騰於衆口哉。使吾早知有此後文。彼休想得入我門來矣。今而後無論何等上流人物。苟不以眞姓名示我。吾斷不肯貸室與彼矣。姌娜心中憂甚。急問之曰。自吾去子家門之後。子昨宵覺有何形跡可疑耶。曰。終夜都無異狀。吾儕賭興甚豪。直至天明始罷。吾乃安寢。至午猶未起。約斯句忽張皇入告。謂管理右廂房室之侍女。適於第三層樓某室。察見一婦人死去。子謂吾斯時之震駭。當何似耶。然吾尚有主見。急起往視。果屬不謬。乃禁約諸人。不許稍動其屍身。立報警員來視。警員既至。吾儕時大受困難。惟吾人固不易受恐嚇者。彼責吾開設亂常敗度之院宇。又多方歸咎吾。都不之恤。且吾亦有多數至友。皆居顯要。縱遇危難事。渠儂必出助我。我何懼爲。姌娜厭聞此等枝蔓語。惟急欲知其事之究竟。乃復餂之曰。如子所言。此事毫無可歸罪於他人者。不既顯然耶。曰。子且聽我言。吾詞尚未竟也。吾人雖自問無罪。而警吏則偏責吾家人。方欲執吾及諸服役者。以歸警署。適檢驗之醫官二人至。翻屍勘驗畢。又細細按撫之。互相討論良久。乃定死者爲中風猝斃之人。姌娜聽至此。方敢一吐氣。羅句婦復曰。醫官之言良是。此婦面作紫色。憶二年前。吾家曾有一客。其人年已老。而好爲少年人之行爲。亦以中惡猝死吾家。其面色恰與此婦相類。惟所睡非此類古式華牀耳。以云此華牀。吾亦不喜。吾一見此物。便想起曾睡此中之長眠人。行當付之牙儈耳。姌娜聞此。又生隱憂。念此物之機括，不審何似，其藏於此中者耶，抑連貫於壁間者耶。必按其機樞而後發動耶。抑但須有人臥其上便發動耶。然無論其結構若何。苟一搬移之。則其機謀殆不免破露，若不敗露。此物落他人手，有誤臥之者。又將不免被殺如前人。此誠一難處之事。已若緘默不言。則與犯殺人罪者幾無以異。若明言之。則必剖露己所見之眞情。其如此兇人之眈眈窺伺何。且羅甸婦又非與己同休戚者。苟知其實。斷難如己之緘秘若斯，事或有敗，己身縱不足惜，其如愛女何。且吾之有女。從來未令一人知之。況羅甸婦本非正道中人。更安可傾吐懷抱。亦惟有終守緘默已耳。思至此。車已將至霜西里斯。去己家漸近。不欲更事深談，乃漫應之曰。亦無怪子之不欲留存此物，然吾以爲此物尙未應爲子所有。子不嘗云諸物皆賃房之上流男子所購置者耶。曰。然。惟吾與彼已有定約。僦居之期屆滿時。則此中一切鋪陳。悉當爲我有。今雖未屆滿期。然吾敢預料此人決不至復向我爭論鋪陳各物者。曰。其人雖未必爭此鋪陳。然終當有日再來也。曰。吾料其決不復至。吾之摯友。子盍思之。此事就彼身而論。不無可疑之端。蓋浪費如許貲財以裝飾房闥。致一婦人獨居。而己身絕不一來相視。此誠不近於人情。彼警員初疑爲罪犯。吾初意亦復與之有同情。得醫官之宣告。吾始釋然耳。至警務中人。至今猶未肯放下此事。昨日吾侍者尙見有二人往來於吾宅院之左右、狀甚可疑。此必偵探人員。欲偵伺此僦室之男子者。然斯人苟見報章。旣知此婦猝然棄世、殆早已逃去矣。姌娜所見亦如是、彼爲勢所逼、不但不望此罪人蒙罰、亦並不願其情節之發露也。乃復漫應之曰。誠然。此人之行事。誠有不可索解者、然吾前聞子言、斯人似非身親其事。不過倩其主管僕來與子關說、然則其人果若何形狀。子尙未能以知之也。曰。此亦不過吾一時揣度之詞。蓋以來人不甚類上流人物。故作是想耳。究之亦殊無眞確憑據。每見多少富貴人物。其容止絕無些子大方氣。亦不能因此而遽決其爲下流人也。曰其人狀貌奚似耶。曰。吁此亦猶夫人耳。其貌不美亦不惡。其身不長亦不短。其年不老亦不少。所可着眼者、惟其唇頰間絕無些子髭鬚、獨頰間有短髯兩撮、耳姌娜自念。似此又非吾于停屍塲中所見之人矣。乃復應之曰。今且勿問其人爲誰。但冀其自今以往。不復更加煩惱事於子。斯可矣。曰。吾惟願其如是。只吾今茲之所受已極有難堪者矣。此事播揚于外。吾家寧復有僦居者。即現在賃居之人。咸已疑慮多端。大有不能安居之勢。不寧惟是、吾暮夜之生涯。如投球戲等事。今亦一切放下。諸人皆不敢復聚。以警吏方耽耽于此也。彼曹告誡之言、殊屬嚴厲。曰「吾人將緊着眼於汝輩」。此言能不教人懍懍耶。吾今既說及着眼二字、又有棖觸余懷一事告子也、壁間之孔穴已爲警吏察見。究問吾設此何爲者、吾儕之營生渠輩寧未知之、乃裝腔作勢。加以無聊之督責。子於此時。倘預聞吾所受之官樣訓詞、當亦爲之失笑。蓋此嚴氣正性之有司。不許吾家再有穴隙窺人之事。強吾必須懍遵法度也。姍娜聞斯語、心方隱憂。倘何暇解頤而笑。羅甸婦復曰。然吾今重思之。實不解子何由見彼婦之登牀而寢、蓋吾人察看此孔穴時。尙有手帕懸于壁間。正掩蔽此兩孔穴。是必彼婦已嘗見於斯穴。故特掩蔽之者。吾又終不解此死者何以能明察如是。姍娜心知彼殺人賊所爲。惟貌作不經心之狀。漫應之曰。吾離去之後。或此婦重復起來。亦未可知也。曰、彼果重復起來。曷不重復他去。果能他去。將不至死於吾家。而吾省却無數煩惱、寧不大佳。可笑警署中人。不特於此婦之姓氏。求之未得。卽其眞正寄宿處。亦無能偵知。觀其每夕至劇場歷有半月之久。則此十餘夜中。其未嘗去巴黎、可知。既未嘗偶去巴黎。則當常宿吾家可知。今既未嘗宿吾家。夜深輒復他往、則其必另有宿處又可知。乃亦求之不得、然則此婦殆宿於衢路中者耶。可笑孰甚。娟娜忽憶彼婦懷中之物。今不知其下落復詰之曰。是亦一端之可異處。此婦豈更無一物遺留耶。雖往來之函牘拜謁之名刺亦無之耶。曰。吾茍願襄助警署中人。則彼曹亦不無可以發見之物也。曰。何物耶、曰吾茍告子。子能無轉告他人耶。此當愼密。殆未可爲子告者。曰吾今茲之再與子晤對、固不欲他人知之者、倘復以子言告人、則何以異於自發其覆、吾寧肯出此耶。曰既如此。吾則告子。吾侍女約斯甸。乃聰敏乖覺人也。彼初見死人時。我尚未之知、彼見死者懷中一篋匣。即拾之以畀我。吾視之。乃一肖像。圍以金剛石者。曰。子匿之耶。曰然也。吾惡彼偵探中人。決不肯左右之。故秘不以告。然吾此舉。或不免弄巧反拙。蓋恐渠輩搜求不已。或終至敗露。倘知吾私匿死者遺物。則吾反受累于無窮矣。吾今頗悔之。心常惴惴然。幾欲永閟此物。投之於塞納河中流也。娟娜急曰。子切勿爲此。彼死者當有親屬。他日聞之。必多方求其遺物。倘能得見此肖像。其喜慰感紉將靡有涯。曰。吾亦不望見好於此婦之親屬。且其親屬又安知吾藏有是物。復何從而求之。吾今惟懼受累。決不敢久經藏匿。必將棄諸河。子旣勸我勿爲。將毋願爲我藏弃此物耶。曰。吾亦不憚爲此。子供詞旣未牽率及我。則警吏自不至搜及我家。且吾遭此異事。亦算歷一番驚險。藏有是物。亦可作一紀念。但見此肖像。便足以警戒將來。而不謹愼之行。藏今後或可免也。曰。吾之摯友。似此子當取之。以子今後欲勉爲良家婦女也。大凡婦女。欲作守分之良人。固當以謹愼爲第一要義。吾尙忘却告子。此肖像蓋一幼孩。乃從懷中取籢匣出。付諸姌娜。

姌娜一見此像、便認識之。不覺色動。此畫中人。爲一年可四歲之幼女。碧眼而金髮。蓋即已之愛女德理斯也。其童年之狀。絶不與母相似。今則年已十有九。容貌又迥異孩提時矣。即使之自觀此像。亦當不能辨認爲己身。然其母固能一見識之也。羅甸婦復曰。子須知吾侍女約斯甸爲人之忠誠。蓋其一見此婦。初未料其果死。猶以爲偶然氣厥。爲之緩其結束。爲之推導血脈。不意得此物於其懷中。其圍繞之寶石燦爛如此。殊易起人貪念。使彼遂萌異志。私匿其物。亦誰得而禁之耶。姌娜曰。如許珍貴之物。吾安敢視爲投贈之具。而泰然受之耶。此籢匣吾當拜賜。惟諸寶石。吾必當以値酬子也。曰。吾親摯之美人。吾已立意。並以贈子矣。此籢匣吾固不敢賣之。買之者何從能有其値。

不寧惟是。吾猶追念多年前事。當吾二人把臂營生之際。吾所藉於子者何限。多少巨富人。徒以欲親近子之故。日夕來就吾家。招待其人之姓氏。今猶能歷歷數之。吾爾時之所獲。皆子之賜。今之投贈。聊以報萬一。不其宜耶。曰。子毋爾。此何須云報者。吾今受此肖像。惟須聽吾還其寶石。吾歸家將卸却之。覷便仍付子也。曰。可也。子既堅却之。便一任子。且吾遭此事。亦耗資不少。得此稍作彌補之費。亦佳。約斯旬他日或至子家中。子便以寶石付之。子家僕婢皆未嘗識彼。不慮破露機密也。姍娜允諾。時車已至意多伊里通衢。二人將別。車既住。姍娜遂下。羅甸婦曰。吾之摯友。願子前途珍重。設有萬一需我時。可重來見訪。子今超出苦海。殆已漸近菩提路。吾亦深慰。然世事亦終未可預料。屬在相知、敬布心曲、姍娜笑頷之。作別自趨向家門。姍娜家在翳柳巷。其宅院爲數年前積貲購置者。比及門。猶回首四顧。見無人尾其後。乃敢入室。邇來姍娜已決計隱遁。不願溷跡于巴黎。其往日之生涯。早已輟業。侍從僕役。大半遣去。惟賸一閽人一廚娘。一侍女。然亦終須盡遣之。只在早晚間耳。此數人皆其心腹。感戀主人舊惠。不忍决然遠去。而尤以侍女舍列底爲最忠事主人。姍娜之心。脅舍却其女之保姆偏突兒而

上海外交報館今遷移四馬路書錦里口

庚戌年

外交報 十年紀念 增刊兩册

本館延定留學外洋法政專家撰著國際法學論說並於正月臘月各增一册逢五發行全年三十四册自辛丑至庚戌適屆十年共三百册預訂全年本埠四元五角外埠五元二角外國六元零售每册一角六分補購辛丑壬寅癸卯甲辰百册減爲十元外埠加郵費八角陝甘雲貴四川等省郵費加倍補購壬寅全份本埠四元外埠四元五角癸卯全份本埠四元三角外埠四元八角甲辰全份本埠四元外埠四元五角乙巳全份本埠四元二角外埠四元八角丙午丁未戊申每年各全份本埠各四元五角外埠各五元己酉全份本埠四元八角外埠五元五角外國六元二角歷年零册一角六分 ●上海外交報館 在四馬路書錦里口商務印書館內

●第三十一號即二百九十七期十一月十五日已出 要目列下 ●圖畫 出使奧國大臣沈星使瑞麟肖像 ●論說 論國籍之效果 ●譯論 論美日開戰之不確 論利卑利亞與美國 論關稅保護與萬國自由貿易大會 論英將分割波斯 論日英關稅問題前途 論日本併韓後首當擴張兵備 ●外交大事記 礦政交涉 ●世界大事記 西洋之部 各國海軍費之增額 各國之對衛 德造船業大罷工 英法架設海底電話 里伯利募集公債 ●韓國三十年史（續三十號） ●日韓交涉史（續二十八號） ●各國對華政策（續三十號）

●第三十二號即二百九十八期十一月廿五日已出 要目列下 ●論說 中國國際經濟上之危機（法政畢業生武進王倬撰） ●譯論 論國際空前之平和 論匈牙利之政治與實業 ●外交大事記 禁烟紀聞 界務紀聞 ●德國霍亨洛親王日記節本（續二十九號） ●日本併韓始末記（續二十八號） ●各國對華政策（續三十一號）

外交報館

漱玉詞斷腸詞合刻

詞至宋而極盛而李易安朱淑眞尤爲閨閣雋才易安能詩文尤工於詞其議論前輩之詞皆能洞中窾竅所自爲詞天才超逸清麗芊綿朱文公謂有宋一代婦人能文者首推易安其推重可想淑眞才力足與易安抗行惟漱玉斷腸二集世少傳本臨桂王半塘侍御曾輯補精校刊入四印齋詞中半塘歸道山後其板庋藏不復印布今將其初印本重付石印合爲一書俾成雙璧世欲讀才媛之詞者幸勿交臂失之每部大洋五角

寄售處上海四馬路廣智書局

影宋本花間集

詞莫盛於兩宋而實導源於唐季五代詞之有唐季五代猶文之有周秦諸子詩之有漢魏樂府也詞選之古莫古於花間唐季五代之菁英咸萃於此陳振孫書錄解題稱爲倚聲之祖久爲詞林寶貴無庸贅述顧世少刻本購求極艱此爲四印齋影宋精刻本今以泰西石印法用最上等連史紙精印與原本無豪釐之別海內倚聲家當必先覩爲快

每部定價一元

寄售處上海四馬路廣智書局

二十世紀大著作名家童君愛樓實驗自來血保証書

明州童君愛樓著作等身生平擅長詩文書畫小說戲曲等一切撰作大江南北久噪文名歷在本埠各譯局各報館秉筆多年海內文學界中莫不知有此君其爲文莊諧並作獨闢町畦實爲近今二十世紀著作家中有數人物因其朝夜著作操勞過甚以致心血大衰精神困憊時患喘咳百藥無功今讀其來書能知其服本藥房自來血後其病如失精神倍增仍能深宵著述不知勞倦深讀本藥房自來血有起衰扶弱之功今特將其惠書照登於下藉見自來血大有功於人之以思慮致疾云云〇五洲大藥房主人雅鑒今啓者鄙人向以筆墨餬口歷在廣學會山西大學堂譯書院萬國商業月報館字林滬報娛聞日報文娛報鶴鳴報春申諸處辦事多年自顧不文著書至數百萬言一人精神有限終日埋頭窗下竟成了肺喘之症近更書寫稍久神志易昏不能如舊時深宵著述莫知苦辛鄙人亦稍諳醫理念小恙之來多由心血暗耗致陽氣飛越成神衰咳喘痰多內熱之症服多方均不見效後自去秋八月間服貴藥房自來血後不覺喘平痰少仍得耐勞蓋由補血而得能若此也心感之餘爲作此書聊伸謝悃并告學界諸君之抱有同病者即頌財安

厲本埠大馬路德仁里六弄志强學堂內童隱頓

海內諸公如蒙惠購請認明全球老牌商標每瓶內加附五彩認眞券一張値洋一角保證書一本方不致誤小瓶一元二角每打十二元大瓶式元每打二十元託局函購原班囘件

總發行所上海四馬路老巡捕房對面五洲大葯房抄登

●太倉中斌學堂監督兼歷辦普通震旦校務聞君冠塵服自來血之後精神倍增舊病全除之保證書

五洲大藥房主人執事敬謝者鄙人自東瀛游學因病歸國瞬將十年歷辦普通震旦校務並獨力担任創辦中斌公學一所學生日見發達一切校政教科鄙人均有監督之責祇以舊患痰喘逢寒必發深受其累去秋在太倉中英大藥房購服自來血四瓶功效甚速鄙人素不信醫藥自服之後精神倍增目下舊病全除面部紅光大來日漸肥胖一切校務勝任愉悅爲此敬告中外學界仝人之同病者庶得早占勿藥也專鳴謝悃即頌〇〇日祉

自來血價目大瓶二元小瓶一元二角每打二十元十二元託局函購原班同件凡各界諸君如蒙惠顧須認明仝球老牌商標每瓶附有値洋一角之認眞劵一張五彩保證書一本方是的眞

●總發行所上海四馬路老巡捕房對門五洲大藥房

抄登

何法除癮

北京翁澍芝君以其所閱歷者以警世

韋廉士大醫生紅色補丸固非療治煙癮之藥其功用卽以鮮紅稠濃能使身體復原之新血立充戒鴉片煙者之血管使之建立身體得有智力以克服貪吸毒藥之痼癖也試卽北京翁君澍芝之症而證之翁君爲北京國史館承值官嘗染煙霞之癖十有五年賴韋廉士大醫生紅色補丸之臂助

煙癮全消

允將實情刊錄如左云○余身列仕版慨若不戒除煙癖勢必撤差爰於宣統元年三月立志停吸未幾卽覺背痛有時頭暈漸至兩腿疼痛有如刀割以致步履艱難往來辦公非車不行鎮日在衙不克動移雖然如此病狀但終不能廢弛公事受此困苦計有兩星期之久始服韋廉士大醫生紅色補丸覺服後

兩腿痛苦漸減背痛亦止至六月中旬**大獲全愈**

余知凡戒除鴉片者斷癮之後亦必如余之受諸般痛苦其法惟有立志克除堅心忍受不再爲煙魔所誘而尤以韋廉士大醫生紅色補丸爲**抵禦之利器**也

北京國史館承值官翁君澍芝玉照

治愈翁君之疾者卽眞韋廉士大醫生紅色補丸也

DR WILLIAMS'
PINK
PILLS
FOR
PALE
PEOPLE

購者認明眞樣謹防假冒

韋廉士大醫生紅色補丸自發明迄今天下文明各國各等社會中人之保證書紛至沓來皆證明是丸曾治無數所患各症卽如

血薄氣衰　諸虛百損　少年斲喪　陽萎不舉　肝胃失調　胸膈疼痛　臀尻痠痛　左癱右瘓　跳舞瘋病　皮膚炸裂

以及婦科諸症尤爲特別之聖藥

韋廉士大醫生紅色補丸中國各處商店藥局凡經售西藥者均有出售如內地無從購買可直向上海四川路八十四號韋廉士醫生藥局中國總發行函購或向重慶白象街分函購亦可

價銀每一瓶大洋一元五角每六瓶大洋八元遠近郵費一律在內

大清郵政局特准掛號認為新聞紙類
日本明治四十三年二月十三日第三種郵便物認可

報

每月三期逢壹日發行

宣統二年十二月一日

第壹年第參拾肆期

愛理士紅衣補丸

治愈咳嗽時發精神困惓承烏君雨亭惠來証書照登

余自幼身體虛弱以致咳嗽時發精神困惓夢寐不寧雖經時常調理無奈實無見効茲蒙　家嚴寄來　貴廠之愛理士紅衣補丸兩瓶服後果然精神煥發咳嗽全消足見此丸之功効非淺除另函求　家嚴再寄外就近泐此數行以表謝意並附小影以爲是丸之佐証幸祈列登報章以告病者耶

中國電報滬局雨亭謹識

外埠各大藥房均有發售倘內地無從購買處請函至上海四川路一百十七號總批發所購買即班回件郵費不加

本埠西北城鄉由南翔張永吉號代理

震寰藥廠啟

國風報第一年第三十四號目錄

國風報第三十四號

宣統二年十二月十一日出版

編輯兼發行者　何國楨

發行所　上海福州路　國風報館

印刷所　上海福州路　廣智書局

定價表

項目	報資
全年三十五冊	六元五角
上半年十七冊	三元五角
下半年十八冊	三元五角

報費先惠逢閏照加

零售每冊	二角五分
本國郵費	每冊四分
歐美郵費	每冊七分
日本郵費	每冊一分

廣告價目表

一面	半面
十元	六元

明孝陵一

明孝陵二

諭旨

十二月十一日　上諭前因資政院會期三月屆滿議事未竣諭令延長十日現在又經屆滿著即於本日閉會此次資政院開院本係初次試辦粗具規模徐圖進步爾議員等自當激勵忠誠擴充聞見洞觀時局默驗輿情必學與識早裕於平時斯事與理可期其一貫爾議員等其加勉焉欽此　上諭此次驗看之學部考驗游學畢業生陳祖良著賞給工科進士鄭際平著賞給法政科舉人欽此　上諭瑞澂奏湖北各屬被淹受旱輕重情形請分別蠲緩新舊錢糧漕南銀米等項一摺湖北本年春夏之交陰雨連綿蛟水陡發江漢湖河疊次泛漲入秋後襄南二水同時復漲濱水各廳州縣隄垸潰決田禾概被淹沒高阜之區雨澤又復愆期收成均形歉薄若將應徵錢糧漕米等項照常徵收民力實有未逮加恩著照所請將被災之枝江等各廳州縣村莊應徵新舊錢糧漕米等項並原緩節年銀米酌量輕重情形分別蠲緩以紓民力該督即按照單開詳細數目刊刻謄黃徧行曉諭務使實惠均霑毋任吏胥舞弊用副朝廷軫念民艱至意餘著照所議辦理該部知道單二件併發欽此監國攝政王鈐章軍機大臣

署名

十二日　上諭此次引見陸軍游學畢業考列優等之軍需科畢業生林鳳遊著賞給陸軍軍需兵科舉人並授軍需副軍校欽此　上諭陸軍部奏保堪勝高級軍人員一摺郎中蘇錫第著授爲軍需正參領候選道丁士源著授爲軍法正參領欽此監國攝政王鈐章軍機大臣署名

十三日　上諭禁烟功令森嚴前經各衙門奏定禁煙章程編訂條例並由各省督撫奏請變通年限復恐日久玩生又經飭令度支部派員赴各省考查凡有奏報不實者均已量加懲戒並將保案一律撤銷朝廷於此事不啻三令五申冀以早絕根株永除痼患乃實力奉行者固不乏人虛應故事者仍恐在所不免長此因循欺飾焉有廓清之一日茲特再申誥誡其已經禁種之處斷不准毒卉復萌其已經戒斷之人斷不准舊汙復染凡未經禁絕者著各督撫懍遵迭次諭旨嚴飭所屬迅速查禁毋得任意宕延倘各地方官仍前粉飾卽著從嚴參處並著民政部度支部認眞考核總期實事求是急起直追用副朝廷爲民除害之至意欽此監國攝政王鈐章軍機大臣署名

上諭現在釐訂外省官制必須詳慎著派錫良陳夔龍張人駿瑞澂會同憲政編查館王大臣悉心參酌遇有緊要節目隨時電商欽此　上諭朱恩紱著以三品京堂候補欽此　旨理藩部奏核議捐輸銀兩可否請旨獎勵一摺輔國公銜札薩克頭等台吉那木薩賚捐輸軍需銀兩洵屬出於至誠著加恩賞用紫韁以示獎勵餘著照所請該部知道欽此監國攝政王鈐章軍機大臣署名

十七日　旨著添派李經義會同憲政編查館王大臣商訂外省官制欽此監國攝政王鈐章軍機大臣署名

十八日　上諭度支部奏請簡四川清理財政正監理官一摺江蘇候補官文龢著賞加四品卿銜充四川清理財政監理官欽此　上諭寶芬奏勘明河南被災各州縣請分別蠲緩新舊錢漕一摺豫省本年春間雨雪過多入夏後大雨兼旬山水暴發河流漫溢以致祥符等州縣秋禾收成均形歉薄若將新舊錢漕同時並徵民力實有未逮加恩著照所請所有祥符等四十二州縣應徵新舊錢漕分別蠲緩以舒民力該撫即按照單開各州縣邨莊頃畝錢糧米石各數刊刻謄黃徧行曉諭務使實惠均沾毋任

諭旨四

吏胥舞弊用副朝廷軫念民艱至意該部知道單併發欽此監國攝政王鈐章軍機大臣署名

十九日 上諭廷杰奏因病續假並請派員署缺一摺廷杰著再賞假一個月法部尚書毋庸派署欽此 上諭陝西提學使著余堃補授甘肅新疆提學使著杜彤補授欽此監國攝政王鈐章軍機大臣署名

論說

國會與義務

滄江

縮短國會期限之　詔旨有云。『今者民氣奮發。衆論僉同。自必於人民應擔之義務。確有把握。』此所謂應擔之義務者。其詞頗渾含不知所指。然證以　諭文前段云。『第恐民智尚未盡開。通財力又不敷分布。』合諸前後語氣。則所謂義務者。自必爲負擔租稅之義務無疑。而江督張人駿電奏亦云。『竊慮議院驟開。議員識解未孚。擔負無力。』又云。可否將通國財政預算應加之數。提出就資政院未閉會各省人民代表。暫未出京之時。訂定切實負擔。藉以速集鉅款。鞏固財用。』其用意殆亦與　諭旨中之所謂應擔之義務者相發明。此實朝列大老共通之心理也。即今年所編之預算案。據道路所傳言。原擬不提出於資政院。後此幾經會議。訓此歲入不足之七千餘萬。可以責資政院以負擔。其提出之動機。實繫於是。此尤爲此種心理之直接表見者也。要之。

政府心目中之國會全欲借之以爲頭會箕斂之具以開國會爲朝廷對於人民所頒之大賚而訓人民對於政府所需索者應有以爲酬嗚呼此實誤謬之見也此誤謬之所由生固緣政府諸公於事理曹無所識亦由前此人民之期成國會者往往以此言歆動政府而坐是增其迷想夫以政府之冥頑不靈難以理喻則設此權詞以導之於善原不失爲一種手段雖然若使政府長此不解國會之性質則將來憲政之進行其障礙將不可紀極今者資政院之削減豫算已大反政府初意所期竊意政府中之多數人必將有以資政院負擔無力將來國會亦將爾爾而因以此熒　聖聽者是故吾不能無言

英人有恒言曰「不出議員則不納租稅」此蓋當要求參政之始以此爲刼持政府之一武器而其後展轉傳譌一若以議員與租稅相交易而爲受償之代價此大誤也凡政治上之權利同時即爲政治上之義務此實學理上之一大原則放諸四海而皆準者也既爲本國人民應得與聞本國政事故得選舉議員與得被選爲議員固可稱之爲人民一種之權利既爲本國人民不容置本國政事於不問故選舉者必躬自投

票被選者必須常列席亦可稱之爲人民一種之義務然則國家之設國會謂之賦人民以新權利焉可也謂之課人民以新義務焉亦可也而所課之新義務非他乃即存於國會其物之自身者也夫國會其物之自身本已含有義務之性質而乃云以之與他種義務相交換是以義務爲義務之代價也其不詞亦甚矣人民既負擔應與聞國政之義務同時又負擔應納租稅之義務此兩種義務皆不容逃避而各自獨立並存彼此絕無因果之關係指納租稅爲開國會之代價是無異指服兵役爲納租稅之代價稍解事理者當知其非矣

然歷觀各國大率當國會未開以前賦斂稍苛民輒側目而視及國會既開之後租稅歲增民猶安之若素者非其民謂國家既賚我以國會我應有所以爲償也尤非國會議員能有權指揮所代表之人使各出所蓄以爲獻也蓋國會之對待機關爲政府政府所編之豫算即爲其所持政策之縮影國會協贊預算與否即爲國民承認政府所

建政策與否之表徵既承認此政策則不能不承認彼實行此政策所需之經費彼人民之樂於負擔增重之義務者非以有國會之故而樂之也以政策之同吾所欲而樂之耳故使政策而常能同民所欲雖無國會國庫亦何患乏財使政策而不能同民所欲則就令國會唯阿以將順政府亦安能紾民之臂而取之也若以强力壓制則雖無國會。政府亦何嘗不可以紾民臂。但不能禁其不鋌而走險耳。若國會溺職而爲惡政府爪牙。其結果亦猶是也而人民於國會所協贊之預算大都無異言者則以既有國會以與政府相對待則政府之政策總不至太反乎人民之所欲所惡故國會雖不能直接使人民增負義務而常能間接使人民增負義務皆此之由也

夫廣土衆民之國其府庫未有患貧者也國家取諸民而不爲虐者其塗非一然非有財政上之專門學識者不能察稅源之所在而取之悉如其分又非有種種精密完備之機關則雖可取之

稅源日橫於吾前而決無術以取之 夫以我國現在之歲入惟以田賦鹽課釐金爲大宗而朘以煩苛之雜捐其負擔之者皆生計艱苦之小民而素封之家往往不輸將一錢是求稅源於久涸之地而豐澤者反棄置不顧 **此安能責人民之不負義務蓋政府自始未嘗取其應負之義務而課之也** 比者耳食外事於他國現行之良稅目亦既有所聞而思效之矣殊不知一種稅目之所以得行必賴有種種行政技術以爲之輔他勿具論即如煙酒兩稅多取不爲厲民而各國恒恃此爲歲入巨項此盡人所同知也然其徵收之繁難多弊亦在諸稅中爲特甚各國財務行政家幾經閱歷失敗再四變革而始漸得良法吾徒觀其歲計表豔羨其穰穰充牣而豈知其所以得此者固粒粒辛苦也其他諸稅亦何莫不然吾於其所有之機關無一能具於其所操之技術無一能解而政府官吏徒欲晏安坐嘯日幾幸受廛之氓各輦金以致諸司農天下固有不勞而獲若此者耶**是豈人民不負義務毋亦政府未嘗以義務易義務而**

己。

明夫此義。則中國現在財政竭蹶之由。從可識矣。

夫國會之所以能使人民負義務者。非有他謬巧。蓋國會既建。則彼絕無財政上專門學識之人。決不能濫尸一國理財之重任。而朘貧遺富之租稅制度。決不能為國會所容。司度支者。乃不得不悉心以探索適當之財源。使彼在法宜負義務之人。各應於其力所能及。而徧負之。則歲入之增焉者一矣。人民負擔力。隨其富力而增長。曩昔政府不事民事。而反朘之。民富日蹙。而稅源日涸。國會既建。常督責政府為民興利。故能稅則不改。而所收日豐。則歲入之增焉者二矣。曩昔行政機關。叢脞腐敗。國會既建。糾繩綦嚴。政府非綜覈名實。潔己奉公。決不能以自存。綜覈名實。則雖繁難之稅目。亦可舉辦。而應納者無所逃。潔己奉公。則斷不至收稅行政之費。反浮於所收之稅。則歲入之增焉者三矣。今世立憲國財政。所以日舒。而人民負擔歲增。乃不覺其重者。胥是道也。

謂非賴國會以致此焉不可。謂國會能直接以致此焉亦不可也。何也。其所以能致此者。全恃良政府。而國會

則所藉以求得良政府之一手段也

今政府全不解此理因而不學惟知責望人以負擔義務今試如張人駿之意與各代表各議員訂定切實負擔而各代表各議員居然應允則殆可謂盡義務也已矣然試問其所應允者能自任之乎不能自任則歸而派捐於其鄉井能有力强制其鄉人使不得不捐以自踐其言乎然則所謂訂定者毋亦一種無效之要約已耳夫張氏之持論太幼稚可笑原不足深辯就令有進於此政府提出某項某項增稅案而議員居然贊成則亦可謂盡義務也已矣然試問以現在痲痺腐敗之政府能有道焉以施行此新稅而使其徵收無罣漏無侵蝕乎然則雖贊成增稅其有補於國家財政之歲入者又幾何又就令機關備技術完所欲取於民者無不如志矣然猶當視民力所能任者何如孟子曰用其二而民有殍用其三而父子離人民之對於國家雖曰有絕對的服從之義然苟誅求極於所不能堪則雖刮骨亦恐無所得政府徒見夫他國人口不及我什之一而財政歲入動十數倍於我輒睊睊焉誚吾民之不負義務曾亦知他國人民之富力其與我果相去何等耶應負擔之義務是否確有把握惟政府宜知之吾民

則何能自言焉吾民且未知政府將欲課我以若何程度之義務而何把握之可言在政府之意豈不曰今日汝所求於我者而既汝許則他日我所求於汝者宜勿我拂夫我民則安敢拂政府者又豈好拂政府者然亦當視其所以命之者何如若奪人父母之養凍餒其妻子而語之曰此汝義務不可不盡夫孰能聽之今政府日日與吾民言義務吾欲其將義務二字下一界說焉耳

吾更欲爲政府諸公進一言**天下事責任所在卽權力所在也**欲保持權力其術莫妙於多負責任凡放棄其固有之責任者實則將其固有之權力退讓與人已耳他勿具論卽如均節財用之權固宜操諸政府而國會不過從旁批評以匡救其失此立憲君主國之通義也故政府之編製預算既規定國家所萬不可缺之政費同時必指定相當之財源以支應之其有不給則別設法以取盈於民夫設法以取盈於民則易賈民怨固也然此顧安得避傳有之賈而欲贏而惡囂乎**今政府既欲取盈而又不顧自賈怨於民**於是乎有奇怪不可思議之宣統

三年預算案出現收支不相償七千餘萬而乞資政院爲之彌縫夫預算之編製權與議定權各有所歸酌盈劑虛以均出入之衡此編製權所有事宜歸政府者也自非若共和政體之美國未有舉此兩權而悉畀諸國會者今政府日日憂大權之旁落而獨於此最重要之編製預算權則拱手以讓諸資政院無他憚負責任而已而其於縮短國會期限即申言應負義務之有無把握其意不過欲年年任意濫加歲出而歲入一部則抵死不肯自爲戎首惟以責諸將來之國會已耳此非吾逆詐億不信之言觀乎今年各省提出於諮議局之預算大半有歲出無歲入而中央預算亦委其歲入不足之部分於不顧則政府心理昭然若揭也信如是也其不至破壞君主立憲之精神而不止也

英國者立憲政體之祖國也而其國會之議決財政也對於歲出部分不能爲要求新經費之提議對於歲入部分不得爲增加新稅目稅率之提議於一七〇六年一八五二年一八六六年屢次以法律嚴示其限制其名相格蘭斯頓謂彼國財政基礎之固全繫乎此由此言之則能課人民以負擔租稅之義務者惟政府耳而國會乃絕對的

不應有此權我政府之理想與英人相去抑何遠耶

時評

軍機責任問題

明水

軍機責任問題。屢次見於資政院之質問書及上奏文。此實現在政治上當然發生之問題也。蓋一國之政治。萬不可無負責任之人。而責任所歸。非在政府則在君上。以君上而負責任。則陷皇室於危殆之地。而反於立憲之精神。然則舍政府將誰屬。今之中國。除軍機外無政府。然則一國之政治責任。舍軍機大臣將誰屬。此又不惟近世之法理爲然也。孔子曰。虎兕出於柙。龜玉毀於櫝中。是誰之過歟。又曰。危而不持。顚而不扶。則將焉用彼相矣。孟子曰。今有受人之牛羊而爲之牧之者。則必爲之求牧與芻矣。求牧與芻而不得。則返諸其人乎。抑亦立而視其死乎。其於大臣當負責任之義。已言之無餘蘊。故漢制有災變則策免三公。甚者則賜上尊牛酒使自引決。此皆上本孔孟之懿訓。下示百王之大法。意至周也。今軍機乃公然以不負責任覆資政院。而其所署名

之十一月十七日　上諭。則更迷離徜怳其詞。似軍機之應負責任與否。尚爲法理上未決之問題。夫軍機大臣所謂法理者。據何典要。吾且勿與論。而試問軍機大臣既不負責任。則此責任。非諉諸我　皇上。而更誰諉。質而言之。則其意蓋謂比年來一切政治。皆出自　皇上親裁。而軍機大臣絲毫不能參末議云爾。夫比年來政治之叢脞敗壞。非獨吾儕小民痛心疾首而已。彼封疆大吏爲國重臣。固已日日昌言之不能爲諱即軍機大臣撫心自問。其亦不敢謂朝無闕事也。明矣。吾聞古之爲臣子者善則歸君過則歸己。未聞己有過而可歸諸君者也。今也　成王委裘。周公負扆。百官總己以聽冢宰。軍機首座。以倫罔之尊。禮絕百僚。席翼顯之威。專斷萬事。民具爾瞻。實安可諉。既己敗壞國事至不可收拾。及舉國環起詰責。則曰是非我所得爲。我有所受之也。躬爲跖蹻而厚誣　堯舜自爲計固良得。奈　皇室何。夫自古未有握政治之實權而不負其責者。有之自秦之趙高始。而歷代宦寺皆師之。彼宦寺者。竊人主威福之柄。以箝制天下。利罔於己。而禍則嫁於人主。人主或爲所愚。或爲所劫。不惜以寶位爲孤注。而代彼受過。始焉舉國之怨毒。則在彼宦寺而已。於人主無憾焉。及乎人主甘爲宦寺受過。

而天下事乃不可問矣漢唐以還所爲亡國破家相隨屬者豈不以此耶夫宦寺者其流品本已不齒於人類在理固未由責以自好晝伏夜動匿影射人因其所也獨奈何以國之大臣而自儕於彼輩吾深爲軍機大臣恥之

軍機大臣其毋曰可以假　詔旨爲護符也立憲國之成例凡詔旨非經國務大臣副署不能生効力大臣副署實爲詔旨成立必要之條件功罪皆生於副署故曰君主不能爲惡其有爲惡皆大臣長之逢之而已何也詔旨不能以君主單獨意思而成立必參加以大臣之意思而始成立非大臣長君逢君則君主之惡何由而成故所謂君主不能爲惡者非不爲也實不能也夫以我　皇上之神聖天授至睿誠非臣下惡業所得汚誣若並世諸立憲國其君主豈必人皆湯武然亦不聞其爲惡者則以苟非大臣參加惡意而彼之惡意終不得表見云爾故無論何國之詔旨皆不能認爲君主單獨之意思而常認爲大臣參加之意思此立憲政體之天經地義也坐是之故　大臣

有過而假詔旨以自辯護在立憲國以大不敬論昔德之比斯麥嘗行之矣議院聲罪致討舉國騷然幸普奧戰起僅安其位日本伊藤博文嘗與

時評 四

議院衝突旋請日皇降旨命議院與政府調停其詔旨並非袒政府也但命調停耳而議員羣起責伊藤以冒瀆神聖嫁責君主之罪伊藤卒以辭職試問今之軍機大臣其公忠體國之誠其長駕遠馭之畧視比斯麥伊藤博文何如我國家現在地位之安危視當時之普魯士日本何如欲師其技而蹈其覆轍斯亦不可以已耶

夫吾固非敢强軍機大臣使屈降於資政院也軍機大臣而確信前此所行爲不負國家且自信將來能以一身負荷國家之重則固不必以不理於資政院之口而遽自餒也夫　欽定資政院章程非有解散之條乎資政院認軍機爲違法爲失政則可以行其彈劾之權軍機若認資政院爲違法爲瀆職則可以行其解散之權今據軍機署名之十一月十七日　上諭徵引　先朝憲法大綱而謂此事非資政院等所得擅預則軍機大臣認資政院此次之上奏爲違法明矣既已違法則曷爲而不解散　**夫議會之有解散所以擁護君上大權而使國家之各機關各得完其固有之權責也**　兩造相持各是其所是而非其所非則不可

無所決決之之法認他人爲是則我必非其結果當爲政府辭職認我爲非非也則他人必非是其結果當爲解散議會未有可以模稜騎墻於其間者也夫我國政治敗壞於模稜騎墻者不知幾何世矣今號稱立憲而仍以此墮百事於冥冥吾眞不識稅駕何所也

今第二次彈劾案行將上矣吾不審軍機大臣所以應之者何如吾以爲軍機大臣而果爲稍有血氣之人類則或辭職而迅速別組織責任內閣或請　旨解散議院以求眞正之民意二者必當居一於是雖然賢者固不可測吾又安敢以今世政治家普通之性質律我軍機大臣哉

宣統二年十一月二十一日稿

不復微雲滓太清
浩然風露欲三更
開簾一寄平生快
萬頃空江對月明

日本之對外政策

茶圃

一　近世所謂帝國主義

近世有一至可畏怖之名詞日懸於各國政治家之口者則帝國主義是也帝國主義之解釋雖言人人殊語其概要**則國家務擴張其政治的及生計的之領域而已**蓋近世各國內治既修於是人口日以增進資本日以充實而本國業場不加恢則勞傭失業之問題起將釀成擾亂之種子故勢不得不洩其尾閭於外近數十年來歐美列强之帝國主義其動機皆起於是探其實際蓋皆有其不得已者存夫惟其事不得已故其勢不可當也日本近日之舉動亦以同一之軌跡而行者也

二　平和與侵畧

近世昌言帝國主義之政治家同時即爲昌言平和之政治家**英雄欺人莫此爲甚矣**彼俄羅斯自大彼得以來侵畧政策未嘗一日休者也而萬國平和今乃

倡自尼古拉第二。彼德國如猛虎磨牙。日日登高望遠。思擇肥而噬。天下所共見也。而其朝野上下。皆云擴張海軍專以保世界之和平。彼美國比年以來日以積極的門羅主義相鼓舞於國中。然其與人言。則自稱平和之天使。惟日本亦然。十年三戰日闢千里。然其政府其政黨及其報紙之言論。皆曰日本非侵畧的國民也。夫謀人不欲人知之。實人類之通性。良賈深藏亦何足怪。雖然理勢與事實。固終非巧詞所能掩也。夫既曰帝國主義。曷爲而能於其間分出平和的與侵畧的之兩界線乎。其意不過曰擴張生計的領域則爲平和。擴張政治的領域則爲侵畧云爾。然生計與政治果得相離而各自發展乎。此不可不先審也。德國生計學大家須摩拉有言曰。

歷史上偉大之政治的生計的功業。必將生計組織與政治組織築於同一基礎之上而始能成功。

日本生計學大家津村秀松亦云。

今日生計上有一新大主義發生。凡欲一國生計上得未來永久之大發展。必要得廣大之國土。到處獲得殖民地。

大西猪之介亦云。

欲使國民生計立萬世不拔之霸權必當使其生計力常行於自國主權範圍內而毫不受他國主權之掣肘。

此雖學者之理論而實一般政治家所據以為對外之方針者也。**蓋今日之帝國主義其動機雖起於生計的攘奪其結果必歸於政治的侵略** 此無他故非得政治上之實權則生計之發展未有能遂者也(說明)故謂今世之帝國主義與古代之帝國主義異其手段則可若謂異其結果焉則不可結果烏乎一一於侵略而已

(說明)今日各國生計競爭皆以保護貿易政策為一大武器故於他國主權之地欲生計上圓滿發達實屬不可改之業試舉一二最近之例證即如英國前在條尼士握最高之商權及條尼士為法國領土布保護政策英商遂一落千丈又如美國前在馬達加斯加年年有五十萬打拉之入口貨及法人布保護政策僅

三年而退至一千一百三十四打拉此其明效大驗也。又近世生計之命脈。強半爲鐵路所左右。得運載之特別權利者。常能占優勝之地位。美國各鐵路公司。常能制諸業之死命。皆以此也。明乎此兩義。以之反勘列強經營中國之政策。則思過半矣。

三　日本之對外政策則對中國政策而已

中國者。今世列強競爭之目的物也。今日全世界最大問題。則中國問題而已。雖然其在他國。則尚有他種對外問題與中國問題並重。若歐洲諸國。則有對巴爾幹半島問題。對摩洛哥問題。對波斯問題。對小亞細亞問題等。若美國則有對中美南美問題是也。其餘列強之互相捭闔。尚不在此數。日本則自數年以前。尚有對韓問題爲其切膚利害。且與泰西諸國交際未洽。固不能注全力以謀中國。今則諸協約既訂。韓已爲縣。日本人所謂對外者。更無他目的。惟對中國而已。故日本所有外交。所有軍政。什九皆爲經營中國問題之保障。此我國人所宜

常目在之者也

四　南滿洲鐵道會社之性質及其事業

自普玫瑪士條約成俄人在南滿洲之既得權移於日人之手日人於是出二萬萬圓之資本官民各半以設立南滿洲鐵道會社**南滿洲鐵道會社之性質全以英國疇昔之東印度公司爲模範者也**是故有置守備兵之權有徵集租稅之權有建設市政之權其他各種行政權罔不具備蓋此會社非復私法人之性質而純然爲公法人之性質者也試舉其事業之一斑

(一)鐵路　凡七線一大連長春間本線二旅順支線三柳樹屯支線四營口支線五煙臺支線六撫順支線七安奉線前此受自俄國時皆單線狹軌今悉改爲廣軌又半改複線其鐵路工場於大連、遼陽、公主嶺、安東縣、北沙河口五處皆有之而其營業之進步更一日千里即以去年一年計之上半期收入五百八十五萬八千百五十八圓下半期已驟增至九百十五萬八千四百四十圓他可類推

時評 六

(二)海運及築港　前年始兼辦海運業。雖尚屬草創。然亦日有起色。前年下半期收入六萬六千七百五十圓。昨年下半期增至十萬千七十五圓。又在大連從事築港事業。漸次完成。來往船噸數日見增加。

(三)礦業　該會社所經營之礦業。以撫順煤礦爲主。其權利亦受自俄人者也。當俄人辦理時。僅開二坑。每日出煤不過三百六十噸。該會社受之。次第擴充。今有千金寨三坑。楊柏堡二坑。老虎臺二坑。共七坑。每日出煤三千噸以上。其銷路初在滿洲。今則漸擴充於諸地。上前年末試賣千二百噸於上海。去年下半期則上海香港等處。已銷十萬三千餘噸云。

(四)市政　該會社有設立市區徵收公費之權。而現在已設之市區。有瓦房店、大石橋、遼陽、奉天、鐵嶺、開原、四平街、公主嶺、長春等九處。其熊岳城、海城、昌圖、蓋平、范家屯等五處。正在設備中。其日本居留民數。上前年末凡二萬九千五百二十四人。去年末。增至四萬二千四百三十八人。

(五)試驗所　該會社設有中央試驗所、地質試驗所、製絲試驗工場三處。專務實地調查以爲各種經畫之資。

以上僅舉其事業之一斑其他凡百設施不及備述要之此會社儼然若一小政府其勢力之漲進月異而歲不同日人恃之以爲攫取滿洲之鑰者也頃彼中地理學大家野口保興所著日本地誌將南滿洲列爲一部嗚呼我國人其識之

（五）東亞同文會之事業

其潛勢力之最可驚者則東亞同文會也東亞同文會創於十年前年年受政府十萬圓之補助金專以詗探中國各方面之情實爲事在上海設立同文書院年年有卒業生數百人皆嫻中國之言語被中國之服裝散布各省分門調察己出有支那經濟全書十二巨冊數百萬言於吾國社會情形纖悉周備凡吾國人所不能自知者彼皆知之又月出雜誌二冊名曰支那調查報告書於政治生計社會言論各方面無一不調查詳備又編支那地誌三十二巨冊數千萬言將次出版其事業

時評

之偉大令人一驚蓋日本之於對外政策也常朝野上下分勞協力手段雖百出不窮而目的總歸於一疇昔之對韓也有然對俄也有然今茲對中國也亦有然散布於各省之東亞同文會會員其勢力之可畏視十萬軍猶將過之

(六) 所謂滿韓集中論與北守南進論

日本今日言論界之談殖民政策者有兩大主義相對抗焉一曰滿韓集中論二曰北守南進論滿韓集中論者如其名集全力以經營滿韓也韓則無論矣若其經營滿洲之策則除現在之既得權外其所最汲汲者則欲使日本人在滿洲各處地方皆有移住之自由其次則使關東州之租借權永遠繼續也所謂北守南進論者則一面保守現在在滿韓之勢力一面更南向以植勢力於中國南部及南洋羣島也此兩說中後說實新近發現爲少數人士所倡道不如前說之有力然其勢固有不可侮者

(七) 籠絡政策與蹴踏政策

日本對中國政策自日俄戰爭後生一大變相焉則由籠絡政策漸趨於蹴踏政策是已

曩昔日人嚴憚歐洲諸國之念甚深而自審其力之不足與爲敵其在中國生計上之勢力亦無一根據故常欲與我緊援以自占地步其中一部分人士亦頗有誠心引我相親者蓋輔車脣齒之感不能無也及日英同盟成立重以屢勝之威遠西諸國漸莫之敢侮而我則疲苶衰朽日甚彼灼見親我不足以爲重則益推而遠之非直遠之而已且日日磨牙以相向有在野大政治家某伯爵曩昔日標保全東亞和平以號召於天下者也近乃忽明目張膽倡中國必亡論謂日本無袖手坐視之理非以强力支配之不可其立論之點有二一曰從政治上觀察謂中國實不得爲國家尚在將爲國家未爲國家之間中國之皇室爲大經紀家官吏爲小經紀家而四億蒼生不過其營利之目的物且其人民迷信天命無一毫之國家思想一曰從財政上觀察謂中國政府之破產非有無問題直早晚問題耳其政治及人民之狀態如彼財政上之實際如此則中國之亡非他人亡之中國自

亡之也末復詆天與不取反受其殃日本之取中國實爲人道及和平計不得不出於此舉云嗚呼此其言雖足爲吾國人葯石然其旁若無人之槪亦可驚矣此實代表彼中全國人之心理非一二人之私言云爾

(八) 我國何以待之

我國何以待之此實目前最大問題也吾以爲待之之策不一而以現在之政治組織現在之當道人物則無可語者何也例如擴軍備以固國防策之一也而今則擴軍備足以自亡借外債以抵禦其生計上侵入之勢力亦策之一也而今則借外債足以自亡其他諸策罔不類是夫本以救亡者而反以速亡則適爲見仇者所快而已嗚呼非改造政府則我子孫永無噍類也必矣今一綫希望則視我國民果尙有改造政府之能力焉否也

著譯

各國兌換券制度說略

明水

現今東西諸國所行兌換券制度其最顯著者有四一曰定額以上總額準備發行制二曰比例準備發行制三曰最多額制限發行制四曰屈伸制限發行制是也而今之英倫銀行所採者爲第一制荷蘭銀行比利時國立銀行西班牙銀行瑞士銀行及美國之國民銀行所採者皆第二制法蘭西銀行採第三制德意志帝國銀行澳匈銀行與夫日本之日本銀行則採第四制也制既不同其優劣可得言焉

第一　定額以上總額準備發行制　此制先定一兌換券之額若發行在定額以內者其準備金不限於實款但用公債票及確實之公司股份票等皆可作代若發行在定額以外則其額外所發涓滴皆用實款一切有價證券國家不認爲有準備之資格是其大畧也

此制妙用全在定額內所發行之兌換券不用分文實款以爲準備使國中一部分之資本（即兌換券所代之實幣）得易向生利事業也蓋一國之內所需貨幣必有一最少之額不及此額者金融必異常混滯而交易之道將窮故雖純以兌換券代之人亦樂用絕不慮其持向銀行易取實幣也苟不明此理而悉以實款爲準備則將盡失兌換券之能非所以謀一國生計之發達矣此制首能注重此事是其最優之點也雖然至於發行定額以上之兌換券則準備金必當用實幣或金塊銀塊以爲之盾萬一恐慌之際國中信用岌岌不可終日銀行雖欲多發以濟一時之窮而爲法令束縛是益以助恐慌之燄而已夫如是則所謂兌換券三大功用之一能應市面之需要而伸縮可以自如者今亦適得其反矣此其最大之缺點也

英倫銀行即實行此制者也考該行分營業發行兩部各有職權不相侵越而發行部初僅限出千四百萬鎊之兌換券無庸實款準備若各地銀行有放棄發行兌換券權者（英國前此凡銀行皆有發兌換券權後乃盡歸英倫銀行耳）英倫銀行可承受之但祗許加發三之二此外所發一切皆用實款準備而現今英倫銀行之兌換券流通總額約在五千萬鎊內外其不必以

實欵爲準備者纔得千八百十七萬五千鎊其餘三千餘萬鎊皆在定額以外須以實款準備者也（英國兌換券流通最少額。初定千四百萬鎊。後漸增加。至前八年乃增至千八百十七萬五千鎊也）

英倫銀行之行此制也始於一八四四年爲彼羅氏所訂世所稱彼羅條例是也彼羅之意蓋慮妄增兌換券足以誘致恐慌故嚴其制爲之堤防也豈知不惟不能而當一八四七一八五七一八六六諸年三大恐慌之際英倫銀行營業部之支應準備金減縮泰半該行危迫反請於政府以行政處分暫停彼羅條例政府亦不得已許其發行部不備實款亦可增發兌換券僅乃獲免則此制之不善此最彰明較著者矣

第二　比例準備發行制　所謂比例準備發行制者凡發兌換券皆比例於其總額或三之一或四之一必以實幣或金塊銀塊爲準備金也

此制亦大失兌換券適應社會需要之效能未可稱爲善制也蓋以法令規定準備金使銀行常注意於法定比例似甚穩妥然兌換券流通額偶爾過多則兌換者紛至法定準備動失其平其流弊所極能令銀行停止兌換釀成大變亦意計中事也何以言之假如行三分一比例準備之制發一萬萬圓之兌換券者應有四千萬圓之準備金

若爲持兌換者取去一千萬圓則兌換券流通額減至九千萬圓實款準備應有三千萬圓恰與法定相符猶無礙也設兌換者頻至則銀行準備祇有三千萬圓過此以往非銀行力所能辦然所發兌換券而有六千萬圓在外也其極必至圖窮匕見停止兌換夫至停止兌換則人心愈益惶惑爭先恐後强請兌換或並所存之款亦紛紛支取則銀行惟有倒閉之一術而已且也凡當持券兌換及收回存款之時必生計社會有所變動銀行正宜將所有準備金盡行支銷以防恐慌而維信用此實款準備之意全爲防變而設也然因法制不善雖有巨金不足供準備之用且失調和生計社會之力立法之弊未有甚如此者也在比利時中央銀行固有如遇變故可由度支部大臣減輕比例之明文雖未嘗不可臨事變通然行此姑息之策害亦甚大何者如有此例銀行動請變更法律以圖私利則所規定者盡屬虛文即令事變將生實應暫革然銀行請願度支部未必立許或有當調查者則失機之弊寧堪設想此比例準備發行制之第一缺點也

不寧惟是欲定準備之比例使得厥中其事亦正非易易也蓋貨幣之爲物因時地之

不同而流通有緩急其一張一弛之間非法律所能強定且準備多寡於生計上極有關係故失之寡則銀行地位莫克鞏固失之多則大反生計之原則此制乃欲以一法律束縛之其亦不思之甚矣是其第二之缺點也

且也恐慌將起之時銀行正宜大發兌換劵以應社會之需要而整理金融若行比例準備制乎則此種臨機應變之方固不可得而望也雖曰此制不如總額準備窮屈之甚然唯之與阿相去幾何此其第三之缺點也

比例準備制之性質及其缺點已如上述然今之比利時、荷蘭、西班牙、瑞士、美利堅皆行此制而猶占優勝之地位也此等諸國其行此制也有定兌換劵流通最多額者有不定者有定實款準備之比例僅就兌換劵言而存款不與者有並存款合計者雖法令各殊而其固守比例準備之制則一也請畧舉諸實例以明之

(一)　比利時　現今比國有發行兌換劵權之銀行惟『比利時國立銀行』而已該國之制其發行總額不設制限然對於兌換劵流通額及其他立支債務之總額（立支債務者。日本名曰要求拂債務。蓋銀行債務有兩種。一種爲有期者。不到期不能向銀行支取也。一種爲立支者。無論何時。凡有支取。銀行當立應之也。如兌換劵及浮存款項。即屬此種債務也。）必宜有

三分一以上之實欵準備。若度支部大臣認爲必要之時。可令其在法定比例以下。增發兌換劵。蓋能稍事變通者矣。

比利時國立銀行之制。以學理言。其缺點甚多。且實存準備金。較諸歐洲諸國。亦不能無讓色。然該行所發之兌換劵。能維持其價格。而不致失兌換之實者何也。蓋於實款外。存短期外國期票甚豐。以兩者合計。則準備金比之兌換劵流通額。約居百分之五十。亦可知其充裕矣。

（二）荷蘭　荷蘭之制。酷似比國。卽荷蘭銀行事實上全占兌換劵發行權。其發行總額。亦毫無制限。而備準實欵。與銀行立支債務相比對。約在百分四十以上。法雖不善。而實款常能潤澤。且自一八六四年改行此制以來。屢遭恐慌。曾不少動兌換之實。維持至今。此最可賞讚者也。

（三）美利堅　美國國民銀行之制。自一八六三年以至今日。中間幾經變更。雖然。其一八七四年以前。純用比例準備發行制。自此年準備法改正以後。成一變。則請略述之。

先述其發行兌換券之方。則自國民銀行條例頒行以後、直至千九百年、未甚更易。凡國民銀行。苟能遵守銀行條例者。皆有發行兌換券之權、在千九百年三月未改條例以前、辦銀行者。當購合衆國政府之記名公債。存入度支部。度支部官吏。乃以相當時價百分九十之兌換券與之。許其發行。但時價漲至公債額面以上之時。亦以額面之百分九十爲限。如購公債萬圓者。可領兌換券九千圓。若萬圓公債漲至萬一千圓。不得以時價昂貴爲辭。再領九百圓之兌換券。且其發行總額、無論如何、不得過銀行實收資本額百分九十以上。此美國前此國民銀行、發行兌換券制度之大凡也。然此制。縱令貨幣之需要增加、亦不能增發兌換券。以應之、緣是大減兌換券之效能。近年美國因商工業之發達。貨幣之要日增。兌換券不惟不能應之而已。且因此年公債騰貴。之故。辦銀行者、與其以債票爲發兌換券之保證、無寧取而售之。獲利尤厚。故兌換券之額日減。全國金融。皆蒙其害。於是美政府以千九百年三月。改正銀行條例。前此兌換券。能發至百分九十者。今改爲與公債額面同。値購萬元之公債。即能發萬圓之兌換券。其發行總額、亦改爲與實收資本額同。一發行額稅率。亦復輕減。以導人多立銀行。而多發兌換券焉。此美國今日之制也。

次述實款準備制度之變遷。千八百七十四年以前。國民銀行之兌換券。於其發行之銀行。無論何時皆可支取。此不待言。又於法定之大街市。可設代理兌換所。其支應準備之比例。則合計兌換券流通額。與存款總額。因發行銀行所在之地。或百分之十五以上。或百分之二十五以上。各地不同。同年六月。廢代理兌換制、且以法定準備金專爲對於存款之用。而兌換券之準備、則以相當發行額百分五之法幣。存入度支部。遇有銀行破產之時、由部代償持有該行兌換券者。此外別無規定。蓋任銀行之自由也。其百分五之法幣。亦許其當作存款準備金之一部。由此觀之。美國國立銀行之兌換券準備制度初雖行此例準備法今則變爲一種之新制矣然當事變之秋其虧損之額必非存入度支部百分五之法幣即可彌縫至時度支部惟有將所存公債票出售以應兌換然公債之爲物非常之際不易覓售主即有售者値亦必落故此制仍不得謂爲完美也今美國銀行林立幸其皆有甚豐之準備金故信用竟能維持耳然其中保無有不確實者一旦有事之際必致波及全國而有擾亂生計社會之虞如千九百

零七年之事者吾輩豈特代美國危哉

第三 最多額制限發行制 最多額制限發行者定一兌換券發行之最多額不許超過然實款準備之比例則任發行者之自由國家決不以法律干涉之是也此制之善在有最高額以為之限以防濫發蓋濫發紙幣之害實不可究詰其甚者物價緣是暴騰投機事業緣是紛起國際貿易失其權衡而實幣盡流於外國流毒之中於生計社會者未有大於是也雖兌換券不如不換紙幣之甚具有自能伸縮力其害不過一時而止然一時之猖獗其鋒亦實不可當也故先定一常行之最高額以防患於未然是此制最有益之點也雖然此制亦非完美之制也何以言之蓋發行制限苟失之過高則與毫無制限等苟失之過低則市場一旦告急之時兌換券不敷供給而救濟無從是其缺點之最著者也

然猶不止此此制對於準備金一事無所規定亦甚可危者也蓋準備金務求其少而發行務求其多以圖一己之利益此發行者所最願而亦人情之常也如此制之並不限制一任發行者之自由則難保其不減少準備金以移殖他利苟如此則其險有不

可思議者矣此又此制之缺點也

最多額制限發行制之實例則法蘭西銀行是也法蘭西銀行創立於千八百年初即畀以發行兌換券之權然中間他行之得此權者所在多有至千八百四十八年革命之慘及恐慌之劇相率倒閉遂合併於法蘭西銀行爲其支店故今日法國發行兌換券權惟法蘭西銀行有之自餘銀行不能有此權也其發行最多額之制限爲三萬萬五千萬佛郎自合併各處銀行後益事擴張增至五萬萬二千六百萬佛郎至千八百九十七年十二月卒定額爲五十萬萬佛郎即今制也然法蘭西銀行於實款準備一事自初即不受法律之束縛不過行內事務規程中定有兌換券之發行額宜與實幣及折息期票之現存額相當以維持兌換之實而已然始終守妥實之方針信用未嘗少失雖經千八百四十八年之革命千八百七十一年之大敗停止兌換然未久即復如故其準備實幣之額遠爲他國所不及據千九百零二年十一月二十日所報告實存三十六萬萬佛郎當彼時兌換券發行額八成强故此制雖非完美而法蘭西銀行行之無少弊害是又在有治人無治法也

第四　屈伸制限發行制　此制以發行兌換券分作平時變時兩法其在平時則行定額以上總額準備制一朝告警則納相當之稅於政府而可於制限外增發緩急得宜伸縮自在故字之曰屈伸制限發行制也此制可補前三制種種之缺點為今日最良之制度德澳日三國即行此制也英國當千八百七十一年之時有出納局長羅拔特氏曾提一法案於議會即盛稱此制之美然卒不果行而德國乃於千八百七十三年行之澳日繼倣故言屈伸制限發行制必首推德也

德意志帝國銀行為千八百七十五年普魯士銀行所改稱其兌換券發行制即據同年所頒定之銀行法者也當時得兌換券發行權之銀行除帝國銀行外共有三十二行惟銀行法中定有若中途放棄發行權則以其所發之額由帝國銀行承發至各行所發兌換券總額不設制限惟不用實款準備而可發行者額為三萬萬八千五百萬馬克內有二萬萬五千萬馬克歸帝國銀行餘由三十二銀行配分若發行在此定額以上者必用實款為準備惟當有事之際欲於制限外發行者則對於所發之額年納五分之稅於帝國政府此德意志帝國銀行發行兌換券制度之大要也

近頃發行兌換劵之銀行。多放棄其權。故帝國銀行發行之額。次第擴張。千八百九十六年爲二萬萬九千六百二十二萬九千馬克者。至千八百九十九年。卒改爲四萬萬五千萬馬克也。

德意志帝國銀行之實款準備，據法律所規定。則以發行額三分之一爲最少額。雖然其實際所存。爲數甚鉅。如千八百九十年。平均百分八十一強。九十五年。平均百分九十二強。千九百年。平均百分七十二弱。千九百年之所以忽然減少者。則以保證準備制限額擴張之結果也。保證準備者。即不以實款爲準備。而用公債票公司股份票以爲準備之謂也。則其力之雄厚可想見矣、

澳大利當千八百六十三年。倣英倫銀行制行定額以上總額準備法。而以兌換劵發行權。畀之澳大利銀行。其定額爲二萬萬佛羅林。緣此制闕變通之用。當千八百六十六年及七十三年。兩次恐慌之際。遂亦倣英國之停止銀行條例。至千八百七十八。廢澳大利銀行。而以澳大利匈牙利銀行代之。千八百八十七年。更改正兌換劵發行制。取法德國、而採屈伸制限發行法。

日本銀行之兌換劵發行法。大要亦仿之德意志。雖然。日本銀行之制。其創立之始。已

與德制稍異。即今亦不能盡同。今略述之以供參攷焉。

「日本銀行」者。準據該國明治十五年六月所頒之法律而設立者也。其目的。在使該行。獨占兌換券發行權。而償却國中所流通之國立銀行紙幣及政府所發之不換紙幣。以確立兌換券制度。雖然當時此等紙幣價格大落。故日本銀行券之發行亦不能不暫緩。至彼明治十七年五月整理不換紙幣。始開其端。及其價格漸次恢復。乃發布兌換銀行券條例。而使日本銀行發行其兌換券。其後該行兌換券流通漸廣。政府紙幣及國民銀行紙幣亦整理有成。乃於明治二十一年取法德制。改正兌換券發行條例。以立彼國現行制度之基礎。故日本銀行之制。自初非即仿傚德國。彰彰可見也。

更以日本銀行之制。與德意志帝國銀行之制。兩相對照。則知其異點有三。

（一） 德制對於兌換券發行額。尚有至少須有三分一之實欵準備。是猶不免於比例準備法也。而日制則無。

（二） 德制保證準備純用確實之短期商業期票。日制則於期票以外。兼用政府發行公債證書大藏省證券及其他確實之股份票。

(三)德制對於制限外發行額定年稅五分日制則最低率年五分其比例應合時宜故可由大藏大臣臨時酌定

觀其差異之點以比較其優劣則第一第三兩項日實勝德第二項德乃勝日何以明之夫比例準備法之不善前已極陳之今不再贅苟一國之中央銀行平日能貯積充裕以鞏固兌換制度而實行其責任則國家何必立此制以防礙其作用此非策之得者也至制限外發行所以宜課稅者緣市場金融緊迫利率暴騰有制限外發行則銀行固可濟社會之急亦可藉以獲利而分其利之一部分以獻諸國家義所應爾也又有課稅之法則足以防平時濫發之弊故課稅之意凡以此耳然如德制先以法定之使其率失之低則平時亦不免制限外發行率失之高則非息率暴騰以後誰肯發者故不如日制之可臨機應變也若夫保證準備則自以短期商業期票爲宜德制所以最美也而日本所以不能倣法者則以彼國商業發達之程度遠在德下期票尙稀故不得不以公債票等濟其窮也

要之兌換券發行制度雖爲銀行法所不可缺而辦理仍在得人有能者以任之法雖

弊猶可以爲治如法蘭西銀行是也苟非其人則徒法亦何以能理此人材之所以爲國寶也若夫吾國今日欲定兌換券發行制乎則自當採世界最優之制以力爭上游則捨屈伸制限發行法無可爲師資者矣然吾觀度支部所頒兌換券條例不審其所取者爲何制豈吾國情事有所扞格耶他日本報公表銀行政策當大暢厥旨茲不暇論且非此文範圍所及也故略之

（附言）按兌換券吾國舊名鈔幣實已甚善今據度支部所頒兌換券條例用此名故仍之然鄙意究以爲不如鈔幣二字也用之而心有未愜故附言於此

明水識

著譯

未有知而不行者也
知而不行只是未知

王陽明語

列國殖民成蹟之比較

茶圃

今日之所謂帝國主義者質言之卽侵掠主義也然列國乃諱言侵掠而爭言殖民者豈殖民與侵掠爲二物乎抑同一物而故異其名稱以淆被侵掠者之觀聽乎原殖民之意義謂新發見無人之境移己國之民而往住之方可謂之殖民否則其地雖有土民或殲滅之或放逐之移己國之民以實其地如是亦可謂之殖民由前之說無所謂侵掠也其地爲無主之物何人所發見卽何人得享此占有權此蓋與民法上所規定之占有權無甚異也由後之說則已迹近侵掠然而被侵掠者尙未脫游牧蠻習究未形成國家故得以殲滅放逐之而爲所欲爲與國際上之侵掠仍有間準是以言殖民則殖民之與侵掠顯分爲二物雖然此不過就狹義言之耳若就廣義言之則凡移民掠地者固稱殖民卽移民出稼者亦罔非殖民甚或氣候異宜水土不適不便移民矣然猶冀其中有利之可圖則投貲興業以少數之己國人驅役多數之土人者亦罔非殖民何以故以近日各國人口增殖經濟困難非覓一尾閭以宣洩之救濟之則其國

著譯

且立甓也故殖民與侵掠無甚分別土地爲有形之侵掠經濟爲無形之侵掠二者皆緣殖民之政策而來者也今日列强銳意於經營此事業者夥矣然而得失參半成敗異數者何耶豈殖民之要素未具耶今試就列强殖民之成蹟而畧一比較之

一英國　英吉利者殖民之先進國也自中世紀封建之制度既破於是歐洲冒險之士爭思向海外發展是爲殖民之始基至十五世紀十六世紀十七世紀若葡萄牙若西班牙若荷蘭若英皆乘此時互相競爭以握世界之霸權者也然而至十七世紀之末與十八世紀十九世紀之頃歐洲民權論盛興君與民相爭不遑馳騁於域外惟英爲島國與歐洲大陸關係尙少猶有餘力可以經營殖民地又其人富於進取遂代諸國而握海上霸權此實英人殖民成功之一絕好機會也雖然有此時機無此政策則亦不能奏效英人治殖民地之政策實有可爲諸國模範者蓋英人之治殖民地也尊其習慣重其風俗令簡而易行不論行於何地皆可以適用有時便於利用王室者則利用王室有時便於使役士族者則使役士族有時便於遵守社會制度者則因社會制度而設施以謀漸次改良故其成蹟比各國爲最完善且也殖民地最可慮者與母

二

國分離英自美國獨立以來各地皆有脫離母國之勢英之殖民大臣張伯倫知其然也於是一意企圖母國與殖民地連鎖之政治其一則立貿易便宜之方針使於無形上養成兩者之同情其二則交換貿易相互之利益使於有形上覺悟雙方之需要兩者既奏成功於是更進而圖政治之接近故以英國殖民地之散在諸方面而能不虞散渙者實張伯倫統一之功也質言之則謂英國近日殖民政策捐棄從前自由貿易變爲保護貿易可也

一德國　人有恒言德國有殖民而無殖民地法國有殖民地而無殖民兩者併有者厥爲英國則德之殖民比於英法似爲後進雖然以德國近日人口增加之速度與國力之澎漲則將來必爲第二之英國無疑考德國之殖民地有四一在亞非利加者一爲俾士碼克島一爲加羅林島一爲膠洲灣似不逮英法遠甚然而一細核其殖民之人數與殖民潛居於各地之勢力則有另人驚異者德國人口共九千萬居於國內者爲六千萬居於外國者爲三千萬幾分去母國三分之一又其人之旅居於外國也不獨下等社會爲然卽中等人之有資產與富於學識者亦所在多有故無論至於何國

皆隱然有不可侮之勢力夫經濟界勢力所至之處即爲政治界勢力所及之處此相因而至者也德國人挾其材力與貲產以馳騁於世界市場其勢力可以左右政界北美之舉行大選舉也若輕視德國人其影響必有變動者此則德國民族潛勢力之可畏也雖然德國殖民尚有缺點否乎據日人竹越氏所言則謂德國現行之官僚政治不適用於殖民政策何以故以殖民者原含一商賈風若以官僚政治而臨殖民地終覺其不適宜是說也吾不敢遽信彼之爲是言者不過就英與德政體異同之比較以爲英既收效德恐難成功矣夫日本非官僚政治乎何以治台灣乃奏如此之成蹟也則官僚政治是否果適用於殖民政策尚屬懸而未斷之問題吾以爲德國之殖民所最可慮者爲被同化焉已德人以三千餘萬之國民寄居於外國所至之處即被人同化其就學之童子多有不解祖國語者或雖有解之然此之諳住在國語總居少數此不惟移居於歐洲各隣國者爲然即移居於北美及澳洲者亦然所能保其國語存其國風者不過居留南美之少數人與劣等人種相遇始能免此患已夫被人同化即失國民資格國家亦何貴有此殖民今日德國有識之士方且竊竊然憂之力圖在居留

地建設學校用其國語以教育國民然成效未甚大著此則德國殖民前途之大可慮者也

一法國　夫法國固世所稱爲有殖民地而無殖民者也以今日法國殖民地遍於亞非美三洲遽謂爲無殖民豈非讕語不知其名雖爲殖民其實則受殖民之害何以故以法國之殖民政策常欲以法蘭西風之政治强殖民地以同化使變爲無量數之小法蘭西夫安其教樂其俗甘其食美其服此老子之至言也吾以爲治殖民地亦當如是今法國乃欲矯而正之其弊也不致惹起紛亂不止迨至亂事既起萬不能不設法以敉平之於是費勞力耗金錢其結果適與預期之成算成一反比例是與英人之尊其習慣重其風俗之政策相背而馳也不甯惟是法人之治殖民地也其於經濟上又極其苛察試舉其例如滇越鐵路其規模之雄大驟觀之莫不令人震驚然而課稅過重輸運之物因之逡稀故該鐵路亦無美滿成蹟之可言此則法人治殖民地失敗之原因也要而言之德國之殖民病在被人同化法國之殖民地病在强人同化然而德國之人勤苦耐勞法國之人侈靡脆弱推測將來德國倘獲有殖民地倘可以維持其

著譯　六

國風法國若不改良其政策恐將變爲十六七世紀時代之西葡等國矣

一意國　意大利之殖民與諸國之殖民異諸國之殖民若其地之水土氣候適於生存者則携家挈眷以長子孫其不適於生存者則投貲興業以役使土人若意國之民則一年一度一歸來恰與吾國之華僑無異由今計之意人之移居南美者約達五十萬人之上而此去彼來略無增减其結果也卒藉僑民之資金歸國以救財政經濟兩方面之窮據意大利統計局調查云每人每年平均約有二百元至二百五十元寄歸本國以五十萬人之總額合算是每年增加一億至一億二三千萬元之巨額也然意人又善使用既得此巨金或買公債或事墾務或改良農事既有歸來之經驗又有此餘裕之資本故其爲裨益於財政與經濟兩方面者良多吾國華僑據歐人調査謂約在五六百萬之上其數直十倍於意大利然所獲勞値匀計之不及意人十之一論者已震驚爲比年正貨溢出全藉此爲挽回漏卮之唯一財源若以方之意人眞黔婁之與倚頓也

一日本　日本固今日新興之國也其經營殖民事業上與下均一致進行彼北進南

進論既已囂然於國中。即就台灣一隅觀之。亦有煥然改觀之勢。據日人自詡云。日本殖民事業。將來不讓於英。決非德與法之比。又其所主張政策。多取漸化主義而不取急化主義。多主張商賣風習而不主張官僚風習。斯實舍短取長之良策也。雖然此特爲有殖民地者言耳。若其地非吾之殖民地。而其民又爲吾之殖民。則不恃國家之政策而恃國民之能力。論國民之能力有二。一曰團結力。二曰經濟力。人口增加比之資本增加更盛之國民。自宜以移民爲主。資本增加比之人口增加更盛之國民。則宜以投貲爲主。而前者則需團結力。後者則需經濟力。吾乃准是以觀日本國民。據日人鈴木榮作氏云。日本人向缺共同一致之精神。如或感情衝突。則對於其已成之事業。有不惜加之以妨害者。此實忌功嫉能島民之劣根性也。則團結力之缺乏也。又據永井柳氏云。日本農民甚貧。其少有田上者。近因經濟困難。有爲償債而變賣者。有爲維持生計而典質者。幾於年盛一年。將有爲大地主所兼併之勢。又其他商工各業。亦企業者少而求職業者多。縱有企業。亦因資本缺乏。終成畫餅。則經濟力之薄弱也。團結力既如彼。經濟力又如此。是則移民與投貲兩者。均非其所長。所長者惟經營殖民地而已夫日本近年所新攫得之殖民地不過琉球台灣朝鮮與夫租借之南滿而已然其殖民則固已遍南洋與美洲也國家政策祇能收效於殖民地而不能必收效於殖民則日本殖民之前途恐未必遽能如日人自誇所云云也

翻而觀於我國正所謂有殖民而無殖民地者也豈惟無殖民地且並不得謂之殖民何以故以人之殖民所到之地則殖民爲主體而土民爲客體我之殖民所到之處則彼國之民爲主體我之殖民不過備牛馬之用而已即或與劣等人種遇如南洋羣島者吾國民未嘗不可以占優勢焉然終不可以制禁後到之白人一由於智識低下一由於國家無保護之能力致令不能制人而反爲人所制也夫吾國殖民之成功久已見稱於世矣無國家尺寸之力而能曼衍於五洲其冒險進取之精神爲何如者所惜者航海萬里多爲饑驅若稍有貲產與學識者則皆深居簡出焉坐令商戰場中不能樹一漢幟斯則吾民之缺點也雖然殖民事業以個人經營者終不如以國家經營英之殖民也其始雖由個人獨營而來其後則必以國力盾其後如東印度會社是也若謂專恃個人而可不恃國力彼猶太人之富力幾可以操全世界之金融機關何以彼

族所至之處。輒被人侮辱鄙夷。而列强國民所至之處。雖十數商人。若隱然新闢一敵國於其旁也。是則國力之强弱爲之也。嗚呼。安得我國威發揚。俾五六百萬僑民。不至爲猶太人之續也。

著

譯

山不讓塵
川不辭盈
勉爾含宏
以隆德聲

十

法　令

學部奏改訂法政學堂章程摺 併單

奏爲改訂法政學堂章程恭摺仰祈　聖鑒事竊查京師法政學堂章程係於光緒三十二年十二月奏准遵行歷年以來原定之獎勵章程別科課程等屢有修改均經奏明通行在案現値籌備憲政期限甚迫凡官吏紳民均非具有法政知識不足以資應用從前所定法政學堂章程其應修改者約有三端一曰課程當訂章之際各種新律均未頒布故除　大清會典　大淸律例之外更無本國法令可供教授今則憲法大綱法院編制法地方自治章程等均經先後頒行新刑律亦不日議決奏請
欽定施行此後法政學堂此項功課自當以中國法律爲主此應改者一二曰年限舊章於正科別科均三年畢業講習科僅一年半畢業固爲應急需起見然法政學科甚繁正科既以求完全之學問三年尙嫌其短至一年半之講習科所習無多斷難足

用自非將正科延長一年講習科章程廢止不足以收實效此應改者二三曰分科舊章正科僅分法律政治二門而財政經濟等學科僅爲政治門所兼修並未專設現在中國財政亟需整理自非專立經濟一門不足以造就此項人才此應改者三臣等斟酌現在情形參考各國學制擬具改訂法政學堂章程三十一條此後京外官立私立法政學堂凡新開之班均照此次改訂章程辦理其別科一項係以應一時急需之用本年臣部議覆浙江巡撫增韞奏請准予私立學堂專習法政摺內曾聲明不得專設別科以趨簡易等語惟現在中學堂畢業生人數過少各處法政學堂之正科容有難以遽行成立者自應量予變通准其先設別科以應急需俟將來中學堂畢業生漸多再將別科章程廢止又修律大臣設立之法律學堂其宗旨實與此項章程正科之法律門相同度支部設立之財政學堂其宗旨實與此項章程正科之經濟門相同嗣後該學堂添招新班一切辦法應令分別按照正科之法律門及經濟門辦理以歸一律謹將臣部所擬改訂法政學堂章程繕具清單恭呈御覽如蒙俞允即由臣部通行京外一體欽遵辦理所有臣等酌擬訂法政學堂章程緣由謹恭摺具陳伏乞

皇上聖鑒謹奏宣統二年十一月十九日奉旨依議欽此謹將改訂法政學堂章程繕具清單恭呈御覽計開

第一章　立學總義　第一條　法政學堂以養成專門法政學識足資應用爲宗旨分設正科別科　第二條　正科分法律政治經濟三門均四年畢業　第三條　別科不分門三年畢業　第四條　京外法政學堂均按照此次改訂章程辦理如因學生過少正別兩科不能同時並設者准其先辦一科正科三門不能同時並設者亦准其先辦一二門

第二章　學額及學生　第五條　法政學堂正科或別科每年級學生名額按照各地方情形酌定惟每級至少須在百名左右　第六條　正科學生須在中學堂得有畢業文憑者經考試錄取後始准入學　第七條　別科學生以已入仕人員及舉貢生監年在二十五歲以上品行端正中學具有根柢者經考試錄取後始准入學

第三章　課程　第八條　正科分法律政治經濟三門由學生於入學之初自行選定其各門學科及每星期授業時刻表如左　法律門課程表　第一學年　學科

法令 四

(每星期鐘點) 人倫道德(一) 比較憲法及憲法大綱(四) 民法總論(四) 大清刑律(四) 羅馬法(二) 經濟學原論(二) 中國法制史(三) 論理學(二) 法學通論(二) 行政法比較(三) 法院編制法(二) 外國文日本文(六) 合計(三十五) 第二學年 學科(每星期鐘點) 人倫道德(一) 民法物權(四) 大清刑律(四) 行政法各論(三) 商法總則會社(四) 民事訴訟法(三) 刑事訴訟法(三) 國際公法平時(三) 監獄學(二) 日本法制史(二) 外國文日本文(四) 外國文德文(二) 合計(三十五) 第三學年 學科(每星期鐘點) 人倫道德(一) 民法債權(四) 民事訴訟法(四) 刑事訴訟法(四) 監獄學(二) 商法商行爲手形(四) 國際公法戰時(三) 西洋法制史(三) 人事訴訟法(二) 監獄實習(二) 外國文德文(六) 合計(三十五) 第四學年 學科(每星期鐘點) 人倫道德(一) 民法親族相續(四) 商法海商保險(四) 破産法(二) 國際私法(三) 非訟事件程敘法(二) 刑事訴訟法(三) 民事訴訟法(三) 法理學(三) 民事訴訟實習(二)

刑事訴訟實習(二) 外國文德文(六) 合計(三十五) 附註(民法商法訴訟等法現暫就外國法律比較教授俟本國法律編訂奏行後即統照本國法律教授)

政治門課程表 第一學年 學科(每星期鐘點) 人倫道德(一) 法學通論(二) 比較憲法(四) 國法學(二) 社會學(二) 論理學(二) 經濟學原論(四) 刑法總論(二) 西洋史上古 中古 近世(四) 政治地理(二) 統計汎論(二) 簿記學原理(二) 外國文日本文(六) 合計(三十五) 第二學年 學科(每星期鐘點) 人倫道德(一) 政治學(三) 憲法大綱(二) 財政學總論 經費 公債(四) 比較行政法(四) 商業政策農業政策(四) 刑法各論(二) 西洋最近史(二) 民法總論 物權 (三) 經濟統計(二) 官用簿記(二) 外國文日本文(四) 外國文德文(二) 合計(三十五) 第三學年 學科(每星期鐘點) 人倫道德(一) 國際公法平時(三) 財政學租稅(四) 行政法原理(二) 銀行論(二) 工業政策社會政策(四) 貨幣論(二) 外交史(二) 民法債權 親族 相續(四) 商法總則 會社 商行爲(三) 政治史

（二）外國文德文（六）合計（三十五）第四學年學科（每星期鐘點）人倫道德（一）中國財政史（二）國際公法戰時國際先例（三）財政學預算決算國庫制度（四）政治學史（二）外國財政史（二）殖民政策交通政策（四）國際私法（二）政治哲學（二）中國法制史（三）商法手形海商保險（三）外交政策（一）外國文德文（六）合計（三十五）經濟門課程表

第一學年學科（每星期鐘點）人倫道德（一）經濟學原理（六）比較憲法及憲法大綱（四）國法學（二）社會學（二）民法總則物權（四）商業地理（二）統計汎論（二）簿記學商業（二）法學通論（二）商業史（二）外國文英文（四）外國文日本文（二）合計（三十五）

第二學年學科（每星期鐘點）人倫道德（一）經濟政策商業農業（四）行政法（四）財政學總論經費公債（四）銀行論（三）債權（二）貨幣論（三）經濟統計（二）銀行簿記（二）商法總則商行爲（四）外國文英文（四）外國文日本文（二）合計（三十五）

第三學年學科（每星期鐘點）人倫道德（一）

工業政策社會政策(四)　國際公法平時(三)　財政學租稅(四)　貨幣史(二)
中國財政史(二)　商業通論(三)　外國財政史(二)　官用簿記(二)　商法手形　會社(四)　外國經濟史(二)　外國文英文(六)　合計(三十五)　第四學年　學科(每星期鐘點)　人倫道德(一)　殖民政策交通政策(四)　國際公法戰時　國際先例(三)　財政學預算　決算　國庫制度(四)　國際私法(二)
商業通論(三)　銀行實務(二)　外國匯兌(二)　商法海商　保險(四)　中國經濟史及近代通商事略(四)　外國文英文(六)　合計(三十五)　第九條別科各學科及每星期授業時刻表如左　別科課程表　第一學年　學科(每星期鐘點)　人倫道德(一)　法學通論(三)　比較憲法及憲法大綱(四)　刑法總論(三)　民法總則　物權(五)　法院編制法(二)　經濟學原論(四)　中國法制史(三)　世界近世史(三)　政治地理(二)　政治學(三)　外國文隨意(三)
合計(三十六)　第二學年　學科(每星期鐘點)　人倫道德(一)　刑法各論(三)　民法債權　親族　相續(四)　商法總則　商行爲(四)　行政法總論(二)

經濟學各論銀行 貨幣（四） 財政學總論 歲出（二） 經濟政策實業（四） 民事訴訟法（二） 刑事訴訟法（二） 國際公法平時（三） 統計學（二） 外國文隨意（三） 合計（三十六） 第三學年 學科（每星期鐘點） 人倫道德（一） 商法會社 手形（四） 行政法各論 地方自治（三） 財政學歲入 公債 財務行政（四） 經濟政策交通 殖民（四） 民事訴訟法（四） 刑事訴訟法（二） 國際公法戰時（三） 國際私法（三） 政治史（三） 統計學（二） 外國文隨意（三） 合計（三十六） 別科入學考試時應試國文地理歷史（程度應與中學堂畢業相當）算學格致（程度應與高等小學堂畢業相當）五門如算學格致兩門未能及格（不滿五十分者）而錄取入學者應於第一年每星期加授算學格致各二點鐘 第十條 正科及別科課程均用漢文教授其外國文一科以英德日三國文字爲科目正科學生兼習兩科目別科專習一科目 外國文教授以法政術語爲主從前已設之法政學堂有用外國文授課者於本章程改訂通行之後准其照舊辦理以畢業爲止

第四章　入學退學　第十一條　正科別科學生每年於年假前定期招考一次錄取者於年假後一律入學　第十二條　法政學堂每屆開學應將在學學生姓名籍貫三代及由某學堂畢業履歷彙造清冊在京師者呈送學部備案在外省者呈送提學使司轉報學部備案　第十三條　別科第二年學生人數不滿定額時可於第二年開學前考取法政講習科畢業程度相當者編入惟應此項入學考試者應照別科第一年之學科程度分門試之　第十四條　學生中途遇有疾病或其他不得已事故必須退學者須呈候監督查明屬實方能照准　第十五條　各科學生遇有左列事項由監督核定令其退學　一　不遵守學堂章程禁令者　二　身體痼疾及沾染嗜好者　三　學年考試兩次不及格者　四　兩次不繳學費或膳費者

第五章　考試及畢業　第十六條　考試分學期考試學年考試畢業考試三種其考試時期均按照學部奏定考試章程辦理　第十七條　各科評定考試分數及畢業後咨送學部覆試均按照學部奏定章程辦理　第十八條　各科畢業考試及格者除授與畢業文憑外所有正科畢業生應按照學部奏定高等學堂章程別科畢業

生應按照學部奏定法政別科成案分別給予出身　各科畢業學生有應法官或文官考試者悉依各項法令之規定

第六章　學費及膳費　第十九條　在學學生應收學費膳費書籍等費均按照學部奏定徵收學費章程辦理但外省法政學堂肄業之本省官吏暫准酌量免收學費

第二十條　法政學堂毋庸備有寄宿齋舍如有願就學堂午膳者每人應繳膳費其數目由各監督就地方情形酌定　法政學堂之已備有寄宿齋舍一時遽難停止者及有特別情形須備寄宿齋舍者准其酌量辦理惟寄宿齋舍須與學堂分立而距離不得過遠

第七章　教員管理員及其職務　第二十一條　法政學堂應設教員管理員如左

監督一員　教務長一員（教員兼任）　教員若干員　管課員若干員　庶務長一員　庶務員若干員　監學官不備宿舍者不設　第二十二條　監督統轄各員主持全堂一切事務　第二十三條　教務長秉承監督管理全堂教務稽核各教員教科講義及各學生學業勤惰優劣　第二十四條　教員分任教授各項學科無論本

國人外國人均當隨時與教務長商定教法并歸監督節制　第二十五條　管課員秉承教務長佐理教務及學生入學退學學考試請假等事　第二十六條　庶務長秉承監督管理堂中教務外一切事務　第二十七條　庶務員分會計文案雜務三項秉承庶務長各司其職其以一員兼任兩項者由監督與庶務長酌定　各項庶務員所掌事件以本學堂辦事細則規定之　第二十八條　京師法政學堂監督由學部奏派外省由提學使司遴請督撫委派並咨報學部備案其他管理員均由各監督按照法令所定資格遴請學部或提學使司委派　教員由監督延聘專門畢業人員充任其有必須聘用外國教習者由監督遵照部頒合同條欵訂之均呈候學部或提學使司查核　第二十九條　法政學堂按照本章程第四條設立者各項管理員不必備設　第三十條　本章程所未備載之處悉照學部奏定學堂章程及其他法令辦理　第三十一條　法政學堂各項詳細規則應由各學堂監督擬訂在京呈送學部查核在外由提學使司轉呈學部查核

仰首攀南斗
翻身依北辰
舉頭天外望
無我這般人

文牘

劉議員審查預算說

這部預算最爲繁難審查之時將中國政治腐敗情形及財政危險情形都已看出故今天報告不能不多說幾句但本員報告都是大概情形大概數目其詳細處擬委託各科審查長分別報告　政府所提出之預算案計總冊四十二本分冊八十一本又追加預算二十四本後經政府陸續送來各處原冊計三千二百八十餘本股員會以四十日之光陰竭四十八人之精力逐日鉤稽始稍稍得其端緒期限已屆例應報告茲先報告預算案之內容其次報告審查預算之情形其次表示本員對於改良預算之意見其一報告預算案之內容預算案內容劈分兩大部一歲入一歲出歲入以田賦爲大宗鹽課關稅釐捐次之歲出以軍費爲大宗外債費財政費次之歲入二萬萬九千餘萬歲出三萬萬五千餘萬不敷者五千四百餘萬歲出歲入均分經常臨時

兩門。而歲出又分國家行政經費地方行政經費兩部。其表面上之體例。固與東西各國之預算冊無甚區別。但精神上不無缺點。缺點維何。一則無財政上之計畫。一則無政治上之計畫也。原來預算性質。從一方面觀之。則爲全國財政之照相片。故編製預算。不可不有財政上之計畫。今政府所提出之預算案。果有財政上之計畫否乎。是一疑問題也。如謂其有財政上之計畫。則必準各國預算之原則原理。爲收支適合之準備。今其內容出入不敷者五千餘萬。而全部預算冊內。究有何等彌補之方法。則不得謂爲有財政上之計畫無疑也。其缺點一。如謂其有政治上之計畫。則必內審查本國現狀。外覘各國趨勢。以定大政之方針。今其內容所載軍事行政。教育行政經濟行政。果注重何事實。不能得其要領。推其意幾欲皮貌各國文明政治。于一二年內悉舉而推行于我國。而舊日腐敗之政治。又不忍澌滌而廓清之。於是新的舊的。文明的腐敗的。紛然雜陳於預算案內。毫無損益緩急之區別。此不得謂爲有政治上之計畫無疑也。其缺點又一。雖然此二缺點。究竟是何原因。一再思維。當編製預算時。並非政府不願爲財政上之計畫。政治上之計畫。實以處于現在制度之下。其勢有不能爲財政上之計畫。與政治上之計畫者也。蓋我國財權與政權。均不統一。何謂財權之不統一。我國財務行政。本仍襲封建遺意。中央雖有一財政機關。不過擁一稽核之虛名而已。無論田賦。無論鹽茶。無論其他課釐。一切征權事項。皆歸各省督撫管理。因此乃生出一個現象。卽中央政府與地方政府。恍如民法關係。互立于債權者與債務者之地位也。有時中央政府所需之政費。必向地方政府索取。于是爲督撫者。對於中央有解民政部款。有解學部款。有解度支部款。有解陸軍部款。有解其他各部之款。其關係似不過封建時代諸侯一種貢獻品而已。是中央政府立於債權者之地位。而地方政府立於債務者之地位也。有時地方政府處於貧窘。所需之政費。則又向中央政府索取。於是有奏請部撥款項者。有奏請截留京餉者。又有奏請截留協餉者。其關係似不過民間交易。欲反債務者爲債權者而已。是又地方政府立於債權者之地位。而中央政府立於債務者之地位也。不特此也。有時地方政府蓄積有款。惟恐中央政府所知。必設法以彌其隙。舉一實例。近日某省藩庫運庫。有款六十餘萬。某督竟在諮議局宣言。此款若不作爲公債抵款。恐爲部所提撥。是非獨視爲某省財政。且直視爲某督之財政也。

是又地方政府對於中央政府以盜行相防者也。不特此也。從預算冊內詳細審查。又演出一個現象。蓋即編製預算時。視爲某稅應增若干。某款應減若干。一一電詢督撫。以爲可加也。則加之。以爲可減也。則減之。督撫以爲不可加也。則不可加之。以爲不可減也。則不減之。或竟無回覆明文。而於預算冊內。懸爲未決之一疑問題。是眞各國預算案內所無。而我中國所獨有者也。是眞所謂行省財政而非國家財政者也。則編製預算時。欲蹤合數十個分離之財政。爲一個統系之財政。爲之移緩就急。爲之謀收支適合。例必不能之事也。此則財政不一。不能爲財政計畫之原因也。何謂政權之不統一。我國行政。向無統系。內而各部樹立一割據之狀態。政見既不相謀。呼吸復不相應。人人有一部分的觀念。而無全體的觀念。人人爲一部分的活動。而無全體的活動。管軍事者。以爲軍事以外。無他立國之圖。管教育者。以爲教育以外。無他立國之圖。管實業者。以爲實業以外。無他立國之圖。各務就所管事。極力謀其擴張。而不顧國家之現狀。因此糾葛。乃生出一個現象。在預算冊內。此等款項。往往受協省分。則照原額列收。或照近年實解列收。而應協省分。則或竟不列支。即列支矣。而其數目與受協省分列收數目。相差甚遠。且或有應協省分列支數目。超過受協省分列收數目者。互相牴牾。眞難究詰。推其究竟。在受協者。無非欲照原額以爭收入之多。在應協者無非欲以浮報。故露其虧窘之象也。轉瞬明年。卽須照預算冊收支。在受協省分。則以此數爲收入的款。而在應協省分。或解不足數。或竟全不一解。是受協省分應收之款一旦落空。其虧空又何待言。然則預算冊內。名雖虧空五千餘萬兩。因此故。又不知虧空凡幾也。至如撥補釐金等款。更屬紙上空談。全部預算必致爲此等款項動搖。此又預算冊內之一缺點也。此外缺點尙多。非關宏旨。姑且省略。預算案之內容如此。其次則報告審查預算之情形。辦理預算。本係我國創舉。前此既無預算案決算案。可以援照比較。故審查時非常困難。籌備清單本年又係試辦各省預算。故政府所送來之預算。皆是各省各爲冊。一省一個統系。所謂俄羅斯之割據預算是也。而資政院章程。又以事分科。是預算冊之組織與分科之方法。不免衝突。欲由分離之預算。求爲統系之預算。又屬非常困難之事。經股員會議決。僉以接事審查。爲一定準的。應不避此困難。此審查方法與原預算案不同之點也。至審查方針。經股員會疊次討論。僉以爲中國現在時勢。自應從政治一方面鞭辟進行。故不可僅以財政上之眼光審查之。而當以政治上之眼光審查之也。誠以今日財力竭蹶。不足達政治之目的者。其病坐在新舊雜糅。故不可不以政治眼光爲革故鼎新之計畫也。質言之。即一面敦促政治進行。一面維持財政現狀所謂方針如此。方針既定先審大體預算案內三萬萬政費究竟支配是否平均。究竟用途是否正當。究竟一分一釐是否皆爲必要之經費。是不可不一研究之也。就三萬萬政費約略言之。其近於皇室經費性質者七百餘萬其償還外債者五千餘萬其爲軍事費者一萬萬綜此三事。已超過入款之半。其留爲行政經費者。不及歲入半數。而京師各衙門又占八九千萬之譜所剩不過六七千萬支配於二十二行省。及西藏蒙古伊犁青海等處此六七千萬。中。爲國家行政經費又三四千萬其爲地方行政經費不過二三千萬以中國幅幀如此之廣人口如此之衆。其所分配於地方行政經。費乃如此之少地方事業。又焉能發達乎。此政費分配之不勻即政治措施之不當也再把三萬萬款項分析言之。有原案可決者。有加以修正者。其原案可決者。則外債費公債費而已外債費以國際條約關係之故。公債費以人民信用關係之故。究不能不分攤償還。故無所用其修正。均原案可決之。其加以修正者。頭緒雖繁。大別之不過軍政費行政費財政費敎育費司法費民政費實業費交通費犖犖數端而已。今請先言軍政費。現在競爭劇烈。各國爲恢張國力起見。無不以整頓軍備爲要圖。故預算册內軍費占歲出三分之一。乃至半數者有之。今我國軍費已逾一萬萬以上。是亦占歲出三分之一。宜乎國之可以强也。而何以朝不保夕。存亡危急如此也。試一察軍政內容則知之矣。最可笑者莫如綠營旗營及各省駐防。蓋綠營旗營各省駐防兵額俱有定數。必待老死而後出缺。故其兵之老弱殘疾者多。此等經費以社會上眼光觀之。直可謂爲一種慈善費而已。(拍手)以一兵月得錢糧數兩。足以爲一家之生活也。若以國家眼光觀之。此等兵丁既不能捍衛地方。復不能恢張國力。國家歲用千萬。豈非糜費股員會僉謂審查豫算。當以國家爲前提。其無益於國家之經費。自不能再行支出。故于綠營餉項悉數裁撤。然而京旗各營各省駐防。其爲老弱殘疾與綠營無以異也。其爲糜費亦與綠營無以異也。何以不裁之。得毋股員會意見有所偏袒乎。如以生活論豈京旗各營各省駐防之生活宜謀。而綠營之生活不宜謀乎。然而此中有特別之理由在也。蓋國朝定制。綠營兵丁。可以營業自由。京旗駐防。不能營業自由。故綠營兵丁。兼營他業者。不可勝數。一旦撤伍。尙屬有家可歸。若京旗駐防。除却當兵之義務外。別無他項營業。所恃以養家贍眷者。惟此月得之數金而已。不先爲之謀一生活。遽行裁撤。使數百萬旗丁。流離失所。其心忍乎。顧審查預算。原係謀國家政治上全體利益。不宜以社會眼光爲一部分人留此糜費致於財政有損然而國家者集社會而成者也苟社會上不得其所者太多。亦非國家仁政之所忍出。且變通旗制。爲政治上最重要之問題。且爲政治上最困難之問題。如何發達經濟。使旗人生活不至困苦。如何減輕財政。使國民負擔不至增加。其中詳細方法最多且繁。現擬另提一建議案。由本院決定。咨送會議政務處。查照施行。此本年預算案內不裁撤京旗駐防餉項之理由也。防營一項。原爲今日保衞地方必要之事。固未可遽行裁撤。但股員會意見。以爲兵在精不在多。各省銷耗此款。未免太鉅。擬裁減四成。改爲巡警薪餉。亦與保衞地方本意無背。至新軍一項。爲我國軍事精神之所在。即爲我國國家命脈之所寄。而何以近年以來。動輒爲此詬病。然此非新軍之咎。乃辦理新軍者之咎也。蓋擴張軍事。當先從根本下手根本未定而遽行成立多鎮。故演出種種奇象、根本維何。將校也、器械也。交通之便利也。餉項之充裕也、軍國民之教育也。皆軍事之根本也。今者將校果已培養乎。器械果已精良乎。交通果已便利乎。餉項果已充裕乎。軍國民教育果已普及乎。五者無一。遽欲擴張軍備。是不揣其本而齊其末也。雖然交通也、餉項也、軍國民教育也、非陸軍部責任。而他部輔助陸軍部之責任也。至培養將才、製造器械。則陸軍部固有之責任也、今擬劃軍費一部分。令改爲教育用費製造資本。較有實際。表面上雖似持消極主義。反對軍事。而不知實窺軍事要素。持積極主義。促軍事進行。使與世界第一等軍備抗衡也。其次則行政費。財政費。此二種款項。雖非直接生利之資。要爲國家必不可少之費。第行政費二千餘萬。財政費二千餘萬。其數未免太多。然細查其內容。實因制度未善。致如此鉅。以行政論。則督撫各一官署也。司道各一官署也。同通州縣乃至佐貳佐雜。亦莫不各一官署也。官署林立。故經費膨脹。以財政論。則善後局也。籌餉局也。支應局也。糧捐局也。疊床架屋。名目煩多。至如釐金鹽課。則十里一卡。百里一局。局卡林立。故經費澎脹。他日新官制實行。若能聚數官廳同一官署辦事。則一切衙署用費

文牘 十

可省改良徵收機關廢除重複局所則一切經徵費用可省然此係官制問題股員會不能越俎代庖也第就其中浮費冗員爲之略爲裁汰耳其次則教育費民政費司法費交通費實業費此數項者皆爲立國之要圖卽與憲政有密切之關係總宜澎脹其經費以教促其進行斷不可持節約主義以瑟縮其政務但原預算案內教育費雖千七百餘萬而爲國家行政經費僅四百餘萬實業費雖七百餘萬而爲國家行政經費者僅二百餘萬此四百餘萬中學部及提學使署學務公所經費又占多數直接及于教育者殆鮮此二百餘萬中農工商部及勸業道署勸業公所經費又占其多數直接及于商業者殆鮮以中國版圖之遼闊戶口之衆多而教育費實業費僅僅此數奈何其不愚且貧也推之民政司法等費分布方法莫不皆然況各主管衙門對于所管事務皆聽各省自爲風氣既無一定標準復無一定計畫故不能確定所管事務經費勻配於全國而無所偏枯致令富省教育費警察費等項多或數十萬乃至數百萬貧省則不過十餘萬乃至二三萬多少相縣不啻霄壤又何能使教育普及警察普及司法普及乎股員會審查此項經費雖明知其弊而亦無可如何欲斟酌勻配之既無此

等權利即無此等義務是則在統一財權統一政權以後各主管衙門之責任也（拍手）故審查結果仍不得不出於核減之一途第所核減者非對於各項政務有所變更實對於各項政務中而削其浮濫之費而已綜合出入兩款其審查結果增加入款四百九十餘萬削減出款五千八百餘萬出入兩抵以度支部原奏所虧五千四百餘萬計算實盈九百餘萬但宣統三年新增籌備事宜及追加各費約二千四百萬兩以所盈相抵尚虧一千四百餘萬但此數仍屬未定以各衙門送來說帖及陸軍部續送追加預算一千五百餘萬尚須再付審查其數目當有變更應俟第三次報告追加預算時方能確定總而言之此次審查預算削減至如此之鉅人或疑其不揣時勢純持消極主義一切新政不能舉辦而不知仍是積極主義並非消極主義也蓋政治進行必賴財力以爲後盾若不顧後盾如何徒奮往前進一舉百舉設一旦財力竭蹶必至已辦者隳於半途未辦者不能舉辦波及政治前途危險何堪設想是始雖持積極主義終不免陷於消極主義也此次預算照股員會削減數目果能得各主管衙門同意吾知於一切政治毫無妨礙而於財政則大有利益既於財政大有利益可即以保持

政治繼續進行是所謂消極主義之形式而積極主義之精神也（拍手）此審查預算之大概情形如此尙望諸君通過俾此案早日具奏以便各衙門照冊執行甚爲幸事其次表示本員對於改良預算之意見本年本係試辦預算一切根本問題都未解決實無辦理預算之程度不獨編製者非常困難即審查者亦復非常困難故不能不籌改良地步且不能不從根本上籌改良地步然所謂根本問題者究竟是老生常談人人知道的事凡有業經見之明文不久即當實行者固無須喋喋然本員之所以欲言者以各省預算明年三四月間即須編製然於三四月以前解決一切根本問題實無可以下手之處所爭者在此數月之期限爾本員因此不能不有希望政府之事不能不有敬告政府之語其語維何約有五項其一則速行統一政權也蓋國家政治有因果相生者有利害相反者必甲部種因於前而乙部始可收果於後政權不一或甲部尙未種因而乙部反先欲收果此所謂倒因爲果之政策同一爲國家有益之事業或非今年應辦則爲弊同一爲國家最良之政治或與主義相背則爲病政權不一則非今年應辦者亦與提前與主義相背者亦思幷進此所謂以矛攻盾之政策夫倒因

爲果以矛攻盾實中國今日奇特現象政治因之而隳廢財政因之而困窮可爲太息痛恨者也假令政權統一則一切政策皆有統系何者宜因何者宜革何者宜緩何者宜急必能權衡至當無所牽掣於其間內而各部也不能各自爲謀外而各省也不能各爲風氣是以三萬萬政費伏處於一個政策下斟酌支配之以財政論何至有捉襟見肘之處以政事論何至有用焉不當之處此誠改良預算之根本策也雖然欲統一政權非先有統一機關不可機關維何卽人人心目中所有的卽今日本院所討論的責任內閣是也西人政治學家有恒言曰責任內閣者政治之母也換言之卽預算之母也蓋一切財政上之計畫政治上之計畫無不由內閣發生卽無不包括于預算以內有內閣則有辦預算之資格無內閣卽無辦預算之資格以預算者千頭萬緒非一部政策所能概括亦非一部權力所能驅遣西人所謂內閣爲預算之母者卽此義也周禮所謂冢宰制國用者亦此義也可見辦理預算必須有一總匯之所古今中外一也甚望政府遵照十月初三預備組織內閣之 上諭速行設立責任內閣庶明年辦理預算一切大政方針皆經閣議決定果應注重軍事則經費趨重於軍事一途果應

注重實業則經費趨重於實業一途然後可以由分離之政策進統系之政策然後可以由割據之預算進爲統一之預算一切困難問題無不迎刃而解矣此則改良預算非統一政權不可也而統一政權非速卽設立責任內閣不可也此希望於政府之事者一也其二則速行統一財權也從財政之主體觀之則宜散不宜聚古人所以有財散則民聚財聚則民散之語也從財政之客體觀之則宜聚不宜散西人所以有財務權力當以唯一機關驅使之語也設一譬喻其理卽明財政之在國家猶水之在地球也聚爲江海則力量大散爲行潦則力量弱此定理也我國雖號稱三萬萬入款然內而各局院各擁一財政主權外而各行省亦各擁一財政主權乃至江北提督熱河都統察哈爾都統各處亦莫不各擁一財政主權是官廳所設置之地卽政權所分割之地其散也不啻爲行潦之水也則所謂三萬萬歲入者不過預算冊內聚合數十個小政團爲一大政團之名詞而已究其實仍是各小政團自爲收之自爲用之也又何能收一個大政團之效力乎假令財權統一則全國財務行政統握於一機關之手以歲入論則可以剔除惡稅推行良稅使入款驟然膨脹以歲出論則可以酌盈劑虛挹彼

注此使出款無所偏枯夫然後編製預算可以因政治上之計畫爲財政上之計畫可以變量入爲出之主義進而爲量出爲入之主義此又預算改良之根本策也然而統一財權者有一先決問題卽官制是也官制不改革則財權終無統一之望以我國財務行政向採間接官治一切賦稅徵收之事概在各省故呼應不能靈通今欲吸收財權當速頒布官制必使財務行政爲統系的組織間接官治一變而爲直接官治而後足以收指臂相聯之效而後可以去彼此隔閡之虞此則改良預算非統一財權不可而統一財權非速頒布官制不可也此希望於政府之事者又一其一則畫分政務及畫分財政也政權雖已統一而政務究不可不分政務不分亦無可改良預算也財權雖已統一而財政究不可不分財政不分亦無從改良預算也何以言之國家政治有因全體事項發生者有因一隅疆域發生者故有中央政府以總攬其全卽不能無地方政府以分治其事此中央政務與地方政務之必宜分別者也假令中央政務與地方政務長此不分卽長此無可改良預算之希望蓋我國制度一切重要政務並非中央政府直接執行而執行者實爲各省督撫是名義上之權雖在中央而事實上之權

究在督撫故言司法經費法部不能估定之言教育經費學部不能估定之推之其他各部莫不皆然而各部所能估定者僅本署數十萬或數百萬之經費而已即今日資政院會議預算想各部祇能就本署刪減之經費爭執之而不能就所管事務刪減之經費代督撫爭執之是眞危險之象也何也資政院審查預算既無商榷督撫之必要而督撫特派員又無到會發言之時機將來此部預算行之各省各省督撫是否能承認是否於各省事實無所阻礙是一疑問也設各省不能承認起而反對全部預算能無動搖乎近者奉天吉林雲南陝西湖南山西等省紛紛電爭不能核減並託各主管衙門就主管事務與資政院協商而各主管衙門僅以公文送電到院並未見一人來院協商然則各主管衙門所主何事所管何務而竟冷淡如此不負責任如此尚得謂之主管事務衙門乎諸君試思之此等現象究竟是何原因實以各省督撫辦理新政毫無實效浪費國帑時有傳聞今者電爭政費在各主管衙門亦挾一濫費地步以相揣測也故對於督撫秦越肥瘠漠不相關如是此弊坐在中央各部不能確定主管事務經費而必須督撫確定之夫督撫既能確定經費而不能與聞預算且又須執行

事務。故必以電相爭。各部不能確定經費。反能與聞預算。且不須執行事務。故可置之不理。內外隔閡。如此其極。其弊又坐在中央政府與地方政府權限不分明之咎也。果能畫分政務。若者爲中央權限。若者爲地方權限。國家行政之經費。由中央分別預算之。而資政院任審查之責。地方行政之經費。由督撫自行預算之。而諮議局任審查之責。如此則權限分明。預算可以實行矣。但中央政務與地方政務旣分。則中央政費與地方政費。不能不因之而淆。假令混爲一團。長此現在情形。財政權終歸督撫。按之法理。事實固屬無一而可。卽采集權主義。一切財政純歸中央掌握。則地方官吏因發達地方事務。亦須講財政。於中央政府。勢必多所牽掣。地方事業。又何能發達乎。蓋集權中央可也。集財中央則斷乎不可也。（拍手）且資政院與諮議局議決預算之權限。亦不免多所衝突。蓋今年預算冊。因地方稅國家稅未公之故。祗就督撫所管事項。其性質近於地方行政經費者。劃交諮議局議決。而歲入一門。統歸資政院議決。致令各省諮議局紛紛電詰。若明歲預算冊內。再不劃分。恐無以對付諮議局也。

文牘

行到水窮處
坐看雲起時
偶然值林叟
談笑無還期

十八

中國紀事

修改籌備憲政清單大畧　籌備憲政。原定九年。今國會期限。經已縮短。此項籌備清單。自應改訂。以期各項憲政。可於二年內成立。憲政編查館王大臣。自前月起。即分飭司員。赶緊修改。刻已竣事。呈堂核閱後。旋即奏請欽定。茲將內容大略錄如下。

宣統三年　設立新內閣　弼德院　施行新官制　官規　宣布會計法　鹽稅章程　定皇室經費　設行政審判衙門　宣布審計法　頒發民法　商法　刑事民事訴訟律　宣布戶籍法　呈報戶口總數　**宣統四年**　頒行憲法　宣布皇室典範　議院法　兩院選舉法　實行選舉　定豫算決算　立審計院　實行各律

各級審判廳一律成立　**宣統五年**　頒布召集議員詔書　即開議院

邵福瀛奏請撤銷資政院違章上奏案　農工商部右參議邵福瀛。前日特上封奏一件。探聞係言資政院上奏事。畧謂資政院上奏。院章均有明文。與他國議院上奏權。基於憲法所規定者不同。該院屢次引用議事細則上奏。殊背院章限制之意。夫以立法之機關。而有違法之行爲。固由議長與政府不加糾正所致。亦由國民法治思想劣弱之故。現屆閉會。請將議事錄內所有違章上奏之議案。一律撤銷。以免立憲史上開宗明義第一章。留此違法之污點云云。

按院章第十八條與二十一條所規定。資政院明明有上奏權。今邵參議謂其爲違章上奏。不知何所指而云然。或者即指彈劾軍機之一事而言之。誤以彈劾權混合於上奏權歟。

資政院議員質問稅關場所名實不符之可異　資政院議員劉耀垣日前質問外務部稅務處云。本員於外務部設關事宜。頗有所疑。查廣東拱北關。乃中國之稅關。西人名爲喇巴卡士泵。喇巴者中國之灣仔地方。既名曰喇巴。則此關之辦事處應在灣仔可知。乃數十年來。祇於馬騮洲灣仔關閘附近設拱北關之分廠。而總辦事處及稅務司。竟駐在廈門。凡貨物出入。故不得不以澳門爲總匯。卽在中國內地之分廠如有事時。亦須奔走至澳門。方能面謁稅務司。閱時既久。費財失事。人民苦於往返。因此生出惡感者不少。夫澳門爲葡萄牙管理之地。中國稅關總辦事處何以設立在此。可疑者一。拱北關既名爲喇巴關。喇巴卽灣仔。何以總辦事處。不設在灣仔。俾得受本國政治之保護。可疑者二。中國內地分廠、有事必越境到澳見稅務司。稅務司雖是洋人。實受中國薪水之官員。中國人民、須往葡租借地謁見之。有何理由。可疑者三。因澳門係葡人管理之地。中國稅關總辦事處。不能升扯國旗、失主權、辱國體。而且將本國直接之地方商務交通。爲之截斷。中國政府何以許稅務處如此施爲。可疑者四。拱北關總辦事處、既設在澳門、實足令澳門地方日益繁盛。以本國之關、興起他人之埠。是何用意。可疑者五。爲此遵章質問。應請議長咨請外務部及稅務處。酌定日期。以文書或口說答覆。

滇督奏覆籌備政費數 滇督李仲帥。以奉旨御史趙炳麟奏請確定行政經費一案。特將滇省籌備憲政所需經費、奏陳略云。遵查九年籌備滇省開辦。迄今已用之款。共計二百八十餘萬兩。內屬國庫支出者。一百三十四萬餘兩。地方自籌者。一百五十三萬餘兩。以後按年遞算。計至第九年。共應需銀二千六百八十八萬餘兩。內屬於學務經費者。共一千三百三十二萬三千五百餘兩、屬於審判廳經費者、共七百七十三萬二千五百餘兩。屬於諮議局經費者。共一十二萬七千四百餘兩。屬於自治經費者。共一百二十九萬八千五百餘兩。屬於巡警經費者。共二百五十七萬九千三百餘兩。屬於實業經費者。共一百八十二萬四千四百餘兩。綜計各項用費。應由國庫支出一千四百一十六萬餘兩。由地方自籌。一千二百七十一萬餘兩。以滇省極窮之地。而担負如此之多。雖如何竭力圖維。亦斷難以濟事。非速設國會及責任內閣。不能解決云。

東督奏准學堂改授軍事教育　東三省時局艱危。非注重武備。不足以救亡。日前奏省諮議局呈請錫督。擬將中學以上各學堂。酌減隨意科目。匀出時間。加授軍學戰術。又定章所授兵式體操。應仿照陸軍實行教練。並習打靶。以期養成軍人之能力。錫督據呈准如所請。業已出奏。奉　旨允准矣。

增兼督奏請設立僑民專校　兼署粵督增祺。於本月初。曾上一摺。奏請設立廣東僑民專校。以便華僑子弟回粵就學。其辦法畧倣前兩江總督端。在江寧設立暨南學堂情形。就粵省設立專校。並謂華僑子弟。粵省最居多數。又南洋各埠與粵省地望相接。音問常通。風俗語言。皆可直接。自宜以回粵就學為便。此摺上後。業已奉　硃批著張嗚岐體察情形妥酌辦理矣。

●粵省諮議局反對禁賭議員辭職● 日前粵省諮議局爲禁賭一事大起風潮其中有反對禁賭議員劉冕卿等三十五人呈請督院辭職經由前袁督增祺電咨憲政編查館商示辦法憲政編查館覆電謂應准其辭職增兼督旋卽劄行諮議局查照在案頃張堅帥接任後復劄行該局由該局辦事處查明辭職各員等係由何複選舉區選出列爲一表呈送來轅以便電飭各複選監督確查分別如額選補以符定章云

●粵省各屬學會糾舉沈提學使● 自部視學員蒞粵後粵省各屬學會日前在廣府學明倫堂會議整頓闔省學務擬分函各屬廣徵輿論聞由各府州縣紛紛投函者甚夥皆指陳沈提學司曾桐之不職旋由起草員彙齊意見上書於部視學員書內所言種種指斥謂粵省學務之腐敗皆沈學司之咎其中有最駭人聽聞者謂粵省教育費每歲統計約一百六十餘萬而小學生僅二萬餘名卽此一端亦可見其所言之非盡子虛也。

●粵督反對資政院核減預算● 署粵督張制軍日前電致資政院度支部陸軍部云昨

得廣東同鄉京官來電。賚政院核減預算案內各欵。又追加預算案內軍政費二百餘萬兩。亦與陸軍大臣協商。全行裁減。共核減四百餘萬兩。均擬撥抵賭餉等語。查粵省三年預算。一切行政經費。已極爲節縮。且應支之欵。尚多闕如。若再核減。必至庶政廢輟。似亦不成事體。至軍政費多係水師巡防隊餉需。粵省夙號多盜。近來匪風甚熾。原有營隊。已苦不敷。倘再裁餉裁兵。將來羣盜縱橫。擾亂大局。其貽誤何堪設想。鈞院原奏尚未咨行來粵。裁減何款。雖不可知。而核減總數已達四百餘萬之多。揆之事勢。必多窒礙難行。至賭餉抵款。已有鹽餉二百萬。其牌照酒捐現正督飭司道切實籌辦。期於有成。若再不敷。亦必設法籌抵。足額暫當早日禁絕。以副全省紳民之望。似不必因籌抵賭餉之故。核減預算。轉致牽動全局。事關粵省來年大局。不敢不據實電陳。伏乞裁酌主持示復。鳴岐叩。

●開徐鐵路工程紀聞● 開徐鐵路工程。已經院部郵兩次勘驗。嗣以徐州至歸德一段。尚須覆勘。又親赴該處從細覆查。自十月初起至十一月杪止。所有全路路線。一概畫定。咨部。刻下汴省購地。已過歸德。徐州購地。亦可不日到汴。而沿路路價文約亦均辦妥。日前阮部郎回省。謁見汴撫。詳陳一切。據云築路各工。業已齊備。土路亦將次包完。大約明年四月。卽可鋪木。五月初。准可開車。惟全路工程用欵。旣汴中無款可撥。當請由部酌撥。汴中紳民意見如何。請卽速詢示覆。以免屆時致多周折云。

●紀雲南大姚縣失守暨收復情形● 雲南大姚縣前被匪黨陳可培鄧良臣等攻陷。旋即收復。聞其起事之原因。言人人殊。茲據滇督李經羲奏報。畧謂陳可培係大姚土匪。向充城內鄉紳私設賭場。匪多歸之。本年五月四川會匪鄧良臣至其家。放飄聚黨。警兵艾中和聽役沙明沙昭。禁犯陳耀光等。皆與通謀。八月間。在城外觀音寺結盟聚會。署縣鄭光年派人解散。并未根究查拿。匪等初約十一月起事。時值錢糧存署。將解監犯陳耀光昱誅。促之尤力。遂於十月二十六日。糾匪入城。乘天未明。警兵艾中和等內外響應。攻警局。劫監卡。搶衙署典當。戕紳殺差。并傷幫審委員。不四日裹脅漸衆。羣推陳可培爲僞帥。鄧良臣副之。以殺官安民號召鄉愚。并派黨分路出擾。鄭光年與典史鄧龍光。巡長謝蘭潤。倉皇遁匿。二十九日。援軍在途。擊潰出擾各匪。與團兵先後抵縣。匪踞城抗拒。團長余開學等。率勇先登。陣斃生擒悍匪最夥。團丁陣亡傷斃十餘人。官軍艦進奪獲印旗槍枝。收復縣城。陳可培鄧良臣潛逸雲南縣境。被團兵獲送云云。

東三省鼠疫記　近日東三省。有一大恐慌焉。鼠疫是也。此疫之起。實先發現於哈爾賓。其後漸次蔓延於長春賓州奉天間哈爾賓傅家甸等處。染是疫而死者。每日約有百餘人。吉長等處近亦死亡枕藉。奉天去哈爾賓本較遠。然亦傳染甚速。緣是之故。日俄兩國。均謂中國素不講求衛生。且又未諳防疫之法。實行種種干涉。當道者之。業已紛紛派員。檢查施治矣。又聞近日京津間。亦有染是疫而死者。北京外交團。勸外部請將京奉鐵路暫行停開。俾得遮斷交通。以爲防患未然之計。惟外部以此事頗難辦列。然亦不可不預爲之防。因派員與駐京各使館醫士。會同妥商辦法矣。

世界紀事

英后之冊立 英國皇帝佐治第五之加冕禮定於本年六月舉行。現擬同時舉行皇后冊立禮、

昨年之英國貿易 昨年之英國貿易額。輸入則增加五千三百七十三萬五千二百十六鎊、輸出則增加五千二百四十萬九千四百六十四鎊。其中四千六百二十六萬四千八百十八鎊、則爲製造品。

皇儲修學 英國皇太子定於今秋下學期進惡士佛大學肄業。俟畢業後乃隨亞路拔親王巡遊英帝國。

普國之財政 普國大藏大臣提出豫算案於國會時、宣言該國之財政態度日益改善。歲計之不足。不久自可消滅。且言爲彌補千九百十一年度之不足。額須募集百五十萬鎊之公債。

南極探險隊 德國腓爾揑博士之南極探險隊。推德國皇弟軒利親王爲名譽會長。

現一切經費皆已有着。決以本年四月出發。

德俄協商與英法 此次德俄對於波斯之協商。英國輿論則激論巴打達鐵道之終點。非屬之英國不可。今爲德國所攫取。禍難勝言。至法國對於此協約頗表滿足之意。謂該協約於俄法同盟絕無絲毫之影響云。

墺國新內閣 墺國新內閣。現已成立。墺皇親任六大臣。官黨實占多數。

法國之外交 法國國會討論外部預算時。其外部大臣壁匈宣稱法俄聯盟鞏固如恒。德皇與俄皇於巴斯台之會見。其結果可爲平和之保障。又謂英法兩國之交好。從無如今日之親密。或謂今日之法國已成孤立。可謂闇於時務。我法與俄聯盟。與英修好。復與意大利西班牙及日本各國。皆訂立特別條約。安有孤立之理。至法日協約。尤可爲遠東平和之保障云。

葡國鐵道罷工 葡萄牙之鐵道同盟罷工。舉國騷然。該國政府現以自動車輸送郵信。

萬國人種會議 第一回之萬國人種會議。定於陽歷千九百十一年七月開會於倫敎參列是會者約五十國。

波斯之外債　波斯新外相通告議會。謂自英國銀行。借入百五十萬鎊。爲維持國內安寧之用。

中亞關係與俄德　俄德協商波斯問題。其中大旨。俄國則承認德國所經營巴打達鐵道。以聯絡北波斯鐵道。且於該路之敷設。許其加入外國資本。德國則聲明德國於波斯不有政治上之利益。只遂行通商上之目的。至俄國關於德國之通商。仍認絕對的機會均等主義。

土國政界　土耳其之靑年土耳其黨。黨內之不調和。日益加劇。故土耳其之政界近甚動搖。

土國募債計畫　土耳其政府自法國募集新外債二百五十萬鎊。供鐵道敷設之資本金現與巴黎之實業家正事磋商。

中亞大地震　土耳機斯坦大地震。石造之家屋。亦多傾塌。損失甚鉅。

美加互惠條約　加拿大政府與美國國務省。擬訂互惠條約。現正在交涉中。

世界紀事　四

巴拿馬運河之防務　美國總統塔孚脫致書國會。力請建造巴拿馬運河砲台。及請撥款五百萬美金。以便即行開工。設立堡塞。估計建造該運河砲台經費。共須一千二百五十萬圓。

亞洲人排斥案　美國上院議員聖輔與拉堅兩人。已將禁止外人處有土地法案。提出於加僻寬尼州之州會。聖氏之主張。則欲凡外國人無取得市民權之資格者。不能得土地及不動產之處有權。拉氏則欲改正民法第六百七十一條。凡不有市民權者則禁其取得或保有一切不動產。

海軍大演習　日本海軍定於明年即明治四十五年秋季。舉行大演習。其豫算費約百五十餘萬圓。

朝鮮之經營　日本政府爲增進朝鮮之貿易。極力經營各通商口岸。其支出總額豫定八百二十七萬一千八百二十九圓。

社會黨定死罪　謀害日皇之社會黨幸德秋水。現已宣告死刑。惟案內各犯。他日將加特赦。

叢錄

春冰室野乘

錢牧齋燒香曲

錢蒙叟有學集以有指斥　國朝之語遂被厲禁焚書毀板幾與呂晚村戴南山諸人等二百年後遺集始稍稍復出嘗取集中諸詩文一一勘校雖指斥之詞觸目皆是然大抵憤激訕詈之語未嘗有實事之可指倘不如翁山詩外所詠軼事有裨翦勝異聞不知身後受禍何以如此其酷唯有學集第十三卷中有和燒香曲一首詞氣惝恍迷離若有所指疑當時宮闈中必有一大事爲天下所駭詫者雖以東澗老人之顏厚言巧謬託殷頑亦不敢質言其事而託之擬古耳義山集中有燒香曲故此以和名東澗生平不作昌谷玉溪體尤見此詩之有爲而發也詩云下界伊蘭臭不收天公酒醒玉女愁吳剛盜斫質多樹鸞膠鳳髓傾十州玉山嵯峨珠樹泣漢宮百和迎仙急王母不

叢錄　二

樂。下。雲。車。劉郎。猶。倚。小。兒。立。異香。如。豆。著。銅。鐶。曼。倩。偸。桃。燕。博。山。老。龍。怒。門。搜。象。藏。香雲。罷。藹。通。九。關。鬻香。長。者。迷。處。所。靑。蓮。花。藏。失。香。譜。靈。飛。去。挾。返。魂。香。玉。杖。金。箱。茂。陵。土。烟銷鵲尾佛鐙紅。夢斷鐘殘鼻觀通。雜林香市經遊處。衫袖濃熏盡逆風。按此詩與梅村清涼山讚佛詩。似可參觀。

頃讀有學集諸詩。摘其詆諆　本朝之語而彙錄之。其僅僅睠懷故國之詞不與焉。投筆集諸詩全首指斥不與、大抵所指斥者。以薙髮及　國語兩事爲最夥。如髡鉗疑薙削。壞服覓儔侶。次韻贈別友沂　碣石已鐫銅狄徙。天留一媼挽頹綱。袁節壯壽詩　馬沃市場餘苜蓿。婢膏胡婦剩燕支。又春酒酌來成一笑。黃龍曾約醉深巵。吳期生生日　國殤何意存三戶。家祭無忘告兩河。簡侯研德　紙帳梅花檀板月。夢魂不到黑山邊。虎邱舟中戲張稚昭　朔風吹動九天昏。四壁明鐙笑語溫。可歎爰居無屋止。避風常向魯東門。題京口避風館　三王五伯迭整頓。君臣將相同拮据。撐天拄地定八極。爲此衣冠禮樂爭寰區。東門嘯戎索。北落移天樞。躶衣笑神禹。好冠詑句吳。放歌行　東門銅狄不相待。麻姑筵前見桑海。燕山馬角可憐生。揚州鶴背知誰在。天關漢口未通津。銀海又報生埃塵。漁陽白雀自

賓主。魚凫杜宇猶君臣。孫郎長筵勸酒 宵來光恠横甲兵。彌天倒瀉脩羅雨。補山堂 顧影
不須嗟短髩。黄花猶識晉衣冠。題菊齡圖 周冕殷冔又刼灰。緇衣僧帽且徘徊、歸立恭畫像
蒼鵝崇朝起池水。杜宇半夜啼居庸。銅人休嗟冶新鑄、銅駞會洗塵再蒙。乳山道士勸酒
南戒江山半壁新。月華應不染胡塵。南樓 陰火吹風撲鐙燭、鬼車載鬼嚎櫓端。須臾神
鬼怒交門。朱旂閃爍朱輪殷。相棚食山腥未愍。刑天爭神舞不閒。天吳罔兩助聲勢。海
水矗立地軸掀。塞夜記夢 夢得朱竭書旁行。寫復復不辨科斗文。神官爲我讀。飲酒雜詩
聖人必前知。卓哉我高皇、天文清分野。兩戒分針迭、躔度起斗牛、天街肅垣墻、篇終載
箕尾、尾閭慎隄防、眇然龜魚呈、海底沈微茫。卓犖世史書、濬臣提正綱、戎夏區黑白、互
古界陰陽。石室閟光恠、化爲魚鳥章、高秋風雨多、夜起視襲藏。前題 閶門飛閣瓦欲流。
毒霧腥風滿阡陌。放歌行 閣道垣墻總罷休。天街無路限旄頭。生憎銀漏偏如舊。横放
天河隔女牛。丙戌七夕貝闕珠宮不可尋。六鰲風浪正陰森。桑田滄海尋常事、罷釣何須
歎陸沈。海客釣鰲圖 殘書繙罷刼灰過。汗簡崔鴻奈史何、貢矢未聞虞服少。專車長誦禹
功多。荒唐浪說程生馬。訛謬眞成字作他。東海揚塵今幾度。錯將精衛笑填河。次林茂

之韻地更區脫徒爲爾。天改撑犁可奈他。又茫茫禹跡今如此。憒憒天公莫怨他。又先祖豈知王氏臘。邊人不解漢時春。次茂之中字韻滄桑以來百六殃、飈迴鬖塞何茫茫、昆明舊灰鑠銅狄。陸渾新火炎昆岡。乘輿服御委塵土。武庫劍履歸昊蒼、砲火蕩拋琬琰字。馬牛蹴蹋金玉相、新安汪氏收藏目錄雖無法部仙音曲、也勝陰山敕勒歌。夏日燕新樂小侯林木猶傳曆痛哭。溪雲常護漢衣冠。鐵嗣歌舞夢華前代恨、英雄復漢後人思。西湖雜感昔叩于公拜綠章。擬徵楛矢靖東方。鵙夷靈爽眞如在。銅狄災氛寔告祥。又堤走沙崩小刼移。桃花誇面柳攢眉、青山無復呼猿洞、綠水都爲飲馬池。善舞獮猴徒跳躍。能言英武學侏儒、祇應鷲嶺峰頭石。却悔飛來竺國時、又匼帀湖山錦繡窠、腥風殺氣入偏多。夢兒亭裏屯蛇豕。教妓樓前掣駱駝。粉蝶作灰猶似舞、黃鶯避彈不成歌。嘶風渡馬中流領。顧影相蹄怕綠波、又青衣苦效侏儒語、紅粉欣看回鶻人。又鶯斷麯塵思舊樹。鶴髮丹頂悔初衣、又髮短心長笑鏡絲、摩抄皤腹帽簷垂、不知人世衣冠異、只道科頭岸接䍦。題丁老畫像渭濱方罫擅長安、紗帽褒衣揖漢官。今日向君談古事、也如司隸舊衣冠。京口觀棋朔雪橫吹銅柱殘、五溪雲物淚汍瀾。法筵臘食猶周粟。壞色條衣亦漢官。懷嶺外四君 歌聞敕勒、祗足增悲、天似穹廬、何妨醉倒、高會堂酒闌雜詠序 毳帳團欒。里穹廬埒堵墻。駱駝衝燕、韆雕鶯撲迴廊。綠水供牛飲、青槐繫馬樁。金屏雕綺繡。玉軸剔裝潢、鎞築吹重閣、胡笳亂洞房。老夫殊帽遷。吾子剩飛揚、徐武靜生日 兵前吳女解傷悲。霜咽琵琶戍鼓催。促坐不須歌出塞、白龍潭是拂雲堆。戲老晉酒記事 蘭錡羝羊觸、罘罳凍雀穿。左言童豎慣。右袒道途便。盧管聲啁哳、穹廬幔接連。銅駝身有棘、金狄淚如鑄。沙道堤翻覆。雲臺像播遷。只孫侔獮虎。怯薛領貂蟬。達酒天廚給。駝虀御席駢、其城惜別 指示旁人渾不識。爲他還著漢衣冠。自題小像 執熱漢臣方借箸、畏炎胡騎已揚舲、雞人 東澗爲瞿忠宣公座師。其哭忠宣詩一百韻。情詞悱惻、接武少陵。取其詩而掩其名。誰復知爲黼冔殷士之言也哉。

有學集中又有戲爲天公惱林古度歌一首。仿昌黎二鳥青田二鬼之作。至爲奇詭。詩入集中第二卷。而題其後曰。此詩得之江上丈人。云是東方曼倩來訪李青蓮於采石。大醉後放筆而作。青蓮激賞而傳之也。或曰。青蓮自爲之。未知是否。其詩云。

己丑春王近寒食。陽和黯黮春無力。嚴霜朔風割肌骨。愁霖累月天容墨。撤空飛霰響

叢錄 六

飄蕭。殷雷闐闐電光激。須臾氷雹交加下。亂打軒窓攢矢石。老人擁被向壁臥。如蝟縮繭鳥塌翼。金陵城中有一老生林古度。目眵頭暈起太息、摩挲箱架繙玩彳亍鄉鄰卜蓍筴。對飯失箸寢失席。如魚吞鉤挂胸臆。蛙怒鼓腹氣彭彭。蚓悲穴竅音唧唧。吟成五言四十字。字字酸寒氣結轖。一吟啼山魈。再吟泣木客。三吟四吟天吳罔兩紛來下。鍾山動搖石城仄。山神社鬼不敢甯居號咷訴上帝。帝遣六丁下搜獲。天公老眼慵識字。趣召巫陽呼李白。李白半醉心膽飽、曼聲吟誦帝座側。天公傾聽罷。拍手笑啞啞。女媧弄黃土。摶作兩笨伯。盧仝下賤臣。叩頭詛月蝕。林生韋布士。兩雹恣訶斥。天壤之閒寡兀產二儒。使我低頭掩耳受鐫責。唐堯爲天子。倦勤而禪息。穆滿八駿歸、耄期乃登格。我爲天帝元會運世八萬六千歲。安能老而不耋長久精勤勿差忒。二十八宿糾連炁孛羅計四餘氣。控訴西歷頻變易。四餘刊一四氣孤、列宿失躔棼營室。籲呼眞宰乞主張。我爲一笑付閔默。由來世界怕刼塵、甯保雲蒼免黜陟。我甘名。號改。撑犁。女輩紛呶。復奚恤、女勿苦霖雨。不見脩羅宮中雨下成戈戟。女勿苦雪。豈不見堯年牛目雪三尺。電胡爲而作。乃是玉女投壺先笑天眼坼。雷胡爲而作。乃是東方小兒作使阿香掉雷車而扇霹靂。電胡爲而作、乃是女媧補天之餘石、碎爲礮車任騰擲。春秋請高閣、鴻範仍屋壁。仲舒繁露誠大愚。劉向五行徒懇惻、鯫生捉鼻苦吟縛衣帶。何用撼鈴伐鼓詈天翁。天公支頤倦欲臥。金童玉女擎觴進金液、此翁沾醉氉毷騎白雀。遙觀金陵城中吟詩之人。夜分鼾睡殊燕適。搖鼓忽坐通明殿。號召玄冥豐隆諸神齊受職。火速趨赴金陵城。雪霰重飛電再射。推敲衡門穿戶牖。惱亂吟魂攪詩魄、是時午夜正昏黑、大家小戶眠不得。眠不得、勿驚嚇、乃是天公弄酒發性。故與吟詩老生作戲劇。西歷變易兩語乃似近人頑固黨口吻。

四庫提要於梅村集。謂其雜文閒駢儷於散體之中。不古不今。深致弗滿、今按牧齋雜文。已作此體、梅村特與爲賡和耳。非其所自剏也、予於有學集、最愛其贈黃皆令一序、爰錄於此。以備畫苑遺聞。

絳雲樓新成。吾家河東君。邀皆令至。研匣筆牀、清琴柔翰、挹西山之翠微。坐東巖之畫障。丹鉛粉繪、篇什流傳、中吳閨闥、侈爲盛事、南宗伯署中閒園數畝。老梅盤拏。奈子花如雪屋、烽烟旁午、訣別蒼黃、皆令擬河梁之作、河東抒霖雨之章。分手前期。蹔游小別。迄今數年往矣。今年冬、余遊湖上、皆令僑寓秦樓。見其新詩。骨格老蒼。音節頓挫、雲山一角。落筆清遠。皆視昔有加。而其窮亦日甚。湖上之人。有目無覩。蠅鳴之詩。鴉塗之字。互相題拂。於皆令莫或過而問焉。衣被綻裂。兒女啼號。積雪拒門、炊煙斷續。古人賦士不遇、女亦有焉。吁其悲矣。滄海橫流、刼灰蕩埽、留署古梅、老奈亦猶夫上林。盧橘、寢園櫻桃、斬刈爲樵薪矣。絳雲圖書、萬軸一夕、煨燼與西清東觀、琅函玉軸、俱往紅袖、告行紫臺。一去過風 而留題望江南。而祖別少陵、墮曲江之淚。遺山續小孃之歌。世非無才。女子。珠沉玉碎。踐戎馬。而換牛羊。視皆令。何如。皆令雖窮、清詞麗句、點染殘山剩水間、因未爲不幸也。河東湖上詩、最是西湖寒食路、桃花得氣美人中、皆令苦相吟賞、今日西湖、追憶此語。豈非窮塵往刼、河東患難、洗心懺除、月露香鐙、禪版淨侶、蕭然皆令。盍歸隱乎。當屬賦詩。以招之。

牧齋文指斥 本朝處。較詩爲少。而詞意之狂悖。抑又甚焉。其贈愚山子序畧云。愚山子以地師遊人間。嘉定侯廣成久殯未葬。愚山子歎曰。安可使忠臣之骨。露暴腥穢躪屬二千里。相視吉壤。哭奠而去。訪余小閣、余乃告之曰、佛言南印度爲象主。東支那爲人主。西波斯爲寶主。北獫狁爲馬主。吾彝攷之。唯南東二主而已、他非與也。印度爲梵天之種。佛祖之所生。支那爲君子之國。周禮之所化。南曰月邦。東曰震旦。日月照臨，禮敎相上。波斯輕禮重貨。獫狁獷暴忍殺。區以別矣，安得曰葱嶺以西俱屬梵種。鐵門之左皆曰胡鄉。既指蕃　爲佛國。將黜梵亦濫胡名。九州十道。並爲禹迹。燕代迤北，雜處戎胡。厥後茹血衣毛。奄有中土。肅愼孤竹。咸與翦除。皆馬國之雜種。幽冀之部落。東之偪于北也。東之刼也。南居離位。東屬震，明爲陽國。西北則並爲陰國。今儼然稱四主焉，何居陰。疑于陽必戰。大易所以有憂患也。此地理之當明者一也。一行謂山河之象。存乎兩戒。北戒自三危積石。負地絡之陰。乃至東循塞垣，抵濊貊朝鮮，是謂北紀。所以限戎狄也，南戒自岷山嶓冢，負地絡之陽，乃東循嶺嶠。達東甌閩中。是謂南紀，所以限蠻夷也。自晉以前。秦洛爲中夏。淮楚爲偏方，南紀微而北紀獨尊。自晉以降。幽幷則神州陸沈。江東則一州御極，北紀潰而南紀猶在。我國家受命鍾祥。實星紀斗牛之次。洪武中詔修清類分野書，以斗牛吳越分爲首。而尾箕幽燕之分。盡遼東三韓。最居其後。以是爲雲漢末派，龜魚之所惡，而北紀之所窮也，此地理之當明者二也。其一匡辨，謂犬戎山戎。皆爲北狄。戎狄種類繁多。狄有赤狄白狄。戎有九姓八國。各以所據地爲號。實皆匈奴別種。北狄種有二。獫狁葷粥之屬。世居陰山幕北。是爲北匈奴山戎自周末孤竹失國。竊居其地。故燕北有東胡。胡有東北。猶單于之有南北二庭。其實一也。春秋時山戎最強。齊桓伐山戎而九夷皆服。今北平之東自元之遼東大甯盡遼水之陽。皆孤竹山戎故地。漢末匈奴北遁。鮮卑強盛。其別種爲庫莫奚契丹。而阿保機之興也在白狄故地。今之大甯也。阿骨打之興也在肅慎故地。今之開平也。契丹爲鮮卑遺種。金源又爲契丹雜種。並居山戎挹婁故地。則皆東胡耳。開闢以來。爲中國患者。獫狁山戎而已矣。獫狁之禍至蒙古而極。山戎之禍至黑水靺鞨而極。大矣哉。齊桓之伐山戎也。全集諸文。唯此二篇最爲刺目。竊恠當時文網之密。何以竟敢剛劃流傳後讀 世祖章皇帝天語有曰。明臣而不思明者。必非忠臣。大哉 王言。乃知當時文字之禍。因此而能釋者正自不少。雖然。故國之思可也。立乎人之本朝。而負恩反噬。如對仇讎。則悖逆耳。使乾隆中無焚禁之舉。則東澗一老。居然與亭林南雷諸公並稱遺民矣。何以敎忠而示後耶。

佟氏當勝國末造。爲遼左巨族。 本朝開國之初。首先效順。旂常鐘鼎。賞延奕禩。今以牧齋集改之。則佟氏在當日。未嘗不效忠於明。特朝中黨人。以其爲熊襄愍所用。欲傾襄愍。不得不坐佟氏以謀叛之罪。迨佟卜年以私拜金世宗墓坐罪死獄。而佟氏舉族東奔。襄愍以遼人復遼地之策。遂成畫餅。而東事乃不可爲矣。此事關係興亡大局。而諸書俱不詳其始末。牧齋幽憤集叙一篇。其文亦慷慨激昂。不可以其人而廢之也。序畧云。幽憤錄者。故登萊僉事觀瀾佟公絕命時自著幽憤先生傳。其子今閩撫國器集錄以上史館者也。東事之殷也。江夏公任封疆重寄。一時監司將吏。皆椭言蠟貌不稱委任。佟公爲諸生。籌邊料敵。慨然有埽犂之志。江夏深知之。當是時。撫清撫順清河兩堡、雖燈遼瀋無恙。以全盛之遼。撼新造之建。以老羆當道之威。布長蛇分應之局。鷸蚌未判。風鶴相疑。傳箭每一日數驚。拂廬或一夕再徙。公將用遼民守遼土。倚遼人辦遼事。赦脅從。招攜貳。施鉤餌。廢閒諜。肅愼之矢。再來龍虎之封。如故經營。告成豈不鑿鑿有成算哉。天未悔禍。國有煩言。奸細之獄。羅織於前。叛族之誅。瓜蔓於後。而遼事決不可爲矣。嗚乎。批根黨局。假手奄官。借公以螫江夏。又因江夏以翦公。此僉人要路所爲。合圍掩羣。惟恐或失者也。殺公以錮佟氏之族。錮佟氏以絕東人之望。於是乎穹廬服匿之中望窮區脫推結循髮之屬目斷刀環翕侯中行說之徒相率嬌尾厲角僇力同心以致死於華夏蓋自羣小之殺公始國器以開國勛臣出據使節牧齋爲之撰文顧署不顧忌諱如此。亦可藉觀當時漢軍之心理矣。

章高元失青島之遺聞

德人之據青島也。守將章高元疊電總署。謂被德人誘之登舟。幽諸舟中。譬脅萬端。終不爲動。此事後掩飾之辭。非實錄也。初青島既開闢。政府擬建爲海軍根據地。以文武大員二人守之。文員爲山東道員黔人蔣某。武員則高元也。曾丁酉鄉試。蔣奉調回省。防務乃爲高元一人所專。是日日方禺中。砲臺上戍兵偶以遠鏡周矚海中。忽隱隱見兵船一艘。破浪而來。疑之。謂外國兵輪。何事至者。再審睇之。則更有數艘銜尾繼至。急使人報知高元。高元方與幕客數人爲麻雀戲。偃然曰。彼自遊行海中。偶經此地耳。何預吾事。而爾等張皇如是。俄頃。船已抵岸。始辨爲德人旂幟。旋有水兵三四人出船中。出登岸買紙筆數事而去。移時。卽以照會一函抵高元署中。高元賭方酣。竟擲之几上。漫不坼視。諦諦曰。是何大事。來溷乃公。又歷食頃。賭倦少憩。一幕客取牘欲啓封高元尙尼之幕客曰封已啓矣姑視其中作何語者既啓某客遽狂呼咄咄怪事高元始取視乃知德人勒令於二十四鐘內將全島讓出也高元遽推案盡翻賭具於地下令迅速開隊亟出署則德兵已滿衢市隊既齊將士皆挾空鎗無子藥急返庫中領取則庫已爲敵所占矣乃大窘高元曰既不能戰吾惟有與之論理耳亟詣德將侃侃與辨德將夷然曰此事吾奉本國訓條行事實無理之所言汝但全師退出而已吾亦不汝害也高元終不許遂幽之署中高元故健將然非方面才法人犯基隆時力戰嘗有功恃勇而驕漫無豫備以至於此

白日依山盡
黃河入海流
欲窮千里目
更上一層樓

江介雋談錄

野民

半塘賸稾

王佑遐給諫半塘定稿賸稿。皆朱彊邨先生所刻。定稿乃給諫自定本。賸稿乃彊邨先生取其所芟棄者手錄成集而彙刻之者也。茲錄五闋于此。亭皋木葉下紛紛。七見秋光老薊門。多少天涯淪落意，未應秋士獨銷魂。此已卯口占句也。容易秋風，又逢搖落。所謂樹猶如此，良可悲已。用石帚自製腔以寫懷抱。調寄長亭怨慢云。乍吹起秋心千疊。寂寞亭皋。試寒時節。搖落何堪，庾郎離緒黯淒切。客懷添否。還認取星星髮。人老薊門秋。枉盼斷飛鴻天末。　愁絕。對宮溝幾曲，多恐怨紅飄沒。尋詩舊徑，省前事暮鴉能說。是春風萬綠成圍，早陌上玉驄嘶熱。但極目長空，冷翠淡烟明滅。丁亥展重三日，嚋丈鶴老龍樹寺禊，同拈此解。調寄慶清朝云。杏酪初分，餳簫乍咽，良辰過到清明。提壺勸客，幽尋小甜池亭。漫說湔裙人倦，殘寒猶自勒春酲。番風悄，倩誰袚取，芳意忪惺。屈指十年往事，只西山共我，記得鷗盟。依依稗柳，嬌眼還向人青。莫把暗塵輕拂。闌干怕有舊香凝。歸來晚。一尊花底。聊遣愁醒。西湖隱山。吾鄉巖洞最勝處。薇生侍御貽我韶石。高廣不盈尺。六洞宛轉通明。幽竇頗與相似。因名曰壺天。意隱。並系以詞。調寄醉太平云。驚雲勢偏。流霞態妍。一壺嵐翠蒼然。乍家山眼前。洌沃洞天。南潛北潛山靈招隱年年。觸閒愁萬千。（南潛北潛二洞名近隱山均在湖上隱山六洞一朝陽二夕陰三南華四北牖五嘉蓮六白雀詳桂海虞衡志）擬東山調寄一斛珠云。鎖香羅箔。酒腸不受牢愁縛。舊時記共瓊枝約。拚負華年。肯負鈿箏索。　夢痕散似風飄蘀。懽情老作春雲薄。空將醉眼閒中著。袖手低徊。花底看人樂。泛舟珍珠橋側相傳為南唐道署清涼山故道。調寄浣谿沙云。一徑蒼烟蔓女蘿。野塘新漲受風多。閒亭無處問紅羅。　祇有碧山花外月。似聞水殿夜深歌。斷雲如夢奈愁何。高抗悽戾。各極其致。並世迺有桓譚。定文得逢敬禮。洵交情歷生死而不渝。亦詞苑洩菁華而靡隱已。

饒氏一門風雅

饒石頑十國雜事詩警句猶多。如南唐云。分明夢入瑤光殿。翡翠簾前吹洞簫。門前一片桃花水。流到青谿不肯流。君王起唱哀蟬曲。斜抱琵琶不忍彈。槐柳蕭蕭暮鴉起。一鞭殘照石城橋。紅葉蒼苔寒寂寂。嶺雲遮斷讀書臺。後蜀云。白楊樹下明明月。流照椒房不忍圓。楚云。吟罷水郎腸斷句。月沈花謝可憐秋。孤雁一聲秋月白。幽篁清露濕湘紘。一面寒山三面水。寺僧猶說馬王宮。楊柳半灣花四面。宮鶯啼上小瀛洲。吳越云。憐仙百萬軍民籍。祇買元宵兩夜燈。斜陽欲下雷峯塔。劃破平湖碧玉流。荆南云。渚宮秋冷不成夢、一夜西風開白蓮。皆可誦也、饒君一門風雅。其簉室胡蓉初及女公子窈雲尤工詩。

胡蓉初夫人淑。新疆人也。十四來歸饒君。學詩得其氣韻。錄其塞下曲云。我家天山西、十歲能騎馬。棄甲籠東逃。誰是英雄者。語壯而蘊深悲有慨于東事作也。西湖雜詩云。日暮江流深。冥冥挂帆去。烟雨黯菰蒲。是向西泠路。吳越宮詞云。黃妃塔即雷峯塔下湖草新。寶叔塔前湖水春。蘭橈搖入花深處。疑有當年拾翠人。清麗芊緜。尤推名作。

饒窈雲女士運儀。乃石頑觀察長女。嫡室張夫人出也。適長沙黃經權上舍。卒年二十許。有茗瓊館遺集。五絕西湖十八景詩。茲錄七首。功德崇坊云。烈烈錢王廟。勳名千古存。苔花埋石碣。蔓草沒朱門。蓮池松舍云。池波涵碧虛。迴環繞松舍。水檻寂無人。白蓮半開謝。亭灣騎射云、小隊各分曹。千營笳鼓高、鳴鞭柳陰路、飛絮撲征袍。蕉石鳴琴云。松翠含疏烟、瑟瑟秋風起。小窗生暮寒。琴聲汎溪水。玉泉魚躍云、淼淼清漣。寺森沈雲樹寒。金鱗識禪意。吹絮上晴瀾、韜光觀海云、亂瀑下懸崖、森沈滄海晦。疏鐘時一聲。冷冷水雲外。西溪探梅云、西溪灣復灣。淸波滺芳淥、寒香乍入衣、千樹明如玉。采菱曲云。采菱風露中。西渚蒼烟綠。莫折並頭蓮。釧聲驚屬玉。七絕南宋宮詞四首云。臺榭荒涼石徑斜。紹興遺事渺天涯。問安無復紅鸚鵡。落木空山帝子家。又西湖春草綠黏天。桃李陰陰夾岸邊、欲向花間呼宋嫂。魚羹香到木蘭船。又石徑紅泉赴曲池。拔香閣下草離離。玉牌遺落苔花裏、傳得春寒楊柳詩。又舊事繁華付暮潮、月明南內草蕭蕭。何人解唱連珠語。夜靜烏啼似早朝。明宮詞四首洪武宮詞云。凰儀新殿敞瓊筵。初試雲鬟貼翠鈿。彈到伊州聲漸歇。海棠花外月蒼然。洪治宮詞云。瑤階芳草綠成叢、寂寂南窗月影多。落盡梅花秋殿冷、玉輿經歲不曾過。嘉靖宮詞云。參差羽騎盡龍媒。萬歲山前疊鼓催。薄暮鳴鞭橋上過。今朝射得白狼回。又昭和宮殿午風清。桃李花開滿禁城、盡日君王無別事。通天臺上祝長生。女士宮詞多效王仲初而得其神韻。以乃翁酷愛西湖。歲時屢挈家人游、故詠湖上事較詳。語皆清警有味。

文苑

以薊州邦均酒餉堯生侍御

瘿公

我逢麴車走且僵舉酒屬客成坐忘趙侯詩力能騐酒往往乘醉譏空觴我今十月游盤山時御一勺袪風霜人言是鎭酒無敵拂衣遂往邦均莊有生始醉薊門釀三河名品難頡頏行縢山色負不竭強載一器愁壓裝山靈笑向酒星語中有千年松節香歸來海若傲秋水請君提甕加評量勿言勸客不中節獨酌差宜次公狂悵觸年時不平事看君披髮叩天閽

戲和瘿公贈酒

堯生

羅侯不飲能好客客中往往有酒辦酒半羅侯擲客去兩腳盤山蹋天碧酒人十九無酒錢各盼羅侯轉雙屐宣南雪花大如席一夜西山玉龍白賴逢溫尉解痛飲遂邀揚子長安陌夜中闌入便宜坊羅侯見之當壁額天生羅侯故難測歸自盤山携玉液將詩送到一壚香謂有千年老松節羅侯宮閒手詩冊丈室焚香老禪伯酒國如何通掌

故是酒恐出迦音策亦如羅浮君未識終日千山說泉石羅侯指酒向余笑汲井何須辨泉脈人生無事無來處若不昏昏當自責我聞再拜羅侯賜羅侯詩似山泉瀉自今仗馬老不鳴聾天常入盤山籍萬愁且以酒澆之酒盡還尋半塘宅

江亭大雪川東坡聚星堂韵和堯生侍御　　昀谷

茲亭客似風中葉繞過花朝又飛雪（花朝曾與石遺堯生同游江亭）上天同雪夢境深三日南窪人迹絕平時葦稭禿欲盡遠道梅花凍誰折絮幘枯僧自寒噤墨點棲鴉自明滅開門暫喜塵沙空醉眼還疑天地掣吾曹衰謝各驚髩詩句零星但點綴一鑪偎火窮相依萬事飛鴻去如瞥人道羅浮無此物夜返癭庵冷難說眼前來路盡迷漫鑄錯眞成六州鐵

和堯老江亭大雪用東坡聚星堂韵　　癭公

我昨盤山訪紅葉蹋徧千峯萬峯雪歸來煮酒話癭庵雪色吟聲兩奇絕江亭之游我獨失天山一夜白草折星州氣作墨雲合僧屋寒驚地鑪滅葦塘禿稭影亂飛酒量紅旗凍難掣迴風漫漫攪詩思到眼一一成冰纈佳哉故人此淸眺天與高談助霏屑歸路津門眼已消世事泥鴻眞一瞥子雲不日南游去此情苦向羅浮說且留後約門尖

父詩力柔成繞指鐵

和若海微雪　堯生

欲雪不雪天色晴一點兩點雪意生回風一夜不成霰朝暾紅徧長安城長安城頭故人在對雪癭莽話南海夜寒命酒澆中厨苦累迦音浣裙帶楊侯有髯詩絶倫潘郎語妙元宋人酒酣各各算征騎梅花正及羅浮春羅浮一去音書絶人散西城復南陌一片鄉心到海涯空憶江亭雪花白人生半爲離愁老馬頭落日横門道消得潘郎幾首詩雪中一一留鴻爪白頭京國苦思歸南北年年故舊稀勸爾一杯還作達天將剪水作花飛

得楊太守近問　前人

近聞楊伯起臥病九江濱入蜀將無意吟詩不療貧廬山懸定約叢菊戀歸人似說江南去漂萍惜爾身

楊子北來忽移入粵之指以詩奉訊　前人

楊子今何適棲棲江海身一官無去就百計左風塵老畏時名重天寒旅食貧同心二

文苑　四

三策併命百年人。

柬無竟　前人

羅子盤山去。聞君向海濱。仙山五色羽。待客梅花春。宦味勞中歲。天涯失舊人。苦寒京國道。文酒暫因循。

又　前人

意外相逢意外歸。百憂宵止舊交稀。嶺南客路驚梅發。木落燕山逐雁飛。垂老一官元下策。依人無計恐長飢。看天莫問它時悔。何處江湖遂布衣。

楊子傳陳考功語命題所箸散原精舍詩　前人

不知何與飢寒事。一卷文章送此身。偶作江南未歸客。蒼然天下隱憂人。時流痛飲無虛日。家祭中原告老親。所欠人間惟一死。信陵君共楚靈均。

外當推此人矣。姌娜雖曾撫慰之。謂他日避去時。當賚以厚貲。俾可得耽閒逸。而彼終不忍言。別知主人舍去其生涯。不日將盡遣餘人。乃大憂苦。惟時時伺隙進言。冀主人萬一聽己。或能幡然變計。改彼於主人前。時效強聒不休。當姌娜歸至家。彼來爲之卸妝。便懇懇諫曰。娘子徒步出外。行路勞苦。玉體易致疲乏。他日鄉居尤宜深戒。且廄內之馬已三日不駕。殊踶踢不安。圉人幾不能制。娘子曷不命駕一出游耶。姌娜曰。止止。汝毋饒舌。吾今後更不須車。若出門惟子身徒步。吾亦不願再見客。汝且去。有客來尋我時。可謝絕也。曰。斐拉特娘子往游公園。曾順道來訪。彼謂歸途當再來邀娘子同赴晚餐也。曰。彼若再來時。汝可告之。謂我尚未歸家可也。汝今且退。舍列底無奈。乃怏怏而退。姌娜始取出其女之肖像而細玩之。像爲名手所繪。若遇賞鑒家見之。雖無寶石嵌鑲。亦將不惜重價以購求也。至其寶石。雖晶光燦爛。而大小不能倂一。是殆取舊瓔珞之飾。轉以飾此。簽匣者。匣爲橢圓形。厚而重。背面之蓋。亦以金爲之。姌娜默自念曰。原來此婦果爲迦爾尼爵夫人。彼得吾女德理斯之肖像。乃裝飾壯麗如是。然則彼雖屢遺吾書函。不一答。獄中實未嘗忘吾女者。吾之一身。已喪門楣。淪陷阱。彼之不欲與我通問。亦固其宜。然吾女德理斯。固其兄之子。吾雖放誕自恣。吾女別居殊未預知。彼固猶是皭然清白之躬。未嘗稍有損其父貴族之門楣也。吾最初之所歡。名曰佐治。爲阿弗爾貴爵。是卽迦爾尼爵夫人之兄。吾偕彼生女曰德理斯。彼將次與吾訂婚嫁。欲使其女歸宗，得承父族姓氏。不幸倉卒逝世，事遂不果。吾母子乃流爲無依之人。佐治之妹曰亞力詩，適迦爾尼貴爵。當其未嫁時。已熟聞此事。曾自誓言。謂必不委棄其兄之女。然至今荏苒十五載，彼于德理斯未嘗盡絲毫之力。彼居於蘇格蘭。惟是深鎖侯門。殆其夫禁止不許與我通音訊耳，數月前忽聞消息。知其嫠居。屢欲再奉書自述將隱居寂寞之區，且告以吾女勤劬。將護今已教育長成矣。然反覆思維。終未郵書遠寄。今彼亦卽世。吾女德理斯。遂依然伶仃孤苦。舉目無親。護持欲恃何人。惟有我耳。爲今之計，但當爲吾女早覓佳婿。將來或可身入高門。自能襲用夫家之姓氏。以自光耀。今則父族之姓氏。不得承用。惟有暫假母族之姓氏以用耳。吾身本系出華都氏。父爲武勇之軍人。姓氏曾列于仕籍。不幸至吾身而淪落。不欲玷吾先世。乃自易姓爲陸麗氏之姌娜。實則乃華都氏之姌娜也。幸此眞姓氏尙無人知覺。今則令吾女承用之。心念前塵。無限淒涼。正在癡坐悲愁中。忽聞廳事有喧嘩聲。不覺大驚失色。

第四回　杜荊扉忽來舊識　啓篋匣驚得遺言

原來姌娜更衣室之外進即爲一小廳事。忽聞其中有人聲。聽之。乃舍列底與人抗辯。其人之聲漸高。此必客糾纏過甚。侍女力拒之。故漸至爭論也。姌娜自念已囑毋納客。彼必謹遵。何至使客頓闌入廳事乎。乃置篋匣於案。趨至戶側。側耳潛聽。知是男客。姌娜聞其聲不覺頓驚。聽其言曰。吾已知汝奉有主人命令。然此非爲我而設者。汝謂汝主人未嘗遲我來。我寧不知。然彼倘得再見我。終當生大歡喜者。爾且毋阻吾。俾吾入內。便聞開戶聲。扉啓。一上流男子入。姌娜愕然驚叫曰。剛騰。乃子耶。客歡躍曰。是也。答坡氏之剛騰也。復回頭顧謂此愕眙之侍女曰。若見之否。若主人終不以閉門羹享我也。今可去。吾振呼鈴。若當再來。侍兒轉視主人面色。已知其喜逢舊好。乃自退出。私心竊幸。冀主人終能聽斯人之言。或不遷徙。蓋斯人倘聞主人他適。亦必未肯恝然置之。且觀其人頎長壯佼。氣象果毅。肌膚作紫糖色。顏容歡悅。言語倜儻。鑑其外貌。一見而知爲軍旅之士。宜乎主人悅之也。卻說姌娜見其來。不禁舊情萌動於中。幾不知何以爲言。乃曰。吾今日何幸而得見子。剛騰歡然曰。樂哉吾聞子言。吾知子之未嘗忘我矣。吾來時。尙慮子以久別之故而疏我。相見之際。或將呼之曰隊長。以吾兩人曩昔相聚之時。吾之職固如是也。爾時彼此俱寒微。故交情厚密。今來至此宅。覩屋宇大非昔比。能在騶柳巷中買宅之人。誠恐易忘其故人也。娉娜曰。吾所忘却者。誠不知凡幾。人然獨不能忘子。曰。似此吾且與子行親愛禮。乃吻其頰。娉娜亦欣然受之。剛騰到此。更覺放浪形骸。徑倚妝臺之一端而坐。復曰。憶昔吾在本國軍中時。子常來營覷我。自時厥後。吾從軍他去。相別多年。不知經幾許變遷。近者戍於北非洲之吐尼斯。今方從戍所歸。吾今已職任指揮，最後一次出征。已博得榮名而歸。今更無所求。惟求肥胖已矣。娉娜曰。子瘦損猶昔。惟絕未老大耳。曰。謝子言。吾今已三十有五矣。自知去日苦多。安得不老。然此心則固無所變更。與少年時未始有異。則亦未嘗不如子所言也。娉娜愀然曰。幸哉子。誠多悅豫之時，曰，聽子言。若有所憂患者。盍告我以所苦。吾將竭慮殫智以慰子。吾固善能慰藉人。子所素知者。今有半載之休暇光陰。儘足爲子遣悶。吾所喜負之韶光。亦已多矣。今次乞假歸來。再不敎一日空過。將善用其光陰以自娛樂。子尙憶吾儕聚飲於英吉利酒樓時乎。今日尙當續有此佳日也、吾擬以此半年之日月盡任於巴黎。身有多金以供揮霍。蓋適有諸父行去冬即世。以其餘財遺我也。曰然則子今富耶。曰吾亦未足稱巨富。惟其所有儘足供吾行樂之用耳。子倘有緩急。吾亦能爲子償債負。曰深謝子。此眞類於子之爲人。然財力之扶助。吾倘無所需。今頗能自立。歲入可有五萬佛郎矣。曰吾之摯友。子所言未免令吾心生隱憂。以吾之富不及子也。雖然。吾仍當爲子賀。惟子應記取吾素性不喜空受美人青眼而無所報酬。吾今復來此娛樂。須聽吾悉償所費。吾將與子再得同樂於巴黎中幾許時也。曰吾之摯友。今此不能矣。蓋身已退隱。將去巴黎也。曰何爲出此戲言。曰否。吾非戲言。誠決計如是。吾車馬皆已變賣。而宅院亦登報求售矣。曰噫、吾逆億子之心事。子殆欲適人。思就諸州中擇一上流人士而嫁之。以圖下半世安逸。愚哉子也。子倘嫁人。不須一載光陰。將復厭苦之矣。曰吾寧不知之。故吾未嘗作適人之想。曰子徒欲埋首鄉園。遂不惜盡棄其相知以去耶。斯語吾殊未之敢信。子必別有深憂。故至於此。盍明言之、曰子寧能有助於我者。言之亦復何益。曰。不然。設子思慕其意中人而不可得。吾誠不能爲子有所盡力。苟非此類之奇難病。吾皆能爲子療之。子盍具告我。且觀我所以爲子盡力者何如也。衲娜自念此爲勇武之士。又爲己平昔信崇之人。頗欲具告之。然究不免有所顧慮。欲吐仍茹、遂俯首無語。蓋彼與剛騰相契最久。溯自靑年潦倒。失身風月之塲。其所遇之人。認眞心許者。惟有此君。曩者幾欲委身嫁之。在剛騰愛戀沈迷。必不見却、徒以顧念弱女。不忍爲此。若明告剛騰。使之撫養德理斯。一如己出。自忖又不便啓齒、由是但作風月逢迎。卒與其他之邂逅情緣。一例作水流花謝觀、自剛騰從征於非洲之後。而衲娜之所與。又不乏其人。然終不忘剛騰。誠以肝鬲相傾。無若斯人者故也、剛騰見其不語。細審其狀。忽起立而呼之曰、衲娜。吾敢謂子心中之憂煎。已馴至於欲啼泣者。何其事之難堪一至此耶。衲娜訥訥言曰。吾友毋爲窮詰。我吾自有不得不緘默之故者。曰、子旣不便明言。姑舍是。吾更不窮詰子。惟吾須與子有所預約。曰。何事。曰。子今夕須與吾同往會食。吾久居異域。故國之嘉肴旨酒。皆求之不得、非洲飮食粗惡。又無美婦人。所見惟有裸體文身之黑婦。今甚思故鄉美酒。然又不樂獨飮。故欲與子偕行也。吁。子何若絕無佳興者乎。衲娜、若本吾膩友。盍勉從吾言、子須知吾今晨方至巴黎、行裝甫卸。便先來訪子。幸毋知我也。言次。瞥睹案頭箴匣。問曰。此物誰贈子者。其金剛石何精美也。乃持而把玩之、復驚呼曰、何處得此肖像、畫中幼女。乃爾佳妙、此爲誰氏之女。吾意殆非子之所生。姌娜驚惶失措、悔未及儲藏此物、竟爲所見、急呼曰、剛騰。請速還我。剛騰笑曰。毋恐。吾非欲徑將去者。吾人今非在非洲爭戰中。不能刼掠子之所有也。惟子須容吾一睇審之。此兒誠可愛。他時必又一美人。其神情頗有類於子。吾有兒如此。亦當快慰。然觀其爲狀。其父當富於我。只一肖像。尚如許裝飾。他更可知。寶石圍繞。金匣配置。所費誠不貲也。子且視之。其匣背面尚可啓視者。蓋剛騰兩手持匣。偶觸其隱藏之彈力機。背面之蓋。忽躍然而自啓。姌娜駭甚。急趨視之。剛騰復呼曰。眞覺奇事百出。此中復有一紙書耶。紙色甚黃。諒非秘密之情書、吾啓視之可乎。姌娜惶急甚。顫聲止之曰。不可不可。吾將自啓讀之。剛騰怡然曰。子何失措若是之甚、似此必有非常秘事。不敢告人者。乃心腹之交如我。亦不肯信託之乎。姌娜、子殊自誤矣、吾自信不論何等大故。均能爲子分憂者。子毋嫌我之强來干預、吾每追念舊好。仍思與子爲良友。旣與子爲友。子今殷憂、吾寧能坐視耶。盍聽我言●庶我得以助子。子倘有仇敵之人耶。子之仇即吾之仇也。吾將與之抗敵。以護衛子。姌娜聞此言。極慨衷懷。觀此樂易可親之軍人。其勇敢如是。其盡心於己者又如是。得彼作護衛。更復何畏。姌娜默計與彼協力共護持德理斯計亦良得。乃不復却其摯誼。直謂之曰。子可讀之。吾於子無復有所隱也。剛騰喜曰。子果能相信吾耶。吾知子必不至後悔者。乃從匣中取書出。啓而視之。復驚叫曰。「奇哉。其開端之語。乃有類於遺囑。焉姌娜駭甚。應曰。遺囑耶。曰。然。子且聽之。乃讀曰。「此爲吾最後次之遺囑。」是眞創見。吾未見有匿遺囑於篋匣中者。此人殆不敢信託律師者耶。噫。立遺囑者乃一婦人。吾今再誦其下文。曰。「吾阿弗爾氏之亞力詩。乃迦爾尼貴爵之寡婦。」此夫人行誰耶。子知之否。姌娜曰。吾累年前曾識之。今子且毋多言。盍速爲我誦之。剛騰曰。諾。乃復誦曰。「吾現在身心俱康强無恙。惟逆料或不免于遭意外之橫死。故預爲料理後事。以冀自泯遺憾。今有蒙卑微之待遇。身世沈淪。而實非其咎之一人。吾未克提挈而出諸淵。心嘗恨然。又吾亡兄佐治即阿弗爾貴爵。于一八六七年卒於都化爾。其生前志願未得及身而遂。吾當時亦力莫能助之。心亦歉然。吾今欲於此二事有所補救。爰舉吾現在倫敦劍鐘兄弟銀行之存款十萬鎊金錢。

上海外交報館今遷移四馬路書錦里口

庚戌年

外交報

十年紀念

增刊兩冊

本館延定留學外洋法政專家撰著國際法學論說並於正月臘月各增一冊進五發行全年三十四冊自辛丑至庚戌適屆十年共三百冊預訂全年本埠四元五角外埠五元二角外國六元零售每冊一角六分補購辛丑壬寅癸卯甲辰百冊減爲十元外埠加郵費八角陝甘雲貴四川等省郵費加倍補購壬寅全份本埠四元外埠四元五角癸卯全份本埠四元二角外埠四元八角甲辰全份本埠四元外埠四元五角乙巳全份本埠四元二角外埠四元八角丙午丁未戊申每年各全份本埠各四元五角外埠各五元己酉全份本埠四元八角外埠五元五角外國六元二角歷年零冊一角六分

●上海外交報館 在四馬路書錦里口商務印書館內

●第三十三號即二百九十九期十二月初五日已出 要目列下

●論說 論占領（留學日本中央大學法科大學部無錫孫觀圻撰）●譯論 論利卑里亞問題 ●外交大事記 敎務記聞 要事彙誌 ●世界大事記 東洋之部 日本擴張海軍 日本鐵道之收款 日本之待遇韓人 日本解散韓人之大政社 ●各國對華政策（續三十一號）●日韓交涉史（續二十一號）韓國三十年史（續三十一號）

●第三十四號即三百期十二月十五日已出 要目列下

●論說 論責任內閣之外務大臣（法政畢業生武進王倬撰）●譯論 論中國借款 論日本對於東洋之主張 論俄德兩皇之會商 論列國國勢之變遷 論葡國之過去及將來 ●外交大事記 路政交涉 礦政交涉 ●世界大事記 東洋之部 日本新定朝鮮朝督府官制 日本募債充朝鮮政費 西洋之部 英屬坎拿大海軍案議決 俄議院衝突 俄之鐵道計畫 土法協商 土相外交之意見 土國明年度之歲入不敷 塞王往會義王 波將瓜分 美國總選舉 美減行政費 美國對於大西洋漁業問題之意見 墨總統第八次連任 墨亂已靖 墨人排美 ●葡國新舉總統記 ●韓國三十年史（續三十三號）

外交報館

二十世紀大著作名家童君愛樓實驗自來血保証書

明州童君愛樓著作等身生平擅長詩文書畫小說戲曲等一切撰作大江南北久噪文名歷在本埠各譯局各報館秉筆多年海內文學界中莫不知有此君其爲文莊諧並作獨闢町畦實爲近今二十世紀著作家中有數人物因其朝夜著作操勞過甚以致心血大衰精神困憊時患喘咳百藥無功今讀其來書能知其服本藥房自來血後其病如失精神倍增仍能深宵著述不知勞倦深讚本藥房自來血有起衰扶弱之功今特將其惠書照登於下藉見自來血大有功於人之以思慮致疾云云○五洲大藥房主人雅鑒今啓者鄙人向以筆墨餬口歷在廣學會山西大學堂譯書院萬國商業月報館字林滬報娛閒日報文娛報鶴鳴報春申諸處辦事多年自顧不文著書至數百萬言一人精神有限終日埋頭窗下竟成了肺喘之症近更書寫稍久神志易昏不能如舊時深宵著述莫知苦辛鄙人亦稍諳醫理念小恙之來多由心血暗耗致陽氣飛越成神衰咳喘痰多內熱之症服多方均不見效後自去秋八月間服貴藥房自來血後不覺喘平痰少仍得耐勞蓋由補血而得能若此也心感之餘爲作此書聊伸謝悃幷告學界諸君之抱有同病者即頌財安

寓本埠大馬路德仁里六弄志强學堂內童隱頓

海內諸公如蒙惠購請認明全球老牌商標每瓶內加附五彩認眞劵一張值洋一角

保證書一本方不致誤小瓶一元二角每打十二元大瓶弍元每打二十元託局函購原班回件

總發行所上海四馬路老巡捕房對面五洲大葯房抄登

女子發身

女子發身全賴氣力氣力之來由全賴韋廉士大醫生紅色補丸所生之新血

大凡發身之女子其身體面容康健與否全賴其血之盛衰焉女子當及笄之時身體苟不經心調攝則一生吃苦受累無窮而所有精神亦將消亡殆盡從此血薄氣衰焉竟成爲無生氣之殘廢人矣於斯時則有韋廉士大醫生紅色補丸實爲此等輭弱無血之女子**造福之靈丹**也試觀盛京寧遠州五品候選巡檢潘君鼎臣所述之事可爲確證焉潘君云 小女年當十五歲時曾患**血薄氣衰月信不調**情形悽慘憂鬱難堪又兼咳嗽甚屬身體輭弱不克出行鎮日睡床神思懶倦無心觀玩各物商諸名醫毫無寸效如此可憐情狀歷經二載一旦竟得希望即獲小書一卷內載韋廉士大醫生紅色補丸有治各疾之奇功遂決意試服之至數瓶後漸有進益用是耐心久服一切**疲懶之病全消**夜睡安寧**人更活潑喜樂**食甘有味且能消化從此**十分全愈**今則**身強有力體健加重**小女之疾得以治愈者全賴韋廉士大醫生紅色補丸之功也余知此症大抵女子將成人時患者最多從余所閱歷者徵之韋廉士大醫生紅色補丸誠醫治**處女發身**

盛京潘君鼎臣之令媛服韋廉士大醫生紅色補丸而獲康健

注意認明丸藥眞樣

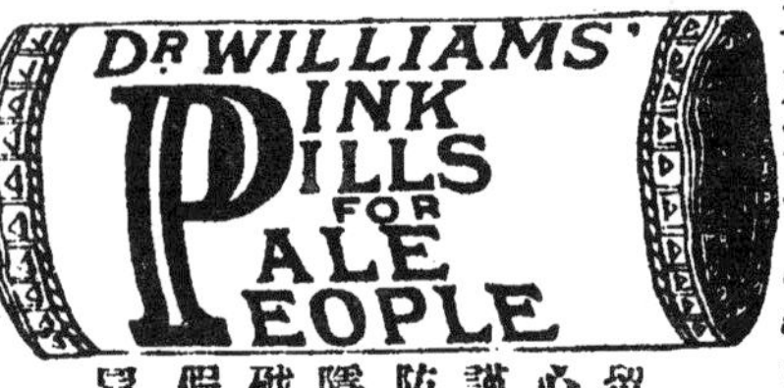

留心謹防贗假冒

所患各病之金丹也

韋廉士大醫生紅色補丸使婦女身體康健之功如使男子小孩無異致也是丸不第能使血潔淨且能使血有力而生新力曾治天下各處無數由血毒輭弱或由腦筋失調所起各症即如 血薄氣衰 諸虛內損 少年斲喪 陽萎不舉 肝經失調 風溼骨痛 腎尻痠痛 腦膈疼痛 皮膚諸症 山林瘴氣 左癱右瘓 跳舞瘋病 腳氣衝心 發熱病後 以及操勞過度 鴉片痼癖莫不奏效如神

韋廉士大醫生紅色補丸中國各處藥局商店凡經售西藥者均有出售如內地無從購買可直向上海四川路八十四號韋廉士醫生藥局中國總發行函購或向重慶白象街分行函購亦可

價銀每一瓶大洋一元五角每六瓶大洋八元遠近郵費一律不取